MOLINIER

ESSAI
SUR
L'HISTOIRE
DE
LA VILLE D'AVIGNON

ESSAI

sur

L'HISTOIRE

DE

LA VILLE D'AVIGNON

Par J.-B. JOUDOU

AVIGNON

Typographie de THÉODORE FISCHER aîné, rue des Ortolans, 4

1853

TABLE DES MATIÈRES.

Pages.

Chapitre premier. Ire Époque. *Ère celtique.* — Temps anciens. — Les Galls, les Kimris, les Phéniciens, les Rhodiens, les Grecs de Phocée. — Les Ségobriges. Guerres des Romains avec les Gaulois Cisalpins et Transalpins. — Passage d'Annibal. — Haine des Liguriens contre Marseille. — Marseille appelle les Romains à son secours. — Première invasion. 1

Chap. II. Période romaine. — Défaite des Liguriens Transalpins, par Fulvius Flaccus. — Sextius Calvinus. — Guerre contre les Allobroges, par Domitius Ænobarbus. — Q. Fabius Maximus. — Caïus Marius. — Jules César ; conquête des Gaules. — Octave. — Auguste. — Division de la Gaule. 21

Chap. III. Invasion des Barbares. — Marche des Goths. — Entreprises des Visigoths. — Alaric. — Siége de Rome. — Siége d'Arles. — Bataille de Beaucaire. — Ataulphe. — Prise de Toulouse. — Wallia. — Fondation du royaume des Visigoths. — Aëtius. — Attila. — Sa mort. 39

Chap. IV. Partage de la Provence. — Les Burgondes. Gundicaire. — Clovis. — Siége d'Avignon par Clovis. — Siége de Vienne par Gondebaud. — Théodoric, roi des Ostrogoths. — Expédition de Clovis contre les Visigoths. — Bataille de Vouglé. — Fin du royaume des premiers rois de Bourgogne. — Franks austrasiens. — Gunthran. — Invasion des Lombards et des Saxons. — Le patrice Mummol. — Sa mort. — Expédition de Récarède. — Mort de Gunthran. — Thierry. — Clotaire. — Dagobert. — État des lettres.   46

Chap. V. Les Sarrasins. — Siége d'Avignon par Charles-Martel. — Charlemagne.   74

Chap. VI. Le royaume d'Arles. — Les Bozons. — Commencement de l'émancipation des communes provençales. — Le Comtat-Vénaissin.   88

Chap. VII. Les Croisades. — Émancipation des communes. — Du régime municipal depuis les Romains jusqu'en l'an 1129.   133

Chap. VIII. La république avignonaise. — Organisation de cette république. — Croisade contre les Albigeois. — Siége d'Avignon par le roi Louis VIII. — Perte totale de nos libertés.   157

Chap. IX. Suite de la république. — Événemens de Provence qui se rattachent à notre histoire. — La maison d'Anjou. — 1re expédition de saint Louis. — Seconde expédition d'Afrique. — Charles 1er. — Charles II. — Avignon rendu au comte de Provence. — Fin de la république. — Traité de Beaucaire en 1251. — Nouvelle forme de gouvernement.   221

Chap. X. La Papauté à Avignon.   265

Chap. XI. La légation. — Eugène IV. — Félix V. — Invasion de la Provence par Charles-Quint. — François 1er à Avignon.   268

Chap. XII. Guerres civiles du Comtat-Vénaissin (XVIe siècle.)   276

Chap. XIII. Causes principales des séditions d'Avignon. — Les Pévoulins et les Pessugaux. — Fronde avignonaise.	286
Chap. XIV. Disette de 1709. — Siége de Caderousse. — Occupation de la ville d'Avignon par les troupes françaises. — Causes de cette occupation.	334
Chap. XV. Gouvernement du pays sous la domination pontificale.	343
Chap. XVI. Monumens anciens.	361
Le pont de Saint-Bénezet.	364
Les Portes de la ville.	371
Notre-Dame des Doms.	382
Le Palais des Papes.	391
La Vice-Gérence.	399
Hôtel des Monnaies.	400
Hôtel-de-Ville.	401
Palais archiépiscopal.	404
Église Saint-Agricol.	405
L'Oratoire.	406
Les Frères Prêcheurs (Dominicains.)	407
Séminaire Saint-Charles.	410
Les Bénédictins.	ibid.
Les Célestins.	413
Les Frères Mineurs (Cordeliers.)	416
La Visitation.	417
Saint-Jean-le-Vieux.	418
Les Grands Augustins.	ibid.
Les Carmes.	419
La belle Croix de la Carreterie.	ibid.
Hôpital Sainte-Marthe.	420
Pénitens de la Miséricorde.	ibid.
Hospice des Aliénés.	424
Aumône Générale.	426
Anciennes Aumônes.	429
Église Saint-Pierre.	438

Halle au blé, Place Pie.	439
Boucherie et Poissonnerie.	440
Grande Tour de l'Hôtel du Luxembourg.	*ibid.*
Église Saint-Didier.	*ibid.*
Chanoines réguliers de Saint-Antoine.	441
Église et couvent des Jésuites.	443
Église de la Madeleine.	444
Confréries.	*ibid.*
Hydrologie. — Le Rhône.	449
Inondations.	453
Pestes.	454
Addition au Palais des Papes.	457
Environs d'Avignon. — Villeneuve.	459
La Chartreuse, l'Hôpital, le Fort Saint-André.	466
L'Abbaye de Saint-Ruf.	470
La Chartreuse de Bonpas.	474
Montfavet.	478
La Tour d'Espagne.	482
Statistique monumentale de Vaucluse.	485
Appendice. — Couvens d'Avignon.	491
Couvens d'hommes.	492
Couvens de femmes.	493
Epilogue.	496

FIN DE LA TABLE.

ESSAI

SUR L'HISTOIRE

CIVILE, POLITIQUE ET RELIGIEUSE

D'AVIGNON.

CHAPITRE PREMIER.

1re ÉPOQUE. *Ère celtique.* — Temps anciens. — Les Galls, les Kimris, les Phéniciens, les Rhodiens, les Grecs de Phocée. — Les Ségobriges. — Guerres des Romains avec les Gaulois Cisalpins et Transalpins. — Passage d'Annibal. — Haine des Liguriens contre Marseille. — Marseille appelle les Romains à son secours. — Première invasion.

Les anciens auteurs ont embelli de fictions poétiques l'origine des premières sociétés gauloises. Ammien Marcellin, Appien Alexandrin, Annæus Lucain, Diodore de Sicile et Jules César ont donné chacun leur opinion sur les premiers aborigènes appelés Celtes. Toutes ces fables, imaginées par les romanciers de l'antiquité, ont disparu devant les résultats des études profondes de la nouvelle école.

Un peu de lumière a enfin pénétré, grâce aux enseignemens de M. Amédée Thierry, à travers la brume épaisse dont est enveloppé le berceau de notre histoire. Sans remonter à une époque très-éloignée, celle du déluge, où certains auteurs nous disent comment et par qui fut peuplée l'Europe, nous sommes assurés maintenant que jadis, en un temps fort reculé auquel on ne peut assigner aucune date, une peuplade asiatique (les Galls) vint s'établir dans nos contrées. Après elle, la Chersonèse cimbrique nous envoya une colonie d'hommes à haute stature, au front large et élevé, au nez aquilin et relevé dans les ailes, à l'œil étincelant : c'étaient les Kimris. Ces hommes différaient essentiellement des Galls qui avaient la tête plus ronde qu'ovale, les traits arrondis et la taille moyenne. (1)

Ces deux peuples se partagèrent la Gaule, soit par suite de guerres, soit par voie de conciliation. Les Kimris habitèrent les hauts pays septentrionaux, les Galls les parties centrales et méridionales. Ces tribus menèrent long-temps la vie des peuples chasseurs et nomades. Ensuite, quand la soif des conquêtes aventureuses ou l'exubérance de la population les obligèrent à des migrations, des masses compactes d'individus se détachèrent des grandes tribus et s'en allèrent au loin chercher des demeures nouvelles. Il est à remarquer que ceux du nord (les Kimris) se dirigèrent vers le midi où ils firent si souvent trembler Rome, et que les Galls méridionaux gagnèrent, au contraire, les plaines septentrionales : ils en revinrent plus tard avec Clodion-le-Chevelu.

Jusqu'ici un seul croisement a eu lieu, celui des Galls avec les indigènes, sur lesquels nous n'avons pas la moindre notion. Mais voici venir du haut des Pyrénées, de la montueuse et fertile Ibérie, une autre peuplade ; elle s'allie aux Galls des deux rives du Rhône, et donne naissance, d'une part, à l'Ibéro-Ligurie, qui de sa tête touche aux Pyrénées et de ses pieds au Rhône, et d'autre part à la Celto-Ligurie, adossée aux Alpes, et se baignant dans notre mer du midi, la Méditerranée.

Un des premiers besoins de l'homme, même dans l'état sauvage, est de se construire un abri contre l'intempérie des saisons et de se réunir en société pour la défense commune du sol qu'il a conquis. Les peuplades envahissantes de nos contrées, après avoir erré long-temps dans les forêts dont le pays

---

(1) Edwards. Des caractères physiologiques des races humaines.

était couvert, finirent néanmoins par se fixer et par construire des villes. En général, elles adoptèrent des noms tirés de la nature des lieux qu'elles occupaient. Ainsi commença *abheim*, eau, dont les Grecs de Massalie firent Aouénion. Quelques misérables huttes de pêcheurs sur le bord du fleuve, tel dut être le commencement de la cité avignonaise.

Aussi long-temps que durèrent les bouleversemens intérieurs, suite des invasions des Kimris, Aouénion dut avoir fort peu d'importance. Les villes gauloises n'étaient en effet que de vastes cantonnemens. Les mœurs des populations barbares, dont les tableaux fidèles ont pu être tracés à loisir par les historiens du bas empire, ont répugné toujours à toute habitation fixe. Dans leurs invasions, ces peuples brûlaient et rasaient les cités des pays avancés en civilisation. Or, les Galls étaient une race, nous ne dirons pas nomade, mais très-mobile.

Ce ne fut qu'après que la race kimrique eut donné aux Galls la fixité qui leur manquait en mélangeant leur sang avec le leur et en constituant la Gaule telle que la virent Marius et César, que ce pays, semblable à une mer que vient d'abandonner la tempête, s'efforça de reprendre son niveau. Alors le goût des habitations réunies s'introunisa dans le territoire ; pour répondre aux besoins nouveaux de patrie, de nationalité, de propriété, de conservation, on bâtit des villes qu'on entoura de murailles. Les Cavares, que non seulement l'histoire, mais encore les traditions représentent comme celui de tous les peuples formant la confédération celtique, qui se montra le premier disposé à soumettre ses habitudes à l'influence de la civilisation ; les Cavares, disons-nous, durent les premiers construire des villes. De ce temps date vraisemblablement l'existence d'Aouénion, en temps que ville proprement dite ; et l'on pourrait peut-être fixer sa première origine au commencement du cinquième siècle avant Jésus-Christ.

La race kimrique importa dans les Gaules, suivant M. Amédée Thierry, la religion druidique. Elle fit disparaître peu à peu l'ancien polythéisme gallique en se l'assimilant ; chez les

Cavares, comme chez les autres peuples de la Gaule septentrionale, le druidisme fut plus particulièrement en honneur. Dès lors la matière proprement dite ne fut plus honorée pour elle-même, mais les druides en firent des instrumens de leur culte. Les *pierres*, par exemple, qui étaient adorées avant l'invasion, furent transformées en instrumens de sacrifices, en autels, en interprètes bruts et passifs d'une divinité d'essence plus parfaite. Les pierres ne furent plus les *sombres pierres du pouvoir*, comme dit Ossian, on ne les considéra que comme des autels. Elles étaient bien revêtues d'un caractère mystérieux, mais ce mystère leur était imprimé par une puissance supérieure. Dans les environs d'Apt, et dans quelques autres lieux du département, on trouve encore aujourd'hui quelques-uns de ces monumens.

Le druidisme, comme toutes les religions puissantes, avait ses racines si profondément jetées dans l'esprit humain que, même sous l'empire prolongé du christianisme, non seulement certains mots, mais encore certaines pratiques sont encore conservés aujourd'hui, surtout dans l'Armorique et sur le territoire éduen.

Vainement le christianisme a-t-il essayé de s'assimiler les lieux où se perpétuait la superstition, en y élevant des chapelles; les âmes simples et routinières des habitans des campagnes continuent d'y supposer certaines vertus qui ne rentrent pas le moins du monde dans la sphère de l'orthodoxie.

Tant que dura ce régime purement religieux, la capitale des Cavares ne dut avoir qu'une importance relative; mais dès que le pouvoir temporel du druidisme, qui exerça pendant longtemps une dictature immense, car elle s'exerçait non seulement sur les consciences, mais encore sur les biens et l'état des citoyens, eut été détruit par l'aristocratie militaire, Aouénion dut changer de face.

On place l'époque de cette lutte entre le druidisme et les citoyens puissans dans la première moitié du troisième siècle avant Jésus-Christ. Le premier parti succomba bientôt, et ne tarda pas à dégénérer rapidement, sous le rapport temporel. Cette dégénérescence fut si complète, que les Ovates (devins) et les Bardes qui faisaient partie de la corporation druidique, furent à la solde des chefs de klans et devinrent les panégyristes du maître qui les faisait vivre.

A mesure que le pouvoir aristocratique militaire se consolida, la manière d'être des populations changea de physionomie. Elles fortifièrent les villes au point de se rendre indépendantes, peu à peu, de ceux au profit desquels s'était opéré l'abaissement du druidisme. Les Cavares, comme plusieurs autres peuples, doivent être rangés parmi les premières nations gauloises qui s'efforcèrent de s'émanciper du pouvoir des grands; il s'éleva sur leur territoire des villes fortifiées; et c'est de ce moment qu'Aouénion prit sans doute cette prépondérance qu'elle conserva si long-temps et qui arrêta les premiers Romains à leur entrée dans les Gaules.

Elle dut avoir une forte part dans l'établissement du régime purement démocratique, c'est-à-dire électif, qui régna dès lors à l'exclusion du régime aristocratique, qui contenait nécessairement le principe d'hérédité.

Dès lors, dans ses murs, où des formules nouvelles de gouvernement prirent naissance, se constitua définitivement l'état politique que César nous a transmis.

Cet état a quelque analogie avec notre gouvernement représentatif, en ce sens que le peuple inférieur ne participait pas aux élections. Les notables et les prêtres seuls s'assemblaient annuellement pour procéder, par voie de suffrages, à la nomination d'un chef qui, une fois nommé, était revêtu d'une autorité presque sans limites. Ce chef, dont les fonctions naissaient et finissaient avec l'année, était appelé Vergobreit. On a cru que le chef seul de la nation éduenne se nommait Vergobreit; mais d'autres peuples eurent également des chefs de ce nom.

Les peuples venus d'Espagne s'emparent d'abord de l'Ibéro-Ligurie (le Languedoc). Etablis dans ces pays, ces peuples n'étaient séparés de la terre des Galls que par le Rhône ; ils ne tardèrent pas à traverser ce fleuve. La lutte s'engage sur le territoire envahi, entre les peuplades indigènes et ibériennes ; elle fut longue et terrible ; enfin, les deux nations affaiblies se rapprochent et se partagent le pays. Les Cavares, peuple de sang gallique, occupent Aouénion et la plaine ; les Voconces, peuple de sang ligure, ont pour ville principale *Vasio* (Vaison) et les gorges des montagnes : telle est l'origine des peuples nommés *Celto-Ligures* par les historiens romains.

« Les victoires des Galls, au midi des Pyrénées, dit M.
» Augustin Thierry, dans son *Histoire des Gaulois*, eurent un
» contre-coup funeste. Tandis qu'ils se pressaient dans l'Oc-
» cident, le centre de l'Espagne, les nations ibériennes, dé-
» placées et refoulées sur la côte de l'Est, forcèrent les pas-
» sages orientaux de ces montagnes. La nation des Sicanes
» pénétra dans la Gaule qu'elle ne fit que traverser, et entra
» en Italie par le littoral de la Méditerranée ; sur ses traces
» arrivèrent les *Ligors* ou *Ligures*, peuplade originaire de la
» chaîne de montagnes au pied de laquelle coule le Guadiana,
» et chassée du pays par les Celtes conquérans. Trouvant la
» côte déblayée par les Sicanes, les Ligures s'en emparèrent
» et étendirent leurs établissemens tout le long de la mer, de-
» puis les Pyrénées jusqu'à l'embouchure de l'Arno, bordant
» ainsi, par une zone demi-circulaire, le golfe qui dès lors
» porta leur nom. Dans des temps postérieurs, lorsque leur
» nombre se fut accru, leurs possessions en Gaule comprirent
» toute la côte à l'occident du Rhône jusqu'à la ligne des Cé-
» vennes, et, à l'orient du fleuve, tout le pays situé entre les
» Alpes et la mer. »

Deux points paraissent saillans dans *l'époque gallique*, celui où, de la guerre acharnée des Galls et des Ligures, naît la nation celto-ligurienne : puis, plus tard, quand ce peuple reçut des Phéniciens, des Rhodiens et des Grecs Phocéens de Massalia (habitation salyenne), les premiers germes des arts et des sciences. Les études philologiques peuvent seules nous donner la clé des temps héroïques des Galls et des Ligures, et les études mythologiques nous donner quelques connaissances des temps traditionnels des Phéniciens et des Phocéens.

Tout fait présumer que le commerce entre l'Asie et la Gaule dut son origine aux Phéniciens, qui, dès le onzième siècle avant Jésus-Christ, entourant d'une ligne immense de colonies et de comptoirs tout le bassin occidental de la Méditerranée, depuis Malte jusqu'au détroit de Calpé, s'en étaient arrogés la possession exclusive.

Ce dut être un moment plein de poésie et d'espérance que celui où les premiers vaisseaux tyriens abordèrent les parages de la Méditerranée, treize cents ans avant Jésus-Christ, apportant avec eux les premiers germes de la civilisation. Les hardis navigateurs de l'Orient venaient chercher ici l'or et l'argent que les Pyrénées, les Cévennes, les Alpes recélaient alors à fleur de terre ; les montagnes de l'intérieur renfermaient d'abondantes carrières de fer ; la côte de la Méditerranée un grenat fin qu'on suppose avoir été l'escarboucle, et les indigènes, Ligures ou Gaulois, pêchaient autour des îles d'Hyères, du corail dont ils ornaient leurs armes, et que sa beauté faisait rechercher par les marchands orientaux. En échange de ces richesses, ceux-ci importaient les articles ordinaires de leur traite : du verre, des tissus de laine, des métaux ouvrés, surtout des armes.

Bientôt des Grecs de la Phocide, obligés par l'infertilité de leurs montagnes de s'adonner au commerce et à la navigation, quittent volontairement les côtes de l'Ionie pour chercher des terrains moins ingrats et abordent dans une baie non loin du Rhône. Emerveillés par la beauté du site, ils retournent dans leur pays et engagent leurs compatriotes à abandonner leur sol infertile et à venir habiter l'heureuse contrée qu'ils avaient découverte. Ces hommes, qui possédaient déjà les premiers élémens de la civilisation, les connaissances du commerce, la science de l'agriculture et de la navigation, équipent une flotte et abordent heureusement en Provence, où ils jettent les premiers fondemens de la cité marseillaise. (*Justin*, lib. XLIII; *Athénée*, lib. XIII, cap. XIII.)

C'est 600 ans avant Jésus-Christ que les Phocéens débarquèrent sur nos rivages. Ils y furent bien accueillis, et leur chef, Euxène, un marchand ou un navigateur (ces deux professions étant souvent prises l'une pour l'autre et marchant quelquefois de front), épousa la fille de Hann ou Nanus, roi des Ségobriges, tribu gallique qui s'est maintenue libre au milieu de la population phénicienne. Les Phocéens y établirent des comptoirs et fondèrent Nemausus. Aouénion fut sans doute un de leurs entrepôts; ils y introduisirent le culte d'Hercule, leur divinité symbolique. (1)

Dans quelle partie de la Provence était placé ce royaume des Ségobriges? Les auteurs ne l'ont point indiqué, et ce point d'histoire reste encore environné de ténèbres. Justin dit bien que les Ligures, peuple sauvage et cruel *(feræ gentes)*, descendirent des Alpes dans la Celto-Ligurie ou Provence, s'étendirent et se divisèrent dans la contrée. Ces peuples, attirés par la beauté du climat, s'y établirent et fondèrent le royaume des Ségobriges ou Ségorégiens. Mais les habitations de ces peuples étaient-elles peu éloignées de la côte maritime? Les Ségobriges étaient-ils les Salluves ou Salyens, les Camatulliciens, les Suètres, les Décéates, les Oxibéens, ou autres anciens peuples de Provence compris parmi les Liguriens? ou bien étaient-ce les mêmes peuples dont le nom aurait été changé? Serait-ce une nation particulière, habitant un petit espace sur le littoral de la Méditerranée, connue sous le nom de Sa-

---

(1) L'histoire nous indique trois faits : l'existence des Ségorégiens ou Ségobriges, l'arrivée des Phocéens en Provence, et le mariage de leur chef avec la fille du roi des Ségorégiens. Voilà tout ce que nous apprend, relativement à ce peuple, Justin, l'abréviateur de la grande histoire de Trogue-Pompée, liv. XLIII, chap. III.

lyens? Y aurait-il enfin erreur dans Justin, liv. XLIII, le seul des anciens auteurs qui fasse mention de ce peuple, et qu'au lieu de Ségorégiens, il fallût lire Celto-Liguriens, parce que sous le règne de Tarquin l'ancien ces peuples sont cités par Justin, et que, dans ce même temps aussi il en est parlé par Tite-Live, déc. I, liv. V, sous le nom de Salyens, peuple qui fit partie de l'expédition de Bellovèse en Italie?

D'après toutes ces autorités, il n'est plus possible de croire que les Ségobriges, dont la capitale était *Arlath*, tribu obscure qui n'existait déjà plus aux temps historiques, ait dominé le pays jusqu'à *Durio* (la Drôme ou Livron). Il est également impossible de croire, comme l'a écrit un auteur moderne, que la Sorgue ait donné son nom à cette petite tribu. Personne n'ignore que la montagne de Vaucluse était couverte de forêts impénétrables, et la vallée où la rivière commence son cours inondée par des marais qui interdisaient l'approche de la source. Il y a donc bien peu de probabilité qu'on ait eu connaissance, avant l'invasion romaine, de cette source, dont le nom est latin, et vient, comme on sait, de *surgere*.

Revenons aux Phocéens. L'influence massaliote fut immense dans la Celto-Ligurie; soit à main armée, soit par concessions des indigènes, les Phocéens occupèrent les points les plus importans du rivage de la mer; ils y construisirent des forts et des comptoirs, qui pour la plupart, devinrent des villes florissantes. Les marchands de Massalie pénétrèrent dans les villes ibéro et celto-liguriennes; ils y établirent des écoles, des gymnases, et formèrent la partie la plus riche sinon la plus considérable des habitans de ces cités; les caractères grecs y furent seuls adoptés dans la rédaction des actes publics, et des monnaies y furent aussi frappées par des artistes grecs au nom de ΜΑΣΣΑΛΙΗΤΩΝ. Les arts, l'agriculture, le commerce et cette sainte civilisation qui descend sur les peuples avec la culture des arts et des lettres, le contact de Marseille nous donna tout cela. Les Gaulois, jusqu'alors nourris d'une littérature qui s'harmonisait avec l'âpreté de leurs

1.

forêts, jusqu'alors habitués à l'informe construction de leurs demeures, eurent tout à coup leurs oreilles charmées par les sons harmonieux de la langue ionienne et leurs yeux par une architecture imposante qui se mirait dans les flots du golfe. Dès lors ils sentirent remuer en eux ce goût des arts dont leur soleil leur avait donné le germe. Ils devinrent artistes avec les Phocéens : le feu sacré était en eux.

Aussi faut-il convenir que Marseille la Phocéenne, complantée dans notre Gaule sauvage avec ses habitudes et ses goûts ioniens, avait dignement compris sa mission civilisatrice. A peine ceinte de murs et délivrée d'une invasion nocturne par une jeune fille et par Bellovèse des redoutables attaques des Salyens, elle ouvrit à toute la Gaule ses leçons artistiques et littéraires. Les Galls et Ligures coururent prendre place à ses bancs. Elle s'était chargée d'enlever leurs penchans grossiers à ces hommes trempés à une vie rude et de les initier à une vie de sensations délicates. Sa langue mélodieuse remplaça dans la haute classe la langue énergique du pays ; ses mœurs sévères offrirent un enseignement permanent à une jeunesse de répression difficile. Des lois basées sur celles de Solon et de Lycurgue mettaient un frein aux dépenses du luxe et aux spéculations matrimoniales.

La beauté du site d'Aouénion, son heureuse position sur le Rhône, fixent surtout l'attention des marchands massaliotes : ils s'y rendent en grand nombre. Au culte d'Hercule introduit par les Tyriens, ils ajoutent le culte de Diane, leur grande déesse (1). Tout le commerce de Massalie avec le nord de la Gaule se fit par Aouénion.

---

(1) Au culte de Diane pratiqué à Marseille et à Arles, on ajouta la fête des *Maïanes* qui se célébrait le 1er mai. Ce jour là, les principaux de la cité, le peuple même, se livraient à toutes sortes de divertissemens. Cette fête s'est perpétuée long-temps sous les empereurs chrétiens, et de là nous est venue la coutume d'habiller à pareil jour avec une espèce de luxe de jeunes filles qu'on nomme *Maïes*, et qu'on place sous un dais, à côté des

L'étude des monumens, ces archives vivantes de l'histoire des nations, a dissipé les ténèbres qui nous environnaient. Par eux, nous savons maintenant qu'après la conquête des Gaules par Jules César (quand la domination grecque eut cessé de s'étendre sur le littoral de la Méditerranée et des îles voisines, où les Grecs de Marseille avaient fondé des établissemens, introduit leurs lois et leur religion), les Romains, en s'emparant de cette contrée, y conservèrent, suivant leur coutume, les dieux du pays, tout en y portant les leurs. Voilà pourquoi nous trouvons sur un bas relief en bronze le *Mercure* grec et la *Fortune virile* des Romains, qu'on représentait avec le casque, en souvenir des triomphes obtenus par les aigles romaines.

Dès que l'histoire a pu consigner les faits et nous les transmettre, nous voyons les peuples des deux rives du Rhône avoir désormais très peu de rapports ensemble. Ces peuples, réunis, dit-on, depuis long-temps sous le nom de Ségobriges, isolèrent donc leurs intérêts : ils formèrent des cités ou groupes plus ou moins puissans. A droite de la Durance, se trouvèrent les Cavares ; à gauche, les Salluves ou Salyens, ainsi nommés à cause de leur commerce de sel marin.

Ici commencent des études moins difficiles, moins conjecturales surtout, les faits saillans ont leur date ; l'état topographique est moins incertain. A quelques villes près, nous retrouvons toutes celles de fondation marseillaise. Malgré quelque obscurité dans le texte des anciens géographes, il devient aisé d'assigner à chaque tribu sa position, à chaque grande association ses membres.

Par les grandes associations des peuples qui nous entouraient, Volces, Allobroges, Voconces et Salyens, nous

---

maisons ornées de fleurs, tandis que d'autres filles demandent aux passans quelque menue monnaie pour la déesse du printemps. En supprimant les *Maïanes*, on les remplaça par les *Maïes* et les chapelles, pour abolir par ce moyen toute idée d'idolâtrie.

voyons qu'un lien de communauté, ou seulement peut-être de préservation mutuelle unissait entre eux maints petits peuples. C'était une sorte de confédération telle que quelques contrées de l'ancien monde et une du nouveau peuvent nous en offrir l'image. Ces grandes divisions se nommaient *Cités* et les petites qui les formaient étaient appelées *Cantons*. La première expression a singulièrement changé de signification aujourd'hui. Ces cités, composées de peuplades ou cantons unis par des habitudes semblables, par des relations fréquentes, semblent avoir possédé l'esprit de corps et l'unité de mouvement. Ainsi quand les Salyens guerroyaient avec les Marseillais, c'était bien un seul et même peuple qui s'était levé en armes. Bellovèse les vainquit mais ne les réduisit pas, et Marseille, après lui, dut aux guerres intestines qu'elle souleva, d'échapper à la vengeance de ces hommes redoutables.

De la Durance à l'Isère, dans cet espace pressé à gauche par le Rhône, à droite par la chaîne du Ventoux, le sol était occupé par les peuples suivans : Cavari, Vulgentii, Memini, Tricastini, Segalauni.

Voilà donc le pays à peu près constitué sur des bases aussi solides que la politique de ces temps-là le permettait. L'industrie des Phocéens de Massalie avait amené les richesses dans la cité, ses vaisseaux sillonnaient les mers, des colonies grecques s'établirent à Nicia (Nice), à Antipolis (Antibes), à Athenopolis (Saint-Tropez), à Olbia (Hyères), à Tauroentum (ville perdue au fond de la rade de Toulon) et jusque vers l'Espagne, dans les îles de la côte maritime, connues sous les noms de Léroné (île de Lérins), des Stœchades (îles d'Hyères), de Prothé (Porquerolles), de Mesé (Porteros), et d'Hypea (île du Levant). Ici doivent prendre place les expéditions aventureuses de Bellovèse et de Sigovèse, de ces fiers Gaulois qui entreprirent la conquête de l'Italie et de la Grèce.

Cette puissance acquise en si peu d'années mit les Marseillais en mesure de repousser, l'an de Rome 360, les agressions des Liguriens et des Carthaginois, jaloux de l'opulence de cette ville. Les Liguriens vaincus demandent la paix et font un traité d'alliance avec la métropole.

A l'époque de cette confédération, Brennus, à la tête des Gaulois Senonois, de la colonie de Senogallia, descend en Italie, assiége la ville de Cluse, renvoie les ambassadeurs de Rome qui venaient lui demander la paix, détruit leur armée sur les bords du fleuve Allia, et pénètre dans Rome qu'il met à feu et à sang, excepté ce qui était renfermé dans le Capitole, citadelle sacrée devant laquelle les efforts de Brennus s'épuisèrent pendant six mois. Pendant ce siége mémorable, on apprend qu'un peuple de barbares était entré dans la Gaule pour l'occuper, pensant que Brennus s'arrêterait à Rome. A cette nouvelle, le chef gaulois se décide à la retraite ; mais il veut vendre chèrement son départ aux Romains humiliés. La liberté de Rome va coûter mille livres d'or.

Les ambassadeurs marseillais, revenant d'accomplir les vœux de la cité au temple de Delphes, apprennent la triste nouvelle de l'occupation de Rome par les Gaulois. Ils savent que Brennus demande une somme énorme pour abandonner la ville assiégée. Marseille se dévoue au salut de la république, et contribue, avec l'or et l'argent de ses citoyens, pour réaliser la somme demandée. Sacrifice généreux qui valut à la cité phocéenne de grandes immunités, une place à côté des sénateurs dans les spectacles et une forte et avantageuse alliance.

L'or étant apporté et mis dans la balance, Brennus jette son épée et son baudrier dans le bassin qui contenait les poids. Le peuple murmure, accuse Brennus de mauvaise foi et menace de prendre les armes. Pendant ces contestations, Camille arrive avec une puissante armée, entre dans Rome, tombe à l'improviste sur les Gaulois, les met en fuite et les oblige à quitter la ville.

Jusqu'ici Rome, à peine sortie du berceau, n'a combattu que près de ses murailles ; arrivée à l'âge de virilité, comme le dit Florus, elle voulut sortir de ses limites étroites, visiter les peuples voisins et se venger de ceux qui étaient venus l'insulter au pied de ses remparts. Après avoir dompté les Etrusques, les Sabins, les Fidénates, les Samnites et autres petits peuples, elle tourna ses armes contre les Gaulois ses mortels ennemis. Manlius Torquatus et Lucius Valerius Corvinus domptèrent, en deux batailles rangées, ces mêmes Gaulois qui avaient fait trembler Rome. Quelque temps après, l'an 470 de Rome, Cn. Cornelius Dolabella les chassa de l'Etrurie et les battit avec un tel acharnement qu'il ne resta pas un soldat de cette nation qui pût se glorifier d'avoir mis le feu à la ville de Rome. (*Florus, lib. I, cap. XIII.*)

Quand l'aigle romaine put étendre son vol des montagnes de l'Ausonie aux montagnes des Ligures, l'ambition de dominer le monde se glissa dans le cœur des deux puissantes rivales, Rome et Carthage. L'occupation de la Sicile devint le prétexte de cette première guerre punique qui dura vingt-quatre ans. L'an de Rome 489, le consul Appius Claudius commença cet horrible duel en châtiant Hiéron de Syracuse, allié des Carthaginois.

Croyant n'avoir plus d'ennemis à combattre après cette première guerre, les Romains fermèrent le temple de Janus, ouvert depuis le règne de Numa. Il fallut l'ouvrir de nouveau quand les hostilités commencèrent avec les Liguriens habitant au pied des Alpes, nation guerrière, légère à la course, se cachant dans les halliers et les buissons, plus habile à exercer le brigandage qu'à faire la guerre. Fulvius brûla leurs tannières, dit Florus, Fabius balaya leurs montagnes et les recoins de leurs vallées, Posthumius les désarma et ne leur laissa qu'à grand peine du fer pour cultiver la terre. Cette victoire contre les Liguriens ne fit point trembler les Salluves des environs d'Aix; elle ne frappa que les Cisalpins de la rive gauche du Var, non encore assez domptés pour ne pas se relever à la première occasion.

Elle se présenta bientôt. Dix ans après ce fait d'armes contre les Liguriens, les Gaulois cisalpins, les Cispadans et les Transpadans, redoutant d'éprouver le sort de leurs frères les

Gaulois Senonois entièrement exterminés par les Romains, craignant ensuite que la haine des vainqueurs n'augmentât et qu'ils vinssent les chasser de leurs conquêtes pour en donner les terres aux vieux soldats de Rome, se liguèrent avec les Gaulois transalpins pour repousser l'agression romaine qui les menaçait. De grandes armées furent levées de part et d'autre. Le consul Lucius Æmilius vint à la rencontre des guerriers ligués du Dauphiné et de la Provence ; quarante mille furent taillés en pièces ; Congelitanus, leur roi, fait prisonnier ; Ancorestes tué sur le champ de bataille, et les honneurs du triomphe décernés à Æmilius, l'an de Rome 528. (*Polibe*, lib. II, *Eutrope*, lib. III.)

Trois ans après (531), ce peuple vaincu mais non dompté, opiniâtre et résigné dans le malheur, courbant avec peine son front sous le joug de la servitude, fait une autre levée de boucliers sous la conduite de son roi Viridomarus, qui avait juré d'offrir à Vulcain les armes qu'il prendrait sur les ennemis de sa patrie. Le destin trahit le courage de ce chef : les Gaulois se laissant emporter par un mouvement d'impétuosité habituelle, plutôt que par la raison et le sang-froid, furent vaincus ; Viridomarus fut tué lui-même par la lance de Marcus Claudius Marcellus, et les armes des Gaulois furent portées en triomphe à Rome et offertes à Jupiter-Férétrien. Cette défaite mit un terme aux guerres entreprises contre les Gaulois Cisalpins et Transalpins. Rome put tourner ses armes contre son implacable ennemie.

Carthage, accoutumée à la souveraine puissance, ne veut point se soumettre à obéir ; libre et fière, elle ne peut s'abaisser à la servitude romaine ; Rome, de son côté, qui auparavant exigeait des tributs, rougit de honte d'en payer à sa rivale. Trois ans après la défaite des Gaulois, la seconde guerre punique éclate : elle dura dix-huit ans. Annibal, jeune encore, impatient de se mesurer avec ses rivaux de Rome, trouve un motif de querelle pour commencer la guerre. Il passe en Espagne, assiège la ville de Sagonte, confédérée à la république.

Vainement les plaintes des ambassadeurs romains sur la rupture inopinée de la paix se font-elles entendre, l'implacable Carthaginois continue le siége, met la ville à feu et à sang, et fait condamner ses principaux citoyens à d'horribles supplices.

A cette nouvelle, les Romains lèvent de nombreuses armées pour aller châtier ces infracteurs des traités. Mais Annibal, pour se porter à leur rencontre, laisse son frère Asdrubal en Espagne pour défendre ce pays qu'il avait en partie enlevé aux Romains, se résout à passer les Alpes et les Pyrénées, et d'aller attaquer ses ennemis au centre de l'Italie. Les Marseillais et les Provençaux, amis et confédérés des Romains, instruits du projet conçu par Annibal de passer par la Provence, en donnèrent avis au sénat par des ambassadeurs expédiés de Marseille, chargés d'offrir à Rome le concours des habitans des terres de leur domination.

Annibal, politique adroit, guerrier rusé et dissimulé, pour obtenir obéissance des siens et s'assurer des secours et de la neutralité des peuples, fit annoncer qu'il avait été engagé à rompre les traités, à entreprendre même la guerre contre les Romains, par un ordre des dieux à lui révélé par des oracles. Craignant cependant l'opposition des Gaulois sur les terres desquels il devait passer, il dépêche quelques éclaireurs, tant pour s'informer du passage le plus facile des Alpes, que pour acquérir, à force de présens, la bienveillance et l'amitié des peuples.

L'an 216 avant J.-C. et l'an de Rome 534 eut lieu l'événement le plus remarquable dans les fastes militaires des nations.

La marche d'Annibal à travers l'Espagne, la Gaule et l'Italie est un des plus beaux faits d'armes de l'antiquité. Après avoir vu ce grand homme s'approcher des autels encore enfant, et jurer une haine éternelle à Rome, cette ennemie implacable de sa patrie, on aime à le suivre sur cette route dont les dangers et les difficultés s'applanirent devant cette patriotique pensée : *la destruction de Rome*. Et la lutte fut belle. Rome et Carthage y jouaient gros jeu ; c'était pour elles une partie de vie ou de mort. A l'étroit l'une et l'autre sur la moitié du monde connu ;

trop fières pour entrer en accommodement, il fallait que l'une ou l'autre succombât. Si Rome survécut, elle ne le dut certes pas à sa valeur dont Annibal avait eu si beau jeu dans les plaines latines. Ses destinées l'emportèrent sur la supériorité militaire du général carthaginois.

Après le siége de Sagonte, Annibal passe les Pyrénées avec quatre-vingt dix mille fantassins et douze mille chevaux, vers les premiers jours de septembre, entre dans la Gaule aquitaine, et s'avance à marches forcées vers le Rhône.

Pendant que l'armée de Cargthage traverse le Languedoc, Rome prend ses dispositions pour arrêter l'ennemi. Le consul Publius Cornelius Scipion s'embarque à Ostie avec soixante vaisseaux, tandis que son collègue Sempronius cingle vers l'Afrique avec soixante-cinq galères. Scipion longe les côtes de l'Etrurie, de la Ligurie, de la mer des Salyens ou Provençaux, arrive à Marseille, et vient dresser son camp vers la première et la plus voisine embouchure du Rhône, appelée alors *Ostium massaliolicum*. Ayant appris qu'Annibal s'était déjà fort avancé dans la Gaule et qu'il se disposait à passer le Rhône, incertain du point où s'opérerait ce passage, Scipion expédie trois cents cavaliers pour aller reconnaître l'ennemi et apprendre des nouvelles de ses projets, sous la conduite des Marseillais et des Gaulois auxiliaires.

Quand Annibal arriva sur les bords du fleuve, chez les Volces Arécomiks, gagnés les uns par crainte, les autres à prix d'argent, il trouva sur l'autre rive des adversaires disposés à lui disputer le passage, c'étaient les Cavares. Ils furent moins heureux dans leur résistance que généreux dans l'élan qui les porta à se dévouer à la cause de Rome.

Ici la marche d'Annibal appartient à notre histoire : tout tend à prouver que le passage du Rhône s'effectua entre Roquemaure et St.-Geniès, en face de la plaine ouest d'Orange. Ce point est en effet à quatre journées de marche de la mer, et le Rhône a dû constamment y être réduit à une seule branche.

En suivant le pied de la montagne de Roquemaure, par la

grande route de Bagnols, on arrive à un point largement ouvert, jadis battu par les eaux du fleuve. Ce point évasé, va toujours se rétrécissant à mesure qu'on monte vers le sommet de la montagne. Là se trouve une excavation de neuf pieds dans sa plus grande largeur à ceinture d'homme, qui lie et fait communiquer entre eux ses deux cirques naturels. Cette trouée, de l'est à l'ouest, a l'apparence d'un travail d'homme, elle n'est l'aboutissant d'aucun chemin. C'est par là, dit la chronique locale, que passa l'armée d'Annibal, campée dans le cirque de l'*est*, pour descendre sur la rive du Rhône. D'autre part, des hauteurs qui couronnent le cirque *ouest*, une pente douce mène au fleuve; la largeur du cirque permet à une armée de s'y développer et à une embarcation nombreuse de se faire simultanément, ainsi qu'eut lieu celle des troupes carthaginoises. Si maintenant l'on considère que les hauteurs du cirque *est* étaient jadis garnies d'étangs, tandis que celles du cirque contraire n'opposaient aucune entrave à la marche; qu'Annibal ayant hâte de passer le Rhône, empêché qu'il pouvait être à chaque instant par les troupes de Cornelius Scipion, fut obligé de déployer son armée sur une large surface pour l'occuper à la confection rapide des radeaux, et que l'embarcation en masse n'était guère praticable pour une armée qui aurait débouché par petits pelotons du haut de la trouée dite tranchée d'Annibal; on en vient à conclure que l'armée carthaginoise dut descendre sur les bords du Rhône par les hauteurs de St.-Geniès, s'y déployer à son aise, opérer en masse son embarcation et aborder la plaine entre Lauriac, les bouches actuelles de l'Eygues, ayant les anciennes bouches de celui-ci à sa droite.

Que, si l'on veut conserver à la tranchée d'Annibal son importance traditionnelle, on peut supposer que, pour éviter aux éléphans la vue du fleuve qui les épouvantait, on les fit descendre par cette tranchée jusqu'au Rhône dont on avait masqué les eaux au moyen de larges radeaux garnis de terre et de feuillage, et traînés à la remorque. Il faut un peu de bonne volonté, je l'avoue, pour ajouter foi à ces conjectures, vu le désir de ne point déshériter ce lieu d'une gloire apocryphe.

Tout se réunit donc pour prouver qu'Annibal arriva par Saint-Laurent-des-Arbres sur les bords du Rhône, et qu'il fit ses dispositions pour le passer en ce lieu. En attendant, et pour disperser les Cavares qui le menaçaient sur la rive opposée, il détacha Hannon qui passa le fleuve à vingt-cinq mille au-dessus, accompagné de quelques Gaulois qui lui furent donnés pour conducteurs, vers une petite île qui rendait le canal moins profond.

Le lendemain Hannon, partant de son camp et s'approchant de celui d'Annibal, vint allumer des feux sur une hauteur (Mornas ou Mondragon). A ce signal, Annibal embarqua ses troupes, partie sur des chaloupes qu'il avait louées ou fait construire à la hâte, et partie sur des radeaux. Le passage long et difficile se fit aux cris de guerre des Gaulois que Hannon dispersa bientôt. Les trente-sept éléphans passèrent sur des radeaux ; les chevaux à la nage, à l'arrière des bateaux.

Pendant que l'armée effectuait son passage, Annibal envoya cinq cents cavaliers numides au-delà de la Durance, vers le camp des Romains pour s'assurer de leurs dispositions. Cette cavalerie fut rencontrée par celle de Scipion, composée de trois cents guerriers, envoyés du camp placé à l'embouchure du Rhône. Le combat fut plus meurtrier qu'on n'avait osé l'espérer. La peur se glissa dans les rangs des Numides ; une charge bien dirigée les met en fuite. Deux cents Africains restèrent sur la place ; cent quarante des vainqueurs, parmi lesquels se trouvaient quelques Gaulois, arrosèrent de leur sang la terre des Cavares.

Quatre jours après, Annibal partit de son camp, remonta le fleuve, s'enfonçant toujours dans le pays des Gaulois, non que cette route fût celle qui mène aux Alpes, mais parce qu'elle l'éloignait de la mer, où se trouvaient les Romains, avec lesquels il ne voulait point combattre qu'il ne fût arrivé en Italie. Car ce grand homme eut des momens où il vit faiblir son courage ; ses soldats, épuisés par les fatigues, commençaient à murmurer, et lui-même, dans sa perplexité, se montrait indécis s'il continuerait son chemin vers l'Italie, ou s'il donnerait une bataille désespérée à la première armée romaine qui se présenterait.

Conduit par les Gaulois du roi Matalus, il arriva après quatre jours de marche au confluent de l'Isère, d'où il se dirigea vers le mont Genèvre selon les uns, et, selon d'autres, vers le Petit-St-Bernard. Une troisième et quatrième opinion le font passer par le Mont-Viso et le Mont-Cenis. M. de Fortia paraît être de cet avis, car il trace l'itinéraire d'Annibal par Mons-Séleucus. La première opinion semble être la plus vraisemblable : on dit cependant que la seconde a obtenu le plus de suffrages.

La suite de l'expédition aventureuse d'Annibal jusqu'au cœur de l'Italie, n'appartient plus à notre histoire. Nous l'abandonnerons sur les Alpes cottiennes, pour revenir au milieu des révolutions qui changèrent la physionomie et les constitutions du pays.

La haine que les Liguriens conservaient contre les Marseillais et leurs colonies reprit une nouvelle force, quatre-vingt-deux ans après la première guerre faite par les Romains ; d'un autre côté, la fidélité des mêmes Romains à défendre leurs alliés, se montra plus ostensiblement : politique habile qui leur ouvrait le passage pour de nouvelles conquêtes. Ils avaient déjà châtié les Liguriens Cisalpins, ennemis de Marseille ; ils viennent maintenant dompter et soumettre à leur domination, par la valeur de Q. Opimius, les Liguriens Transalpins, autres ennemis des Marseillais, qui ravageaient leurs colonies de Nice et d'Antibes.

En l'an 626 de Rome, la haine invétérée des Liguriens Transalpins et des Salyens contre les Marseillais se renouvela avec plus d'animosité et fit recommencer les déprédations dans les colonies phocéennes du littoral de la Méditerranée. Les Marseillais, imprudens et faibles, commirent la faute énorme d'appeler les Romains à leur secours. C'en était fait de l'indépendance nationale : les malheureux solliciteurs venaient de frayer un passage à l'invasion et de soumettre les peuples leurs alliés à l'envahissante domination des guerriers de Rome.

CHAPITRE II.

Période romaine. — Défaite des Liguriens Transalpins, par Fulvius Flaccus. — Sextius Calvinus. — Guerre contre les Allobroges, par Domitius Ænobarbus. — Q. Fabius Maximus. — Caïus Marius. — Jules César ; conquête des Gaules. — Octave. — Auguste. — Division de la Gaule.

L'expédient le plus funeste dont puisse se servir une nation divisée par les haines, c'est d'appeler les peuples voisins à son secours ; ceux-ci arrivent effectivement comme des alliés bien intentionnés ; mais, une fois admis sur ces terres convoitées, ils étudient les ressources du pays, les avantages d'une occupation future, et ne tardent pas à mettre à profit la sottise de ceux qui leur ont ouvert leurs portes. Marseille, dupe de sa bonne foi, forgea, sans le vouloir, les fers dont les Romains se servirent pour nous enchaîner à leur domination.

Ce fut le proconsul Fulvius Flaccus qui vint au secours de la ville menacée par les Liguriens Transalpins et les Salyens. Flaccus mit leur armée en déroute et poussa jusque dans le pays des Voconces, au-delà de la Durance. Voici ce que dit Florus au livre LX sur *l'Epitome* de Tite-Live. Cet auteur nomme ces ennemis de Marseille Gaulois Falaniens. *Fulvius Flaccus primus omnium* TRANSALPINOS LIGURES *bello domuit, missus in auxilium* MASSILIENSIBUS *adversus* FALANIOS GALLOS, *qui populabantur fines* MASSILIENSIUM. (Edit. Basil. Froben, 1535.)

Il y a sans doute erreur dans le nom de ces Gaulois Falaniens, qui ne sont mentionnés dans aucun autre auteur, on croit qu'il faut lire SALVIOS, puisque Marseille est située sur les terres des Salyens. D'ailleurs, cette première invasion nous est attestée par l'inscription suivante, citée par Hubert Goltzius :

M. FVLVIVS. M. F. Q. N. FLACCVS
PROCOS.
DE LIGVRIBVS VOCONTIIS
ET SALVVEIS.

Un an après ce premier fait d'armes (627), les Salyens et les Voconces, jaloux de leur indépendance, tentent de secouer le joug des vainqueurs après le départ de Fulvius Flaccus. Rome, qui veut enfin poursuivre la conquête des Gaules, leur envoie Sextius Calvinus, général éprouvé par son audace et sa prudence, qui, pendant trois ans, fatigue les Voconces et les Salyens par des combats journaliers, les refoule jusque dans le pays des Allobroges, et revient fonder la ville d'Aix (Aquæ Sextiæ) pour en faire un arsenal de la république et y tenir une forte garnison. (*Strabon*, liv. IV.)

Après avoir repoussé les Salyens et chassé les autres ennemis de la côte maritime, Sextius dédia sa nouvelle ville à Mercure et donna tout son territoire aux Marseillais.

Pendant que Sextius Calvinus assurait la conquête de la Provence à l'ambition de Rome, le sénat, accueillant les plaintes des Eduens contre les Arverniens ; et, d'un autre côté, voulant se venger des Allobroges qui avaient donné asile aux Salyens repoussés décrète la guerre contre ces peuples. Une armée nombreuse, sous la conduite de Cneius Domitius Ænobarbus, est envoyée pour les combattre. Le consul livra une grande bataille presque sous les murs d'Avignon, au confluent de la rivière *Vindalium* avec le Rhône (1).

---

(1) Le *Vindelicus amnis* que Florus prend à temoin de la victoire d'Ænobarbus, en disant : *Varus victoriæ nostræ testis, et Vindelicus amnis, et impiger fluminum Rhodanus.* (De Bello allobrog.), ne peut être que la Sorgue ou l'Ouvèse ; il est même possible que ces deux rivières portas-

L'année suivante (628), les Arverniens et les Allobroges, résistant avec opiniâtreté aux forces imposantes des Romains, lèvent de nombreuses armées pour conserver leur indépendance menacée, et Rome, impatiente de conquérir, met tout en armes pour achever l'invasion de la Gaule transalpine. Bituitus, roi des Arverniens, ayant appelé à son secours les Ruthéniens, les Allobroges et les Cavares, passe le Rhône sur deux ponts de bateaux pour venir attaquer les Romains sur les terres de Provence nouvellement conquises.

Le consul Fabius Maximus, avec une armée d'environ trente mille hommes, composée de Salyens et de Voconces, remonte le Rhône, rencontre Bituitus vers le confluent de la Sorgue avec ce fleuve, et lui présente le combat. La bataille fut si sanglante et si terrible, que les Gaulois, épouvantés par l'approche des éléphans que Fabius menait à la suite de son armée, se mirent en désordre et furent taillés en pièces. Dans leur retraite, ils voulurent repasser le fleuve sur les ponts de bateaux ; mais ces frêles constructions ne purent supporter un si grand poids ; ils se rompirent ; le Rhône fut en un instant couvert de cadavres. Bituitus, resté en arrière pour protéger la retraite, tomba au pouvoir des vainqueurs (1).

---

sent, ainsi que de nos jours, un nom commun lorsqu'elles étaient réunies dans un même lit, comme entre le village de Bédarrides et le Rhône. Strabon nomme *Oundalon* la ville située près de la jonction de ces rivières avec le Rhône, et dit formellement que la Sorgue ($\Sigma ov \lambda \gamma \alpha s$) se jette dans ce fleuve près de la ville $Ouv\delta\alpha\lambda ov$.

(1) Florus ajoute encore : *D. Ænobarbus et Fabius Maximus, ipsis quibus dimicaverunt, locis saxeas crexêre turris et desuper exornata armis hostilibus trophæa fixêre : cum his mos inusitatus fuerit nostris. Nunquam enim populus romanus hostibus domitis victoriam suam exprobavit.* Florus, *de Bello allobrog.*, liv. IV, page 185. Venet. in ædibus Aldi, 1520. — Strabon avait dit un siècle avant Florus, au sujet de cette victoire : « La troisième rivière est la Sorgue qui se jette dans le Rhône » près la ville d'Oundalôn, où Cneius D. Ænobarbus défit dans une gran- » de bataille plusieurs myriades de Celtes. » (Chaque myriade est compo-

— 24 —

Valère assure qu'après avoir fait la paix avec les Romains, ce roi se rendit volontairement à Rome, où il fut arrêté pour être attaché au char de triomphe, et delà enfermé dans une prison de la citadelle d'Albe. Par un décret du sénat, Congentiatus, son fils, éprouva le même sort que son père.

C'est après cette bataille que fut construite la *voie Domitienne* dont parle Cicéron dans son oraison pour Fonteius, accusé devant le peuple romain de péculat au préjudice des ouvriers qui travaillaient à cette voie, soit en les exemptant des corvées, soit en rejettant leurs ouvrages comme non recevables. Fonteius était préteur de la Gaule Narbonnaise, ce chemin ne pouvait avoir été construit qu'en Provence ; il devait passer à Avenio et de là se diriger sur Orange, comme nous l'attestent quelques vestiges trouvés dans nos contrées.

Les Liguriens, les Salyens, les Voconces, les Cavares, les Allobroges, les Ruthéniens et les Arverniens étant soumis depuis l'année 634, Rome chargea le consul Marcius Rex de faire la conquête du pays des Volces Arécomiks et des Tectosages. Ce consul, d'après Velleius Paterculus, amena une colonie qu'il établit à Narbonne, ville qui prit le nom de *Narbo Marcius* ; et de là ce guerrier étendit son invasion sur toute la Gaule appelée *Braccata*, pour ouvrir aux armées romaines un libre passage d'Italie en Espagne. Mais tant était grand l'amour de la liberté chez ces peuples qu'on voulait soumettre à la servitude, qu'à l'approche de ce Marcius, descendant des Alpes du côté de Nice, les Gaulois ne pouvant résister à une si puissante armée, préférèrent se donner la mort, ainsi que leurs femmes et leurs enfans, plutôt que de survivre aux malheurs de la patrie et de subir le joug des Romains.

Devenus maîtres de cette grande région nommée *Gallia Braccata*, à cause du vêtement de ses habitans, comme le

---

sée de 10,000). Le même géographe dit un peu plus bas : « Les Arverniens se battirent avec Domitius vers le confluent de la Sorgue avec le Rhône. » (Strabon, liv. IV, pag. 191. Paris, 1620.)

dit Pline, liv. III, ch. IV, qui comprenait les pays des Salyens, des Voconces, des Cavares, des Allobroges et des Volces, les vainqueurs en changèrent la division et les lois. Ils l'appellèrent *Gaule Narbonnaise*. De nouveaux magistrats, élevés dans les mœurs et les usages de Rome, remplacèrent les magistrats du pays. Un grand changement s'opéra ensuite dans le langage par l'introduction de la langue latine, qui effaça peu à peu la langue gauloise ou celtique, et l'harmonieux idiome grec apporté par la communication avec Marseille et les autres colonies phocéennes.

Notre belle contrée, autrefois libre, courbée alors sous la servitude, écrasée d'impôts, ruinée par les vexations, obligée de recevoir les gouverneurs et magistrats envoyés de Rome, fut réduite en province romaine, d'où elle prit son nom de PROVENCE, *provincia quas' pro victæ*.

Après la soumission de la Gaule *Braccata*, l'ambition romaine voulut poursuivre ses conquêtes dans le reste des Gaules non soumis. Elle fut arrêtée dans sa marche par les Cimbres, les Teutons, les Tigurins et les Ambrons, descendus des bords de l'Oder et des montagnes de la Suisse. Le consul Julius Silanus fut battu par ces barbares, l'an de Rome 645. Après la défaite de Silanus, le sénat envoya le consul Aurélius Scaurus pour venger la gloire de Rome ternie par cet échec. L'armée fut entièrement détruite, Scaurus fait prisonnier et mis à mort par les Cimbres.

Les barbares s'approchaient cependant de la Gaule Narbonnaise. Servilius Cœpio accourt pour s'opposer à l'invasion. Ne trouvant point d'ennemis à combattre, Cœpio marche sur Toulouse et s'empare du trésor apporté du temple de Delphes par les Gaulois de Brennus. Malgré cette conduite peu digne d'un Romain, le commandement de l'armée ne fut point enlevé à Cœpio, mais on lui adjoignit le consul Manilius, qui arriva avec une armée nombreuse. Ces deux généraux furent plus malheureux que tous ceux qui les avaient précédés. Ils furent complètement battus sur les deux rives du Rhône.

L'épouvante fut grande à Rome quand on apprit la destruction de l'armée. Salluste dit que le sénat commença à être persuadé qu'avec les Gaulois il ne fallait pas combattre pour la gloire, mais pour le salut de la république. Cœpio fut rappelé, condamné à mort, et son corps porté aux gémonies.

Il s'agissait maintenant de sauver l'Italie menacée par les hordes du Nord. Rome ne savait à qui confier le soin de sa vengeance, lorsqu'elle jeta les yeux sur le vainqueur de Jugurtha, sur ce Caïus Marius qui devait acquérir plus tard une si grande célébrité dans les guerres civiles. Marius part pour combattre les Cimbres, l'an 649 de Rome ; arrivé en Provence, il trouve cette province évacuée par les ennemis. Les Cimbres et les Teutons, après la défaite de Cœpio, après avoir ravagé le pays depuis le Rhône jusqu'aux Pyrénées, étaient entrés en Espagne. Marius n'ayant point d'ennemis à combattre, employa son armée, campée au milieu de la Camargue, à fortifier sa position. Il creusa les *Fosses Mariannes*, contracta alliance avec les Marseillais, à qui il donna toutes les terres de la côte maritime, aux environs du Rhône et des Fosses ; il fit construire un admirable chemin à travers l'étang de Berre, près de Marignane, anciennement appelé *Maritima analicorum* et y établit une colonie romaine. Ses soldats construisirent ensuite le grand aqueduc de *Traconade*, au territoire de Jouques, jusques à Aix, aqueduc dont il reste encore quelques hautes arcades, sur lesquelles on a trouvé l'inscription suivante : C. MAR..... EX. DE F.....

Marius, ambitionnant le quatrième consulat, saisit l'occasion de la mort d'Aurélius Orestes, son collègue, pour se porter de Provence à Rome, où, par ruse et à l'aide de ses amis, il se fit nommer consul. Pendant son absence, les Cimbres, les Teutons et les Ambrons, chassés d'Espagne par les Celtibériens, revinrent dans la Gaule pour se porter de là en Italie. Ils se séparèrent en deux corps, dit Plutarque ; les Cimbres et les Tigurins prirent la route des hautes Alpes : les Teutons et les Ambrons choisirent la plaine et la côte maritime de Ligurie. Marius, informé de la marche des ennemis, quitte subitement Rome, accompagné de Catulus Luctatius, son collègue ; ils viennent au devant des barbares : Catulus, par la Lombardie, au pied des Alpes Cisalpines, pour attendre les Cimbres et les Tigurins ; Marius par la Provence, pour s'opposer au passage des Teutons et des Ambrons.

Les ennemis ayant passé le Rhône sous la ville d'Arles, à l'endroit où ce fleuve est divisé en trois branches, ils vinrent insulter les soldats romains dans leur camp, les défiant au combat. Leur armée était tellement nombreuse, qu'il fallut six jours pour défiler devant le camp des Romains. Marius, en homme prudent, ne répondit point à leurs menaces ; mais, aussitôt que les Teutons se sont avancés dans la Crau, il fait prendre les armes à ses soldats, suit de près les ennemis jusqu'à ce qu'il ait trouvé un lieu favorable pour les combattre ; les ayant atteints au-dessous d'Aix, près du village de Pourrières, il leur livre deux batailles, c'est-à-dire un duel à mort. La fortune se tourna ce jour-là du côté des Romains. Les barbares furent taillés en pièces ; il ne s'en sauva pas un pour aller porter à leurs compagnons la nouvelle de la défaite. (Voyez Plutarque, *vie de Marius* ; et Florus, lib. III, cap. III. Tite-Live dit aussi, lib. LXVIII : *Caïus Marius cos ; summâ vi oppugnatâ, à Teutonis et Ambronibus castra defendit. Duobus deindè prœliis, circà Aquas Sextias, eos hostes delevit, in quibus cœsa traduntur hostium ducenta millia, capta nonaginta*). Plutarque fait l'éloge des femmes de ces Teutons, qui écrasèrent leurs enfants sur des rochers, et se déchirèrent le sein avec le fer, pour ne point survivre à leurs maris et n'être pas exposées à la brutalité des soldats.

Marius venait d'obtenir les honneurs du triomphe, après la défaite des Cimbres. Il ne faut pas croire cependant qu'après cette victoire la Gaule Narbonnaise fût entièrement soumise à la domination romaine. L'esprit de liberté était dans toutes les âmes, les peuples de la Provence surtout supportaient avec peine la honte et les charges d'une occupation étrangère. Aussi lorsque Pompée fut envoyé par le sénat, l'an 677, pour amener des renforts à Metellus qui faisait la guerre en Espagne, fut-il arrêté dans sa marche par une révolte générale de la Gaule Narbonnaise. Ce jeune guerrier se vit obligé de se faire jour par la force des armes et de combattre ceux qui voulaient s'opposer à son passage. Ce désir de secouer le joug oppresseur des Romains se réveilla de nouveau par les exactions du préteur Fonteius, accusé de péculat par les Volces et les Allobroges, au nom de tous les autres peuples de la Gaule Narbonnaise. Publius Umbrenus, confident de Catilina, les pousse encore à la révolte, l'an 690, pour favoriser les projets de ce conspirateur. Mais le préteur Pontinius fut aussitôt envoyé en Provence pour étouffer le feu de la sédition.

Tout se soumit enfin à la puissance romaine, il ne restait plus à conquérir que la Gaule chevelue (*comata*) la Bretagne ou l'Angleterre, et la Germanie, pour que les Romains fussent les maîtres absolus de l'Europe et de presque tout le monde connu.

Il parut alors sur la scène du monde un de ces hommes extraordinaires faits pour étonner l'univers. Grand capitaine, homme de génie, Jules César eût été le citoyen le plus recommandable de la république, si son ambition personnelle ne lui avait fait tourner ses armes contre sa patrie, et s'il n'eût voulu s'élever au rang suprême, d'où il fut précipité. Mais cette chute ne laissa pas moins Rome aux prises avec les factions qui la déchiraient. Avec lui furent ensevelis l'héroïsme républicain, l'amour de la liberté, les vertus civiques : le chemin était ouvert au premier audacieux qui voulut arriver au trône.

Le génie de Jules César allait ajouter un empire immense à l'empire déjà si étendu des enfants de Romulus. Au commencement de son consulat, César fut nommé gouverneur de la Gaule Cisalpine et de l'Esclavonie ; il obtint ensuite du sénat d'ajouter à ce commandement celui de la Gaule Narbonnaise, pour opérer plus facilement la conquête des autres nations non encore soumises à la domination romaine. Jules César vint en Provence avec dix légions composées de soixante mille hommes : et de là, pendant dix ans, il dirigea ses opérations guerrières contre la Bretagne et la Germanie. Sa politique ramena les peuples à la soumission ; à force de bienfaits, il les accoutuma au joug de l'esclavage. Maître du pays par sa vaillance et par la douceur de son administration, Jules César voulut l'attacher encore par des liens plus forts à la république romaine. Il construisit des villes qu'il peupla avec des colonies venues d'Italie, comme le rapporte Suétone, chap. IV de la *vie de Tibère Néron*. Ces villes furent nommées *Coloniæ Juliæ*. Marseille, en récompense des services qu'elle lui rendit pendant les guerres des Gaules, reçut d'éclatans témoignages de sa reconnaissance.

L'an de Rome 695, Jules César passe les Alpes pour arrêter les Séquanois quittant les montagnes de la froide Helvétie pour chercher des terres plus fertiles dans les plaines de Toulouse. Il les attaque au-delà du Rhône, dans le pays des Sébusiens (la Bresse), les met en déroute et force les débris de ces peuplades à retourner dans leur pays.

Continuant à étendre ses conquêtes, César dirige sa marche victorieuse vers l'Angleterre. Dans l'espace de neuf ans, il soumet à ses lois toute la Gaule qui se trouve entre les Alpes, le Rhône, le Rhin et l'Océan. Les aigles romaines prennent alors leur vol vers le pays des Bretons, au-delà de la Manche, où le nom de Rome n'était pas encore connu. César soumet ces peuples, reçoit d'eux des ôtages et leur impose un tribut annuel de quatre cents sesterces. Albion vaincue, le grand capitaine court avec la rapidité de l'éclair assaillir les Germains au-delà du Rhin, leur fait une guerre terrible qui ne se termine que par la soumission entière de la Germanie. Dans ces innombrables batailles, César, qu'une heureuse fortune accompagnait toujours, n'éprouva que trois défaites : la première devant Vercingétorix qui lui disputait pied à pied l'Auvergne et sa capitale Gergovia (1) ; les deux autres, en Allemagne ; lutte malheureuse du courage contre la tactique, où la Gaule perdit son indépendance, sans que, tout semble l'indiquer, l'Auvergne perdît sa liberté, lui absent, par l'imprudence de ses lieutenans.

Satisfaite sur tous les points, son ambition ne connut plus de bornes. Après ces conquêtes, il revient à Rome, qu'il trouve privée de ses principaux citoyens ; il se fait nommer dictateur. Pourvu de ce pouvoir suprême, il part pour l'Espagne avec son armée pour aller combattre Affranius, Petreius et Varron, lieutenans de Pompée, de ce Pompée jaloux de sa gloire et de son pouvoir.

La guerre civile qui éclata l'an de Rome 704, par l'ambition de César et de son gendre, n'eut qu'un faible retentissement dans nos contrées. Marseille ose seule fermer ses portes à César allant en Espagne combattre son dangereux rival. Ce guerrier arrive en Provence, ordonne à ses généraux C. Trebonius et D. Brutus de faire le siége de cette ville, pendant que lui, avec sept légions, ira en Espagne à la rencontre de l'armée de Pompée. En effet, César, en descendant les Pyrénées, se trouve face à face avec ses rivaux, les accable avec sa promptitude ordinaire, les fait tous prisonniers sous les murs de Lérida, et, toujours magnanime, il rend la liberté à ces Romains égarés qui étaient venus le combattre.

Trebonius et Brutus poussent vigoureusement le siége de Marseille. Cette ville, défendue par Cneius Domitius Ænobarbus, fils de ce Domitius qui triompha des Allobroges, est attaquée par mer et par terre. Deux fois vaincus en bataille

---

(1) Lors du siège que fit César de Gergovia, Lucius Fabius, l'un des centurions de la 8e légion, put parvenir au haut de la muraille en se faisant soulever par trois de ses soldats. Or, les Romains étant, en général, de petite stature, on ne doit pas supposer aux murs de Gergovia plus de 4 mètres d'élévation.

navale, les Marseillais se soumettent à discrétion à César qui revenait d'Espagne après avoir anéanti l'armée de son gendre. Le vainqueur pardonne à la ville rebelle en mémoire de son ancienne amitié. Il se fait livrer les vaisseaux et les armes, les machines et l'argent du trésor ; il entre ensuite dans la place sans défense, laisse deux légions pour la garder, renvoie les autres en Italie et retourne à Rome.

La guerre civile continuait avec plus d'acharnement. Ce n'était plus dans Rome, déjà trop souvent souillée du sang de ses citoyens, qu'allait se vider la querelle du beau-père et du gendre, c'est dans les champs de Thessalie, à Pharsale, où s'étaient rendus le sénat, les consuls et la noblesse romaine, que le sort de l'empire va se décider.

La fortune de César ne l'abandonna pas dans cette guerre contre la patrie, où le sang de ses enfants allait être prodigué pour satisfaire l'ambition de deux de ses plus illustres citoyens. Pompée fut vaincu. Fugitif, il vient à Alexandrie se jeter dans les bras de Ptolémée, qui le fait tuer et envoie sa tête à César. Aussitôt celui-ci accourt porter la guerre en Egypte, défait ce roi, traître envers le guerrier malheureux qui avait mis toute son affection et sa confiance en lui. Maître d'Alexandrie, Jules César donne l'Egypte à Cléopâtre, sœur de Ptolémée. De là, le vainqueur, pour se débarrasser de ses ennemis, tourne ses armes contre Pharnace, fils de Mithridate, roi de Pont, qui avait secouru Pompée en Thessalie. Il l'attaque, triomphe de lui en bataille rangée, puis le fait mettre à mort.

César retourne ensuite à Rome, où il se fait nommer consul pour la troisième fois. Tout ce qu'il y avait de distingué dans Rome, tout ce qui portait un cœur vraiment républicain, s'était retiré chez Juba, roi de Mauritanie, pour recommencer la guerre et s'opposer aux envahissemens de celui qui convoitait le pouvoir suprême. César se transporte en Afrique, sort victorieux de plusieurs combats qu'il livre aux chefs romains partisans de Pompée. Ces héroïques citoyens de Rome, pour ne pas survivre aux malheurs de la république, se tuèrent de leurs propres mains, préférant ainsi la mort à la honte de tomber au pouvoir de l'oppresseur de la patrie. Parmi eux se trouvaient Marcius Caton, Scipion, Petreius, Juba et Faustus, gendre de Pompée.

L'année suivante (708), César revint à Rome pour obtenir un quatrième consulat. Ses affidés, républicains trompés, l'investirent de nouveau de ce pouvoir. César se met alors en route pour l'Espagne, où les enfans de Pompée, Cneius et Sextus, avaient remis sur pied de grandes armées. Battu près de Munde et n'ayant d'autre ressource que la fuite, il veut se percer le cœur pour n'avoir pas à subir la honte d'être fait prisonnier; mais son courage se relève, il rallie ses soldats en déroute, livre de nouveau la bataille, sort victorieux d'une lutte acharnée dans laquelle le fils aîné de Pompée perdit la vie, et le plus jeune fut obligé de se sauver dans les montagnes.

Il ne restait plus d'ennemis à combattre ; la guerre civile avait fait disparaître peu à peu les défenseurs de la république. César demeurait seul victorieux au milieu de tant de désastres. De retour à Rome, il put alors sans crainte marcher vers le but qu'il s'était proposé, celui de régner en maître. Pour arriver plus aisément à la toute-puissance, il abattit un à un les fondemens de vieille constitution républicaine et s'empara de toutes les fonctions pour réunir sur sa tête tous les pouvoirs de l'Etat. Et le sénat et le peuple romain, oubliant leurs antiques vertus, se prosternèrent devant celui qui osait porter la main sur une couronne.

Entré dans Rome au mois d'octobre, César ne jouit pas long-temps de ses triomphes ; aux ides de mars, Brutus, Cassius, Cimber, Dolabella et les autres conjurés le frappent de vingt-trois coups de poignard, au milieu du sénat.

Après la mort de César, la guerre civile rallume ses torches incendiaires. Tous les ambitieux sortent de leur retraite pour se disputer les dépouilles de l'empire ; les uns, ayant Antoine et Octave à leur tête, veulent venger le meurtre du grand capitaine ; les autres, excités par Sextus Pompée, demandent réparation de la mort du rival de César. Lepidus, qui gouvernait la Provence, trahit la république et se ligue avec Antoine et Octave ; un triumvirat est conçu dans la ville de Fréjus, pour se rendre maîtres de l'empire, chaque membre de cette conjuration nourrissant la pensée secrète de s'en emparer après avoir sacrifié ses compétiteurs.

Dix ans de sanglantes proscriptions signalèrent le passage de ce triumvirat. Mais Rome ne pouvait reconnaître trois maîtres à la fois ; ce fut à qui resterait seul des triumvirs pour ramasser la couronne. Ces hommes, qui s'étaient ligués sous le prétexte de sauver la république, s'entre-déchirent et se proscrivent tour à tour. Lepidus fut saisi au milieu de ses légions et ignominieusement privé de toutes ses dignités. Antoine, qui voulait élever Cléopâtre sur le trône futur de Rome, se résout à faire la guerre à Octave. Il est vaincu par ce dernier dans le combat naval d'Actium, et se perce le cœur en présence de Cléopâtre, l'an 723.

Octave, cet ambitieux couvert de sang, que les flatteurs mirent au rang des dieux, qu'ils décorèrent du beau nom d'Auguste, ceignit son front de la couronne qu'aucun rival ne pouvait plus lui disputer ; ils étaient tous descendus dans la tombe avec les derniers républicains, avec Cicéron et tant d'autres défenseurs de la patrie. Le genre humain put se reposer après tant de guerres sanglantes et jouir des bienfaits de la paix. Auguste mit tous ses soins à rétablir l'ordre dans l'administration, à faire fleurir l'agriculture et à effacer les traces des désastres de la guerre civile. Une nouvelle division des provinces de l'empire fut ordonnée par Auguste.

La Provence fut partagée en dix-sept provinces par le nouvel empereur.

La première, dite la première Narbonnaise, eut pour capitale la ville de Narbonne, ayant dans son ressort les cités de Toulouse, de Béziers, d'Agde, de Nismes, de Maguelone, de Lodève et d'Uzès.

2.

La seconde, dite la seconde Narbonnaise, dont le chef-lieu fut la ville d'Aix, se composait des cités d'Apt, de Fréjus, de Gap, de Sisteron, d'Antibes et de Riez.

La troisième est la province Viennoise, dont Vienne fut la capitale, comprenait les villes de Genève, de Grenoble, de Viviers, de Die, de Valence, de Trois-Châteaux, de Vaison, d'Orange, de Carpentras, d'Avignon, d'Arles et de Marseille.

La quatrième est la province des Alpes-Maritimes, qui eut pour capitale Embrun, avec les villes de Digne, de Chorges, des Saliniens ou Castellane, de Senez, de Glandèves, de Vence, de Nice et de Cimiez.

Tite-Live, et Sénèque, liv. V, disent qu'après avoir assuré la paix à l'Europe, Auguste vint en Provence présider les Etats du pays, et que de là il envoya des commissaires pour faire rentrer les impôts frappés sur les autres parties des Gaules conquises par Jules César, son oncle. *Cùm ille*, disent ces auteurs, *conventum Narbonæ ageret, census à tribus Galliis, quas Cæsar pater vicerat auctus.*

La domination romaine avait pris, à l'égard de notre province, des formes si douces et si bienveillantes, que l'on vit ses habitans se façonner rapidement et sans effort à la langue, aux lois, aux mœurs, à la civilisation de leurs vainqueurs. Ils eurent, comme les Romains, leur sénat et leur capitole ; alors s'ouvrirent ces écoles où les fils des familles nobles, oubliant l'idiome celtique, furent initiés à tous les secrets des arts, des belles-lettres et de l'éloquence. Ces nouveaux Romains portent avec tant de dignité ce laticlave qu'ils se sont empressés de substituer à la braie nationale, qu'ils fournissent bientôt des titulaires à toutes les grandes charges de la métropole et des provinces ; patrices, préfets de Rome, préfets du prétoire des Gaules, maîtres de l'une et de l'autre milice, généraux d'armée, empereurs même, les enfans de la riche Provence deviennent, au déclin de l'empire d'Occident, les plus fermes soutiens de ce colosse qui s'affaisse sous son propre poids, de cette grandeur qui s'éteint dans la corruption.

C'est alors que s'élevèrent, à la voix de ce souverain, ces grands monumens édifiés à la gloire de Rome et à celle de ce nouveau roi, placé dans l'Olympe à côté du maître du tonnerre. Sénèque rapporte qu'Auguste dédia un temple au dieu *Circius* ou Mistral ; mais il ne dit pas en quel lieu de la Provence fut élevé ce temple. Dans ce siècle illustre par le progrès des sciences, quand Horace et Virgile s'asseyaient à côté du trône, quand l'architecture noble et imposante, couvrait d'édifices le sol de l'Italie et le sol de la Gaule, Auguste entreprit la réparation ou la première construction des chemins militaires qui traversaient nos contrées. Parmi ces grands travaux, nous citerons particulièrement *la voie Aurélienne*, qui partait de Rome et aboutissait à Arles, en passant par Nicia, Antipolis, Horreum, Forum Julii, Forum Voconii, Malavonium, Turris, Tegulata, Aquæ Sextiæ, Pisavæ, Tericiæ, Glanum, Ernaginum, Arelate, ainsi que nous le prouve la quantité de pierres milliaires trouvées sur ce même chemin, au mas du Brau, près Salon, au bois d'Aureille, au mas de Roubiac, au Paradou.

Avignon devint une ville très-florissante sous les Romains. Pomponius Mela la classe au nombre des cités les plus populeuses de la Gaule Narbonnaise, et Pline, lib. III, cap. V, dit : In mediterraneo coloniæ : *Arelate Sextanorum, Beterræ Septimanorum, Arausio Secundanorum,* In agro : *Cavarum Valentia, Vienna Allobrogum,* Oppida latina : *Aquæ Sextiæ Salluviorum, Avenio Cavarum, Apta Julia Vulgentium, Alebece Reiorum Apollinarium, Alba Helvorum, Augusta Tricastinorum : Anatilia, Aëria, Bormani, Comacina, Cabellio, Carcasum Volcarum Tectosagum, etc.*

C'est dans cette période des beaux jours de la république, des premiers empereurs jusqu'à l'invasion des barbares, que les Romains se plurent à embellir les villes conquises de monumens qui attestent la grandeur des conceptions de ce peuple guerrier. Orange fut largement dotée par les dominateurs du monde ; Avignon ne montre que quelques misérables débris de sa grandeur passée ; Carpentras et Cavaillon ont chacun un arc de triomphe. Comment se fait-il que la ville d'Avignon, si heureusement située, ait aussi peu conservé de monumens anciens ? A qui connaît l'histoire de notre cité, la réponse est facile : en quel lieu les siècles barbares et du moyen-âge, ont, plus que chez nous, entassé de ruines ? Prise par les Sarrasins, reprise par les Francks, encore plus barbares, notre cité reçut les plus terribles coups. Plus tard, il fallut, pour que le palais s'élevât plus fier et plus colossal, que les débris d'une idole lui servissent de fondemens. C'est à cette époque (au XIVe siècle) qu'on fait remonter la destruction du temple d'Hercule (1). Quant à celui de Diane (2), dont les auteurs ont aussi signalé l'existence sur la partie septentrionale du

---

(1) Ce demi-dieu, suivant Lucien, était représenté avec des chaînes d'or qui lui sortaient de la bouche. Dom Polycarpe de la Rivière et Fantoni rapportent l'inscription suivante, qui était gravée sur le piédestal de la statue :

HERCVLI AVENNICO
DEO POTENTI, PROTECTORI
C. TVSCILIVS
PRO CIVIVM VENNICORVM
SVSCEPTO VOTO.

Cette inscription, où Hercule était qualifié d'*Avennicus*, a pu faire croire que ce demi-dieu avait fondé la ville, quand il y a tout lieu de penser que cette fondation doit être attribuée aux Cavares ou aux Grecs de Massalie.

(2) Le temple de Diane ayant été détruit, nous ignorons à quelle époque il fut rebâti par les Romains. L'inscription gravée sur le fronton de ce nouveau temple et rapportée par Dom Polycarpe de la Rivière, semble donner quelque certitude à cette nouvelle construction :

DIANÆ
TEMPLVM RESTITVI
EX VOTO PVBLICE SVSCEPTO,
PVBLIVS ATIVS NANTIS FILIVS
CIV. AVEN. ET IN DEÆ
HONOREM DEDICARI CVRAVIT
SVB COS. X DIS.

rocher, il dut, dans ce cas, disparaître sous les fortifications qu'on y avait opposées à celles de Villeneuve, et qu'une explosion, provoquée par la foudre qui pénétra dans l'arsenal, détruisit à leur tour, le 29 août 1650.

Près de quatre siècles s'écoulèrent sans que notre pays fût troublé par ces divisions intestines qui firent de Rome une arène où de nouveaux ambitieux vinrent se disputer le trône. Les persécutions des Chrétiens s'étendirent bien jusque dans nos provinces, mais n'amenèrent point de ces révolutions dont les secousses changent les destinées des peuples.

La Gaule entière soumise, les empereurs portèrent la guerre dans les autres parties de l'Europe non conquises ; les combats livrés successivement entre les divers compétiteurs de la couronne des Césars n'ensanglantèrent pas notre sol. La Gaule resta paisible spectatrice de ces scandaleuses querelles des empereurs d'Occident et d'Orient.

Les temps étaient venus où l'empire romain devait s'effacer devant la puissance des peuples qui cherchaient un climat plus doux que celui où le ciel les avait fait naître. Les orgies politiques des deux derniers siècles, la corruption et la vénalité des soldats, l'orgueil et la trahison des généraux, avaient ouvert au flanc de la puissance des Césars une plaie dont elle devait mourir. Les usurpateurs et les tyrans se multipliaient dans toutes les provinces ; les prétoriens dispensaient le pouvoir souverain ; le sénat enregistrait servilement tous les attentats qui ruinaient le crédit et la considération de Rome ; l'empire, en un mot, voyait naître avec chaque jour un malheur nouveau. Les armées, cette dernière sauve-garde des Etats qui croulent, n'étaient plus qu'un vaste foyer de révolutions ; et l'on sait avec quelle funeste énergie les révolutions militaires précipitent la destruction des royaumes et la mort de toutes les forces normales et régulières des sociétés. Cependant, à aucune époque, Rome n'aurait eu plus besoin d'être unie, courageuse et patriotique, car le Nord remuait comme une fourmillière irritée ; déjà même les invasions barbares avaient commencé à ronger le monde romain. Au midi, à l'orient, au septentrion, à l'occident, partout les Césars de Rome mourante avaient eu à combattre de funèbres apparitions ; et les plus glorieux exploits des capitaines de l'empire appartenaient à la lutte suprême qui mettait aux prises le génie civilisé de la vieille famille celte et le génie encore farouche d'une nouvelle famille de barbares.

Au nombre des perturbations qui signalèrent la chute de la puissance romaine, les ravages des Goths dans l'Italie et leur conquête politique dans le midi des Gaules, doivent être comptés comme des évènemens décisifs de la grande catastrophe sociale du Ve siècle. Ce qui donne à l'invasion de ces conquérans un caractère particulier, c'est qu'elle n'a pas été seulement un drame militaire, mais une guerre politique intérieure de diplomatie, allant s'attaquer au cœur de la vie impériale jusque dans le secret de ses palais, de ses conseils et de ses intérêts dynastiques.

CHAPITRE III.

Invasion des Barbares. — Marche des Goths. — Entreprises des Visigoths. — Alaric. — Siége de Rome. — Siége d'Arles. — Bataille de Beaucaire. — Ataulphe. — Prise de Toulouse. — Wallia. — Fondation du royaume des Visigoths. — Aëtius. — Attila. — Sa mort.

L'an 378 de notre ère, des flots de barbares ébranlent l'empire sous Valens, l'inondent en 395 sous Honorius et Arcadius, et mettent à feu et à sang tout le pays situé entre le Rhin, le Rhône, l'Océan, les Alpes et les Pyrénées.

L'opinion vulgaire donne pour patrie aux peuples gothiques, les régions scandinaves connues dans la géographie ancienne sous le nom de *Scandia*. L'île de Gothland aurait été leur berceau, en réservant d'ailleurs leur origine primitive qui est asiatique. Cependant, il est peu vraisemblable qu'un pays aussi circonscrit que la Suède ait pu jeter sur l'Europe les multitudes nombreuses que l'histoire a marquées de la dénomination formidable de Goths. Il est donc plus naturel de penser qu'une émigration véritablement gothique sortie de la Suède, a rallié à elle d'autres peuples moins puissans qui se sont confédérés sous ce nom générique et l'ont adopté comme le signe de leur fortune commune. Les guerriers les plus illustres, et en général tous les chefs et dépositaires de pouvoir appartenaient à la nation purement gothique, dont les deux premières familles étaient les Amales et les Balthes.

Les Goths commencèrent à se faire connaître sous l'empereur Décius, l'an 251, et sous les autres chefs de l'empire, qui ne purent s'opposer à leur établissement dans la Sarmatie jusque vers les Palus-Méotides, sous leur roi Athanaric; de là, ils s'étendirent dans les pays arrosés par le Danube; ils vinrent en Italie sous Alaric, et mirent Rome au pillage. Leur roi Ataulphe les conduisit ensuite dans la Gaule Narbonnaise, d'où ils transférèrent le siége de leur domination en Espagne, après en avoir chassé les Vandales.

La fortune des armes ayant fait tomber entre leurs mains quelques apôtres chrétiens qui combattaient dans l'armée de Valérien, on voit, sur la fin du IIIe siècle, une partie de ces barbares se convertir à la foi du christianisme une fois vaincus par Théodose-le-Grand. Mais quatre-vingts ans après, une nécessité impérieuse les força de sacrifier leur conscience religieuse, encore faible, pour sauver leur existence nationale. Les Huns étaient arrivés derrière eux et les avaient dépouillés de leurs possessions si longtemps défendues contre la puissance romaine. Dans cette consternation générale, Ulphilas, le célèbre évêque dont il nous reste une traduction gothique de la Bible, fut député vers l'empereur Valens, à Constantinople, pour proposer l'incorporation politique de sa nation dans les terres de l'empire. Valens hésita d'abord, mais, sur la promesse que firent les Goths, chrétiens et payens, d'embrasser l'arianisme, ce prince, dont le fanatisme pour Arius a rempli l'histoire de tant de pages sanglantes, se laissa toucher, et leur assigna la Thrace pour nouveau siége de leur colonie.

A la suite de cette concession, les Goths commencèrent leur retraite vers la Thrace; selon leur position, plus ou moins orientale sur le Danube, ils étaient divisés en deux nations, alliées politiquement et pour les guerres dangereuses qui menaçaient leur sûreté commune, mais rivales d'ambition, de pillage et de prépondérance. Ceux des Goths qui étaient à l'Orient prenaient le nom d'Ostrogoths *(orientaux*, de *ost*, *est)*, et ceux du couchant celui de Visigoths *(occidentaux*, de *West, Ouest.)*

L'éclat de la naissance d'Alaric, son courage et ses grands

talens militaires lui gagnèrent la confiance et l'enthousiasme de sa nation. Désormais ce conquérant va s'attaquer à l'Italie et à Rome elle-même, pour ravir au centre du foyer les dernières étincelles de vie qui soutiennent l'empire moribond. Sans motif, sans déclaration, il envahit et saccage l'Italie en 400. Chassé par Stilicon, il se retire ; mais dès que ses pertes sont réparées, il revient comme un taureau furieux se ruer sur la terre des Césars qu'il a mission de broyer sous le pied des barbares. Dans cette seconde expédition de 402, Alaric fit trembler la ville éternelle et la menaça d'une ruine sans exemple, si Honorius n'assignait pas des possesions honorables à la nation qu'il commandait et ne faisait prendre rang à son armée dans les légions impériales. Le sénat effrayé envoie vers lui et l'exhorte à la clémence ; Alaric irrité se borne à cette réponse : « Qu'on m'épargne la peine de piller Rome et qu'on me livre tout l'or et toutes les richesses qu'elle renferme. — Que laisserez-vous donc aux Romains ? demandent les ambassadeurs. — La vie. »

Rome aux abois aima mieux se dépouiller de toutes ses richesses que de combattre. Alaric conclut alors un traité avec Honorius, s'engagea dans l'armée romaine avec ses troupes comme auxiliaire, leva son camp et le transporta en Toscane.

Ces deux figures d'Honorius et d'Alaric sont là comme un enseignement de la Providence. Quand elle veut faire mourir un empire, elle a soin de parer son agonie de quelque grand contraste qui nous fait mieux saisir le caractère de sa décadence et de sa mort. Ici, le prince loyal, généreux, magnanime, fidèle observateur de sa parole, c'est le roi du peuple barbare ; l'empereur du monde civilisé, a l'attitude d'un monarque lâche, paresseux, perfide et profanateur de sa foi.

Après la mort d'Alaric et les funérailles extraordinaires que lui fit son armée à Coventia, les Visigoths appellèrent au gouvernement de leur nation, son beau-frère Ataulphe (410) qui tenait un des premiers rangs parmi les généraux d'Alaric. Ataulphe négocia auprès d'Alaric un traité d'alliance ;

et, pour obtenir la main de Placidie, sœur de l'empereur, il s'engagea avec la cour de Ravenne à faire soumettre la Gaule dans l'obéissance.

Une famine horrible qui s'était déclarée dans les Gaules à la suite des ravages de la guerre et de l'invasion barbare, mettait Honorius dans l'impossibillité de fournir le blé concédé par les engagemens. Ataulphe, aussi infidèle à sa foi que l'empereur, se jeta impunément sur Marseille qu'il ne put prendre.

Repoussé de cette ville, Ataulphe dirigea de nouvelles entreprises d'un autre côté. Il s'attaqua à la Narbonnaise, investit la capitale de cette province et s'en rendit facilement maître. Après la chute de Narbonne, Ataulphe s'avança dans l'intérieur du pays et vint mettre le siége devant Toulouse, ville déjà célèbre alors par les richesses des Tectosages et l'éclat qu'y avaient laissé les préteurs romains. Après ce fait d'armes, l'armée visigothe s'étendit autour de Toulouse, portant dans les campagnes le brigandage et le vol ; puis elle s'avança vers Bordeaux qui lui ouvrit ses portes comme à un allié de l'empire.

Tandis que les armées de Théodose et de Valentinien étaient occupées en Italie à combattre Jean le tyran, d'autres flots de barbares inondèrent l'empire. Les Alains et les Vandales, chassés d'Espagne par les Goths, entrent en Afrique et mettent tout à feu et à sang ; les Anglais et les Ecossais ravagent la Bretagne ; les Francks, sous la conduite de Clodion-le-chevelu, chassent les Romains et commencent d'établir leur royaume dans la Gaule Belgique, à l'entour de Paris ; les Bourguignons s'avancent vers la Savoie et le Dauphiné ; les Visigoths ne se contentent pas de l'Espagne et de la Guienne, il s'emparent de tout le Languedoc. Il ne restait plus aux Romains que la Provence, défendue par le brave Aëtius.

Théodoric, roi des Visigoths, ne voulant plus se renfermer dans les limites de ses royaumes de Guyenne et de Toulouse, ni se contenter de la possession de quelques autres villes du Languedoc, cédées par les traités passés avec son prédécesseur Vallia et l'empereur Honorius, vint mettre le siége devant Arles, investir Narbonne, et menacer la Provence et le Languedoc. Mais Aëtius accourt promptement à Arles, en fait lever le siége et met les Visigoths en retraite. Il court ensuite sur d'autres points menacés par l'invasion des Francks et des Bourguignons, il fait marcher vers Narbonne le comte Litorius avec une nombreuse armée ; mais Litorius, malgré sa valeur, fut complètement battu et conduit prisonnier à Toulouse, (*Idacius, Jornandès, Isidor; Sidon. in Panegyr. Aviti.*

A la nouvelle de la défaite de Litorius, Aëtius, qui cherchait à arrêter les Francks, retourne subitement en Languedoc ; et, craignant que les Goths ne poursuivissent leurs victoires, ou qu'ils ne se joignissent avec les Francks et les Bourguignons, et que ces envahisseurs unis ne chassassent les Romains des Gaules pour se partager ce pays, négocie la paix avec Théodoric, confirme, de la part de Valentinien, tous les traités anciens, et lui cède le Languedoc.

En 434, les Bourguignons, conduits par leur roi Gundicaire, déjà battus par Aëtius et désireux d'étendre leur domination en Provence, saisissent le moment où ce général est arrêté en Aquitaine par les Goths et en Belgique par les Francks, pour remettre sur pied une armée formidable. Ils rencontrent si peu d'obstacles qu'en peu de jours ils pénètrent jusqu'à Marseille, subjuguent les Allobroges et soumettent le reste des Séquanois à leur domination. Alors toutes ces provinces, réduites à l'obéissance, prirent le nom de *Bourgogne* qu'elles ont conservé long-temps. (Duchesne, *hist. Burg.* lib. I, cap. II.)

La gravité des évènemens obligea encore Aëtius de faire la paix avec Gundicaire, après en avoir reçu le consentement de Théodose et de Valentinien ; il lui accorda toutes les provinces usurpées sur les Romains, excepté la Provence, limitant la conquête des Bourguignons jusqu'à la Durance, dans laquelle cession furent compris le Comtat Vénaissin, les villes d'Avignon, de Sisteron, de Forcalquier, d'Apt et de Manosque, et tout le pays qui est en-deçà de la même rivière. Le Dauphiné et la Savoie leur furent donnés à partager avec les habitans de la contrée.

L'année d'après, les Gaules furent menacées d'une nouvelle invasion par l'arrivée d'Attila, roi des Huns, qui venait avec cinq ou six cent mille hommes pour ravager le pays. Les Francks, les Goths, les Bourguignons et les Romains se réunirent avec les anciens Gaulois pour s'opposer à l'ennemi de tous.

Attila, sorti du fond de l'Asie, s'avançait, poussé par la main de Dieu, vers l'Occident. En dix ans (432-442), il avait étendu son empire de la Chine à la mer Baltique. Il passa la Save, enleva la capitale de la Pannonie, balança entre la ruine de Constantinople ou de Rome, se contenta d'un tribut énorme que lui promit l'empire d'Orient, et vint se jeter, en 451, sur les frontières des Gaules, pour ajouter la ruine de cette contrée à toutes les gloires déplorables dont il était déjà entouré. Attila se voyait prédestiné à une grande œuvre de destruction : il prit lui-même le titre de *Godesigel* ou *Fléau de Dieu*. Une biche, selon la tradition, avait ouvert le chemin aux Huns à travers les Palus-Méotides : antithèse cruelle, sur laquelle a passé un fleuve de sang ! Le roi des Huns avait juré ses droits à la domination du monde sur une épée qu'un prêtre avait trouvée dans l'herbe d'un pâturage solitaire. » *L'étoile tombe, la terre* » *tremble : je suis le marteau de l'univers !* » s'était-il écrié. Et aussitôt, aux yeux du monde, la destinée du barbare rayonne dans je ne sais quelle étrange terreur.

Cet homme, d'une grandeur terrible, commença sa guerre contre l'occident par un trait perfide. A Valentinien, il fit tenir un message où il l'assurait de sa constante amitié avec les Romains, et demandait qu'on l'autorisât à détruire la domination des Visigoths. A Théodoric, il représenta par une ambassade qu'il devait s'unir aux Huns. « Si les Visigoths, disait-
» il, étaient moins courageux, les Romains, qui prétendent
» à l'empire du monde, les auraient exterminés depuis long-
» temps. La destruction de Rome peut seule rendre aux na-

» tions opprimées la paix et la tranquillité, et cette destruc-
» tion sera facile à consommer, si les Huns et les Visigoths
» réunissent leurs efforts. » Mais la ruse d'Attila demeura
sans résultat. Valentinien et Théodoric se liguèrent contre lui.
Attila passe le Rhin, détruit Strasbourg, Metz, et s'avance
dans les Gaules. Aussitôt Aëtius quitte Arles, rassemble toutes les troupes des milices impériales, conjure les Visigoths de faire marcher l'armée qu'ils voulaient réserver pour une défense éventuelle de leur territoire ; enrôle des Celtes et des Germains, promet à Merewig (Mérovée) la royauté des Francks, qui lui était disputée par un compétiteur, s'il réunissait ses guerriers à l'armée romaine ; et ainsi à la tête d'une force imposante, il s'avance vers la Loire. Attila entrait en même temps dans la ville d'Orléans. L'armée coalisée, animée par saint Agnan, évêque d'Orléans, fit un carnage affreux des Huns, les chassa de la ville, et les poursuivit jusqu'en Champagne. Attila, ayant rallié ses troupes, se hasarda à livrer bataille entre Châlons et Méry-sur-Seine. Aëtius, Merewig et Théodoric prirent leurs dispositions : le combat fut épouvantable, sans miséricorde ; deux mondes étaient aux prises : le duel devait être un duel à mort. La victoire resta à la ligue franco-romaine ; et Théodoric, qui avait pris une part si brillante au triomphe, laissa la vie sur le champ de bataille.

Les Visigoths élurent le lendemain même un autre roi ; leur choix tomba sur Torismond, fils de Théodoric (451). Il entra en triomphateur dans sa capitale, partagée entre la joie de la victoire et le deuil que laissait dans tous les cœurs la mort glorieuse de Théodoric.

Torismond ne régna que deux ans ; Théodoric, son frère et son meurtrier, lui succéda en 453, et tomba lui-même sous le poignard fraternel en 466. Euric, le législateur des Visigoths, mourut à trente-six ans, dans la ville d'Arles en 484. Le trône passa à son fils, Alaric II, qui perdit la bataille de Vouglé. Avec Alaric II finit la puissance et l'unité du royaume des Visigoths.

CHAPITRE IV.

Partage de la Provence. — Les Burgondes. — Gundicaire. — Clovis. — Siége d'Avignon par Clovis. — Siége de Vienne par Gondebaud. — Théodoric, roi des Ostrogoths. — Expédition de Clovis contre les Visigoths. — Bataille de Vouglé. — Fin du royaume des premiers rois de Bourgogne. — Francks austrasiens. — Gunthran. — Invasion des Lombards et des Saxons. — Le patrice Mummol. — Sa mort. — Expédition de Récarède. — Mort de Gunthran. — Thierry. — Clotaire. — Dagobert. — État des lettres.

Jusqu'à présent la Provence avait été invariablement soumise à la domination romaine depuis environ six cents ans ; maintenant elle va subir toutes les vicissitudes qui naissent des révolutions politiques. Après avoir été province romaine, une partie de notre contrée reconnaîtra pour maîtres les premiers rois de Bourgogne ; après eux, viendront les Francks, peuple conquérant et guerrier, qui chassera les Burgondes. L'autre partie, occupée par les Visigoths, sera cédée aux Ostrogoths ; ceux-ci, avec le consentement des empereurs romains, la livreront aux Francks qui en resteront les seuls maîtres.

La partie occidentale, située en deçà de la Durance, possédée par les rois de Bourgogne, comprenait le Comté-Vénaissin, les villes d'Avignon, d'Apt et de Pertuis, de Manosque, de Forcalquier et de Sisteron. Elle fut occupée pendant l'espace de quatre-vingts ans, depuis Gundicaire (450) jusqu'à Godomar (530), dépouillé de ses états par les Francks, enfans de Clovis. La partie orientale, au-delà de la Durance, devint le partage des Visigoths, sous Euric (466), jusqu'à Théodoric, roi des Ostrogoths, lequel, après la mort d'Alaric II et de Geselic (511), obtint des Visigoths les terres qu'ils possédaient en Provence, après en avoir chassé les Francks qui les avaient usurpées.

Les Burgondes étaient des peuples belliqueux venus du fond de la Germanie. Les empereurs s'en servirent souvent pour s'opposer à l'invasion des Germains dans la Gaule. Ils assistèrent Valentinien en 370, et quelque temps après, ils s'approchèrent du Rhin avec une armée de quatre-vingt mille hommes; ils sont appelés ensuite par Stilicon, sous Honorius; ils passent le Rhin, s'avançent dans la Gaule et embrassent le christianisme vers l'an 400; ils se répandent ensuite dans la contrée appelée *Maxima Sequanorum*, dans la Savoie, dans les provinces Lyonnaise, Viennoise, dans les Alpes Pennines, et en Provence jusque sur les bords de la Durance.

Nous avons vu à quelles extrémités étaient réduites les Gaules vers l'an 450, lorsque Aëtius qui les gouvernait pour les empereurs, redoublait d'efforts pour arrêter l'invasion des Francks et combattre les Visigoths. Les Burgondes, profitant de l'absence d'Aëtius, descendent, sous la conduite de Gundicaire, leur roi, dans les états de Provence, qu'ils ravagent entièrement et veulent les réunir à leurs conquêtes de Bourgogne, de Savoie et du Dauphiné. Aëtius, serré de près par ces nouveaux envahisseurs, fut contraint de faire la paix avec eux et de leur céder toutes les terres gagnées par la guerre, limitant leurs possessions à la Durance. La partie septentrionale, dans laquelle se trouvait la ville d'Avignon, resta sous l'obéissance romaine jusqu'au moment où Euric, roi des Visigoths, s'en rendit maître.

Reprenons maintenant le cours des évènemens.

Gundicaire, roi des Bourguignons, avait perdu la vie à la

bataille de Châlons en combattant contre Attila, en 452. Il laissa deux fils, Gundéric et Chilpéric, dont l'un régna en Savoie et l'autre sur le reste des états de Bourgogne. Gundéric, après avoir régné vingt-deux ans, mourut en 473, et ses quatre fils, Gondebaud, Chilpéric, Godomar et Godegesile se firent continuellement la guerre et s'entrégorgèrent pour une couronne. Chilpéric et Godomar étant morts, Godegesile eut la Bourgogne supérieure; Gondebaud s'empara de l'inférieure et des terres de Provence jusqu'à la Durance. Chilpéric avait laissé deux filles; l'une se fit religieuse par ordre de Gondebaud, son oncle, et l'autre, Clotilde, fut demandée en mariage par Clovis, qui l'épousa à Soissons, en 490,

Godegesile, peu satisfait du partage que son frère Gondebaud lui avait fait, se décida à lui déclarer la guerre. A cet effet, il négocia une secrète alliance avec Clovis, et lui promit de partager avec lui l'héritage de Gondebaud, s'il l'aidait à s'emparer de la Bourgogne. Clovis, dont l'ambition le faisait toujours marcher à l'agrandissement de ses états, et dont la haine poursuivait sans cesse le meurtrier de la famille de Clotilde, accepta l'offre de Godegesile; il entra le premier à main armée sur les terres de Gondebaud. Celui-ci, ignorant l'alliance de son frère avec le roi franck, le pria de joindre ses forces aux siennes pour s'opposer à la conquête de Clovis. Godegesile lui répondit qu'il se rendrait au plutôt dans son armée avec tout ce qu'il pourrait trouver de gens de guerre. Godegesile tint parole; mais étant arrivé sur le champ de bataille près de Dijon, loin de se joindre aux troupes de son frère et de charger les Francks, il attaque les soldats de Gondebaud et les écrase. Epouvanté par ce coup inattendu, Gondebaud prend la fuite vers le Rhône, et ne s'arrête que lorsqu'il s'est mis en sûreté sur les confins de son royaume. Il se jette dans Avignon et s'y fortifie. Clovis vint assiéger cette place et ne put s'en emparer (500).

Grégoire de Tours parle du siège d'Avignon par Clovis, il

regarde cette ville comme une place extrêmement fortifiée. Voici quelques détails qu'il donne à ce sujet :

« Le roi burgonde se défendit quelque temps avec vigueur dans Avignon, mais, prévoyant que les vivres lui manqueraient bientôt, il convint avec Arédius, chef de son conseil, que ce dernier ferait semblant de se réfugier dans le camp ennemi, comme un homme mécontent de la cour et du prince, et qu'il tâcherait de gagner la confiance de Clovis et de le disposer à entrer en négociation et à terminer par un accommodement.

« Clovis reçut très-bien Arédius et le retint près de lui pour s'informer de l'état de la ville et des assiégés. Il lui laissa entrevoir que la longueur du siége commençait à l'inquiéter. Le roi franck lui ayant permis de dire tout ce qu'il en pensait, Arédius lui parla en ces termes :

« Vous êtes trop éclairé, seigneur, pour avoir besoin des
« avis d'autrui, et vous n'avez pas encore eu le temps d'é-
« prouver ma fidélité et le zèle que j'ai pour votre gloire, pour
« devoir vous en rapporter à mes conseils ; il n'y a que l'ordre
« que vous m'en donnez qui puisse me faire prendre la liberté
« de vous dire ce que je pense à cet égard. Le ravage que vo-
« tre armée fait autour d'Avignon cause un grand dommage à
« votre ennemi. Vos troupes désolent la campagne, vous avez
« fait couper tous les oliviers, arracher toutes les vignes,
« tout le pays est ruiné ; mais le siége n'avance pas beaucoup.
« La ville est forte, les assiégés se défendent, et paraissent
« résolus de soutenir les dernières extrémités. L'armée ce-
« pendant se fatigue, et les maladies sont à craindre : les
« choses sont encore en tel état que vous pouvez vous faire
« honneur de votre clémence, en ne jetant pas un roi malheu-
« reux dans le désespoir. Il y a un parti à prendre qui serait
« très-glorieux pour vous, c'est de lui offrir la paix, le par-
« don du passé, à condition d'un tribut à perpétuité. S'il l'ac-
« cepte, c'est une nouvelle victoire que vous remportez sur
« lui et qui vous le soumet pour la suite, à peu de chose près,

3

« comme un sujet fidèle à son roi. S'il refuse, vous serez en
« droit plus que jamais de le pousser à bout. » (*Trad. du P.
Daniel*, *Hist. de France*, *tom. I.*)

« Cet avis, conforme à l'impatience du roi et des Francks, fut écouté, et ayant été discuté dans le conseil, il fut suivi. Les assiégés donnèrent des ôtages ; un des officiers de Clovis fut reçu dans la ville, et Gondebaud se soumit à un tribut perpétuel. »

Mais Clovis n'eut pas plutôt repris le chemin de la France, que Gondebaud, après avoir réuni toutes les troupes qu'il trouva disponibles, ne pensa qu'à se venger de son frère Godegesile, et vint l'attaquer dans la ville de Vienne. Il pénétra secrètement dans ses murs par la trahison d'un habitant. Godegesile, surpris et battu, se réfugia dans une église, où il fut impitoyablement massacré. Ses soldats furent renvoyés à Alaric, roi des Visigoths. Quelques auteurs disent qu'on les passa tous au fil de l'épée. (*Grég. Tur. lib. II*, *ch.* 32.)

Ainsi la ville de Vienne fut, à des temps différens, le tombeau des trois frères, Chilpéric, Godomar et Godegesile, enfans de Gundéric, princes de la maison de Bourgogne. Gondebaud le fratricide resta seul maître de tout le royaume. Il s'occupa alors de l'administration du pays et mit tous ses soins à policer ses sujets par de nouvelles lois et ordonnances, qui prirent le nom de *Gombètes* (502).

La mort de Godegesile remplit de haine le cœur ulcéré de Clovis. Sous prétexte de venger la mort de l'oncle de sa femme, il résolut de s'emparer de toute la Bourgogne et d'en priver le meurtrier de Chilpéric. Théodoric, roi des Ostrogoths, qui désirait depuis longtemps aussi étendre ses conquêtes, fit offrir à Clovis, dont il avait épousé la fille ou la sœur, le secours de ses armes. Un double motif détermina le roi franck à accepter les propositions de Théodoric ; d'abord le désir d'en finir avec les Bourguignons, ensuite l'impatience de venir en Languedoc anéantir définitivement le royaume des Visigoths.

Le rendez-vous des deux armées fut indiqué en 504. Les Francks s'y rendirent les premiers ; les Ostrogoths, obligés de passer les Alpes, devaient arriver plus tard. La politique de Théodoric est ici bien évidente. Ce roi voulait arriver sur le champ de bataille après le dénouement de l'action, parce que, si les Bourguignons étaient vainqueurs, tombant sur eux avec une armée toute fraîche, affaiblis qu'ils seraient par un grand combat, il ferait avec eux sa condition meilleure au détriment de Clovis; que si, au contraire, les Bourguignons étaient vaincus par les Francks, il colorerait son absence par des excuses et indemniserait les soldats francks avec de l'argent. Une de ces deux hypothèses se changea en réalité. Les Francks, conduits par Clovis, impatiens de combattre avant que le secours des Ostrogoths ne fût arrivé, tombèrent sur les Bourguignons avec tant d'acharnement et de fureur, que Gondebaud fut contraint de prendre la fuite et d'abandonner son royaume à la discrétion du vainqueur.

Les tardifs Ostrogoths arrivent quand la bataille est gagnée. Il y eut de mutuels reproches de part et d'autre : les uns blâmaient l'impétuosité des Francks, les autres, la négligence et le peu de courage de Théodoric. L'adroit monarque arrangea tout avec une bonne somme d'argent; les fruits de la victoire furent partagés entre lui et Clovis. Celui-ci eut tout ce qui appartenait à la Bourgogne au-delà du Rhône et de la Saône, et Théodoric tout ce qui est en deçà, c'est-à-dire la Savoie, le Dauphiné et la Provence. Avignon tomba dans le domaine de Théodoric, qui donna le gouvernement de cette place à Wandalius, en recommandant à cet officier de traiter les Avignonais avec la plus grande douceur.

Clovis, après avoir dompté les Bourguignons, s'empressa d'aller combattre Alaric II, redoutable voisin dont la puissance inquiétait sans cesse le conquérant des Gaules.

Ce conquérant s'étant emparé de Toulouse, Thierry, son fils, étendit l'invasion sur les côtes de la méditerranée. Gondebaud assiéga le roi Geselic dans Narbonne, et les villes de

Nîmes et d'Uzès furent soumises aux Francks, à qui Théodoric, roi des Ostrogoths, les enleva dans la suite. Théodebert, roi de Metz, après la prise du château de Cabrières, passa le Rhône et reprit sur les Visigoths le pays d'Uzès. Depuis cette époque l'Occitanie fut soumise à la domination austrasienne.

Vers le commencement du VIe siècle, le royaume des Visigoths, fondé par des rois conquérans et législateurs, était le plus florissant des états nés de la barbarie. Le génie de cette nation, aidé par une longue habitude du christianisme, par les grands hommes qui l'avaient commandée, par les circonstances de son établissement dans la Gaule méridionale, toute pleine des souvenirs et de l'éclat de Rome ; le génie des Visigoths, dis-je, était le plus propre à la civilisation; leurs lois étaient les plus perfectionnées de toutes celles des peuples germaniques ; chez eux, la pénalité était plus savante, plus modérée que celle qu'on trouve dans les autres codes barbares. La législation visigothique est empreinte des idées du droit romain, à un plus haut degré même que celle des Bourguignons, qui partagent, avec les Visigoths, l'honneur d'avoir les premiers introduit la pensée romaine dans leur législation.

Sous le point de vue intellectuel, les Visigoths sont encore incontestablement les plus avancés de la famille barbare ; ils ont eu de bonne heure des évêques remarquables, et leur clergé était le plus instruit, moins adonné aux exagérations religieuses, que le clergé du reste de la Gaule. Des mœurs assez douces pour une nation née de la conquête, du goût pour les lettres, l'amour de la paix et des jouissances sociales, en avaient fait comme une curiosité au milieu des peuplades belliqueuses, farouches et turbulentes qui inondaient la Gaule ; aussi verrons-nous plus tard les nations du Nord se ruer sur la nation visigothe, pour s'approprier les bénéfices de la conquête civilisatrice.

Les vertus pacifiques d'Alaric auraient été un grand bienfait pour un empire définitivement établi et entouré de gouvernemens réguliers et stables ; mais dans la situation où se trouvait l'Europe, elles ne servirent qu'à accélérer la chute du royaume de Toulouse. Le plus grand et le plus redoutable ennemi de la domination visigothique était le roi des Francks, Chlodewig ou Clovis. Il convoitait depuis long-temps la Gaule méridionale, et une fois maître du Nord, il ne pouvait manquer de tourner ses efforts vers les pays d'outre-Loire.

Une autre cause activa encore l'ambition de Clovis : les Visigoths étaient ariens (1), tandis que les Francks avaient embrassé la doctrine orthodoxe, reconnue par Rome et ordonnée par les conciles. Les évêques catholiques, tant ceux qui appartenaient au royaume de Clovis, que ceux qui relevaient de la puissance politique d'Alaric, exhortaient le roi des Francks à marcher contre les ariens. L'ambition personnelle de Clovis était plus que suffisante pour lui faire entreprendre cette expédition ; mais il n'était pas fâché de couvrir ses desseins d'envahissement d'un prétexte qui ôtait tout droit de plainte aux autres rois barbares.

La guerre contre Alaric fut donc une véritable croisade, et,

---

(1) Arius, prêtre d'Alexandrie, indigné de n'avoir pas été choisi pour succéder à l'évêque Achillas au siége épiscopal de cette ville, commença à dogmatiser contre la doctrine catholique en 319. Il enseignait que le fils de Dieu ou le Verbe était une créature tirée du néant, que Dieu le père avait produite avant tous les siècles, et dont il s'était servi pour créer le monde.

Cette doctrine fut condamnée dans le concile de Nicée, tenu en 325 : saint Athanase était au nombre des docteurs. La cause d'Arius était perdue, mais l'erreur subsista. Les passions politiques s'en mêlèrent et l'univers catholique fut en feu.

Sous les empereurs Gratien et Théodose, l'arianisme reçut un coup mortel ; il disparut du sol de l'empire. Les nations barbares à demi chrétiennes le reçurent dans leur sein, et au commencement du Vme siècle, cette hérésie se propagea parmi les Goths, les Bourguignons et les Vandales. Les Visigoths la portèrent en Espagne, où elle s'éteignit vers l'an 660. Quelques années avant, sous les rois visigoths, Leuvigilde et Récarède, les erreurs d'Arius avaient aussi cessé d'infester les Gaules.

pour la première fois, des nations chrétiennes devaient s'armer pour leurs dissentimens philosophiques et religieux.

Les évêques orthodoxes conspirèrent donc presqu'ouvertement contre Alaric, et entretenaient avec le roi Franck des correspondances pleines d'instances et de sollicitations qui l'engagaient à étendre son empire et celui de la vraie foi. Clovis s'arma donc d'un magnifique zèle pour la religion et chercha le motif d'une rupture avec les Visigoths. L'expulsion de Quintianus, évêque de Rodez, tout dévoué aux Francks, en fournit le prétexte. Mais la véritable cause de la guerre fut que Clovis, n'ayant pu conquérir la Bourgogne, voulut conquérir la Visigothie pour se dédommager. Théodoric, le grand roi des Ostrogoths, le véritable maître de l'Italie, quoiqu'il n'eût accepté aucun titre romain, vit l'orage prêt à se former et n'oublia rien pour le conjurer.

La médiation de Théodoric, beau-père d'Alaric, n'amena d'autre résultat qu'une entrevue entre les deux rois dans un îlot de la Loire. Les deux armées étaient campées dans les plaines de Vouglé, près de Poitiers. Vaincu par les plaintes et les murmures de ses soldats, Alaric se décida à accepter la bataille. Les Visigoths combattirent avec plus de courage qu'on avait osé l'espérer de la mauvaise organisation de leur armée et des dissensions funestes qui la travaillaient. Pendant quelques momens, les Francks plièrent, la défection d'un corps de Gaulois les affaiblit tout-à-coup et jeta la confusion parmi eux. Le roi franck, dans son désespoir, et aussi pour ramener la victoire sous ses drapeaux, cherchait Alaric dans tous les rangs. Il le rencontra enfin, entouré d'une faible escorte déjà épuisée et à moitié détruite. Clovis lance son cheval sur Alaric, et d'un formidable coup de sa francisque, il le démonte; le cruel vainqueur l'achève sans pitié, foule son cadavre aux pieds, et se tournant vers ses compagnons, il leur dit : « Allez annoncer que la bataille est gagnée. »

En effet, dès que le bruit de la mort d'Alaric fut répandu parmi ses troupes, elles prirent la fuite dans le plus épouvantable désordre. Clovis resta maître du champ de bataille et d'un immense butin.

Les habitans du midi des Gaules s'étaient liés d'amitié avec la nation conquérante pour repousser l'invasion francke. Julius Nepos, qu'on croit issu d'une famille arverne, achetant des protecteurs à l'empire par une lâcheté, avait cédé l'Aquitaine aux rois visigoths. Abandonnés à eux-mêmes, les Arvernes résistent d'abord, et ce n'est que sur les ruines de leurs remparts qu'ils acceptent le joug de leurs nouveaux maîtres. Mais les Visigoths n'avaient déjà plus rien de barbare que leur nom, mêlés aux Romains dans de longues stations en Grèce et en Italie, ils avaient perdu l'âpreté des mœurs germaines au contact d'une civilisation avancée. Comme les Provençaux, ils sont chrétiens, quoique d'une secte dissidente ; leur respect pour l'ordre qu'ils ont trouvé établi, l'esprit de douceur qui caractérise leur domination, la rend si légère que les habitans du midi oublient qu'ils ont changé de maîtres, et s'attachent à la fortune des Visigoths, comme ils s'étaient attachés à la fortune des Romains. Ainsi quand le flot de la conquête francke, après avoir dépassé la Loire, vint à déborder sur l'Aquitaine, les méridionaux se pressent autour d'Alaric : dix mille d'entre eux, et les plus nobles, commandés par le fils du célèbre Sidonius, viennent braver à Vouglé la terrible francisque des soldats de Clovis ; et la victoire n'est acquise au vaillant Sicambre que lorsqu'il ne reste plus dans les rangs des méridionaux un seul bras qui puisse soulever le glaive. Presque tous périssent dans cette sanglante mêlée, sur le cadavre du prince visigoth. (1)

Les résultats de la défaite de Vouglé furent immenses : cette victoire consacra la royauté francke sur le territoire gaulois, comme la bataille de Tolbiac la garantit des entreprises des nations germaniques. C'est après ces deux victoires que commence réellement la monarchie française.

---

(1) AD. MICHEL. L'Auvergne et le Vélay.

Peu de temps après, la partie du royaume de Bourgogne dont Théodoric était le maître, fut rendue à Sigismond, fils de Gondebaud, en considération du mariage conclu entre ce Sigismond et une fille naturelle de Théodoric, nommée Ostrogothe. Gondebaud, qui s'était retiré en Italie, mourut vers l'an 509 et laissa deux fils, Sigismond et Godomar II.

Les successeurs de Clovis s'emparent encore de ce malheureux pays en 522 ; ils sont forcés de l'abandonner, et en font une troisième fois la conquête ; mais bientôt Godomar se rend maître de toutes les contrées conquises par les Francks dans les dernières guerres. Plusieurs villes de Bourgogne, entre autres Apt, Carpentras, Orange, Saint-Paul-Trois-Châteaux et Gap, se mettent sous la protection de Théodoric, ce grand roi dont la politique était toujours dirigée par la sagesse et la prudence.

Pendant qu'Athalaric, fils d'Euric Cilica, roi des Visigoths, était maître encore d'une partie de la Provence, les princes français achevaient de détruire et de partager entre eux le royaume des Bourguignons. En 530, l'infortuné Godomar tombe entre les mains de Thierry, roi de Metz, et de Théodebert, son fils, qui le dépouillent de son royaume, environ un siècle après sa fondation. Deux ans après, Vitiges, roi des Ostrogoths, céda aux princes français la basse Provence qu'il possédait tout entière.

Ainsi finit le royaume des premiers rois de Bourgogne, qui entraîna dans sa ruine le domaine qu'ils avaient en Provence, domaine qu'ils possédaient depuis environ quatre-vingts-ans, et qui fut transmis aux rois de France vers l'an 530 ; d'abord, à Thierry, roi de Metz, en vertu du droit acquis à sa femme, fille de Sigismond, nièce de Godomar II, et sœur de Sigeric, seule héritière du royaume de Bourgogne, et ensuite à ses successeurs.

En 570, Avignon était compris dans cette partie de la Provence qui obéissait à Sigebert, roi d'Austrasie, peu satisfait du partage qu'il prétend n'être pas égal à celui de son frère

Gunthran, roi d'Orléans, de Bourgogne et de Provence. Cette belle province, si favorisée par le ciel, si voisine de la mer, si fertile, fait naître en lui l'ambition de la posséder. Pour accomplir ce dessein, il lève secrètement une armée dans le pays d'Auvergne, et, sous la conduite de Firmin, s'empare par surprise de la ville d'Arles.

Gunthran, averti de cette levée de boucliers, fait aussitôt assiéger Avignon par le patrice Celse, aidé d'une puissante armée. Avignon fut pris, ainsi que Arles, par les intelligences de Sapaud, archevêque de cette ville. Par une insinuation de ce prélat, l'armée de Sigebert et de Firmin crut devoir faire une sortie sur les assiégeans, avec certitude d'être soutenus par les habitans. Firmin sort de la ville pour aller surprendre Celse dans ses retranchemens. Repoussé par le patrice, il veut opérer sa retraite dans la ville ; mais il est accueilli par une grêle de pierres et de traits lancés du haut des murailles. Ainsi Firmin, battu par les troupes de Gunthran et par les Arlésiens excités par Sapaud, vit son armée en pleine déroute ; une partie se jeta dans le Rhône pour se sauver à la nage, l'autre fut passée au fil de l'épée. Firmin prisonnier dut sa liberté à la clémence de Gunthran. Ce prince, pour maintenir la paix, rendit à Sigebert la ville d'Avignon. Les deux frères auraient peut-être repris les armes, si la nécessité n'eût fait cesser leurs ressentimens pour s'opposer à l'invasion des Lombards et des Saxons.

Nos malheureuses contrées étaient destinées à passer de main en main comme une monnaie courante, à subir tous les désastres nés de la barbarie des conquérans : c'est de cette époque que datent l'anéantissement de la civilisation et l'obscurcissement de la lumière primitive apportée par les Grecs de Phocée, entretenue par les Romains, vivifiée par le génie visigothique. Les princes pillards et débauchés de cette vieille époque et ceux du moyen-âge, dont quelques-uns ont légué à l'histoire leurs noms tristement célèbres, se montrèrent les dignes continuateurs des premiers barbares envahisseurs,

3.

leurs devanciers dans l'œuvre de la destruction sociale. Pourquoi s'étonner après cela des réactions sanglantes qui ont marqué les dernières périodes de ces temps lamentables ? Les révoltes de la Jacquerie, cet immortel soulèvement des Pastoureaux, vaste secousse imprimée par le géant méridional à l'édifice des féodalités établies par les hommes du Nord, ne furent que le prélude de la grande expiation sociale accomplie dans nos jours d'orages.

Au milieu de la lutte sanglante de ces rois d'Orléans et d'Austrasie, ligués pour anéantir la nationalité provençale, vinrent se placer d'autres ennemis pour leur disputer la conquête. Les Lombards, venus des bords du Danube et de la Pannonie, pénètrent en Italie vers l'an 572 ; ils s'emparent sans résistance de Vicence, de Vérone, de Milan, et de tout le pays jusqu'à Gênes, entrent dans Pavie, où ils établissent le siége d'un royaume qui succède à celui des Ostrogoths et prend celui du royaume des Lombards. Après avoir parcouru toute l'Italie, leur ambition les pousse à passer les Alpes et à venir fondre sur la Bourgogne et la Provence pour continuer leurs rapines et leurs dévastations.

Le patrice du roi Gunthran, Amat, successeur de Celse, ayant eu avis de l'approche des Lombards, vint pour s'opposer à leur entrée à la descente des Alpes, mais il fut si vigoureusement attaqué par ces barbares, qu'il perdit la vie dans le combat; toute son armée fut taillée en pièces. Le champ étant libre, ces brigands pillèrent et ravagèrent les villes et les villages. Ils repassèrent le Var chargés de butin et retournèrent en Italie.

Après la mort d'Amat (576), Gunthran choisit pour gouverner la Provence, Ennius Mummulus ou Mummol, excellent capitaine, éprouvé déjà dans bien des batailles. Mummol lève des troupes pour résister à une nouvelle invasion. D'un autre côté, les Lombards, attirés de nouveau par l'appât du butin, descendent des Alpes Cottiennes par la vallée de Suze et le Mont-Genèvre ; ils sont rencontrés près d'Embrun par Mummol, qui, connaissant mieux qu'eux les défilés des montagnes, les détours des vallées et les sentiers des forêts, leur tendit des pièges, détruisit toute leur armée, dont une partie périt par le glaive, et l'autre fut amenée prisonnière à Gunthran.

Dans ce combat se trouvèrent deux frères, Salone et Sagittaire, tous deux évêques, qui, non pas munis de la croix céleste, mais armés du casque et de la cuirasse du siècle, tuèrent, dit-on, ce qui est pis encore, plusieurs ennemis de leurs propres mains. Telle fut la première victoire de Mummol en bataille rangée. Ensuite les Saxons, qui étaient entrés en Italie avec les Lombards, firent de nouveau irruption dans les Gaules, et campèrent auprès de Stablon, village du territoire de Riez. Ils parcoururent les campagnes des villes voisines, pillant les richesses, emmenant des captifs, et ravageant tout. Mummol l'ayant appris, se mit en marche avec son armée, et fondant sur eux, leur tua plusieurs milliers d'hommes, et ne cessa de les massacrer jusqu'au soir; la nuit seule mit fin au carnage. En effet il les avait surpris à l'improviste, et ne se doutant nullement de ce qui leur arriva. Le matin, les Saxons réorganisent leur armée, et se préparent à la guerre; mais après quelques messages échangés de part et d'autre, ils firent la paix, donnèrent des présens à Mummol, et abandonnant tout leur butin et leurs prisonniers, ils se retirèrent, avec serment de revenir en Gaule pour vivre soumis à ses rois, et comme auxiliaires des Francks. Les Saxons étant donc rentrés en Italie, prirent avec eux leurs femmes, leurs enfans et tout ce qu'ils possédaient, dans le dessein de revenir en Gaule, afin que Sigebert les recueillît, et les établît de nouveau dans le pays qu'ils avaient abandonné. Ils se partagèrent selon leur expression, en deux coins, dont l'un s'achemina par Nice, l'autre par Embrun (*unus quidem*, dit le texte, *per Niceam urbem, alius verò per Ebredunensem venit*), en suivant la même route qu'ils avaient prise l'année précédente; et tous les deux se réunirent sur le territoire d'Avignon. C'était alors le temps de la moisson: en ce lieu surtout étaient beaucoup de grains exposés à l'air, que les habitans n'avaient pu encore rentrer. Les Saxons s'approchent de ces meules de blés, se partagent la moisson, l'enlèvent, battent et mangent le grain, sans rien laisser à ceux qui avaient pris toute la peine (1).

L'année suivante 577, les Saxons qui étaient venus en Italie au secours des Lombards, ayant eu connaissance des richesses que ces premiers conquérans avaient emportées de la Provence, veulent à leur tour tenter la fortune. Ils viennent aussi par le Mont-Genèvre et descendent à Stablon, près de Riez (2).

Arrivés de l'autre côté des monts, les Saxons, froissés par la domination insolente des Lombards à qui ils ne voulaient pas se soumettre, résolurent, en 578, de retourner sur les rives de l'Oder en emportant tout leur bagage. Ils prennent de nouveau la route de Provence, divisés en deux colonnes, l'une descendant par le col de Tende et la côte de Nice, l'autre par le Mont-Genèvre et Embrun.

Le rendez-vous général fut fixé dans le territoire d'Avignon, appartenant au roi Sigebert. Mais avant d'arriver à ce lieu de réunion, ils ravagent tout sur leur passage ; la ville de Cimiez est par eux livrée au pillage et démolie. Mummol vint à leur rencontre pour leur barrer le passage du Rhône. Les Saxons effrayés achetèrent la liberté de leur marche avec quelques milliers d'écus ; ils se dirigèrent sur l'Auvergne, et de là passèrent en Saxe par la Lorraine.

Ainsi voilà, d'après Grégoire de Tours, les Saxons qui font deux fois irruption en Provence. La première fois ils arrivent à Estoublon, petit village près de Mezel, et y sont battus par Mummol. La seconde fois, en passant par Nice et par Embrun, et en suivant le même chemin que la première fois, ils arrivent à Avignon.

En lisant ce passage, on se demande tout de suite, lors-

---

(1) Grég. Tur. Hist. Francorum, l. IV. Trad. par MM. Guadet et Taranne.
(2) Ou *Estoublon*, entre Riez et Digne. (Basses-Alpes, arrondissement de Digne.)

qu'on connaît les localités, comment il a pu se faire que les Saxons en passant soit à Nice, soit à Embrun, pour se rendre à Avignon, aient pu la première fois, en suivant le même chemin, venir se faire battre à Estoublon.

En descendant par le Mont-Genèvre, et passant par Embrun, les Saxons avaient dû suivre la rive droite de la Durance, et assurément cette bande, ce *coin* de barbares ne dut pas traverser cette rivière pour venir à Estoublon.

Admettra-t-on plutôt que les Saxons descendus par Nice aient pu y arriver? Evidemment non. Une fois arrivés à Nice, il faudrait supposer qu'ils se sont décidés à remonter les montagnes, alors qu'un pays de plaines, un pays riche et fertile s'ouvrait devant eux.

Comment donc expliquer ce passage et faire disparaître cette contradiction?

M. Fauriel, dans son *Histoire Méridionale des Gaules*, et après avoir visité les lieux, a émis une opinion qui nous paraît excessivement probable. Cette opinion, la voici:

« La nouvelle portée en Italie aux Lombards de la destruction d'une de leurs bandes auprès d'Embrun, leur ôta, pour cette année, l'envie de tenter une nouvelle expédition en-deçà des Alpes ; mais leurs compagnons d'émigration, les Saxons, piqués peut-être par la vanité de se montrer plus braves qu'eux, résolurent de prendre à leur tour le chemin de la Gaule et d'y faire leur part de butin.

» Ils partirent au nombre de vingt-cinq ou vingt-six mille combattans, et Grégoire de Tours donne à entendre qu'ils franchirent les Alpes par les défilés du Mont-Genèvre. Cependant c'est à Estoublon, dans le voisinage de Riez, qu'il signale leur apparition, ce qui semblerait indiquer qu'ils étaient venus par les montagnes de l'Argentière et de l'Arche, d'où le torrent de la Stura se précipite sur les plaines du Piémont.

» C'est à deux journées de marche de ces montagnes, sur les bords de la rivière d'Asse, au diocèse de Riez, qu'ils firent halte. Ils dressèrent là un camp d'où, comme d'une citadelle, ils se répandirent de tous côtés dans les campagnes de la Provence, enlevant partout ce qui pouvait être enlevé, brûlant et détruisant tout le reste.

» Averti de leur descente, Mummol s'avança aussitôt à leur rencontre, et tels furent le secret, la précision et la rapidité de sa marche, qu'il les enveloppa dans leur camp, avant qu'ils eussent songé à se mettre sur leurs gardes. Il les tailla en pièces jusqu'à la nuit. Mais, à la faveur de l'obscurité, les Saxons se remirent un peu de leur trouble ; le matin venu, ils parurent dans leur camp en ordre de bataille et prêts à faire acheter chèrement à Mummol le reste de la victoire.

» Le combat allait recommencer, lorsque, par l'entremise de négociateurs des deux armées, un arrangement pacifique fut conclu entre elles ; il fut convenu d'abord que les Saxons retourneraient en Italie sans être inquiétés ni poursuivis, mais sans rien emporter du butin qu'ils avaient fait en Provence. Il fut stipulé de plus qu'ils rentreraient sous le gouvernement des Francks et iraient occuper de nouveau en Saxe le territoire dont ils avaient émigré en compagnie des Lombards. Ils ne repassaient donc en Italie que pour y chercher leurs femmes, leurs enfans et leurs trésors, avec lesquels ils devaient redescendre l'année suivante en Provence pour prendre de là le chemin de leur terre natale, à travers la Gaule. »

Il est évident que les deux bandes de Saxons ont pu descendre l'une par Embrun et l'autre par la vallée de Barcelonnette. Et alors tout s'explique, et il n'y a plus de contradiction dans le passage de Grégoire de Tours que nous avons cité.

Les Lombards, qui désiraient depuis longtemps tirer vengeance de la perte éprouvée précédemment, reviennent conduits par trois chefs, Amon, Zaban et Rhodan ; le premier, arrivant par le Mont-Cenis, descendit jusqu'à Avignon, en un lieu appelé Machao ; là, il dressa son camp et se fortifia pour se défendre, en même temps que sa troupe ravageait les campagnes d'Arles et de la Crau jusqu'à Marseille. Amon alla même assiéger la ville d'Aix, qui fut réduite à compter vingt-deux livres d'or pour éviter le pillage. Les deux autres chefs, Zaban et Rhodan, descendent dans le haut Dauphiné. Rhodan attaque la ville de Grenoble, et Zaban celles de Die et de Valence. Mummol arrive la lance au poing, passe l'Isère avec son armée, attaque premièrement Rhodan aux environs de Grenoble ; sa charge est si précipitée qu'il oblige l'ennemi à fuir dans les montagnes. Le Lombard, avec cinq cents hommes qui restent, vient par des routes difficiles, trouver son lieutenant Zaban qui assiégeait Valence; ils se décidèrent à la retraite, mais pillèrent et incendièrent tout ce qui se trouva sur leur route jusqu'à Embrun. Le brave Mummol les attendait au passage, et les chargea si vigoureusement, que les deux chefs purent à peine se sauver avec quelques soldats dans la ville de Suze. Mummol demanda alors au gouverneur la faculté de poursuivre les ennemis jusque sur les terres de l'Empire. Zaban et Rhodan ne l'attendirent pas ; ils s'enfuirent à grandes journées vers l'Italie. Mais il ne put emporter son butin à travers les neiges et les montagnes : il fut contraint de l'abandonner pour sauver sa vie et celle de ses gens menacés par le glaive de Mummol. (*Greg. Tur. et Paul Diac.*)

Peu de temps après (582), Mummol, et Sagittarius, évêque de Gap, Didier, gouverneur du Languedoc, conçurent le dessein de faire reconnaître pour roi un célèbre infortuné, nommé Gondebaud ou Gondovald, qui passait pour être fils de Clotaire Ier, protégé par Childebert, roi d'Austrasie et neveu de Gunthran, par Brunehaut, sa mère, et par les Austrasiens. Il arrivait de Constantinople, où quelques ambitieux lui avaient fait concevoir le dessein de s'emparer de la couronne. Le prétendant arrive à Marseille ; Théodore, évêque de cette ville, lui fournit des chevaux pour le conduire à Avignon, où tous les conjurés s'étaient rassemblés. Mummol retrouvait dans son cœur ce courage qui avait déjà sauvé la France. Ayant à venger de vieux ressentimens, il réunit ses troupes à celles de Didier. A Brives-la-Gaillarde, ils consommèrent l'acte de leur trahison. Ainsi placé sur le pavois,

Gondebaud parcourut trois fois le cercle des guerriers et fut proclamé roi, d'après les rites germaniques si puissans sur l'imagination des barbares. La révolte souffla alors toutes ses fureurs, attisa tous ses feux, une guerre civile souleva le midi. On promena ensuite Gondebaud de province en province, à Toulouse, à Périgueux, en Limousin, en Poitou, en Aquitaine, pour lui faire prêter serment de fidélité.

Gunthran, qui régnait seul en Provence, craignant les suites d'une pareille témérité, et sachant que Childebert était, sinon l'inventeur, du moins le soutien de cette usurpation, feint de se réconcilier avec lui, fait le serment solennel qu'il ne veut point d'autre fils adoptif, ni d'autre héritier que lui, et met une lance dans les mains de ce Gondebaud ou Gondovald, ce qui signifiait qu'il le mettait dès-lors en possession de tous ses états. Le parti de Gondebaud étant affaibli par cette réconciliation, Gunthran envoie contre lui une puissante armée qui le poursuit si vivement, qu'il est forcé de s'enfermer dans la ville de Comminges, où il aurait pu tenir longtemps, si le remords n'eût touché Didier, et si Leudegesil, général de Gunthran, n'eût amené Mummol et Sagittarius à livrer l'imposteur Gondebaud, qui fut assassiné par les soldats. (*Greg. Tur. liv. VI, chap. XXIV.*)

Que voulaient ces hommes en se liguant ainsi contre Gunthran? le rétablissement de la nationalité provençale et l'élévation d'une digue contre l'invasion francke. Mummol avait été gouverneur de Provence pour Gunthran; il l'abandonna pour obtenir le commandement de la place d'Avignon pour Childebert; l'évêque Sagittarius avait été déposé au concile de Châlon; Didier avait eu la témérité d'arrêter à Toulouse la reine Rigonde qui allait en Espagne épouser le roi Récarède, une foule de nationaux s'étaient joints à ces conjurés pour recouvrer l'antique liberté de la patrie.

Chilpéric, roi de Soissons, venait d'être assassiné en 584, par Frédégonde, sa femme, qui craignait les mauvais traitemens d'un époux irrité de ses intrigues criminelles avec Landry de Latour. Chilpéric ne laissait qu'un fils, Clotaire II, âgé seulement de quatre mois. Gunthran est appelé à Paris par la reine Frédégonde, pour le charger de la tutelle de son fils et de la régence du royaume. Ce fut pendant l'absence du souverain que les conjurés tentèrent de secouer le joug des Français.

Ils ne furent pas heureux ; la trahison fit avorter ce projet. Leudegesil fit prisonnier Mummol et Sagittarius. Gunthran, dont on vante cependant la prudence et la justice, ordonna qu'ils fussent mis à mort. Sagittarius se couvrit de son manteau et se précipita sur les épées. Mummol, homme de courage, veut se défendre l'épée à la main, il tombe percé de coups de lance.

La veuve de Mummol déclara, par la crainte de la torture, que son mari possédait un grand trésor dans la ville d'Avignon. En effet, on trouva 250 talens d'argent et 30 en or, le tout montant à 754,000 écus de notre monnaie. Cette somme fut partagée, après en avoir prélevé les droits de la femme, entre Childebert et Gunthran, qui en donnèrent la plus grande partie aux pauvres et à l'Eglise.

Récarède, fils de Leuvigilde, roi des Visigoths en Espagne, voulant tenter un dernier effort pour se venger des ravages que les Francks avaient commis sur ses terres de Narbonne, de Carcassonne et de Nîmes, possédées encore par les Visigoths, se décida à faire la guerre aux dévastateurs. En 585, il arrive avec une nombreuse armée, et vint ravager à son tour le Languedoc qui s'était rangé sous les étendards des Francks. Récarède s'empara de deux fortes places, l'une que Grégoire de Tours nomme *Caput arietis*, et l'autre la forteresse des Arelatains appelée *Ugernum*. Le vainqueur s'arrêta aux bords du Rhône, et ne fit ressentir les effets de sa colère qu'à la province qui ne s'était point opposée à l'invasion des hommes du Nord. Néanmoins, la Provence ne fut pas exempte des calamités, suites ordinaires de la guerre et du peu de soins que les gouvernans apportaient dans l'administration des pays soumis à leur domination. Les troupes de Gunthran, commandées par Leudegesil, inondèrent nos contrées et les affamèrent. La peste vint ajouter ses désastres à ce premier fléau ; la population fut décimée par ces deux ennemis plus que n'aurait pu le faire une guerre d'un siècle.

Pendant que notre pays était en deuil et que la France jouissait des bienfaits de la paix sous le gouvernement d'un roi encore au berceau, par la sage conduite de Gunthran, homme qui savait mettre un frein à l'ambition de Childebert, roi d'Austrasie, et mettait au néant les intrigues rivales de Frédégonde et de Brunehaut, ce prince, après avoir fait triompher la religion chrétienne dans ses états, après avoir fondé plusieurs monastères et abbayes, mourut en 595 ; il avait régné trente-trois ans. Gunthran ne laissa qu'une fille nommée Clotilde. En conséquence, il renouvela, avant sa mort, l'adoption qu'il avait déjà faite de Childebert, son neveu, à qui il laissa son royaume d'Orléans, de Bourgogne et de Provence.

Après la mort de Gunthran, Childebert s'empara des villes de Marseille, d'Arles, d'Avignon, d'Aix et des deux tiers de la France ; il réunit au royaume d'Austrasie celui d'Orléans et toute la Provence. Plus il agrandissait ses états, plus ce prince sentait s'augmenter son ambition. Sollicité par Brunehaut, sa mère, il conçut le dessein de dépouiller Clotaire II, encore enfant, de la possession de la monarchie française.

Pour arriver à son but, Childebert mit sur pied une armée de cinquante mille hommes, entra en Champagne et ravagea tout le pays de Soissons. L'implacable Frédégonde arrive avec douze mille combattans seulement ; mais elle portait son jeune fils dans ses bras. A cet aspect, les troupes électrisées engagent le combat ; les Austrasiens et les Bourguignons sont taillés en pièces et mis en déroute. Childebert, trompé dans son ambition, mourut de douleur peu de temps après, l'an 596. Il laissa deux fils et une fille, Thierry, qui fut roi d'Orléans, de Bourgogne et de Provence, Théodebert, roi d'Austrasie par le partage de Brunehaut, et Théodoline.

Thierry, doué d'un caractère turbulent et guerrier, ne jouit pas d'un instant de repos pendant les dix-sept années de son règne. Il fit continuellement la guerre, tantôt à son cousin Clotaire, roi de Soissons; tantôt à Théodebert, son frère, à qui il ravit la couronne et la vie. Quelques auteurs disent qu'il mourut empoisonné par Brunehaut, son aïeule, que peu de temps avant il avait tenté d'assassiner.

D'après les conseils de cette Brunehaut, Thierry ne se maria point; mais il eut d'une concubine quatre fils, Sigebert qui lui succéda, Courbon, Childebert et Mérovée qui périrent bientôt après.

A peine Thierry est-il descendu dans la tombe (613), que les seigneurs et prélats du royaume d'Austrasie, fatigués de tant de guerres intestines, considérant ensuite que depuis la mort de Clovis, la France n'avait pas joui de la paix; qu'au lieu de conquérir de nouvelles terres pour l'agrandissement du royaume, les princes ne s'occupaient qu'à s'entredétruire, décidèrent unanimement de ne reconnaître qu'un seul roi. Ils envoyèrent secrètement des députés à Clotaire, seul rejeton de la tige royale de Clovis, et lui firent connaître que s'il voulait prêter les mains à l'exécution de leurs projets, ils avaient les moyens de réunir en une seule toutes ces petites couronnes et de la lui poser sur la tête. Clotaire donna son adhésion aux vœux des grands du royaume.

Mais Brunehaut, qui voulait se perpétuer sur le trône de ses enfans et de ses neveux, fit aussitôt reconnaître pour roi d'Austrasie, de Bourgogne et de Provence, son petit neveu Sigebert, fils aîné de Thierry. Apprenant ensuite que Clotaire armait et voulait se faire roi de toute la France, elle ordonne à Sigebert d'endosser la cuirasse et l'envoie pour défendre ce qu'elle prétendait lui appartenir par droit de succession : Sigebert étant arrivé à Châlons-sur-Marne où se trouvait l'armée de Clotaire, fut complètement battu et fait prisonnier. Son rival le fit mourir, ainsi que tous ses frères, et sa tante Théodoline, sœur de son père Thierry; il n'épargna pas même sa bisaïeule Brunehaut. Cette reine, fille d'Athanagilde, roi des Visigoths, fut accusée de plusieurs crimes et condamnée à être écartelée. Ainsi finit cette femme qui a rempli de son nom les fastes sanglans des premiers rois mérovingiens.

Clotaire n'ayant plus d'ennemis à combattre, mit sous sa dépendance tout le royaume de France qui avait été partagé deux fois. Après avoir régné quatorze ans, il mourut en 628, laissant deux fils qu'il avait eus de deux femmes, Dagobert, qui fut son successeur, et Caribert qui fut roi de Guyenne.

Dagobert, le dernier des rois de cette race qui aient par eux-mêmes exercé le pouvoir absolu, après avoir usurpé la portion à l'héritage paternel de Caribert, son frère, avait érigé le royaume d'Aquitaine, formé des provinces comprises entre la Garonne et la Loire, en y joignant le duché de Vasconie. La résistance contre les Francks existait encore, vivace et pleine d'ardeur, dans ces montagnes éloignées de nos contrées courbées sous le joug. Les Vascons combattaient encore pour leur indépendance. Le nouveau roi de Toulouse, Caribert, au lieu de faire la guerre à ces montagnards, aima mieux ou jugea plus prudent de se les attacher par des voies pacifiques que de les combattre. Il demanda et obtint en mariage la fille de leur chef, Giselle, déjà célèbre par sa beauté. Les premières années de cet hymen furent heureuses. Mais Dagobert, jaloux de la tranquilité dont jouissait son frère et dévoré par son inquiète ambition, ne tarda pas à troubler cette paix. A force de caresses, il attira à sa cour l'imprudent roi de Toulouse et le fit empoisonner avec Chilpéric son fils aîné. La reine Giselle, emportant dans ses bras Boggis et Bertrand, derniers fruits de son hymen, parvint à échapper à sa fureur et se réfugia dans la maison de son père, implorant pour eux la protection des montagnards. L'attentat commis par le roi franck, l'innocence des derniers rejetons de Caribert, leur amour pour la guerre, tout détermina les montagnards à lever le drapeau comme pour une cause nationale. Ils firent serment sur la hâche-d'armes de faire restituer la couronne aux hériers de l'infortuné roi de Toulouse. Un gouverneur que Dagobert eut l'imprudence de leur envoyer, fut brûlé vif ; la guerre tant déclarée par cet attentat, les montagnards marchèrent ers la Loire, ayant à leur tête le vieux duc Amand, père de Giselle.

Ces sauvages habitans des Pyrénées, qui s'avançaient alors ans les plaines de France, s'étaient déjà rendus formidables leurs voisins par leurs continuelles incursions. Contraints ar les victoires du roi visigoth Léovigilde, de quitter leur atrie espagnole, les Basques avaient émigré en masse de leur ays et étaient venus s'établir, vers l'an 580, dans la Novempopulanie. Après des guerres acharnées contre les Francks, ls parvinrent à la conquérir entièrement et mirent une garnison dans Bordeaux. Mais la lutte recommença bientôt, ou pour mieux dire, elle ne fut jamais que suspendue, et elle se prolongea dans tout le midi jusque sous les rois carlovingiens, auxquels les montagnards opposèrent les rois mérovingiens de Toulouse, dont le trône fut longtemps le rempart de leur ndépendance. Les populations de la Novempopulanie et de l'Aquitaine voyaient avec terreur et surprise ces hommes parlant une langue inconnue, et non moins singuliers par leurs coutumes en temps de paix que terribles les armes à la main.

Dagobert, effrayé de leur marche sur la Loire, rassembla en toute hâte ses troupes de la Bourgogne et les envoya à la rencontre des montagnards, sous les ordres du grand référendaire Radoin. Le choc des deux armées fut terrible : le soleil avait rarement éclairé une journée aussi sanglante. Les montagnards furent mis en pleine déroute.

L'armée des Francks, à moitié détruite dans un combat qui suivit ce coup de main, périt presque tout entière dans la retraite. Le duc Amand, accompagné de ses principaux chefs, vint quelque temps après à Clichy signer avec Dagobert un traité de paix qui garantissait l'indépendance des Vascons et restituait l'Aquitaine aux enfans de Caribert, à titre néanmoins de fief relevant de la couronne de France. Par la suite, les peuples de ces contrées se montrèrent fidèles aux rois mérovingiens qu'ils défendirent dans plusieurs guerres contre la politique envahissante des Carlovingiens.

L'amour de l'indépendance nationale, cet instinct de liberté passé dans le sang par les alliances des races, animait tous les esprits sur cette zone immense qui s'étend des Alpes à l'Océan. Les derniers efforts de cette lutte semblèrent expirer avec les derniers jours de Dagobert, quand ce monarque, après avoir défait les Bretons et les Vascons, insurgés pour conserver leur ancienne liberté, vint planter son drapeau dans l'église de St-Denis. Nous verrons bientôt cet esprit se réveiller sous Pepin, après le règne des rois fainéans gouvernés par les maires du palais, sous l'administration desquels il ne se passa rien d'important dans notre Provence.

Deux faits appartenant à l'histoire religieuse d'Avignon doivent prendre place dans cette période de stérilité d'événemens politiques. Sous Clovis II, environ vers l'an 650, mourut saint Magnus ou Magne, originaire de Provence, fils d'Albin-le-Grand. Il avait épousé Guandaltrude, aussi de noble et illustre race. Après la mort de cette sainte femme, les Avignonais, touchés des grandes vertus de Magnus, le choisirent pour leur évêque, avec le consentement du roi Clovis. Vers la fin de ses jours, il témoigna le désir d'avoir pour successeur au siége épiscopal son fils unique qu'il avait fait élever et instruire dans le monastère de Lérins. Le peuple, le clergé et le roi sanctionnèrent le choix de l'évêque mourant.

Le pieux anachorète, Agricol, fils de Magnus, à peine âgé de trente ans, quitta l'île de Planasia que baignent les flots de la mer pour venir prendre possession du siége. Après avoir édifié son peuple par quarante années consacrées à la vertu et à la charité, il mourut le 2 septembre 700, sous le règne des trois frères Clotaire III, Childéric II, qui s'intitulait roi de Marseille, et de Thierry III. Agricol choisit pour successeur un saint ermite nommé Vérédème, Grec d'origine, qui était venu habiter une grotte près de la rivière du Gardon. Le corps d'Agricol fut enseveli dans la cathédrale, sise alors sur le penchant du rocher, où ses saintes reliques ont reposé jusqu'en l'an 1321, époque où le pape Jean XXII les fit transporter avec celles de saint Magne, dans l'église qu'il fit construire lorsqu'il s'empara du palais épiscopal sur lequel il éleva les premières tours du Capitole avignonais.

St-Agricol est le patron de notre ville : nous l'implorons dans les calamités publiques et dans les grandes sécheresses. (1)

---

(1) En écartant toutes les conjectures écrites sur Magne, nous admettons la certitude que, de son temps, Avignon avait un sénat, reste de l'ancienne forme de gouvernement établi dans toutes les colonies romaines. Grégoire de Tours nous l'affirme. Un homme d'une naissance aussi distinguée et du mérite que nous révérons dans Magne, lui a paru avoir occupé un des premiers rangs dans un sénat dont on ne peut nier l'existence. Magne descendait de cette famille des Albins, illustrée par des emplois dans les préfectures et les consulats. Les Bollandistes affirment que plusieurs personnages de ce nom ont brillé dans les Gaules, sans oser assurer cependant qu'Agricol leur ait appartenu. Il est vrai que les noms d'Albin, de Magne et d'Agricol sont des noms latins qui semblent prouver l'origine romaine de ceux qui les portent. La Gaule Narbonnaise, dont la plupart des villes jouissaient du droit de pays latin, formées de colonies de citoyens romains qu'on y transportait, fut bientôt peuplée d'une quantité de grandes familles qui abandonnèrent Rome pour venir fixer leur séjour dans nos contrées où elles conservèrent tous leurs droits. Tacite nous énumère les priviléges accordés aux sénateurs de la Narbonnaise; Pline et Solin avouent que cette province l'emportait de beaucoup sur toutes les autres, et devait plutôt être considérée comme une autre Italie que comme une province conquise. Sidoine Apollinaire et Grégoire de Tours parlent souvent des illustres Romains qui, de leur temps, y faisaient leur résidence. Bien des terres dans nos pays confirment cette opinion par les dénominations latines qu'elles portent encore. Qui sait si Aubignan, en latin *Albinianum* n'était pas une de celles que possédèrent les Albins ?

La Provence, d'abord fort étendue, fut souvent morcelée avant d'être renfermée dans les limites qui nous en séparent. Il est utile de rappeler ici ce qu'elle était à la naissance de saint Agricol et la division qu'en firent les

Les témoignages de la dégradation universelle sont très-nombreux dans cette période ; la barbarie des Francks amena dans la Gaule le mépris des lettres, l'ignorance, la féodalité ; elle en fit disparaître l'ordre, la justice et la raison, dénatura la religion, déprava les mœurs, engourdit les facultés intellectuelles, desséca les âmes, étouffa tout sentiment généreux, fit régner les passions abjectes, telles que la cupidité, la perfidie ; des passions odieuses, telles que la vengeance

---

enfans de Clovis II à la mort de leur père. Cette province se trouva alors divisée en deux parties auxquelles les villes d'Arles et de Marseille donnèrent leur nom, celle d'Arles échut à Gunthran, et s'étendait depuis Ugernum jusqu'à Riez ; celle de Marseille, qui comprenait Avignon, Aix et autres villes même du Languedoc, comme Viviers et Uzès, fut soumise à Sigebert, roi d'Austrasie. C'est sous ce prince, mort en 579, que nous trouvons un Albin, successeur de Jovin dans le gouvernement de la province de Marseille dans laquelle Avignon était enclavé. Il est très-vraisemblable que cet Albin, dont Grégoire de Tours nous raconte l'histoire, était le père de Magne, évêque d'Avignon. Les actes de ce Saint, qui donnent à son aïeul le nom d'Albin, paraissent l'affirmer par le titre honorable qu'ils lui donnent : *Albino Magnate*, qualification qui, dans la basse latinité, équivaut à ceux qu'on donnait autrefois à ceux qui avaient occupé les premiers emplois.

On a dit qu'Avignon n'avait à cette époque d'autre église que la cathédrale. Il faut considérer que cette ville n'était point telle que nous la voyons aujourd'hui ; elle était entièrement resserrée sur son rocher et sur sa pente dont le Rhône formait une presqu'île, selon la description que nous en fait Grégoire de Tours. Cette description ferait pencher vers l'opinion qu'il n'existait qu'une seule église, car, en rétrécissant ainsi la ville que les fléaux précédens avaient dépeuplée, on conçoit qu'une seule église autour de laquelle elle se trouvait ramassée aurait fort bien pu lui suffire. Mais quand la paix fut rétablie, la ville se repeupla insensiblement, et ce fut alors sans doute la cause pour laquelle saint Agricol bâtit une seconde église à l'extrémité de la colline, pour la commodité de ceux qui se trouvaient trop éloignés de la première. S'il fallait en croire D. Polycarpe de la Rivière, nous étions encombrés d'églises et de monastères auxquels le sol de la ville n'aurait peut-être pas suffi. La conjecture d'Eusèbe Didier vaut donc encore mieux que des affections aussi gratuitement hasardées.

(EUSÈBE DIDIER. *Punég. de Saint Agricol.*)

et la férocité ; cette barbarie parvint à rabaisser l'homme au niveau et quelquefois au-dessous de la condition des bêtes.

Les lettres restaient sans culture, les écoles publiques, à l'exception de quelques écoles épiscopales, étaient désertes. La Gaule aux IVe et Ve siècles, se glorifiaient encore des Eutrope, Ausone, Pallade, Ambroise, Sulpice-Sévère, Paulin, Victor, Marcellus, Salvien, Sidoine-Apollinaire, etc. ; les Francks paraissent, établissent leur affreuse domination, et toutes les lumières s'éteignent. A peine en reste-t-il quelques faibles lueurs pour éclairer l'étendue et les progrès de ce désastre. L'évêque Avitus déclare au VIe siècle qu'il renonce à la poésie. « Bientôt, dit-il, il ne se trouvera plus personne capable d'entendre ce genre de composition (1). »

---

(1) *Aviti opera*, carmen 6, page 251. Dulaure, *Hist. de Paris*, tom. II, pag. 485-86.

CHAPITRE V.

Les Sarrasins. — Siége d'Avignon par Charles-Martel. — Charlemagne.

Après la bataille de Tresti, Eudes, duc d'Aquitaine, fils de Boggis, avait réuni à sa couronne, par droit d'hérédité, la partie du Languedoc qui touche aux rives du Rhône. Caribert, roi de Toulouse, étant mort ainsi que son fils Chilpéric, le royaume d'Austrasie fut gouverné par Ode, veuve de Boggis. Mais bientôt, dégoûtée du pouvoir, elle se retira à la cour de France avec Hubert, son fils, où Thierry IV les accueillit avec de grands égards et donna même à Hubert la charge de comte du palais. Celui-ci, préférant bientôt le calme de la vie monastique aux amusemens de la cour, légua ses états à Eudes, son plus proche parent, qui réunit ainsi au duché d'Aquitaine le royaume d'Austrasie et tout le Languedoc français, excepté le Vivarais, dépendant du royaume de Bourgogne.

Eudes, possesseur des deux tiers à peu près des provinces qui forment actuellement le royaume de France, trouva néanmoins en lui seul assez de force pour couvrir ses états contre les invasions incessantes des Maures, à qui le comte Julien, gouverneur de Tarifa, venait d'ouvrir les portes de l'Espagne, pour se venger de l'usurpation de Rodrigues. Les Sarrasins trouvèrent dans le duc d'Aquitaine un adversaire terrible placé entre eux et les belles provinces qu'ils convoitaient. Eudes, issu de race visigothe, assemble ses forces en toute hâte, marche à grandes journées sur Toulouse pour forcer Zama, chef des Sarrasins, à lever le siége de cette ville. L'arabe, averti du danger qui le menace, vient à la rencontre d'Eudes, hasarde le combat; mais il est complètement battu par le duc d'Aquitaine qui fait mordre la poussière à ses gens, laisse Zama mort sur le champ de bataille, et délivre Toulouse de l'invasion des barbares (722).

Chilpéric II était en guerre avec Charles-Martel, duc de France, maire du palais des royaumes de Neustrie et d'Austrasie. Eudes, qui voyait dans cet homme nouvellement arrivé à la puissance suprême, non-seulement l'héritier du pouvoir de Pepin, mais encore de son ambition et de l'animosité personnelle que celui-ci avait conservée contre le duc d'Aquitaine, se ligua avec le roi de Paris, et Charles-Martel vint les combattre et les vaincre près de Soissons. Au mépris de la foi jurée dans un traité de paix, le duc de France déclara quelque temps après la guerre à Eudes et vint ravager l'Aquitaine. Il fallait tout à cet ambitieux : la monarchie française devait s'agrandir aux dépens des anciennes possessions visigothes.

Les Sarrasins, loin d'avoir été découragés par la victoire d'Eudes, honteux d'être obligés de se renfermer dans leur conquête d'Espagne, reviennent, en 725, sous la conduite d'Abdérame, au nombre de quatre cent mille combattans, pour envahir non-seulement le Languedoc et la Provence, mais encore la France entière.

Quelques historiens disent (*annali incerti auctores*) que les Sarrasins furent appelés par Eudes, pour se venger de la félonie de Charles et pour lui opposer un ennemi de plus, s'il voulait se rendre maître de la France méridionale.

Mais quand les Sarrasins, avec leur formidable armée, eurent franchi les Pyrénées ; quand, après les promesses faites par eux de tout respecter, ils eurent dévasté et profané les édifices chrétiens ; quand ils eurent parcouru l'Aquitaine, le Poitou et la Tourraine qu'ils couvrirent de sang et de ruines, l'existence politique de Charles se trouva dangereusement menacée. Les deux puissances de France et d'Aquitaine réconciliées s'unirent et détruisirent l'armée sarrasine entre Tours et Poitiers. Abdérame, son chef, y perdit la vie (725.)

Tranquille alors du côté des Français par un traité d'union que le danger commun avait obligé de signer, ne craignant plus les Sarrasins mis en pleine déroute, Eudes jouit quelques années de la paix. Il mourut bientôt après. Hernold ou Hunaut, son fils aîné, lui succéda dans le duché d'Aquitaine; mais un homme ambitieux avait depuis longtemps mesuré l'étendue de cette province et en avait résolu la conquête. Ce plan entrait dans la politique de Charles-Martel; après avoir échoué contre le père, il fallait dépouiller le fils. A peine informé de la mort du duc, Charles passe la Loire à la tête d'une armée, parcourt le Poitou jusqu'à Bordeaux qui cède après une courte résistance et passe la Garonne à la campagne suivante. Soit par ruse de guerre, soit dans la crainte d'en venir aux mains avec un tel homme, les enfans d'Eudes, Hernold et Gaifre, étaient restés impassibles devant le conquérant qui leur enlevait une partie de leurs états. Mais une fois au-delà du fleuve, Charles eut à se repentir de sa témérité. Poursuivi par l'armée nationale des seigneurs aquitains, harcelé par un peuple vaincu et non soumis, le duc de France fut forcé de signer un traité de paix qu'il dicta lui-même. S'il ne satisfit pas entièrement ses vues en laissant Hernold possesseur de l'Aquitaine et du Languedoc, il exécuta du moins le traité en partie en rendant le duc vassal de lui et de ses enfans. Peut-être serait-il parvenu à les chasser de ses états, pour les donner en apanage à l'un de ses fils, si des troubles en Bourgogne ne l'eussent appelé dans ce pays. Ces guerres faillirent enlever à la couronne de France tous les états en sa possession situés entre le Rhône, les Alpes et la Méditerranée.

Les seigneurs provençaux, inquiets en présence d'une force qui les menaçait de tous côtés, voulaient en secouer le joug; mais, trop faibles eux-mêmes pour lever l'étendard de l'indépendance, ils furent bientôt châtiés ; car Charles-Martel ayant terminé ses différends en Bourgogne, marcha sur la Provence et rétablit l'ordre. La présence du vainqueur n'avait que faiblement intimidé les prétendus rebelles qui voulaient à tout prix se soustraire à l'obéissance des Français ; mais il leur fallait des armées plus fortes qui, se liguant aux leurs, trouvassent leur intérêt dans la querelle. Les Sarrasins étaient là.

La défaite de Poitiers n'avait pas anéanti tout espoir de revenir dans les Gaules. Abdelmeleck, successeur d'Abdérame, était parti de Cordoue à la tête d'une armée, résolu de réparer les pertes de son prédécesseur. Il ne put franchir les Pyrénées. La Narbonnaise, objet de la convoitise générale, avait attiré sur elle les yeux des puissances environnantes ; mais la couronne de France s'y était attachée la première. Aussi dans cette lutte, où de nouveau Charles voulut essayer les forces de l'Aquitaine, le calife ne vit qu'avec peine ces deux puissances contracter alliance. Il fallait à ces fiers Africains plus que la possession de la Septimanie, dont ils possédaient déjà les villes de Narbonne, de Nîmes, d'Agde, de Béziers et de Maguelonne ; il leur fallait passer au de-là du Rhône, s'emparer de tout le littoral jusqu'à Marseille, et mettre ainsi au milieu de leurs forces ce qui leur restait à envahir en Languedoc.

Charles-Martel allait combattre contre les Saxons ; il avait déjà passé le Rhin, quand Hernold et Gaifre, profitant de son absence pour secouer le joug, mettent dans leurs intérêts Mauronte ou Maurice, que Charles-Martel avait établi gouverneur de Marseille et d'Avignon. Mauronte, le chef des mécontens avignonnais, se laisse éblouir par l'espoir de délivrer son pays ; il fait connaître aux Sarrasins la résolution qu'il a prise de seconder leur invasion. Youssouf-ben-Abdérame, successeur d'Abdelmeleck, promet du secours aux rebelles provençaux. Excellente politique des Sarrasins, surprenante audace d'un peuple envahisseur, vingt fois repoussé, que celle de favoriser une révolte contre un homme qui, trois ans auparavant, les avait chassés de leurs conquêtes, et leur avait tué, dans une seule bataille, plus de trois cent mille hommes. C'était vers l'an 735. Mauronte dépouillé de son autorité, traité de rebelle, subjugué par le héros de son siècle, livre son pays aux Sarrasins, et Youssouf marche à la tête d'une armée sur Avignon, qui, joyeuse de changer de maître, lui ouvre ses portes. C'en était fait : les sectateurs de Mahomet, maîtres déjà de toute l'Occitanie viennent, le sabre d'une main et l'Alcoran de l'autre, planter sur notre montagne chrétienne, l'étendard de l'Islamisme.

Voici comment M. de Blégier, développe et discute ce passage intéressant de notre histoire : « Par suite d'un traité entre Youssouf, gouverneur musulman de Narbonne et les nobles de la Provence, à la tête desquels se trouvait le duc Mauronte, les Sarrasins s'emparèrent d'Avignon. Le traité qui leur ouvrait les portes de la Provence ne fut conclu qu'à la fin de l'année 734, et l'occupation de notre ville par l'armée de Youssouf est nécessairement postérieure à cette date.

« D'un autre côté, ce n'est pas Athin qui commandait les Arabes, mais bien Youssouf lui-même. Cet Athin, qualifié roi on ne sait pourquoi, n'était que le lieutenant du gouverneur Youssouf, et il ne quitta pas Narbonne.

« Quelques considérations sur l'état politique d'Avignon au VIIIme siècle, sont nécessaires pour bien apprécier les faits qui se rattachent au séjour des Maures dans nos murs, de 734 à 737.

« Depuis l'affaiblissement du pouvoir royal entre les mains des rois fainéants, la partie méridionale du royaume de Bourgogne, qui comprenait ce que nous appelons aujourd'hui le Dauphiné et la Provence, avait en quelque sorte secoué le joug des maires du palais qui gouvernaient l'Austrasie et la Neustrie. Sous la donomination de quelques grands seigneurs, notre beau pays était en proie à une anarchie dont l'époque qui suivit peut donner une idée.

« La race conquérante des Francks avait toujours été odieuse aux populations gallo-romaines du midi ; ainsi cette révolte des grands du royaume de Bourgogne était-elle une réaction nationale des vaincus contre les vainqueurs.

« En 733, Charles-Martel, dont le génie tendait à reconstruire la monarchie de Clovis, venait de soumettre une partie des révoltés depuis Lyon jusqu'à Avignon ; les nobles, qui s'étaient rendus indépendans, étaient donc, les uns dépossédés, les autres sur le point de l'être. Dans un tel état de choses, ils ne trouvèrent pas d'autre moyen que d'appeler les Sarrasins à leur secours. Le traité de 734 fut conclu, et les Musulmans entrèrent sans coup férir à Arles, que Mauronte leur livra. De là, ils gagnèrent Avignon. L'histoire ne dit pas si la garnison que Charles-Martel avait laissée dans cette ville chercha à la défendre, ou si elle abandonna la place à l'approche des Sarrasins. Quant à la population avignonaise, elle devait être divisée en deux factions, celle des Francks et celle des seigneurs provençaux unis aux Maures. Sur la foi de l'inscription de Bonpas, et qui n'est rien moins qu'authentique (1), on pourrait supposer que ceux des habitans d'Avignon, pour qui le joug des infidèles étaient insupportable, marchèrent à leur rencontre jusqu'au bord de la Durance, à Bonpas, où ils trouvèrent une mort glorieuse en défendant la patrie et la religion. Il serait même permis de croire que le courage de nos malheureux compatriotes aurait été couronné de succès, s'ils n'avaient eu à combattre que les Maures. »

Alors il y eut de splendides cités qui furent livrées au pillage, comme Arles et Aix ; des villages, de grands bourgs qui enfonçaient leurs toîts aigus et leurs clochers dans de grands bois, comme Cimélion, Athenopolis, Heraclea, Olbia, Fo-

---

(1) Une charte de 737, qui nous apprend le même fait et qui est suspecte ainsi que l'inscription, mériterait cependant quelque créance en ce qu'elle attribue à Charles-Martel une fondation pieuse en faveur des Avignonais morts à Bonpas. Or, ces Avignonais étaient des partisans de ce prince, qui n'avaient pas craint de manifester leur attachement aux Francks, lorsque la cause de ceux-ci était abandonnée par la majorité des Provençaux.

rum Voconii, Forum Neronis ; ces bourgs, ces villages disparurent sous le marteau musulman, des villa romaines déroulant la grandeur d'une vénérable architecture sur des groupes de collines ; dans de calmes abris des arcs de triomphe destinés à renouer la chaîne des temps ; des tombeaux avec des inscriptions latines, sur lesquels le soleil ruisselait ; des monastères vastes, avec de longues arcades et des corridors où gémissaient la brise des mers et le vent des montagnes, comme dans l'île de Lérins, où le cimeterre fit couler le sang de cinq cents moines agenouillés aux pieds des autels, comme à l'abbaye de Psalmodi, près d'Aigues-Mortes et à Maguelonne ; la physionomie romaine empreinte encore au sol, mariait noblement ses imposantes lignes avec les lignes heurtées de l'architecture nationale, comme sur le rocher d'Avignon et sur la plage de Fréjus. La horde sarrasine se rua sur tous ces monumens ; des villes disparurent tout-à-coup ; les villages détruits amoncelèrent leurs décombres ; l'arc de triomphe fut honteusement mutilé ; les cimeterres musulmans accomplirent volontiers l'œuvre sacrilége (1).

Le torrent avait rompu ses digues. Tandis que Youssouf soumet aux confédérés trompés dans leurs espérances les villes que la trahison leur abandonne, un de ses lieutenans se dirige sur Orange, la cité romaine, car, en face, au-delà du Rhône, il y a une province à conquérir et des champs à ravager. La rapidité du fleuve n'effraie pas des hommes que les flots de sang ne font point reculer. Bientôt, à l'aide de canots construits à la hâte, ils vont bondir d'une joie féroce sur la rive languedocienne. Le débarquement se fait avec toute la promptitude et toute la célérité que peuvent commander des victoires passées et un jour de triomphe futur. Mais les barbares se sont arrêtés. D'où vient cet effroi qui les consterne ? Ces peuplades craintives ont, au premier bruit des armes sarrasines, abandonné leurs demeures, et, dans leur désespoir,

---

(1) Méry. Hist. de Provence, tom. I.

incendié les moissons. Aucun adversaire ne se présente, l'armée des Arabes reprend son mouvement et vient asseoir son camp sur ces monts qui se présentent au Rhône comme une gigantesque citadelle dont les remparts sont baignés par les eaux de la Cèze.

C'était vers la fin de juin 736, le soleil avait disparu sous l'horizon, et les étoiles brillaient comme elles brillent dans ces belles nuits de nos contrées méridionales. Bientôt les tentes se dressent, la confiance et la joie semblent même avoir remplacé leur première frayeur. Le camp allume ses feux, puis tout mouvement cesse, tout dort.

Cependant, vers la onzième heure de la nuit, un bruit semblable à celui des vagues courroucées se fait entendre du côté du midi; ce sont les Gaulois. Presque surpris par l'arrivée subite du lieutenant de Youssouf, ils s'étaient retirés silencieusement dans les gorges de leurs montagnes, ils reviennent comme des lions furieux. Déjà les premières sentinelles sont égorgées; le camp se voit forcé dans ses retran-tranchemens; les fers se heurtent, la hâche gauloise brise la lame sarrasine, le tumulte s'accroît, la mêlée grandit, le carnage partout se déploie sous mille formes, bientôt tout n'est qu'un amas de cadavres mutilés, et l'incendie, inséparable des scènes d'horreur, met le comble au massacre des Sarrasins. Aucun d'eux n'échappa. Les flammes de l'incendie qui dévora le camp porta son triste reflet jusque dans Avignon, et apprit à Mauronte qu'au-delà du Rhône il y avait encore des hommes qui savaient s'opposer à l'invasion étrangère, quelle qu'elle fût (1).

Maîtres d'Avignon, les Sarrasins firent de cette ville leur

---

(1) En creusant, il y a quelques années, sur la hauteur appelée Santa-Fé qui domine le village de Laudun, on trouva, à peu de profondeur, un assez grand nombre de lames et de boucliers, et même des cadavres assez bien conservés, resserrés entre des pierres larges et minces, rangées sans ouverture.

place d'armes. Mais Charles-Martel ne leur donna pas le temps de s'y établir tout-à-fait. Instruit de leurs conquêtes en Provence, il envoie pour combattre les Musulmans Childebrand, son frère. Mais le nombre de l'armée ennemie, bien fortifiée dans les villes conquises, ne se soumit point devant ce faible adversaire. Charles appelle alors à son secours Luitprand, roi des Lombards, qui passe les monts avec ses cohortes et vient en Provence se joindre aux troupes françaises.

« En 737, ajoute M. de Blégier, Charles amena son armée dans le midi. Les garnisons de Lyon et autres villes du Dauphiné ne l'attendirent pas et se replièrent sur Avignon, dont l'importance militaire est attestée par les chroniqueurs du temps (1). En effet, cette ville, moins étendue alors qu'elle ne l'est aujourd'hui, était presque entourée par les eaux du Rhône. Une formidable citadelle couronnait le rocher des Doms, taillé à pic, et protégeait la ville, qui avait déjà soutenu victorieusement deux siéges remarquables, l'un contre Clovis en 500, et l'autre à l'occasion du patrice Mummol en 583.

« Arrivés sous les murs d'Avignon, les Francks en firent le siége, qui fut long et meurtrier. Charles-Martel eut recours à toutes les machines alors en usage pour l'attaque des places. Enfin la ville fut prise d'assaut, tous les Sarrasins passés au fil de l'épée, une grande partie des habitans égorgés, leurs maisons livrées aux flammes. Les églises et les monumens romains disparurent dans ce désastre, le plus grand qu'Avignon ait eu à souffrir. Charles-Martel se véngeait ainsi des Provençaux qui avaient appelé les Sarrasins.

« Ce siége si funeste, et le sac qui en fut la suite, peuvent expliquer en partie pourquoi Avignon, malgré le séjour des Romains, offre si peu de chose aux recherches des archéologues. D'autres causes ont aussi contribué à faire disparaître les monumens antiques.

---

(1) Avenionem urbem munitissimam ac montuosam, dit le continuateur de Frédégaire.

« Une tradition qu'on n'appuie sur aucune preuve solide, mais que son ancienneté rend respectable, attribue le nom de *Rouge*, qu'a longtemps porté la rue des Orfèvres, au carnage qu'on y fit et au sang qui ruisselait de toutes parts. Ce qu'il y a de certain, c'est qu'on retrouve cette rue *Rouge* mentionnée dans de très-anciens actes. »

Après la conquête, le chef des Francks donna une nouvelle organisation au pays. Pour le préserver d'une nouvelle invasion des Sarrasins, il établit ses leudes comme gouverneurs et commandans des troupes sur les limites de la province, c'est-à-dire de la Durance à l'Isère. De là sans doute est venu le premier établissement des marches ou marquisats de Provence.

Charles-Martel voulant tirer vengeance de la trahison de Mauronte, le poursuivit jusqu'à Marseille où il croyait le trouver; mais le gouverneur, dans l'impuissance de résister encore, se sauva dans les montagnes qui bordent la Méditerranée. Charles le laisse tranquille dans sa retraite, et soumet à son obéissance toutes les autres villes de Provence; ainsi notre nationalité, notre indépendance furent étouffées sous les trophées du guerrier franck, mais elle se relèveront bientôt plus puissantes sous les faibles descendans de Charlemagne. Désireux de délivrer enfin le midi de la présence des Maures, Charles passe le Rhône et vient mettre le siége devant Narbonne, ville dans laquelle Athin s'était enfermé. La résolution de Charles était de faire Athin prisonnier et de le punir ensuite de tous les maux que son invasion avait causés en Provence.

Les Sarrasins qui étaient en Espagne ayant appris le siége de Narbonne, rassemblent de grandes forces sous le commandement d'un autre roi nommé Amorrhe, pour venir au secours d'Athin serré de près dans les remparts de la ville. Charles, laissant suffisamment des troupes pour continuer à cerner la place, vient à la rencontre de ces auxiliaires, leur présente la bataille, les charge avec une ardeur inconcevable, les taille en pièces, étend d'un coup de massue le roi Amorrhe dont le sang rougit la terre. Les fuyards prennent le chemin de la mer pour remonter sur leurs vaisseaux ; les uns sont submergés, les autres massacrés par les Français qui les poursuivaient sur des bateaux plus légers, ainsi qu'il nous est rapporté par une épitaphe du tombeau de saint Césaire à Arles, ainsi conçue : *Quod scelerata cohors rabie destruxit acerba hanc virtute Dei sorbuit unda maris.*

A la nouvelle de la défaite d'Amorrhe, Athin, menacé d'être pris d'assaut dans Narbonne, sort furtivement de la ville, monte sur un navire qui l'attendait et se sauve en Espagne, laissant à la discrétion du vainqueur la garnison découragée et tout ce que les Visigoths et les Sarrasins occupaient dans le Languedoc. Peu après, Charles fit démanteler et incendier Nîmes et Béziers; Maguelonne fut rasée et son port détruit pour empêcher un nouveau débarquement de Maures ; on ne laissa debout que la vieille cathédrale ; les habitans de cette dernière cité se réfugièrent à Montpellieret, petit village bâti sur une colline en face de la mer (1). Après avoir comblé de présens les Lombards qui retournaient en Italie, Charles victorieux revint à Paris jouir des énivremens de la victoire auprès de l'indolent Childéric III, dit l'Insensé. Il ne jouit pas longtemps de son triomphe, la mort le surprit à Cressy-sur-Oise, le 20 octobre 741, Charles-Martel laissa deux fils de sa première femme Rothrude, Carloman et Pepin.

Dans ces temps de troubles, d'anarchie et de désolation, le clergé de Provence ne donna pas de grands exemples de vertu : la simonie, les mœurs dissolues des ecclésiastiques, l'ambition des séculiers toujours avides de s'emparer des biens de l'Eglise, l'absence continuelle des archevêques, hommes de plaisirs faisant administrer leurs diocèses par des évêques signalèrent cette époque malheureuse où l'administration civile était aussi plongée dans un état complet de désorganisation.

---

(1) DE BELLEVAL. Hist. de Montpellier, tom. I.

Opposés par esprit de religion à l'hérésie des Maures, les évêques favorisèrent l'invasion francke et prêtèrent ainsi les mains à la destruction de notre indépendance. La licence fut alors à son comble, abritée qu'elle était sous le bouclier de tant de nations étrangères, tout aussi peu religieuses que les Maures.

Ces désordres furent tels dans les églises de Provence, que les papes se virent forcés, pour y remédier, d'envoyer Boniface, évêque de Mayence. Ce prélat travailla pendant trente-six ans à réparer ces maux et à rétablir la discipline ecclésiastique. Dans une lettre adressée au pape Zacharie, Boniface parle ainsi de l'état déplorable où se trouvait l'Eglise : *Modò autem maximâ ex parte per civitates episcopales sedes traditæ, sunt laïcis cupidis ad possidendum, vel adulteratis clericis, scortatoribus et publicanis et seculariter ad perfruendum.*

Après la mort de Charles-Martel, Pepin, son fils, maire du palais, fit enfermer Childéric dans l'abbaye de St-Bertin en Artois, et s'assit sur le trône de France dont il venait de renverser le dernier rejeton des rois de la première race. En 759, il chassa les Sarrasins qui étaient revenus en Languedoc, et dix ans après, continuant le système d'invasion de ses prédécesseurs, il fit la guerre à Gaifre, duc d'Aquitaine et s'empara de son duché.

Soit que Pepin, pendant sa vie, eût partagé ses états entre ses deux fils, comme quelques historiens l'assurent; soit qu'après sa mort, les Etats assemblés eussent eux-mêmes fait le partage, il est constant que le royaume d'Austrasie et de Neustrie échut à Charlemagne, et la Souabe, l'Alsace, la Bourgogne et la Provence à Carloman, son frère. Quelques auteurs ajoutent à cette partie le Languedoc et l'Aquitaine.

La mort de Carloman épargna à la Provence les malheurs d'une nouvelle guerre, suscitée par l'ambition de ce prince, jaloux déjà de la gloire future de son frère Charlemagne (771).

Charles dit *le Grand* (Karle ou Karole), vulgairement nommé *Charlemagne*, doué de tant d'audace et d'énergie, d'un génie plus vaste et plus entreprenant, succéda, en l'an 768, à son père Pepin II. En l'an 772, après la mort de son frère Carloman, il régna seul dans la Gaule et dans les autres contrées qui en dépendaient. Puis, en l'an 800, ayant étendu ses conquêtes en Europe, il fut proclamé empereur d'occident et même Auguste. Ce premier empereur commença ses exploits militaires par châtier le duc d'Aquitaine et les Gascons luttant encore pour la liberté qu'on leur ravissait. De là, il court attaquer les Sarrasins sur les terres d'Espagne. Pendant son absence, les Maures, pour venger cette injure, ou pour recouvrer tout ce que les Visigoths avaient possédé dans la Gaule Narbonnaise, repassent les monts, pillent le Languedoc, passent le Rhône, assiégent la ville d'Arles et s'y fortifient.

Charlemagne accourt, en 793, dans ses états de Provence, pour en chasser les Sarrasins ; et, après une éclatante victoire sur ces infidèles, il relève les ruines des abbayes de Montmajour et de Psalmodi ; fait reconstruire les églises d'Avignon (selon Nouguier), d'Embrun, de Seyne, de Digne, de Senez, de Glandèves détruites par les Maures et les Saxons.

Charlemagne mourut en 814. Son empire tomba en des mains débiles, et son démembrement s'opéra bientôt. Il y eut des rois à Aix-la-Chapelle, à Thionville, à Soissons, à Paris, à Reims, à Laon, jusqu'au moment où Hugues-Capet, en 987, détrôna Louis V, dit le Fainéant, sous le patronage des grands du royaume.

Du milieu des affreuses ténèbres qui, depuis plus de trois siècles, abrutissaient l'espèce humaine en France, apparurent, sous Charlemagne et ses successeurs, quelques étincelles de lumière. Les productions du génie des anciens, cachées dans les cloîtres, n'étaient accessibles qu'à un petit nombre d'hommes : presque toutes les parties de la population, occupées à s'attaquer, à se défendre les armes à la main, désolées par des brigandages continuels, décimées par de longues famines, par d'horribles maladies, ne songeaient guère à l'étude ; mais, vers la fin du IXe siècle et vers la fin du XIe, des circonstances fortuites firent jaillir des lueurs nouvelles, faibles, incertaines, et souvent fausses, il est vrai, mais qui devaient graduellement s'accroître, s'épurer, former un immense foyer de clarté, et ne plus s'éteindre.

La Provence demeura sous la domination des Carlovingiens pendant cent vingt-sept ans, au bout desquels Bozon fut élu premier roi d'Arles et de Bourgogne.

CHAPITRE VI.

Le royaume d'Arles. — Les Bozons. — Commencement de l'émancipation des communes provençales. — Le Comtat-Vénaissin.

Il n'y a point de contrée dans la Gaule celtique qui ait éprouvé autant de variations et de changemens que le royaume de Bourgogne. Les historiens modernes sont tombés dans de graves erreurs dans la division de la Bourgogne transjurane et de la Bourgogne cisjurane. Nous ne nous occuperons pas de ces discussions qui sont étrangères à notre sujet ; nous revenons donc à l'histoire de notre contrée, et nous dirons que les deux royaumes de Bourgogne furent réunis en la personne de Rodolphe II et de celle de Conrad, son fils, et de Rodolphe III, son petit-fils, qui furent véritablement rois d'Arles ou de Provence et de la Bourgogne transjurane ; ces princes étaient en effet les seigneurs et maîtres de tout le pays appelé jadis les provinces du Lyonnais, du Dauphiné et de Provence, des comtés d'Avignon, de Vénaissin et de Nice, de la principauté d'Orange, des duchés de Savoie et de Chablais, des seigneuries de Bresse, de Bugey et de Valromey, de la baronie de Gex, de la république de Genève, des cantons de Bâle, Soleure, Berne et Fribourg, d'une partie de l'Alsace, du pays de Valais, des comtés de Bourgogne, Montbelliard, Neufchâtel et Ferrette, de la ville de Besançon, de la principauté de Dombes, et du comté d'Auxonne, qui formaient la véritable étendue des deux anciens royaumes d'Arles et de Bourgogne transjurane, possédés et gouvernés vers la fin de leur existence par un même roi. Mais cela veut-il dire qu'ils ne fussent pas deux états différens et séparés, et que les droits de l'un ne fussent bien différens des prétentions de l'autre? Pour éluder les vains droits que les flatteurs de l'empereur Frédéric Ier osaient dire que celui-ci avait en Provence, ils prétendaient que l'empereur Othon Ier ayant réuni à l'empire quelques terres que les rois de Bourgogne (qui étaient aussi rois de Provence) avaient ravies à l'empire, celui-ci avait dû faire la conquête de la Provence, puisque la ville d'Arles était le siége du royaume de Bourgogne, comme le dit Gunther *in Ligurino*.

En supposant même que ces deux états n'en eussent fait qu'un, et qu'Arles en fût la capitale, en faudrait-il conclure que le plus grand de ces états doive être assimilé au plus petit? Et puisque le principal n'a point encore été possédé par les empereurs, ceux-ci ne peuvent revendiquer aucun droit qu'en s'appuyant sur le testament de Rodolphe III, roi de Provence et de Bourgogne, qui fit héritier de tous ses états l'empereur Conrad-le-Salique, son neveu, et après lui son fils Henri III, aussi empereur.

Bozon, fils de Buvin, comte d'Ardennes, entre par alliance dans la maison royale de France de la race des Carlovingiens, par son mariage avec Hermengarde, fille de Louis II, empereur, petite fille de Lothaire, qui était fils de Louis-le-Débonnaire, empereur et roi de France, et petit-fils de Charlemagne.

Si les historiens qui vivaient du temps de Bozon ont blâmé les actions de ce prince, c'est qu'eux-mêmes, pliés sous la servitude des Francks, ne virent pas avec plaisir un homme qui nourrissait secrètement le projet de secouer le joug d'une servitude qui pesait sur les provinces méridionales. Les évêques de nos contrées avaient appelé l'invasion francke et l'avaient facilitée en haine de l'hérésie des Maures; mais ils s'en repentirent bientôt en voyant les ravages opérés par ces guerriers. A l'époque du démembrement de l'empire de Charlemagne, l'esprit méridional se réveilla de son long engourdissement ; nos évêques prirent part à cette réaction, ils lui imprimèrent de la force, la régularisèrent, et enfin, consommèrent au concile de Mantaille, par la fondation du royaume d'Arles, la séparation définitive des provinces du nord de celles du midi, comme nous le verrons bientôt.

Richard, comte d'Autun, qui fut père de Rodolphe ou Raoul, duc de Bourgogne, roi ou régent de France, pendant la captivité de Charles-le-Simple, était frère utérin de Bozon. Des généalogistes disent que ce Richard était fils de Théodoric, comte d'Autun, chambellan de Louis-le-Bègue, avec lequel Bozon eut quelques contestations qui furent terminées à l'amiable par l'intervention de Hugues l'abbé. Aimonius prétend que ce Théodoric peut avoir épousé la mère de Bozon, veuve de Buvin, son père ; ainsi Richard serait évidemment frère utérin de Bozon. Ce prince eut un autre frère, Ratbert, évêque de Valence, et une sœur, Richilde, femme de Charles-le-Chauve, roi de France et empereur, laquelle le mit fort avant dans les bonnes grâces de son mari, faveurs qui contribuèrent à l'accroissement de la fortune de Bozon.

Charles-le-Chauve, désirant s'emparer de la Provence au préjudice de l'empereur Louis II, après la mort de Charles et de Lothaire, frères de ce Louis II, dit le Bègue, chassa de Vienne et de Provence Gérard de Roussillon qui gouvernait ce pays pour l'empereur Louis, et le céda à Bozon, son beau-frère. Charles voulut le faire plus puissant encore à la mort de l'empereur Louis, son neveu ; le roi passe promptement les Alpes en 875 pour aller prendre possession du royaume d'Italie et l'enlever à tous les prétendans à la couronne impériale ; il emmène avec lui Bozon, le fait assister à son couronnement, et lui confie le duché et le gouvernement de l'Italie, en présence du pape Jean VIII, des prélats et des seigneurs du pays.

Mais il fallait à Bozon une plus grande puissance pour réaliser ses projets. Pour l'obtenir, il jeta les yeux sur Hermengarde, fille unique de l'empereur Louis II, roi d'Italie et de Provence, recherchée par l'empereur d'Orient, Basile Ier, mais confiée à la garde de Bérenger, duc de Frioul, par son grand oncle l'empereur Charles, lorsque celui-ci retourna en France. Bozon se résout à prendre cette princesse pour femme. Des historiens, entre autres Baronius, disent qu'il fit empoisonner sa première épouse Engeltrude, fille de Mainfroy, comte d'Orléans, dont la vie n'était pas exempte de blâme. Les uns disent que Bozon ravit de force Hermengarde; d'autres rapportent que Bérenger, gardien de la princesse, favorisa cet enlèvement, en haine contre la race de Charlemagne qui avait détrôné Didier, roi des Lombards, espérant, par ce mariage, semer la division parmi les Francks et ruiner leur puissance.

Charles-le-Chauve ne vit pas sans dépit une union formée à son insu et sans son consentement; il dissimula cependant et fit célébrer les noces avec une magnificence extraordinaire. Il donna à Bozon la couronne de Provence, non point qu'il rendît ce royaume qu'il avait autrefois usurpé au préjudice de l'empereur Louis II, père d'Hermengarde, comme le veut du Tillet, mais comme un domaine lui appartenant, dévolu par défaut de mâles à la couronne de France. Cependant l'opinion de tous les auteurs qui ont parlé de Bozon, est que Charles était un prince trop absolu pour souffrir le voisinage d'un rival aussi audacieux que Bozon, toujours prêt à lever la bannière de l'indépendance, et qui n'était pas déjà si libéral pour abandonner à des étrangers ce qu'il avait ravi aux maîtres légitimes. Ainsi ces auteurs pensent que Bozon n'a point été fait roi de Provence pendant la vie de Charles-le-Chauve, ni de celle de son fils Louis-le-Bègue, mais après la mort de ces deux princes au concile de Mantaille, en 879.

Quoique ces deux opinions nous paraissent contraires, on peut cependant les concilier et dire que Charles-le-Chauve avait donné à Bozon le royaume de Provence tel qu'il était du temps de Louis II, car il ne comprenait alors que la Provence, le Dauphiné et la Savoie. Mais l'ambition de Bozon et le désir secret de se séparer de la race francke, excités par l'ambition personnelle d'Hermengarde qui n'était pas satisfaite d'un aussi petit domaine, amenèrent d'autres idées. Après la mort de Louis-le-Bègue, la France fut déchirée par des divisions suscitées par la faiblesse des gouvernans qui tenaient les rênes de l'état. Profitant de ces guerres intestines et de cette faiblesse, Bozon et Hermengarde conçurent le projet d'ajouter à leur petit royaume le Lyonnais, la Bresse, la Bourgogne supérieure, de faire de tout ce pays un royaume qui porterait le nom de royaume d'Arles, et de faire approuver par les évêques et seigneurs entrés dans la ligue méridionale cette séparation du midi dans un concile assemblé à Mantaille.

L'empereur Charles-le-Chauve venait de descendre dans la tombe, empoisonné par son médecin, le juif Sédécias, le 6 octobre 877. Sa mort pacifia la cour de France depuis longtemps divisée. Bozon et Hermengarde se retirèrent en Provence. Là, dans la ville d'Arles, ils reçurent avec les plus grands honneurs le pape Jean VIII, lorsque celui-ci vint en France assister au concile de Troyes. Le roi Louis-le-Bègue ordonna à Bozon de reconduire le souverain pontife en Italie, afin qu'il ne tombât point entre les mains des princes, ennemis du pape et des Français, et surtout de Lambert, duc de Spolette.

La ligue du nord contre le midi n'était point anéantie. La race francke crut porter un dernier coup à notre nationalité en éloignant du trône de Provence ce Bozon choisi par Charles-le-Chauve. A la mort de Louis-le-Bègue, arrivée en 879, Bozon se mit sur les rangs pour disputer la régence du royaume pendant la grossesse de la reine et la minorité de son pupille, qui fut surnommé Charles-le-Simple. Il prétendit aussi à la couronne de France, avec l'aide de sa sœur, la reine Richilde, belle-mère du défunt roi Louis, et par le secours des parens et des amis qu'il avait à la cour de Paris. Mais Louis et Carloman, ils naturels ou légitimes du roi Louis-le-Bègue, l'emportèrent sur lui dans la délibération des Etats, et furent tous deux couronnés, le premier, roi de France, et l'autre, roi de Guienne et de Bourgogne.

La couronne de France venait d'échapper à Bozon. Ce prince ne perd pas courage ; il veut se saisir de celle de Provence qu'il ne possédait qu'à titre de gouverneur, et agrandir ce royaume des états de la Bourgogne cisjurane supérieure. Alors, profitant de l'état de malaise où se trouvait la France pendant la minorité d'un roi au berceau, par la régence de deux frères, dont la naissance douteuse n'inspirait pas beaucoup de respect, et par les attaques continuelles des Normands qui exigaient la présence de toutes les forces du royaume, Bozon quitte la cour et vient promptement en son pays de Provence, dans son château royal de Mantaille, près de Vienne en Dauphiné (1). Là, il convoque pour le 15 octobre 789, un très-grand nombre d'archevêques, évêques, abbés et seigneurs temporels des cinq métropoles de Besançon, de Lyon, d'Arles, d'Aix et de Tarentaise, et de quelques prélats du Languedoc. Parmi eux, figurèrent les évêques d'Avignon, d'Orange et de Vaison. Il s'agissait de ne point se soumettre à la domination francke et de se constituer en corps de nation. Les évêques sanctionnèrent l'affranchissement des populations provençales, en reconnaissant et proclamant Bozon roi de toute l'étendue du pays compris dans la circonscripion des six métropoles de la Provence, du Dauphiné, de la Savoie, du Lyonnais, de la Bresse et du comté de Bourgogne.

---

(1) Mantaille, qui a donné le nom au concile, est situé dans une vaste plaine du Dauphiné nommée la Vallière (*Vallis amen*) entre Vienne et l'Isère, et près la terre de Menthe ou Mentoz. Le château de Mantaille était situé presqu'au bas d'un côteau qui sépare la Vallière du vallon nommé Mantaille, dans un endroit assez sauvage. La paroisse dans laquelle se trouve ce château, a aussi le nom de Mantaille ; on y voit encore des ruines, assez considérables. (*Hist. de l'Eglise de Vienne.*)

Ce royaume prit le nom de royaume d'Arles et de Bourgogne.

Après que Bozon eut été élu, la harangue suivante lui fut adressée par les évêques :

« Le sacré concile de Mantaille, assemblé avec la noblesse,
» au nom de Notre-Seigneur, et par l'inspiration de sa divine
» majesté, ose s'adresser à votre sagesse, illustre prince,
» pour connaître la manière dont vous vous comporterez sur
» votre trône. Il désire savoir si une véritable ardeur vous ani-
» mera pour la gloire de Dieu, pour la foi catholique, et pour
» les intérêts de l'Eglise. Si, prenant pour modèle le bon
» prince, votre prédécesseur, dont l'histoire et la tradition
» vous ont raconté les actions, vous ne respecterez pas les lois
» et la justice; si l'humilité, base de toutes les vertus, la pa-
» tience et la modération ne brilleront pas dans votre conduite.
» O prince! nous attendons de vous la circonspection dans les
» jugemens, quand un arrêt pénible devra être prononcé; la
» la fidélité dans vos promesses, lesquelles seront justes; la
» docilité aux inspirations de la grâce. Que le conseiller intè-
» gre trouve toujours un facile accès auprès de vous; que les
» passions injustes soient foulées à vos pieds, et que la vertu
» trouvant en vous un appui, n'ait à craindre ni les embûches
» du vice, ni les attaques ouvertes des méchans. Une pareille
» conduite nous empêchera de regretter la décision que le con-
» cile et la noblesse viennent de prendre en vous couronnant
» roi. La prière versera ses abondans trésors dans vos états,
» pourvu que notre autorité évangélique et apostolique soit
» par vous sévèrement respectée et maintenue. Nous vous
» prions de faire marcher les personnes de votre maison dans
» la voie du salut et de l'honneur. »

La réponse de Bozon fut adroite, souple et caressante.

« Je suis votre ouvrage, s'écria-t-il ; si l'injustice souil-
» lait quelques-unes de mes actions, ne m'épargnez pas la
» sévérité de vos conseils. Si l'un de vous méconnaît mon au-
» torité, je le désarmerai par ma douceur. Je veillerai à ce
» que les personnes attachées à mon service ne violent jamais

les lois de la bienséance. Quant à vous, messeigneurs les pontifes, votre serviteur vous supplie de lui aider à soutenir le poids accablant d'une dignité qu'il n'a acceptée que pour restituer à l'Eglise son antique éclat, et n'agir, en toute occasion, que par vos sacrées inspirations.

» Que celui d'entre vous qui blâme mon élection se lève et me le dise hardiment, je déposerai devant ses sévères paroles le sceptre que je n'ai point brigué. Mais si vos esprits, unanimes dans cette grande résolution, approuvent hautement un acte si important, je consens à revêtir le manteau royal. En plaçant ma tête dans ce diadême que je n'enviai jamais, je sens que toute sa force ne lui viendra que de vos prières. Rassemblez vos fidèles dans vos saintes basiliques, et faites-leur demander à Dieu de me tenir par la main dans la voie périlleuse où vous m'avez engagé. » (1)

Aussitôt après son couronnement, Bozon entre en France à main armée, dévaste la Bourgogne et menace les domaines de la monarchie des enfans de Charlemagne. Mais Louis et Carloman, après avoir chassé les Normands, tournent promptement leurs armes vers les provinces du Midi pour en expulser Bozon, qu'ils chassent de la ville de Mâcon et le contraignent à venir s'enfermer dans celle de Vienne avec toute sa famille (880).

---

(1) L'histoire ne nous a point conservé les noms des seigneurs laïques qui prirent part à ce grand acte national, et par là on se trouve privé des lumières qui auraient pu fournir sur l'état politique du midi de la Gaule une relation exacte des faits qui précèdèrent ou consolidèrent cet événement d'une si haute importance. On sait seulement que les évêques, en plaçant la couronne sur la tête de Bozon, avaient l'assentiment des populations. On est donc réduit à des transcriptions de chartes bien plus souvent apocryphes, pour avoir quelque connaissance des comtes des villes provençales au IXe siècle, et à plus forte raison faut-il se résoudre à ignorer quelle était la hiérarchie administrative de ces mêmes villes à cette époque. (THÉOPH. G.... *Mémoire sur le Comté-Vénaissin.*)

Le pape Jean VIII, qui trois ans auparavant qualifiait Bozon de prince glorieux, vendu depuis à la ligue francke, se déclare son ennemi et le traite bientôt de factieux et de perturbateur. Ce malheureux pontife mit tant de confiance dans les trois empereurs qu'il avait sacrés, tant de faiblesse à souscrire à leurs volontés, qu'il servit de texte à la fable ridicule de la papesse Jeanne.

Louis et Carloman ayant rassemblé toutes les forces du royaume et appelé à leur secours Charles-le-Gros, dernier fils de Louis-le-Germanique, roi d'Allemagne, leur oncle, qui voulait relever de sa ruine la monarchie de Charlemagne, vinrent mettre le siége devant Vienne, avec la résolution bien arrêtée d'emporter la place et de faire Bozon prisonnier. Le siége traîna en longueur ; Charles, impatient de retourner dans ses états, soit qu'il portât quelque amitié à Bozon, soit qu'il fût ennuyé des fatigues d'attaques incessantes, prit le chemin d'Italie, malgré la promesse qu'il avait faite à ses neveux de ne point les abandonner.

Le départ de Charles ne découragea point les deux rois, quoique les partisans de Bozon eussent rappelé les Normands pour opérer une diversion. Un des deux frères se détache pour aller combattre ces opiniâtres conquérans, l'autre continue le siége. Bozon, pressé de toutes parts, ne trouve d'autre moyen que de se sauver dans les montagnes voisines ; mais il laisse dans Vienne une héroïne, son épouse Hermengarde, dont les valeureux efforts ne furent pas couronnés du succès. La ville se rendit à la discrétion du vainqueur ; la femme et la fille de Bozon furent prises et remises à la garde de Richard, comte d'Autun, qui était resté fidèle aux rois de France, malgré les liens de consanguinité qui l'unissaient à Bozon. Hermengarde et sa fille furent amenées captives à Autun.

Bozon se réconcilie avec l'empereur Charles-le-Gros ; et dans une assemblée tenue à Worms en 883, à laquelle se trouvèrent Hugues l'abbé et plusieurs autres grands seigneurs de France, il lui fit hommage de toutes les terres de son oyaume, comme si elles avaient été fiefs mouvans de l'empire ; d'autres disent qu'il fit seulement hommage de cette partie des Gaules située vers les Alpes, dépendant de l'ancien royaume de Bourgogne. C'est depuis ce temps que les empereurs ont prétendu, selon quelques historiens, avoir droit sur le comté de Bourgogne et peut-être même sur la Provence.

En 885 la mort enleva les rois Louis et Carloman qui ne laissèrent point d'enfans. Charles-le-Simple, leur frère, leur succéda au trône, quoiqu'il ne fût âgé que de six ans. On lui donna pour régent l'empereur Charles-le-Gros, choisi par les états de France. Charles, intérieurement ami de Bozon, rendit à celui-ci tous ses états et signa avec lui un traité de paix.

Bozon ne jouit pas longtemps de cette tranquillité achetée par tant d'années de tribulations. Il mourut le 11 janvier 889, à l'âge de soixante-trois ans. Il avait eu d'Hermengarde, Louis Bozon, roi d'Arles ou de Provence et de Bourgogne, ensuite roi d'Italie et empereur, et une fille dont on ignore le nom.

A l'époque où nous arrivons, les historiens cherchent les commencemens obscurs du grand fief connu sous le nom du comté d'Arles, du comté de Provence et du marquisat de Provence. Ici s'ouvre le vaste champ des hypothèses. Plus tard, nous indiquerons la formation de ces états souverains que le hasard de la naissance et les évènemens ont fait surgir du sein de la nuit féodale.

Louis Bozon n'avait que dix ou douze ans quand il perdit son père ; Hermengarde devint sa tutrice. L'histoire loue la prudence de cette reine au milieu des orages dont un trône naissant et défendu par une femme se voyait assailli. Hermengarde flatta la vanité de Charles-le-Gros, en lui faisant rendre hommage par Louis. L'empereur baisa le jeune roi, lui confirma le titre que Bozon lui avait laissé, et l'adopta pour son fils.

Mais Charles-le-Gros mourut en 888 presque dans l'indigence, et sa mort laissa le royaume en proie aux divisions. Le midi surtout se trouva sans défense contre les incursions des Normands d'un côté, des Sarrasins de l'autre, qui étaient revenus dévaster la Provence. Bérenger et Guy se disputaient l'Italie ; Eudes, nouvellement élu, avait assez à faire pour soutenir sa monarchie de Paris, et la Provence restait exposée sans secours aux terribles ennemis qui convoitaient son riche territoire, cette race des Francks qui en méditait toujours la conquête. Bernoin, archevêque de Vienne, s'en va devers Rome pour consulter le pape Etienne IV, qui écrit aux évêques que le plus sûr moyen de sauver le pays, c'est de lui donner un roi, et qu'ils aient au plus tôt à élire Louis, fils de Bozon et d'Hermengarde, quoiqu'il n'eût que douze ans. On s'assembla en toute hâte à Valence. Là, se rendirent Aurélien de Lyon, Rostang d'Arles, Arnaud d'Embrun. Bernoin et plusieurs autres évêques et seigneurs, parmi lesquels figurent la reine Hermengarde ; Richard, comte d'Autun ; Hugues, parent de Louis ; Batterius, gouverneur du Dauphiné ; et Teutbertus, gendre de la reine-mère (890).

Bozon ne fut pas plutôt élu roi d'Arles, que les populations le reconnurent pour vrai seigneur et maître de toute l'étendue de ce royaume, et principalement de la Provence, où les notaires dataient leurs contrats des années de son règne, comme il conste de quelques chartes conservées dans la ville d'Apt, qui toutes portent pour date ; *Regnante Ludovico Bozonis filio*. Dans une de ces chartes de l'an 896 et le sixième de son règne, on voit que ce prince fait en Provence des actes de souveraineté ; qu'il donne à la ville d'Apt, en l'honneur de la Sainte Vierge et de Saint Castor, évêque de cette ville, à la réquisition du comte Teutbert, qui devait être gouverneur de Provence, tout un village avec ses appartenances, pour l'entretien de la même église qui avait été dévastée par les infidèles. *In nomine*, &, est-il dit dans cette charte, *Ludovicus, gratiâ Dei rex : dùm vatis fidelium nostrorum, &. Idcircò, &. Nosse volumus quòd industrissimus quidam fidelis noster, nomine Teutbertus, illustris comes, &.*

Ce jeune prince, à peine âgé de vingt-deux ans, sur l'invitation d'Adalbert, marquis de Toscane, marche sur l'Italie pour en chasser Bérenger et prendre possession d'un royaume qui avait appartenu à son aïeul maternel l'empereur Louis II. Bérenger cerna si bien Bozon dans les montagnes, que celui-ci ne put ni avancer ni reculer ; il eut cependant pitié de sa jeunesse et se contenta de la cession du droit que Bozon pouvait avoir sur le royaume d'Italie ; il exigea que son compétiteur jurât solennellement de ne point l'inquiéter dans la possession de ce royaume ; à cette condition, il lui permet de retourner sans crainte, avec son armée, en Provence ou en Bourgogne (900).

Cet imprudent et infortuné prince, oubliant ses sermens, séduit par les sollicitations des princes italiens, ennemis de Bérenger, organise l'année suivante une plus forte armée pour aller reconquérir de nouveau l'Italie. Il se distingue dans son début par quelques glorieux exploits, attaque et emporte Pavie, force Bérenger à prendre la fuite et à se diriger vers la Bavière. Fier de cette victoire, Bozon marche vers Rome, à la sollicitation de ses flatteurs. Il entre dans la capitale du monde chrétien, et reçoit de la main du pape Etienne VII la couronne de l'empire d'Occident et du royaume d'Italie. Le jeune empereur établit le siége de son gouvernement dans la ville de Véronne, où, ne craignant plus d'être attaqué par Bérenger, il vécut dans l'insouciance et la mollesse, écueils de tous les princes qui se laissent éblouir par un premier succès. Mais Bérenger, averti par ses amis, fatigués déjà de l'insolence des vainqueurs, arrive secrètement en Italie ; à l'aide de la trahison des habitans de Véronne qui l'affectionnaient particulièrement, il entre dans la ville, fait le malheureux prince prisonnier, et le bourreau, armé d'un fer brûlant, lui crève les deux yeux. Après cette exécution, digne de ces temps de barbarie, Bérenger renvoie Bozon en Provence, dépouillé de ses habits impériaux et privé pour toujours de ses prétentions au trône d'Italie (903).

Il a survécu quelques souvenirs dans les légendes un peu obscures du temps ; on les trouve dans des fragmens de ballades vivaraises qui retracent cet évènement. En voici une qui nous a été transmise par un habitant du pays :

« Bozon s'en alla bien loin chercher querelle au grand loup
» gris de la montagne. Il avait chiens et varlets, chasseurs
» et arbalètes. Nous aurons le loup gris.
» Ils vont dans la forêt, et voient des carcasses de moutons,
» des têtes de bergères et le grand trou noir, mais le loup
» gris a de longues dents et des griffes acérées. Ils n'auront
» pas le loup gris.
» Dame Edvige se tient sur les tours d'Arles avec ses trois
» petits, pour voir revenir son mari portant la peau du loup
» pendue à la selle de son destrier. Enfants, voyez-vous votre
» père chevauchant dans la plaine avec ses varlets? Trois
» jours ils regardèrent, et le quatrième ils aperçurent le
» chapelain avec sa chape noire. Bon chapelain, où est notre
» père? Est-il mort dans les bois? Le prêtre se signa, et
» dit : Chère dame, votre mari est vivant, mais il ne verra
» plus les étoiles du ciel, le loup gris l'a blessé au visage et
» lui a crevé les yeux. »

Depuis cette époque, Bozon fut surnommé *Louis l'Aveugle*. Privé totalement de la vue, ce prince, victime de la barbarie de son siècle, regagna à petites journées le beau pays de Provence dont il ne pouvait plus contempler le ciel d'azur, et vint pleurer dans la ville de Vienne sa grandeur déchue et ses triomphes passés. Quoiqu'il eût perdu la couronne impériale, il conserva cependant les titres et les dignités qui y sont attachés, et se fit toujours qualifier de sérénissime empereur.

Le pauvre aveugle, exilé au fond de son palais de Vienne, ne s'occupa plus que de son salut. Pour l'obtenir, il fit des donations à différentes églises de son royaume. A la prière du marquis Hugues, son parent et son successeur à la couronne d'Arles, il lègue quelques biens situés au comté de Die à la cathédrale de Valence, pour la rémission des péchés du roi

Bozon, son père, et de la reine Hermengarde, sa mère. Par trois chartes datées des septième, neuvième et douzième années de son règne, il avait fait plusieurs donations à l'église et à l'évêque d'Avignon sous l'épiscopat de Fulcherius II; il avait fait bâtir, en 912, à Avignon, une église qu'il dédia à la Sainte-Vierge et la nomma Notre-Dame la Principale.

C'est à tort que quelques auteurs, et particulièrement la *Gallia Christiana*, attribuent à l'empereur Louis-le-Débonnaire, ces trois chartes émanées de Louis l'Aveugle. Cette erreur provient du désordre qui règne dans la nomenclature des évêques de cette ville. Ce qui le prouve, c'est que ces donations ont été faites à la réquisition d'Hugues, parent et successeur de Louis, et de Teutbert, comte de Provence, qui, assurément, ne vivaient plus en 822, époque où Louis le-Débonnaire est supposé avoir écrit ces chartes. Le nom de l'évêque Remy n'est donc pas mis à sa place naturelle dans l'Histoire publiée par Nouguier.

Depuis longtemps la Bourgogne méridionale, du Rhône aux Alpes et de la mer à l'Isère, était divisée en deux gouvernemens généraux, l'un entre la Durance et les Alpes, nommé marquisat des Alpes-maritimes, et l'autre entre le Rhône et les Alpes-maritimes, appelé comté d'Arles. Le système politique qui conférait un comte à chaque cité, s'éteignit, mais le nom de comté resta aux villes. Un Bozon I, qui était enfant de Rotbold de Bourgogne, et d'Ingelberge, fille de Bozon, premier roi d'Arles, fut reconnu premier comte de Provence ou d'Arles, en 923, sous le règne de Louis l'Aveugle et sous le marquisat de Hugues, par son mariage avec la princesse Berthe, nièce de Hugues, troisième roi d'Arles, qui lui céda tous ses droits sur la partie de Provence comprise dans ses états.

Ce premier comte de Provence mourut en 945, et de ses trois fils, Bozon II eut le comté de Provence, Rotbold les comtés de Forcalquier et Vénaissin, et Pons la vicomté de Marseille (1). Cette division subit ultérieurement diverses modi-

---

(1) Abrégé chron. de l'Hist. d'Arles, pages 104 et 105.

fications, car, en 1054, Emme, épouse de Guillaume Taillefer, comte de Toulouse, qui était arrière-petite-fille de Bozon II, hérita de la plus belle rive de la Durance, de son frère Guillaume, comte de Provence. De là vient l'origine des droits de la maison de Toulouse sur la partie de la Provence appelée le marquisat de Provence, et plus tard le Comté-Vénaissin (1).

Ce Bozon II était donc regardé comme le chef de notre dynastie nationale des Bozons, et comme comte d'Arles au milieu du Xe siècle (950), dont le corps de fief relevait du royaume des Allemands et des provinces, c'est-à-dire dans la majeure partie de la province ecclésiastique d'Arles et de la province ecclésiastique d'Aix. Ce comté s'étendait du littoral de Marseille et de Fréjus jusqu'à l'Isère. Bozon faisait de plus reconnaître son autorité par tous les comtés des deux provinces ecclésiastiques d'Arles et d'Aix : c'était à Arles qu'il résidait. Rien de bien authentique sur les actes de ce règne. Nous connaissons seulement les noms de sa femme Constance, et de ses deux fils, Guillaume Ier, comte d'Arles ou de la Provence orientale, et Rotbold III, comte de Forcalquier et de Vénaissin. Il mourut vers l'an 968.

Maintenant quelle ressource nous reste-t-il pour pénétrer dans cette nuit historique qui enveloppe la dynastie des rois d'Arles? Les récits prolixes des moines, récits racontés par une crédulité naïve, où l'ignorance et la superstition du siècle se reflètent merveilleusement dans des faits miraculeux et et des légendes poétiques mais superstitieuses. Nous touchons à cette époque si vantée, où la féerie revêt ses fantastiques habits, où le baron élève les tourelles de son château, où la châteleine écoute avec délices les chants amoureux du troubadour. Le midi de la Gaule perd son air romain ; tout annonce l'arrivée du moyen-âge avec ses croyances alimentées

---

(1) *Idem*, page 115.

par les terreurs, avec la présence continuelle du diable et des sorciers (1).

Guillaume et Rotbold firent la guerre aux Sarrasins renfermés dans leur repaire de Fraixinet, près le golfe de Grimaud. Heraclea, ville grecque déjà démantelée par les Arabes, s'engloutit devant l'invasion musulmane; Fréjus garda longtemps sur ses murailles à moitié détruites, les traces d'une attaque sanglante. Les chartes de la cité épiscopale, dont les moines gardaient le dépôt, disparurent dans l'incendie. Rotbold n'avait pas su résister aux Africains, Guillaume résolut de les détruire. Le comte d'Arles sonna l'assaut. La citadelle de Fraixinet s'écroula sous les coups de l'armée chrétienne.

La mort de Guillaume fut suivie bientôt après de celle de son suzerain Conrad I*er*, dit le Pacifique. Le royaume d'Allemagne, fondé par Rodolphe I*er* dans son gouvernement du Jura, augmenté par Rodolphe II des possessions de Hugues de Provence, était arrivé, sous ce même Conrad, à son plus haut degré de prospérité. Ce prince recula la frontière septentrionale du royaume jusqu'à la Reuss et maintint l'énergie de l'état par les fréquentes convocations des assemblées nationales. Il eut pour successeur, son fils Rodolphe III, dit *le Lâche* et *le Fainéant*.

La faiblesse de ce Rodolphe favorisa l'ambition des princes neveux de Rotbold. Par le décès de ce prince, arrivé vers l'an 1008, Guillaume II entra en possession de la seigneurie, à l'exclusion de son cousin Guillaume, fils de Rotbold, qui cependant prit par honneur le titre de comte, et de sa cousine Emme, fille de Rotbold, mariée avec Guillaume Taillefer, comte de Toulouse, de Forcalquier et de Vénaissin. Ce fut alors pour le royaume d'Allemagne et de Provence une époque d'anarchie qui annonçait déjà sa ruine. Le roi n'ayant point d'enfans, une querelle s'éleva de son vivant même au sujet de la succession. Eudes, comte de Champagne, son neveu

---

(1) L. MÉRY. *Hist. de Provence*, tome III.

par l'une de ses sœurs, vint les armes à la main lui demander sa couronne. Rodolphe, indigné de cette audace, l'assura à Henri II, fils de Gisèle, sa sœur puinée, roi de Germanie, puis empereur. Les seigneurs d'au-delà l'Isère, craignant encore une domination étrangère, se soulevèrent contre Rodolphe, parce que l'héritier de la couronne leur semblait trop redoutable; et, quoiqu'ils eussent été défaits dans une bataille, ils n'en jetèrent pas moins les fondemens solides de leur souveraineté. Alors le pouvoir royal n'exista guère plus que sur les deux rives du Léman, dans le Valais et dans la Suisse. La mort de l'empereur Henri II, prince héréditaire du royaume d'Allemagne et de Provence, et l'adoption nouvelle que fit Rodolphe de son petit-neveu Conrad-le-Salique, aussi empereur et roi de Germanie, ne ramenèrent point le calme dans l'état, ni la force dans le gouvernement. Les défiances et les révoltes des seigneurs continuèrent. Cependant ces seigneurs devaient se rassurer; l'excès de la puissance de Conrad, qui portait le poids immense des hautes suzerainetés de la Germanie et de l'Italie, dut leur inspirer quelque sécurité.

Sous Conrad-le-Salique, duc de Franconie, qui hérita de Rodolphe le Lâche, la couronne d'Allemagne et de Provence fut unie à la couronne germanique, comme la couronne italienne et le titre d'empereur y avaient été joints par Othon-le-Grand. Quand la couronne passa sur la tête de Conrad, ce prince parcourut son royaume, c'est-à-dire la Bourgogne transjurane, le pays des Allobroges, Marseille et Arles; partout il fut reçu avec la plus grande joie; quand il approchait des villes, les prêtres venaient au-devant de lui revêtus de leurs habits pontificaux et en chantant des hymnes à sa louange; les *décurions* le recevaient aux portes sous un dais de soie et le conduisaient à la cathédrale; le peuple suivait et faisait retentir l'air de chants de triomphe (1). On voit combien les

---

(1) Cùm ad urbes rex accedat, nemo ullius ordinis fuit qui non obviàm veniret, sacerdotesque ecclesiastico ornatu induti, hymnos cantantes, cæ-

institutions romaines s'étaient maintenues dans le pays, puisqu'à cette époque de féodalité, nous voyons encore des décurions. Il y avait déjà des comtes et des seigneurs propriétaires en divers lieux de Provence, soumis à l'hommage qu'ils faisaient à celui qui était reconnu pour roi d'Arles. En 1032, le comté de Forcalquier, de Vénaissin ou d'Avignon avait pour comte Bertrand I, mari présomptif d'Aleyris, comtesse de Die, de qui sont descendus les comtes de Forcalquier.

Sous Conrad-le-Salique, Guillaume III et Geoffroi, comtes régnans d'Arles, s'avancèrent dans le comté de Vaison, où peut-être l'autorité de leurs ancêtres avait été déjà reconnue, puisqu'en 1045 ils donnèrent à l'évêque de Vaison la moitié de sa ville épiscopale.

Guillaume mourut en 1053 et Geoffroi resta seul comte. Des idées nouvelles qui avaient gagné les esprits firent résoudre le partage du comté d'Arles entre le comte Geoffroi et les deux fils de défunt Guillaume. Ce partage fut conçu dans l'intérêt et les idées de ces princes qui, depuis la conquête de la ville d'Antibes, tranchaient du suzerain dans les provinces ecclésiastiques d'Arles, d'Aix et d'Embrun. Par ce partage, le sol de la Provence fut divisé à peu près comme on l'avait divisé sous les Goths et les Bourguignons. Geoffroi conserva les droits ou les prétentions des comtes d'Arles sur les comtés d'entre la mer, le bas Rhône, la Durance et les Alpes, et à ses deux neveux échurent les droits ou les prétentions de leur race sur les comtés d'entre la Durance, le Rhône et l'Isère.

Alors ces nouveaux co-partageans chassèrent d'Avignon l'ancienne famille vicomtale que Guillaume Ier, dit le Grand, ou ses successeurs, y avaient établie en sous-ordre, prirent

---

teros præcedebant: cùm ad portas urbis accedebat, à decurionibus sub velo serico excipiebatur, et ad templa majora deducebatur, quorum gradus ab infimâ plebe complebantur, quæ plausu maximo gratulationem significabat. (ALPH. DELBENI. *De regno Burgundiæ et Arelatis*, lib. II, p. 89, an 966.)

le titre de marquis de Provence, comtes d'Avignon, et placèrent dans cette ville le siége de leur puissance. Ils furent reconnus dans la ville et comté de Cavaillon, où dominaient les vicomtes de ce nom, fondateurs de l'une des grandes familles du Vénaissin perdue depuis quelques siècles, dans le bourg de Venasque, dans la ville et le comté de Sisteron, régis par des vicomtes, et dans la ville et le comté de Vaison, pays libre, sauf les droits de l'évêque sur une portion de la ville. Mais la famille principale d'Apt, ni la race des Adhémar, ni la branche de la maison de Poitiers, ni les comtes de Gap, de Die et d'Embrun ne se courbèrent devant la suzeraineté des marquis de la Provence occidentale.

A la mort de Geoffroy, son fils Bertrand, né de sa femme Etiennette, lui succéda dans la Provence orientale. Adélaïs, fille du comte d'Avignon Guillaume, et héritière, tant de celui-ci que de son oncle Geoffroi, de la Provence occidentale, porta son fief à son fils Ermengaud, comte d'Urgel, de la maison des comtes de Barcelonne.

La lutte du sacerdoce et de l'empire fut pour les deux marquisats, oriental et occidental, l'origine de ces temps d'anarchie où l'on ne trouva, suivant une charte de Montmajour, bonne justice nulle part. Tandis que les empereurs voulaient maintenir leur droit d'élire, ou tout au moins de confirmer les pontifes romains, le clergé faisait tous ses efforts pour rendre l'élection papale indépendante des empereurs. C'était là un premier pas à essayer par la puissance cléricale, de subordonner l'empire à l'Eglise, dans l'impossibilité de faire marcher de front deux pouvoirs rivaux. Henri III, dit le Noir, fils et successeur de Conrad-le-Salique, l'impératrice Agnès, veuve de Henri III et régente de l'empire pendant la minorité de son fils Henri IV, eurent à combattre contre les souverains pontifes. La lutte s'engageait plus violente. Henri IV excommunié vit une diète germanique créer un nouvel empereur au gré du pape Grégoire VII, et une assemblée tenue par l'ordre de l'empereur, prononça la déchéance de ce pontife pour en élire un nouveau.

Aycard, de la maison vicomtale de Marseille, archevêque d'Arles, saisit cette occasion pour délivrer du pouvoir des comtes sa ville primatiale. Voilà donc le clergé se mettant encore à la tête des hommes désireux de secouer le joug du despotisme des seigneurs. Aycard embrassa le parti de l'empereur pour s'opposer à Bertrand, zélé partisan du pape, et appela contre lui les seigneurs de la maison vicomtale de Marseille, ses parens, et le comte de Toulouse, Raymond IV, dit de Saint-Gilles, chef de cette puissante famille, qui, du comté de Toulouse, était arrivée à la supériorité médiate ou immédiate de l'ancienne Septimanie. Le marquis de la Provence orientale, voyant un des seigneurs de Marseille prendre le titre de vicomte d'Arles, et le comte de Toulouse occuper militairement le territoire, se rangea sous la bannière du pontife romain, et fit hommage de tout son fief au Dieu tout puissant, aux apôtres Pierre et Paul et au seigneur Grégoire VII. Le primat d'Arles ne fut point découragé par cette déclaration ; il marcha de succès en succès ; le marquis, définitivement chassé de sa ville capitale, opéra sa retraite sur le château de Tarascon. Cette révolution nous offre l'image de la révolution qui s'opérait dans l'empire. Là, le pouvoir impérial, congédié de l'Italie, est renvoyé en Germanie ; ici, les marquis de la Provence orientale, expulsés d'Arles, sont réduits à chercher un asile dans un bourg voisin. La liberté de nos contrées eut son principe dans ces premiers événemens. Au milieu de ces grands souvenirs de liberté, devant les restes de la municipalité romaine, en face d'une population nombreuse et d'une richesse considérable, l'évêque n'était point encore assez fort pour s'emparer du pouvoir souverain, il s'appropria seulement les droits fiscaux, le haut patronage de la ville, et la commune d'Arles fut fondée.

Les mêmes événemens qui atteignirent la maison comtale d'Arles, changèrent aussi la face de la Provence occidentale. On ignore si l'évêque d'Avignon, à l'exemple de l'archevêque d'Arles, appela aussi le comte de Toulouse ; mais les choses curent à peu près le même résultat. Les comtés d'Avignon, de Cavaillon, de Venasque et de Vaison furent occupés par le comte de Toulouse, et les marquis de Provence, comtes d'Avignon, chassés de leur ville capitale, se replièrent sur les montagnes qui bordent la rive droite de la Durance ; et là, ne pouvant avoir accès dans la ville épiscopale de Sisteron, ils vinrent habiter le château de Forcalquier. Cette révolution a un trait de ressemblance frappante avec la révolution de la Provence orientale, qui enfanta pareillement une république municipale, la commune d'Avignon. Nous devons placer cet événement en 1080, sous le règne d'Adélaïs, comtesse de Forcalquier, épouse d'Ermengaud, comte d'Urgel.

Il y a ici une observation à faire. Dans ce désordre, les familles comtales et vicomtales n'oubliaient pas le soin de leurs intérêts. Ceux qui portaient le joug suzerain cherchaient à s'en débarrasser ; les autres le repoussaient pour se maintenir dans la mouvance immédiate du royaume uni et du saint-empire. Ensuite, ces évêques qui, à la chute de l'empire d'Occident, avaient donné la Gaule aux Francks, qui ensuite, lors du démembrement de la monarchie carlovingienne, avaient créé, en vertu de l'autorité sacerdotale, le royaume de Provence, las de ne pouvoir plus rien pour la patrie, s'occupaient de prendre une place dans la nouvelle organisation fédérale de l'Etat. La féodalité, qui avait des racines dans les anciennes villes romaines et qui se trouvait à la tête du gouvernement, avait quelque chose de remarquable : là, l'évêque partageait la ville avec le seigneur ; ici, l'évêque gardait pour lui la ville et laissait le territoire au seigneur ; et à ces deux puissances se joignait la puissance populaire qui devait, après plusieurs siècles d'attente, écraser les deux autres.

Avant de renouer la chaîne des événemens historiques, faisons un temps d'arrêt et jetons un coup-d'œil sur le Comtat-Vénaissin, afin d'apporter sur ses annales obscures autant de lumières qu'il nous sera possible.

Il y a bien d'opinions diverses sur l'étymologie de ce comté ; les uns le nomment *Veneyssi*, d'autres le font dériver de *Vénayssy* ou *Venuxin ;* en langue romane on disait *Venece*, *Venice*, *Venouse*.

Un cartulaire de l'an 1050, trouvé dans l'abbaye de Montmajour, dit qu'un Bertrand était *comes Vendacensis*. Ce devait être Bertrand II, comte de Forcalquier, lequel était aussi comte d'Avignon et d'Embrun. Toutes ces terres de la Provence occidentale étaient tellement divisées qu'il était bien possible qu'elles reconnussent plusieurs seigneurs comme la ville d'Avignon, qui appartenait en même temps à trois maîtres différens, les comtes de Toulouse, de Provence et de Forcalquier. Or, si des mots *Vendacensis* et *Vendacium*, on enlève la lettre *d*, il y aura *Venacensis* et *Venacium* ; alors on écrira plus à propos *Venaiscin* que *Vénaissin*.

Le temps de l'institution du Comté-Vénaissin est fort incertaine : il existe à ce sujet deux opinions. La première affirme qu'il a été créé en 946, lorsque Hugues, roi d'Arles et d'Italie, ne pouvant résister aux attaques de Bérenger, son compétiteur au même royaume d'Italie, laissa son fils Lothaire dans ce pays, revint en Provence pour rassembler de nouvelles troupes et repasser ensuite les monts pour châtier le téméraire Bérenger. Il est constant, d'après ce que rapporte Luitprand, historien de cette époque, qu'un certain Raymond III, duc de Gothie, comte de Toulouse et prince d'Aquitaine, arriva en Provence et offrit au roi Hugues d'aller servir en Italie avec son armée contre ce Bérenger, moyennant la somme de mille mines. Hugues eut certainement accepté cette proposition ; mais la mort le surprit peu de temps après, et ses trésors passèrent dans les mains de Berthe, sa nièce, fille de son frère Bozon, marquis de Toscane, laquelle était déjà veuve de Bozon Ier, comte d'Arles ou de Provence. Berthe épousa ensuite ce prince Raymond (1).

---

(1) Luitprand, lib. V, cap. XIV.

Or, il est probable qu'après la mort de Bozon Ier, Hugues, pour acquérir l'amitié de ce puissant prince Raymond, traita avec lui, de son vivant, d'une alliance avec sa nièce Berthe; et comme il avait donné à Bozon la Provence basse et orientale, soit en faveur de ses enfans, soit en faveur de ses parens, il donna de même à Raymond la Provence haute et occidentale, c'est-à-dire les comtés de Vénaissin et de Forcalquier, et quelques autres terres dans le Dauphiné. Raymond et ses descendans étant comtes de Toulouse, ont été véritablement comtes du Vénaissin, et se sont fait surnommer marquis de Provence; de même, les comtes de Forcalquier ayant autrefois porté le blason des comtes de Toulouse, comme étant de même lignée, on doit supposer que le comté de Vénaissin fut institué à cette époque par le roi Hugues, en faveur de ce Raymond dont les descendans partagèrent la Provence haute et occidentale, et la divisèrent en deux comtés, celui du Vénaissin pour les aînés, et celui de Forcalquier pour les cadets, faisant les premiers souverains et les seconds hommagers des aînés; c'est ce que nous lisons dans les historiens. Les comtes de Forcalquier ont toujours fait hommage aux comtes de Toulouse, en raison du Comté-Vénaissin, dont ces comtes de Toulouse étaient les seigneurs directs.

Cette opinion nous paraît un peu hasardée par Duchesne (1), car il ne s'explique pas et se contente de dire simplement qu'il est croyable que de l'un ou de l'autre de ces mariages de Berthe avec Bozon, comte d'Arles, et avec Raymond, prince de Guienne, sont sortis les comtes héréditaires d'Arles et de Provence. En second lieu, il dit aussi que du mariage de Berthe avec Raymond, sont issus, entre autres enfans, Pons, comte de Toulouse, et Guillaume Ier, comte d'Arles. Le P. Labbe semble appuyer cette opinion (2). Cependant s'il est vrai, comme le dit Justel, que Berthe ne fut

---

(1) Histoire de Bourgogne, liv. II, chap. 17.
(2) Table généalogique des comtes de Toulouse.

as mariée à ce Raymond, comte de Toulouse, mais bien rec un Raymond II, comte d'Auvergne et de la première uienne, cette opinion serait entièrement détruite. En effet, ous verrons bientôt que ce Guillaume Ier, comte d'Arles, re son origine d'autre part que de la maison des comtes de oulouse.

Cette première opinion est la plus vraisemblable, car elle xplique en peu de mots toutes les difficultés qui se présentent sur la division et l'établissement de tant de petits états ouverains qui se trouvaient en Provence. On l'adopterait volontiers, si on ne voyait presque évidemment que les premiers omtes de Forcalquier et de Vénaissin ont été de la race de eux d'Arles et de Provence; quoique ensuite les derniers oient sortis de celle des comtes de Toulouse.

La seconde opinion serait que le Comté-Vénaissin a été ormé de celui de Forcalquier (qui, dès son origine, comprenait la Provence haute et occidentale, depuis la Durance jusqu'à l'Isère), à l'occasion du mariage de Emme, fille de Rotbold, comte de Forcalquier et marquis de Provence, avec Guillaume III, surnommé Taillefer, comte de Toulouse. De ce mariage sortirent deux fils: Pons III et Bertrand Ier, lesquels, après la mort de Guillaume II, comte de Forcalquier, leur oncle et frère de leur mère Emme, mort vraisemblablement sans enfans, se partagèrent la Provence occidentale. A Pons, qui était déjà comte de Toulouse, échut la partie qu'on appelle le Comté de Vénaissin; à Bertrand, celle qu'on nomme le comté de Forcalquier, avec hommage et droit de réversion aux comtes de Vénaissin et de Toulouse. Aucun auteur cependant n'adopte cette opinion, recueillie dans plusieurs titres rapportés par Catel et Ruffy, quoique Dupuy paraisse l'appuyer sincèrement. (1)

Bertrand, fils de Guillaume Taillefer, adopta le titre de

---

(1) Dupuy. Traité des droits du roi.

comte de Vénasque (1) pour se distinguer du comte de Provence, son cousin, qui, comme lui, s'appelait Bertrand, et dont les enfans et les successeurs se qualifièrent de comtes de Forcalquier, par suite d'un partage intervenu entre eux et le comte de Toulouse (2).

Par la transaction passée en 1195, entre Guillaume, comte de Forcalquier, et Raymond VI, comte de Toulouse, transaction basée sur d'anciens titres de famille (3), chacune des hautes parties contractantes avait droit à la possession de la moitié de l'Isle et d'Avignon ; et, d'après la sentence arbitrale rendue en 1220 sur le partage du comté de Forcalquier entre Raymond-Bérenguier, comte de Provence, et Guillaume Sabran, comte de Forcalquier, les droits et domaines du comte de Forcalquier sur l'Isle et sur Avignon devaient rester communs aux deux co-partageans. Les destinées de notre pays furent longtemps les mêmes que celles de plusieurs cités du Comtat ; elles étaient réglées et mobilisées par les transactions opérées entre les princes propriétaires du pays.

D'un autre côté, l'empereur Frédéric II transmet en 1235, à Raymond VII, comte de Toulouse, les vassaux qu'il possède dans quelques villes du Vénaissin, l'Isle, Carpentras, Caderousse, Entraigues, Pierrelatte, Méthamis, etc. Dans la même année l'empereur enjoint à ses vassaux du Comtat, de regarder le comte de Toulouse comme leur maître ; et, deux ans après, le comte accorde aux habitans, nommément à ceux de l'Isle, divers priviléges importans, entre autres, les absout de tout joug de servitude, mais sous la réserve de la juridiction et domination qu'il a dans le Comtat (4).

---

(1) Ruffy. Dissertation, pag. 47.
(2) Hist. du Languedoc, tome II, note XIV.
(3) In veteribus instrumentis nostris.... Réponse aux recherches historiques relatives aux droits du pape sur Avignon.
(4) Réponse aux Recherches historiques, pièces justificatives, n. 11, 12 et 13.

En premier lieu, il est constant que Raymond VI, comte de Toulouse, était véritablement comte de Vénaissin, sous le titre de marquis de Provence, l'an 1200, puisque ce Comté n'appartient au pape qu'en vertu de l'excommunication lancée contre ce même Raymond, pour avoir favorisé l'hérésie des Albigeois.

En second lieu, il est constant que Guillaume IV, comte de Forcalquier, fit hommage de ses terres au même Raymond VI, l'an 1195, non point en qualité de comte du Vénaissin ou de marquis de Provence.

En troisième lieu, il est encore constant que Raymond V, comte de Toulouse, père de Raymond VI, prenait le titre de marquis de Provence : *Ego Raymundus, Dei gratiâ, dux Narbonæ, comes Tolosæ, atque marchio Provinciæ;* en vertu duquel titre il fit, l'an 1174, donation aux Génois de plusieurs terres en Provence, sur le littoral de la Méditerranée, depuis Arles jusques à la Turbie et Mourgues.

On se demande ensuite en vertu de quels titres ces princes prenaient la qualité de marquis de Provence et faisaient acte de souveraineté, tant dans le comté de Vénaissin que dans celui de Provence ? On répondra que c'était en vertu du mariage de Faydide de Provence, fille de Gilbert, comte de Provence, avec Alphonse Jourdain, comte de Toulouse, environ l'an 1112, laquelle lui apporta en dot la moitié de la Provence ; et par suite de ce mariage, il y eut, en 1125, partage de la Provence entre cet Alphonse et Raymond Bérenguier, comte de Barcelonne, époux de Douce, autre fille du même Gilbert. A Alphonse échut la Provence occidentale, comprenant le Comté de Vénaissin, la souveraineté de Forcalquier et autres terres ; et à Raymond Bérenguier la Provence orientale, la souveraineté de Forcalquier et quelques terres dans le Comté de Vénaissin ou d'Avignon. Ces partages furent cause que les successeurs de l'un et de l'autre de ces deux beaux-frères prirent réciproquement les titres de marquis de Provence et de comte de Forcalquier, ainsi qu'il conste par la convention passée, l'an 1251, entre les habitans d'Avignon et leurs seigneurs (*in statutis Aven.*), Alphonse de France, comte de Poitiers et de Toulouse, et Charles, comte d'Anjou et de Provence, frères de saint Louis; l'un ayant épousé Jeanne, héritière du comté de Toulouse, et l'autre ayant épousé Béatrix, héritière du comté de Provence. Dans cette convention, ces princes se qualifient l'un et l'autre de marquis de Provence et de comtes de Forcalquier, voulant faire entendre par là que, puisque le comté de Forcalquier avait été, dès son origine, hommager du comté de Provence, et que la Provence ayant été partagée entre leurs devanciers, Alphonse Jourdain et Raymond Bérenguier, l'un comte de Toulouse, et l'autre de Barcelonne et de Provence, chacun de ces princes avait droit de se qualifier marquis de Provence et de comte de Forcalquier, ainsi que les susdits Raymond V et VI, comtes de Toulouse, avaient droit de faire acte de souveraineté, tant dans les comtés de Vénaissin et de Forcalquier, que dans celui de Provence.

Nous acceptons cette opinion, quoiqu'il soit encore incertain que Faydide ait été sœur de Douce, et fille de Gilbert, dernier comte de Provence de sa race, ainsi que le fait observer judicieusement Peiresc, cité par Gassendi, page 152.

Mais en vertu de quel titre, 1° Bertrand, comte de Toulouse, frère d'Alphonse Jourdain, mari de Faydide, par son contrat de mariage passé en l'an 1095, donne à sa femme Electe ou Hélène, avec le consentement de Raymond IV, comte de Toulouse et de Saint-Gilles, son père, et père aussi du même Alphonse Jourdain, quelques terres du comté de Vénaissin et de Forcalquier, comme les comtés d'Avignon et de Die?

2° En vertu de quel acte Raymond IV, dit le comte de Saint-Gilles, père de Bertrand et d'Alphonse Jourdain, aurait-il confirmé la donation des terres qui étaient dans les comtés de Vénaissin et de Forcalquier, et se serait signé marquis de Provence dans le contrat de mariage de ce Bertrand, son fils, en disant : *Raymundus*, *Tolosanus comes*, *dux Narbonæ et marchio Provinciæ*, *pater suus firmat in æternum*, et avec lui deux autres seigneurs provençaux du comté de Forcalquier, *Guillem. de Sabrano firmat in æternum. Raymundus Petrus de Gordia firmat in æternum* ?

3° En vertu de quoi le même Raymond IV, dans une donation qu'il fit en 1103, au monastère de Saint-Victor-les-Marseille, de quelques terres qu'il avait acquises au quartier du Levant, aurait-il pris le titre de *Raymundus*, *Dei gratiâ*, *sancti Ægidii comes et Provinciæ marchio*, et dans son testament fait en 1105, en la terre-sainte, aurait-il ordonné de restituer à l'archevêque et à l'église d'Arles beaucoup de terres et places qu'il avait en Provence, que lui et ses devanciers avaient usurpées sur cette église, et aurait donné à la même église quelques droits qui lui étaient légitimement acquis dans la même ville d'Arles, d'après le rapport de Saxy ? (1)

4° En vertu de quoi le même Raymond IV aurait-il fait la guerre au comte de Provence, et aurait-il traversé tout le pays jusqu'à la ville de Saint-Maximin, qu'il prit de force, ainsi qu'il est prouvé dans un titre tiré des archives de la ville du Puy en Velay, aurait-il ordonné de faire célébrer la fête de Saint-Gilles dans tout le diocèse du Puy, et faire brûler un cierge jour et nuit devant l'image de la Sainte-Vierge ? Ce titre porte pour date le second jour après la prise de la forteresse de Saint-Maximin, que Catel croit être Saint-Maximin de Provence. Cette invasion dut avoir lieu avant l'année 1097, car dans le courant de cette année Raymond IV se croisa, et le premier des princes chrétiens alla vers la Terre-Sainte, où il mourut.

5° Remontons à l'année 1088 : en vertu de quel acte Raymond IV, faisant quelque pieuse fondation au monastère de Saint-André-lès-Avignon, lui donne-t-il des biens situés près d'Avignon, et s'y qualifie-t-il du titre de marquis de Pro-

---

(1) Histoire du comte Raymond IV, pag. 214.

vence, disant : *Ego Raymundus, comes Tolosanus, dux Narbonæ, marchio Provinciæ*, étant présens à cette donation, comme témoins, deux gentilshommes provençaux des comtés de Vénaissin et de Forcalquier, *Guillelmus et Gibelinus de Sabrans*, entre une trentaine de témoins qui s'y trouvent souscrits ?

6° En vertu de quelle preuve un auteur anglais qui vivait dans le XIe siècle (1), aurait-il dit, en parlant de Raymond IV, qu'étant doué d'un esprit vif, pénétrant et ambitieux, ce prince aurait dominé l'esprit grossier de son frère Guillaume IV, et aurait ajouté aux comtés de Cahors et de Rodez, qu'il pouvait avoir eus de son père, ceux d'Arles, de Narbonne, de Provence et de Limoges ? *Raymundus verò vivatioris spiritûs Caturcensem accepit comitatum et immane quantum auxit Arelatensi, et Narbonensi, et Provinciali et Lemovicensi adjunctis.*

En vertu de quels actes toutes ces donations de terres dans les comtés de Provence, de Forcalquier et du Vénaissin, ont-elles été faites par des comtes de Toulouse, et en vertu de quels titres ces princes se sont-ils fait surnommer marquis de Provence, et ont-ils eu en leur cour des seigneurs provençaux ? Ce ne peut être en vertu du mariage d'Alphonse Jourdain, fils de Raymond IV, avec Faydide de Provence, car cet Alphonse n'était point encore né, lorsque son père, avant son départ pour la terre-sainte, prenait le titre de marquis de Provence. Alphonse vit le jour au château Pélerin, en Palestine, et fut baptisé dans le Jourdain : c'est pourquoi le nom de ce fleuve fut ajouté à son nom primitif.

Ce problème a été, en quelque façon, résolu par Gassendi (2). Il dit que peut-être ce Raymond, comte de Toulouse et de Saint-Gilles, était fils de Geoffroy, comte de Provence. Mais, outre qu'il est constant, par la généalogie

---

(1) WUILLEM. MALMESBURY, Regl. Angl., lib. V.
(2) Vie de Peiresc, page 151.

les comtes de Provence, que ce Geoffroy n'a eu qu'un seul fils nommé Bertrand, Raymond ne peut pas avoir été son fils et ne peut avoir hérité de lui du titre de marquis de Provence. On ne voit point en vertu de quel acte Raymond, quand même il serait fils de Geoffroy, aurait pris le titre de comte de Toulouse et de Saint-Gilles, ainsi que celui de marquis de Provence.

Si nous remontons jusqu'à l'année 990, nous rencontrons encore une difficulté. En vertu de quel titre Guillaume III, comte de Toulouse, est-il nommé comte d'Arles et de Guienne? Cette assertion a fait dire à Duchesne que les comtes de Toulouse et ceux de Provence étaient de même famille, tous descendus de Berthe, nièce de Hugues, roi d'Arles et d'Italie, mariée à Raymond, grand prince de Guienne et comte de Toulouse, vers l'an 950, duquel mariage, dit-il, sont issus Pons, comte de Toulouse, et Guillaume Ier, comte d'Arles ou de Provence. Bouche l'ancien repousse cette assertion; il combat aussi Ruffy, qui dit que ces princes pouvaient prendre le titre de marquis de Provence, en vertu du mariage de la comtesse Emme, fille de Rotbold, comte de Forcalquier et de toute la Provence occidentale, avec Guillaume III, comte de Toulouse, auquel on avait donné pour dot de sa femme quelques terres situées en Provence, pour raison desquelles, ou lui, ou ses descendans se sont fait appeler comtes ou marquis.

Au milieu de tant d'incertitudes amenées par le défaut de preuves, H. Bouche se résumant, dit : « Jusqu'à ce qu'on ait découvert quelque titre qui puisse constater le second mariage de Guillaume II, marquis et comte de la Provence occidentale, comprenant les comtés de Vénaissin et de Forcalquier, avec Aleyris, comtesse de Die, duquel mariage seraient issus *Bertrand, Geoffroi et Guillaume*, comtes de Forcalquier, j'userai de la même présomption que Guichenon et Ruffy en faveur de Bertrand de Toulouse, fils de la comtesse Emme, que je donnerai pour mari d'Aleyris, et pour père de ces trois enfans. » Bouche persiste encore à croire que ce Guillaume II, comte de Forcalquier, mourut sans enfans; que sa sœur, Emme, comtesse de Toulouse, a hérité de tous ses états, qui ont été ensuite partagés par ses deux fils, Pons III, comte de Toulouse, et Bertrand Ier, comte de Forcalquier; que ce Pons III se réserva pour lui le comté de Vénaissin, et donna à son frère Bertrand celui de Forcalquier, avec hommage à l'avenir aux comtes de Vénaissin ou de Toulouse.

On demande maintenant si la ville d'Avignon, dans les temps anciens, a fait partie de ce Comté-Vénaissin, ou bien si elle en a toujours été séparée. L'opinion la plus accréditée est que cette ville a toujours formé un état distinct et étranger au Comtat-Vénaissin. Puisque nous savons que la princesse Emme, qui porta ce comté et celui de Forcalquier aux comtes de Toulouse, a fait des donations, en 1024, à une église de Saint-Martin, de quelques biens qu'elle avait dans la ville d'Avignon; et que, d'une part, Bertrand, comte de Toulouse, avec le consentement de Raymond, comte de Saint-Gilles et de Toulouse, son père, descendans de la même princesse Emme, donne à Electe, sa femme, en 1095, dans son contrat de mariage, tant la ville d'Avignon, que tout le comté et l'évêché de la même ville; et que, d'autre part, Raymond Bérenguier, comte de Barcelonne et de Provence, en la transaction faite en 1125 avec Alphonse Jourdain, comte de Toulouse, consent que cet Alphonse jouisse entièrement de la Provence occidentale, depuis la Durance jusqu'à l'Isère, excepté de la moitié de la ville et du terroir d'Avignon, et de la moitié encore des lieux du Thor, de Caumont et du pont de Sorgues, qu'il se réservait pour lui; on ne voit point pourquoi la ville d'Avignon, au moins pour sa moitié, dût être séparée des appartenances du comté de Vénaissin, puisqu'elle est comprise dans l'enclos de la Provence occidentale, remise à Alphonse par Raymond Bérenguier, qui dit, dans l'acte de transaction du partage des terres de toute la Provence anienne : Ego Raymundus, *Barchionensis comes, et uxor mea Dulcia*, *etc. totam terram de Provinciæ, sicut habetur et entinatur ab ipso flumine Druentiæ usquè ad flumen Isaræ um, etc., excepta medietate civitatis* Avenione, *etc. et exepta medietate de Castro de Ponte de Sorgia, etc., et excepta medietate de Castro de Caumont, etc., et excepta medietate de Castro de Thor, etc., tibi Ildefonso comiti definimus, et evauamus, laxamus atque donamus, etc., cum civitatibus et casellis, et episcopatibus omnibus universis in se existentibus* (1).

Il serait utile de dire que vers l'an 1063 cette ville avait un comte particulier, nommé *Berengarius*, et un autre vers l'an 1075, nommé *Rostagnus*, fils de ce Berengarius, qui donnent quelques églises aux monastères de Cluny et de Saint-André, situées au terroir d'Avignon, et que par conséquent la ville d'Avignon ne faisait point partie des Etats du Vénaissin, puisqu'elle avait un comte particulier, distinct du comte général de la contrée. Ces comtes ou vicomtes n'étaient que des lieutenans du comte général de tout le pays. Ainsi ces comtes ou vicomtes particuliers d'Avignon n'empêchaient pas que le comte général de la Provence occidentale ou du Vénaissin, ne fût aussi le maître de cette ville. En effet, nous voyons qu'avant et après le règne de Berengarius et de Rostagnus, les comtes de Toulouse, qui étaient aussi comtes du Vénaissin, ont fait des actes de souveraine maîtrise dans cette ville d'Avignon, témoins les donations faites par la comtesse Emme et Raymond de Saint-Gilles. Ce qu'il y a de remarquable dans cette époque si singulière, c'est que la ville d'Avignon obéissait à trois maîtres vers l'an 1110, savoir : le comte de Provence, le comte de Toulouse et le comte de Forcalquier, ce qui ne la dispensait pas d'obéir à un quatrième qui la gouvernait sous le titre de comte particulier.

C'est pour cette raison sans doute que les comtes de Toulouse, qui se qualifiaient aussi de marquis de Provence,

---

(1) Arch. Aquensis, in regist. pergam., fol. 19.

voyant que la ville d'Avignon appartenait à tant de maîtres, n'ont jamais voulu en faire la capitale de leur Provence occidentale, aimant mieux honorer de ce titre la ville de Carpentras, sur laquelle ni les comtes de Provence ni ceux de Forcalquier n'avaient aucun droit. Comme la ville d'Avignon, qui appartenait auparavant au comte de Toulouse, avait été donnée par le roi Philippe-le-Bel à Charles II, roi de Sicile et comte de Provence, qui en avait l'autre moitié, et que depuis elle fut vendue par la reine Jeanne, on peut conclure que cette ville a été constamment séparée du Vénaissin, séparation qui date de l'an 1273, époque où Philippe-le-Hardi céda tout le Vénaissin au pape Grégoire X, à la réserve de quelques places dans le Dauphiné, comme aussi la moitié de la ville d'Avignon, que le roi Philippe-le-Bel échangea en 1290 avec Charles d'Anjou. (1)

Telle est l'opinion des anciens : maintenant puisons nos documens dans les recherches de la nouvelle école, qui, plus consciencieuse, ne s'appuie que sur des faits et des dates. Nous marcherons donc avec cette nouvelle école, et nous adopterons les opinions de M. Théoph. G....., émises dans un Mémoire inédit.

« L'absence complète de documens nous empêche d'affirmer l'existence, depuis une époque reculée, du comté d'Avignon, en dehors du comté de Provence, qui, dès l'an 628, avait été incorporé au royaume d'Aquitaine créé en faveur de Caribert, fils de Clotaire II. (2)

» La dénomination du comté d'Avignon paraît de nouveau dans l'histoire à l'époque des invasions arabes : *Castrum Avenione munitissimum per fraudem quondàm Provincialium coeperunt Comitatumque illum obtinerunt* (3). Cette dénomination doit être entendue d'une manière générale, dit l'auteur du

---

(1) H. Bouche. Chorog. de Provence, liv. VIII, sect. III.
(2) Fauriel. Hist. de la Gaule mérid. tome II, p. 348.
(3) Annal. Metensis, ad an. 736.

Mémoire, pour désigner, non-seulement la ville et son diocèse, mais encore tous les diocèses dont fut composé dans la suite le pays connu sous le nom de Comté Vénaissin.

» Sous la domination des Francks de Charles-Martel, les villes et seigneuries du Midi perdirent leur existence indépendante ; on doit donc faire remonter à cette époque la création de la Marche ou marquisat de Provence, qui comprenait sans doute toute la partie de la Provence qui s'étend entre la Durance et l'Isère, dont Valence et Avignon paraissent avoir été les deux villes principales.

» Il est probable aussi que l'administration du comté d'Avignon resta la même, sauf quelques légers changemens, pendant les Xe et XIe siècles, c'est-à-dire que les comtes d'Avignon eurent la haute administration sur les vicairies établies à une époque très-reculée, peut-être même pendant la période romaine, dans les villes épiscopales de Vaison, de Carpentras et de Cavaillon.

» Il est incontestable que vers l'an 960 ou 970, Guillaume Ier possédait en qualité de comte de Provence, la haute seigneurie d'Avignon, gouvernée jusqu'alors par des comtes particuliers, soumis à la juridiction des ducs ou marquis de Provence, institués, soit par les princes de la race de Charlemagne, soit par Bozon et Louis l'Aveugle, son fils, pour gouverner la partie méridionale du royaume d'Arles ou de Provence (1).

» Les comtes particuliers d'Avignon étaient donc soumis aux comtes d'Arles, puisqu'Avignon relevait de cette ville, jadis la métropole de la province. Observons cependant qu'au XIIe siècle, la seigneurie de Cavaillon était possédée par des vicomtes sous la suzeraineté des comtes de Toulouse de la maison de Saint-Gilles ; ainsi donc les villes de Carpentras et

---

(1) FANTONI. Istoria della città d'Avignone, tom. II, pag. 27. — Preuves de la *Gallia Christiana*, tom. 1, pag. 139. — BASTET. Hist. des évêques d'Orange, pag. 129.

de Vaison doivent avoir eu primitivement des vicomtes ou *vicarii*. Leurs évêques ne tardèrent pas à usurper ces fonctions ; alors le pouvoir temporel étant réuni à la puissance spirituelle, la charge de vicomte n'exista plus dans ces villes : de là, l'absence de titres qui constatent les fonctions d'un pouvoir vicomtal ; de là aussi naquit la lutte si animée entre les comtes de Toulouse et les évêques de ces deux villes. Ces administrateurs épiscopaux travaillèrent toujours à se soustraire à la juridiction de leurs légitimes seigneurs et à les frustrer des droits seigneuriaux qu'ils tenaient de leur titre de comte d'Avignon ou du Vénaissin.

» Avançons donc sur ce terrain difficile de la discussion. Les successeurs de Guillaume Ier s'étant qualifiés souvent du titre de marquis de Provence, ou tout simplement du titre de comte, on a pensé que la dénomination de *comes avennicus*, fort peu usitée dans le XIIe siècle, prit une autre forme, on latinisa dans les chartes et sur les monnaies le mot roman *Veneisi*, que l'on traduisit par *Veneyssinus*, d'où vint plus tard la locution du comté Vénaissin, qui peut-être est dérivé d'*Avennicus*, dont par abréviation on fit *Vennicus*. (1)

---

(1) Avignon, dont la seigneurie formait un titre séparé, que les rois de Naples ajoutaient à leurs titres, et qui ne fut réuni au St-Siége que postérieurement au Comtat avec qui il n'a rien de commun, peut bien s'arroger, sans offenser la vérité, une espèce de suprématie sur lui, par rapport à la vice-légation et à la métropole de qui ressortissent respectivement toutes les affaires spirituelles et temporelles du pays. Il est très-probable qu'Avignon, appelé dans un temps la ville avennique, ait donné au Comtat le nom d'Avennicin, dégénéré en Vénaissin. Le choc des deux *a*, dont l'un termine le mot de *Comta*, et l'autre commence celui d'*Avennicin*, aura fait supprimer celui des deux qui aura paru le moins nécessaire. En effet, nous appelons aujourd'hui Bollène et Velleron, deux villages qu'on appelait autrefois Abollène et Avelleron, et le même principe qui a fait retrancher ces deux *a*, peut bien, dans la même contrée, l'avoir fait supprimer sur celui d'Avennicin. Indépendamment de ces raisons, où trouver une analogie entre *Vénasque* et *Vénaissin*, pour s'obstiner à faire venir l'un de l'autre ? Qu'on se tourne

» L'occupation de notre ville par Guillaume Ier ne porta aucune perturbation dans l'administration de la cité et du Comté-Vénaissin, puisque soixante ans après nous retrouvons encore des comtes établis à Avignon, lesquels disposent souverainement, non seulement des terres et des seigneuries situées dans cette ville et dans son diocèse, mais encore des riches bénéfices attachés à la possession des villes épiscopales du Comté-Vénaissin. Ainsi, dans une charte de 1033, les comtes Geoffroy et Bertrand disposent, en faveur de l'église d'Avignon et de son évêque Hedelbertus, de la quatrième partie de l'île de Mayranica, située dans le comté d'Avignon ; et nous apprenons, par une bulle adressée par le pape Pascal II à Rostang, évêque de Vaison, que lesdits comtes avaient fait donation à Pierre, l'un des prédécesseurs de cet évêque, de la moitié de cette ville (1). Pour achever de dissiper tous les doutes à ce sujet, nous pourrions produire un acte de l'an 1050, souscrit par Guillaume Bertrand et par Geoffroy, son frère, tous deux fils de ce Bertrand dont nous avons parlé, dans lequel ils se qualifient de comtes d'Avignon (2).

» Si, dans divers actes, les fils et les successeurs de ce Bertrand ont pris le titre de comtes d'Avignon, cela n'empêche pas que dans d'autres ils se soient qualifiés de celui de marquis de Provence. On peut donc soutenir que Geoffroy

---

du côté du latin ou du français, il faudra, pour justifier cette dérivation, dire ou *Vindauscin* ou *Venasquin*. Mais qu'est-ce que Vénasque dans l'histoire et dans le pays ? Eût-il été autrefois quelque chose de plus, il n'était certainement que ce qu'il est aujourd'hui, et peut-être encore moins en 1222, où le mot de Vénaissin commença à paraître. Avignon était un Comté ; les anciennes chartes l'attestent ; Avignon a eu très-long-temps, ou par lui-même, ou par ses gouverneurs, une juridiction qui s'étendait au loin. Et quoi de plus naturel que les terres qui en relevaient, aient retenu, même après en avoir été démembrées, un nom qui rappelle son origine ? (Eusèb. Didier. *Panég. de Saint-Agricol*, page 60).

(1) Fantoni. Istoria d'Avignone, tome II, page 354.
(2) Ruffy. Dissertation sur l'origine des comtes de Provence, page 60.

et Bertrand étaient comtes d'Avignon ou du Vénaissin, quoiqu'ils n'aient pas pris cette qualité dans l'acte de 1033.

» La race de Bertrand se maintint dans la seigneurie d'Avignon jusque vers le milieu du XIIe siècle, puisque nous voyons Guillaume Ier, comte de Forcalquier, faire son testament dans cette ville en 1129, ce qui prouverait incontestablement que ce prince habitait Avignon, dont la seigneurie lui appartenait (1)

» L'acte de 1125, que l'on a baptisé du titre trop pompeux de partage définitif de la Provence entre les comtes de Toulouse et les comtes de Provence de la maison de Barcelonne, paraîtrait combattre ce système.

» Si nous examinons cet acte avec quelque attention, nous remarquerons que le but que se sont proposé les parties contractantes a été de mettre un terme aux contestations qui existaient entre elles au sujet du château de Beaucaire et de la terre d'Argentea; et qu'on n'y a traité du partage de la Provence que d'une manière incidente. Quant à l'indivision dans laquelle on y laisse la ville d'Avignon et les châteaux de Sorgues, de Caumont et du Thor, loin de prouver que les comtes de Toulouse et de Provence en étaient seuls propriétaires, cette indivision ne sert qu'à affirmer l'état d'indépendance et de prospérité de la commune d'Avignon; et s'il faut révéler ici toute la pensée de l'auteur du Mémoire, nous n'y voyons qu'une réserve pour l'avenir faite par chacune des parties contractantes, dont le projet était d'envahir Avignon au préjudice des droits de Guillaume, comte de Forcalquier.

» Cette invasion était tellement le but des signataires du traité de 1125, c'est qu'on voit dans la suite les comtes de Toulouse et de Provence apporter, comme clause au traité qu'ils font entre eux de se prêter un mutuel secours pour réduire Avignon sous leur obéissance (2), et qu'ensuite, dans

---

(1) Gallia christiana, tome I.

(2) In prosequendo jure quod ambo in avenionensem ditionem obtenderant fœdere adjungantur. Zurita. *Ind. rerum. arag.* page 82.

un traité intervenu en 1195 entre les comtes de Toulouse et de Forcalquier, on voit ces derniers se servir, à l'égard des villes de l'Isle et d'Avignon, qui jouissaient à cette époque d'une indépendance presque complète, de termes identiques à ceux employés dans la transaction de 1125.

» Ce qu'il y a de certain, c'est que vers le commencement du XIIe siècle la commune d'Avignon était si solidement constituée, qu'elle pouvait, non seulement repousser les attaques des comtes ligués, mais encore forcer les comtes de Forcalquier à se contenter de quelques droits honorifiques peu importans (1).

» Dès l'an 1155, les comtes de Toulouse font acte d'autorité dans le Comté-Vénaissin et soutiennent par la force des armes, contre leurs vassaux de Provence, les droits qu'ils tiennent probablement des alliances matrimoniales contractées par la maison de Toulouse avec la famille comtale de Provence, et particulièrement de celle de Raymond de Saint-Gilles avec la famille avignonaise des comtes de Provence, par son mariage avec la fille de Bertrand, lequel seigneuriait vers l'an 1050 dans la partie septentrionale de la Provence.

» Les droits de la maison de Saint-Gilles et de celle de Forcalquier étaient donc égaux, puisque les uns et les autres étaient issus par les femmes de la même souche. Aussi les comtes de Toulouse eurent-ils pour leur part toutes les terres qui bordent le Rhône depuis la Durance jusqu'à l'Isère, tandis que les comtes de Forcalquier retinrent pour eux les terres qui s'étendent le long des Alpes, et dont les plus rapprochées de notre contrée consistaient en quelques fiefs situés sur le penchant du Luberon.

» D'après la chronique albigeoise, le marquisat de Provence était divisé, dans le XIIIe siècle, en trois parties, savoir : la Provence proprement dite, le Valentinois et le Vé-

---

(1) RUFFY. Hist. des comtes de Provence.

naissin ; il n'est donc pas étonnant que Raymond VII ait fait graver sur les sceaux et monnaies, le titre de comte de Vénaissin. Il est donc certain que cette dernière province passa seule sous la domination du Saint-Siége, puisque ses recteurs auxquels les souverains pontifes en confièrent le gouvernement, ne prirent point le titre de marquis de Provence, mais celui de comte de Vénaissin, *Rector et comes Venaissinus* (1).

» Cet état de choses avait son origine dans l'affaiblissement successif de toute autorité forte et régulière, dans le morcellement et la division des héritages seigneuriaux après la mort de chaque comte, et surtout dans la marche ascendante d'un pouvoir nouveau, l'émancipation communale, dont l'action devait finir par se substituer entièrement à celle des comtes, si la croisade albigeoise ne fût venue porter une atteinte mortelle à son développement.

» Examinons maintenant quelles avaient été les limites du Comté-Vénaissin ou d'Avignon, dans les temps anciens, quels étaient les diocèses et les villes qui en avaient fait primitivement partie, enfin quelle avait été l'étendue du pays soumis à la juridiction de l'officier qui le gouvernait sous les Mérovingiens.

» Malgré le profond oubli dans lequel ces questions ont été laissées par nos devanciers, nous croyons pouvoir affirmer que le comté d'Avignon renfermait dans sa circonscription plusieurs villes et villages qui en furent successivement séparés, soit par suite de différens partages que les comtes de Toulouse, de Provence et de Forcalquier firent entre eux de cette contrée, soit en vertu de conventions intervenues entre ces derniers et les puissantes familles des Adhémar, des Baux et des d'Agoult, dont la première possédait la majeure partie du Valentinois et du Diois ; la seconde, la principauté

---

(1) *Fornery*. Hist. manusc. du Comtat-Vénaissin. — Cottier. Notes hist. sur les Recteurs du Comté-Vénaissin, page 28.

d'Orange et les terres Baussenques (1), et la troisième la vallée de Sault, ainsi que plusieurs autres fiefs dans la haute et basse Provence. On peut donc soutenir, sans être démenti, que la séparation administrative qui a existé entre les villes épiscopales de Carpentras, de Vaison, de Cavaillon, et la ville d'Avignon, n'est point antérieure à la moitié du XIIe siècle.

» Si nous remontons dans les temps anciens, nous voyons les destinées de ces trois villes liées à celles d'Avignon. Sous les Ostrogoths, c'est Théodoric, roi d'Italie, qui écrit à Wandila, gouverneur d'Avignon pour les Goths, et lui recommande de préserver la province confiée à ses soins, des violences de l'occupation militaire (2). Sous les Francks austrasiens, on retrouve également certains faits qui, bien que racontés confusément par les chroniques, ne laissent pas que de témoigner en faveur du système adopté par l'auteur du Mémoire.

» Il serait difficile de préciser si le diocèse de Vaison était compris dans la partie de la Provence appartenant à la Bur-

---

(1) **La famille des Baux** possédait environ cinquante fiefs dans le Vénaissin, outre un grand nombre d'autres dans le Dauphiné, la principauté d'Orange et 79 terres en Provence ; la plupart de ces dernières, dites *terres baussenques*, étaient situées aux environs d'Aix. Quelques historiens rapportent que les seigneurs de cette maison puissante attachaient un augure de bonheur à ce nombre 79, vu qu'il était formé de deux autres nombres mystérieux 7 et 9. — Ils élevèrent des prétentions sur le vicomté de Marseille et sur le royaume d'Arles : de là, les guerres qui éclatèrent entre eux et les comtes de Provence, et dans lesquelles ils eurent l'art d'intéresser les comtes de Toulouse et de Forcalquier ; elles datent de 1145 environ, parurent assoupies jusqu'en 1155, renaquirent alors sous Hugues de Baux, finirent en 1161, et durèrent ainsi presque vingt années. Cette guerre, où l'avantage resta au comte de Provence, a été décrite par le troubadour Elias de Barjols. (BARJAVEL. *Dictionnaire hist.*)

(2) Wandila, Théodoricus rex. Quod non permittat provinciam sibi commissam exercitu aliquam violentiam sustinere. *Cassiod. Epist. lib. III* 58.

gondie ou dans celle qui était échue à l'Austrasie. Le froid accueil fait par l'évêque de Vaison à Mummolus, duc des armées de Gunthran, roi des Burgondes, laisserait croire que l'autorité civile de Mummolus était contestée, et que les limites de la province austrasienne étaient mal définies du côté du nord.

« On a dit qu'à l'époque où l'on voit paraître dans les chroniques et sur les monnaies le mot de comté Vénaissin, Avignon et tout son diocèse étaient détachés de ce comté, et que, par conséquent, cette ville n'a pu imposer son nom à un pays dont elle ne faisait pas partie. Quoique l'auteur ait déjà répondu à cette objection, il ajoute que cet argument pourrait obtenir quelque croyance, si l'on entendait par là qu'Avignon s'étant érigé en commune, avait, jusqu'à un certain point, secoué le joug de ses seigneurs; mais qu'il est complètement faux, si l'on entend par là que les comtes de Toulouse avaient abandonné leurs prétentions fondées sur leur titre de marquis de Provence et sur des conventions qui ne sont pas parvenues jusqu'à nous, mais qui devaient être intervenues nécessairement entre eux et les comtes de Forcalquier.

» En effet, c'est justement sur les sceaux attachés aux chartes portant des concessions en faveur des Avignonais, qu'on voit les comtes de Toulouse prendre le titre de comte du Vénaissin, *comes Venaissini*.

» Quelques auteurs, H. Bouche particulièrement, ont avancé que le comté Vénaissin avait reçu son nom de Vénasque, ancien château appartenant, dans le XIIe siècle, aux évêques de Carpentras. Cette ville aurait été, selon ces historiens, le chef-lieu de la contrée pendant un certain temps. Cette opinion s'appuie principalement :

» 1° Sur une charte sans date rapportée par Ruffy, souscrite par un certain Bertrand qui se qualifie du titre de *comes Venascinus*. Mais, outre que l'authenticité de cette charte est très-contestable, ne pourrait-on pas dire qu'elle a été ou mal lue ou mal copiée?

» 2° Sur la fausse opinion accréditée par Dom Polycarpe de la Rivière, que Vénasque aurait été, au V° siècle, le siége d'une province épiscopale. Nous n'aurons aucune peine à réfuter une pareille assertion, si nous faisons observer que, dans la *Notice des Gaules*, il n'est nullement question de Vénasque, mais d'une ville qui est désignée sous le nom de *Civitas Vindausica*. Or, il nous paraît impossible de soutenir que cette dernière ville occupait l'emplacement actuel de la commune de Vénasque, surtout si l'on admet comme probable l'hypothèse émise précédemment; d'où il résulterait que la locution de *Civitas Vindausica* ne serait elle-même qu'une modification du mot *Ouendasion*, nom primitif d'une cité gauloise connue des historiens romains et appelée par eux *Vindalion*. On sait que cette ville fut détruite dans le VI° siècle, et que sa position n'a point encore été déterminée d'une manière bien satisfaisante, nonobstant les investigations et les travaux des savans.

» Quelques évêques de Carpentras ont pu résider à Vénasque pendant les jours désastreux de l'invasion des barbares. C'est un fait incontestable que ne détruisent point les nombreux écrits d'évêques de Carpentras dans lesquels on trouve le titre d'*episcopus vendacensis* (1).

» Il est donc facile de nier qu'il y ait eu simultanément des évêques de Carpentras et de Vénasque ; que cette dernière ville ait été la même que celle qui est désignée par les historiens anciens sous le nom de *Civitas Vendacensis;* qu'il y ait eu, à si peu de distance l'une de l'autre, deux villes portant toutes deux le titre de cité, ayant chacune leur administration, leur municipe et des évêques distincts (2).

---

(1) Mémoires de Trévoux, 1742, tom. IV, pag. 2158.
(2) Eus. Didier. Panégyrique de St-Agricol. Disc. prélim., pag. 19. — On voit, par une charte de l'an 868 que Vénasque n'était, au IX° siècle, qu'un château-fort. Après diverses donations faites par le prince à Jean, évêque de Carpentras, il ajoute : In valle Nabrone juxtà castrum Venascha

» Si le Comté-Vénaissin tirait son origine de ce nom, ne trouverions-nous pas dans les écrits de nos vieux chroniqueurs, ainsi que sur les sceaux et les monnaies, les mots de *terra venacensis*, *comes venascensis*, et non ceux de *terra veneyssini*, *comes venayssinus* ou *venasinus*, ainsi que nous les voyons sur les monnaies et les sceaux de l'époque, déposés au Musée-Calvet, et dans les récits de Pierre de Valcernay et de Guillaume de Puylaurens, écrivains contemporains ?

» Cependant les partisans de l'existence de Vénasque comme chef-lieu du diocèse, se sont réfugiés sur un autre terrain. Ils ont dit que la terre du Vénaissin avait reçu son nom de la Nesque, petit torrent qui prend sa source dans les montagnes de notre département, et forme cette belle vallée qui s'étend vers l'ouest, de la chaîne du Ventoux et de Vaucluse. De là, dit-on, serait venu le nom de *terre de la Val Nesque*, d'où, par la suite, on aurait fait *comté de la Val Nesque*, *comté du Val Nescin*. »

Pour corroborer l'opinion émise au sujet de Vénasque, et porter plus de lumières sur le sujet qui nous occupe, nous citerons un passage de la vie de Saint-Siffrein, par M. Louis Richaud :

« Les vieilles cités romaines du midi de la Gaule devinrent de bonne heure des siéges épiscopaux. Dès avant la fin du IIIe siècle, s'il faut en croire un auteur, Vénasque et Carpentras reçurent leurs premiers évêques. A la vérité, rien n'est plus incertain que cette date, rien ne fournit autant matière à discussion que le catalogue de ces anciens prélats. Toutefois, et du milieu de cette obscurité ressort un fait indubitable, un fait acquis à l'histoire, que Vénasque et Carpentras formèrent, dès le principe, deux évêchés distincts, séparés, indépendans.

» Le malheur des temps les fit réunir en un seul, dont le siége fut établi à Vénasque.

---

ecclesiæ sancti Petri cum suo prioratu. (BOYER. Hist. de l'église de Vaison, lib. II, page 14.)

» Cette petite ville, grise et sombre, étroitement assise sur un plateau légèrement incliné, et couronnant un bloc énorme auprès duquel roule un torrent d'où peut-être elle tire son nom, la Nesque, présente, dit-on, mais surtout de loin, le même aspect que la ville de Constantine en Afrique. Un amphithéâtre de montagnes encadrant la vallée qu'elle domine, et laissant à l'œil une large échappée sur la plaine, achève le tableau. C'est un des sites les plus pittoresques du département de Vaucluse. L'antiquaire préfèrera toujours Vénasque avec son baptistaire romain, que les habiles eux-mêmes ont pris si long-temps pour un temple païen de Vénus ou de Diane, mais plutôt de Vénus, d'où l'on avait l'avantage de faire dériver Vénasque et Vénaissin; Vénasque, avec sa petite église du XIIe siècle qu'on a longtemps négligée pour le temple, et qu'aujourd'hui l'on ne dédaigne pas d'étudier après le baptistère; Vénasque enfin, avec ses vieux pans de murailles, noirs débris d'un château du moyen-âge, qu'on a donné pour quelque chose de romain, un rempart, que sais-je? un amphithéâtre peut-être, mais à qui l'ogive a fini par restituer sa véritable origine. Au premier abord, on se plaît, avec Adrien de Valois, à retrouver dans Vénasque la cité greco-romaine, l'antique Aëria de Strabon; mais bientôt l'on reconnaît que cette opinion n'est qu'un paradoxe et que la ville de Vénasque, primitivement située au pied de la montagne, ne s'est élevée au sommet que pour échapper aux invasions.

» Les évêques durent présider à cette translation et en diriger le mouvement. La basse ville fut abandonnée. Une ville nouvelle se groupa, se pressa, s'entassa sur la montagne; celle-ci, bâtie des débris de celle-là, présente dans ses monumens du moyen-âge des fragmens d'antiquité qui n'ont pas peu contribué à les faire passer eux-mêmes, jusqu'à nos jours, pour des monumens antiques.

» Vénasque fut donc par les évêques et pour les évêques un asile assuré; pendant toute la durée des invasions, ils y restèrent, et quand le torrent fut passé, ils descendirent dans la plaine, et Carpentras devint le siége de l'évêché Vénaissin. Les évêques de cette période, pendant laquelle il faut placer saint Siffrein, ont été tour-à-tour appelés évêques de Vénasque et de Carpentras.

» Ce fut pendant l'épiscopat de ce saint, en 536, que la ville de Carpentras tomba au pouvoir des Francks. Certes, celui-là ne devait pas être un homme ordinaire, à qui Cérain confiait les pouvoirs épiscopaux dans une circonstance aussi difficile que celle de l'invasion !

» Carpentras se glorifie de voir briller dans son histoire ecclésiastique ces trois noms qui lui sont chers : Siffrein, Sadolet, d'Inguimbert ! »

CHAPITRE VII.

Les Croisades. — Louis-le-Gros. — Émancipation des communes. — Du régime municipal depuis les Romains jusqu'en l'an 1129.

Philippe Ier, fils de Henri Ier, monta sur le trône de France en 1060; il régna d'abord sous la tutelle de sa mère, ensuite sous celle de Baudouin V, comte de Flandre.

Il importe maintenant de connaître la marche qu'a tenue l'esprit humain en passant d'un état de barbarie à un état meilleur ; il est intéressant de signaler les premières voies par lesquelles la civilisation s'est introduite dans l'ordre social, et les causes qui lui ont imprimé le premier mouvement.

Le besoin fut la principale cause de cet heureux changement ; il ouvrit deux voies à l'émancipation naissante : elle les suivit.

La première fut offerte d'abord par le régime féodal et par l'état peu fortuné des rois de France. Sans cesse harcelés, appauvris par les attaques continuelles des nobles, les rois, pour subvenir à leurs besoins pressans, vendirent aux habitans de plusieurs villes et bourgs des chartes de communes. En cédant quelques libertés à ces habitans, ils accrurent leurs finances épuisées, et, en diminuant la servitude de leurs sujets, ils diminuèrent la puissance nobiliaire. Des seigneurs, pressés par les mêmes besoins, imitèrent l'exemple des rois. Dès-lors la féodalité s'affaiblit, dès-lors des hommes dégradés par la servitude s'habituèrent à exercer des droits et à raisonner sur la condition civile.

La seconde voie, moins connue que la première, ne fut pas moins efficace.

Vers le même temps, l'ignorance des nobles étant extrême, il ne fut plus possible, comme sous les première et seconde races, de les nommer aux évêchés, aux abbayes et autres bénéfices ecclésiastiques ; alors on commença à conférer ces bénéfices à des roturiers instruits. Quelques exemples de pareilles nominations suffirent pour enflammer l'émulation de la jeunesse non noble. Les écoles se remplirent d'étudians de cette classe ; l'espoir d'être un jour admis à un prieuré, à une abbaye, à un évêché, leur fit braver les dégoûts de l'étude, la misère des colléges. Cet espoir contribua puissamment à l'accroissement des lumières.

A ces causes s'en joignit une troisième qui naquit des évènemens. *La folie des croisades*, en tirant les seigneurs de leurs forteresses, en leur montrant dans des pays étrangers, des scènes, des mœurs, des opinions nouvelles, rompit les liens de leurs habitudes, exerça leur jugement et recula les étroites limites de leurs pensées. S'ils ne gagnèrent rien en moralité, ils revinrent la mémoire chargée d'objets de comparaison, et un changement heureux dut nécessairement s'opérer dans leurs facultés intellectuelles.

Telles furent les causes des premiers progrès de la civilisation, de ses premières conquêtes sur la barbarie. Le mouvement une fois donné, quoique ralenti par les partisans de la routine et des vieilles institutions, et contrarié par l'ignorance puissante, se fortifia, s'accéléra, et ne devint jamais plus rapide qu'après avoir surmonté tous les obstacles qu'on lui opposait. (1).

Philippe, après la guerre malheureuse qu'il soutint contre Guillaume-le-Conquérant, chercha à oublier dans la débauche ses nombreuses défaites ; il se dégoûta de Berthe, sa femme, dont il avait eu quatre enfans, la répudia et enleva Bertrade,

---

(1) Dulaure. Hist. de Paris, tome II.

femme du comte d'Anjou, qu'il épousa. Le pape Urbain II lança contre lui les foudres de l'Eglise ; Philippe fut excommunié. Il n'échappa aux révoltes dont il fournissait le prétexte, qu'en associant au trône son fils Louis, dont la sagesse et la bravoure empêchèrent le bouleversement de la monarchie. Philippe obtint enfin l'absolution de ses désordres par une pénitence publique, quand le pape Urbain II vint en France assister au concile de Clermont.

C'était en 1095, époque prodigieuse de notre histoire nationale. Pierre-l'Ermite, gentilhomme Picard, ayant fait un voyage en Terre-Sainte, y avait été témoin des cruautés que les infidèles exerçaient sur les chrétiens ; il fit de si vives instances à Philippe, et le pape prit tant d'intérêt à ses récits, qu'à la voix de ce pèlerin obscur, peuples et rois, seigneurs et chevaliers, s'enrôlèrent pour la conquête du saint sépulcre. L'occident, entraîné par l'exemple de la France, courut se précipiter sur l'Asie, avec tout le fracas de ses armes, pour arracher à l'impiété cette dépouille sacrée.

Jaloux de régulariser ce noble élan, le pape Urbain II, franchit les monts, arrive sur les bords du Rhône, où sa présence fait naître une explosion de joie et de bonheur bien naturel, en face du père commun des fidèles. Avant d'ouvrir l'assemblée qui devait statuer souverainement sur la croisade, ce pontife parcourt les diocèses de France, électrisant les peuples par ses prédications, les engageant sous les drapeaux de l'expédition par l'appât des indulgences, consacrant des églises, bénissant des monastères, et répandant sur ses pas les grâces dont il était le dispensateur suprême.

Profitant de l'enthousiasme qui enflammait tous les esprits, Urbain s'arrogea le privilége de nommer aux évêchés, privilége qui appartenait auparavant au peuple et au clergé. Les chanoines de la cathédrale, de séculiers qu'ils étaient, devinrent chanoines réguliers de l'ordre de Saint-Augustin, par l'autorité du pape confirmée par une bulle donnée à Avignon.

Diex el volt! Dieu le veut! Tel fut le cri qui s'échappa de toutes les bouches au concile de Clermont, et que répétèrent à l'envi les échos de nos collines lorsqu'Urbain, apparaissant dans nos murs, imprima à la population ce mouvement de sympathie que propageait partout l'éclat de son éloquence, soutenu du prestige des cérémonies pontificales. Cette sublime inspiration devint le commandement de la devise de la guerre sainte.

L'ardeur belliqueuse gagna toutes les classes ; le noble comme le bourgeois, le prêtre comme le laïque, le châtelain comme le serf.

Parmi les grands vassaux de la couronne, Raymond IV, comte de Toulouse, occupait le premier rang, par ses exploits militaires, par ses richesses et l'étendue de ses domaines. L'âge ne lui avait rien ôté de ses forces et de son courage ; dans son ardeur, plus chevaleresque que religieuse, il ne voyait que des lauriers à cueillir sous les remparts de Jérusalem. Aussi hâta-t-il les préparatifs de son départ. Il aliéna ou vendit une partie de ses domaines pour subvenir aux frais immenses de l'expédition dont le commandement lui avait été déféré par tous les princes croisés. Elvire, montée sur sa blanche haquenée, suivit son époux dans les champs de la Palestine.

Raymond IV, comte de Toulouse, avant de partir pour la Terre-Sainte, donna en 1088, à Pierre, abbé de Saint-André et à son monastère, le Puy ou Montagne d'Andaon, et la ville y jointe. A cette donation, furent présens : pour le comte Raymond, Guillaume de Sabran, Aliziar d'Uzès, Rostaing de Posquières, Gibelin de Sabran, Pierre de Laspetras, Guillaume de Roquemaure, Bertrand de Laudun, Ripert de Caderousse, Pierre de Ponte ; pour l'abbé de Saint-André, Albert, évêque d'Avignon, Rostaing, prieur de Saint-André, et tous les moines du couvent (1).

De tous les seigneurs provençaux qui vinrent se grouper

---

(1) Nouguier. Hist. de l'église d'Avignon, page 49.

sous l'étendard sacré, l'histoire n'a enregistré que les suivans : Guillaume de Montpellier ; Raymond, comte d'Orange ; Guillaume, comte de Forcalquier ; Raimbaud de Simiane, baron de Caseneuve ; Guillaume de Sabran, baron d'Ansouis (1). Le clergé, de son côté, fournit un ample contingent ; ainsi, on vit les rangs de cette vaillante noblesse se grossir d'une foule d'ecclésiastiques, parmi lesquels figuraient les évêques d'Orange, d'Apt, de Toulon, de Glandèves, avec leurs vassaux. Animées par l'enthousiasme religieux et par l'amour de la gloire, les troupes françaises traversèrent les mers. Tout ce que la piété a de plus respectable, la vertu de plus élevé, la superstition de plus bizarre, le caractère national de plus chevaleresque, les passions de plus entraînant, s'offrit en spectacle aux Sarrasins. Plus de 300,000 hommes étaient partis dans cette première expédition, dont le résultat fut la prise de Jérusalem et de plusieurs autres villes. Après quelques années d'héroïques efforts et de souffrances inouies, le saint sépulcre fut conquis, puis perdu, un jour, par les divisions autant que par la mollesse des armées chrétiennes (2). Raymond de Saint-Gilles y perdit la vie ; mais il laissa un successeur à sa gloire dans la personne d'Alphonse, dit Jourdain, son fils.

Philippe Ier mourut à Melun, le 29 juillet 1108. Son fils, Louis VI, dit le Gros, lui succéda. Il fut le premier roi de France qui accorda ou plutôt qui vendit aux habitans de quelques villes le droit de commune, ou la faculté de régir eux-mêmes leurs propres affaires. Le souverain vendait ce qu'il avait ravi, ce qu'il aurait dû gratuitement restituer. Les seigneurs ecclésiastiques s'élevèrent scandaleusement contre cette restitution.

L'émancipation des communes ne fut que la reconnaissance d'un fait, l'accroissement d'importance et des richesses de la

---

(1) MICHAUD. Histoire des Croisades.
(2) ROSE. Etudes hist. sur le XIVe siècle.

classe intermédiaire. Tant que les vilains étaient demeurés dispersés sur le territoire morcelé de la féodalité, ils ne pouvaient obtenir ni gouvernement spécial, ni représentation politique. Le seigneur exerçait sur eux toute espèce d'autorité; il en disposait comme de gens attachés à la glèbe. Dans le midi des Gaules, les institutions romaines avaient assuré aux citoyens des grandes cités (1) échappés aux dévastations de l'invasion germanique, une participation au gouvernement municipal; mais au nord ces mêmes priviléges n'existaient pas. La conquête avait presque effacé les traces de la vieille administration de l'empire. Tout y fut nouveau, et l'action des masses s'y manifesta par une vive et grande explosion. La classe intermédiaire sortit de son état de servitude par un effort général et spontané. Une fois que la liberté se fut proclamée comme un fait, force fut bien de la reconnaître comme un droit, et de là, ces chartes multipliées de concessions qui remplissent les XIIe et XIIIe siècles. On peut donc dire que le mouvement communal fut une véritable révolution, sanctionnée plus tard par le pouvoir royal et féodal, à peu-près comme les conquêtes populaires du XVIIIe siècle ont été consacrées par notre charte (2).

L'émancipation des communes fut donc un fait de la plus haute importance dans un siècle où la société sortait à peine des langes de l'ignorance et de la barbarie. A cette époque de régénération nationale, se manifesta aussi un vif élan vers l'affranchissement de la pensée. Abélard est contemporain des bourgeois de Laon et de Vézelay: la lutte des grands penseurs est contemporaine de la lutte des bourgeois pour la liberté. Cette révolution est l'épisode le plus intéressant de notre histoire; de grands événemens signalèrent cette période de troubles: un peuple ne passe pas impunément de l'état de servitude à celui de liberté sans que la licence se mêle à toutes les

---

(1) RAYNOUARD. Hist. du droit municipal, liv. II à IV.
(2) RAYNOUARD. Hist. du droit municipal, liv. II à V.

passions généreuses qui le font agir. Pour bien faire comprendre les causes, l'origine et les résultats de cette révolution, il est nécessaire d'entrer dans quelques détails sur le régime municipal établi à cette époque dans le midi et dans le nord de la France.

Rome ne nous a pas seulement légué sa langue et son droit civil, elle nous a de plus légué son système municipal, dont les souvenirs se retrouvent dans nos anciennes institutions.

Rome n'essaya pas de substituer, dans ses premières conquêtes, son gouvernement à celui du pays conquis ; elle n'était pas encore assez puissante pour opérer ce changement, et le sénat était trop bon politique pour ne pas savoir qu'il est plus facile de conquérir un peuple, de le détruire même, que de le tenir sous sa dépendance, en lui enlevant ses lois et ses coutumes. Plus sensée, elle amenait en esclavage les citoyens des villes conquises, les vendait ou les gardait pour les soumettre à la servitude ; quelquefois elle les amenait à Rome ; ces citoyens devenaient alors membres du peuple romain ; de là vient l'origine de ces familles plébéiennes qui jetèrent tant d'éclat et luttèrent contre le patriciat dans les belles années de la république (1).

Ainsi dépeuplées, que devenaient les villes conquises ? Rome les repeuplait avec ses citoyens pauvres ; ils venaient s'y établir en colonies militaires ou agricoles, et ces villes devenaient dès lors cités romaines.

Quelquefois, après avoir ravagé un pays, après en avoir fait la conquête, les Romains s'y établissaient. Alors des légions entières fondaient des villes qu'on n'élevait pas de suite au rang de colonies militaires : elles y parvenaient plus tard. Telle paraît avoir été l'origine des villes d'Aix, d'Orange et de Nîmes.

Le gouvernement des cités ainsi fondées fut d'abord tout

---

(1) Niébuhr. Hist. critique de la république romaine. — Michelet. Hist. de la république romaine.

militaire : il eût été difficile de se maintenir sans une pareille discipline, au milieu d'un pays encore insoumis.

Quand Rome devint plus puissante, elle laissa aux villes vaincues leurs anciens habitans, leur gouvernement, leur culte, leurs magistrats. A mesure que le lien d'unité se resserrait entre Rome et les provinces conquises, l'administration des cités de province dut se modifier, et, comme la population, devenir de plus en plus romaine.

Sous Constantin, Rome était la capitale d'un empire immense qui s'étendait depuis le Tigre et l'Euphrate jusqu'à l'Océan atlantique. Le régime municipal romain était établi dans les cités de tous ces pays conquis. Mais il ne suffisait pas à tous les besoins administratifs. En effet, le gouvernement municipal n'agit que d'une manière partielle, isolée, sur l'administration générale du pays. Il fallait relier entre elles toutes ces cités. Le premier essai que fit la centralisation impériale fut de réunir tous ces élémens épars.

Quand les Romains eurent achevé le grand œuvre de l'invasion des Gaules, ils s'occupèrent de régulariser l'administration des pays conquis, surtout celle de quelques villes privilégiées, dans lesquelles ils importèrent en entier leur régime municipal. Cependant ils ne le substituèrent pas complètement au gouvernement qu'ils trouvèrent établi ; ils ne l'introduisirent qu'avec précaution et lenteur. Dans d'autres parties de la Gaule ils essayèrent d'enter ce régime sur l'ordre politique existant ; car les cités gauloises avaient une organisation que les historiens romains nous donnent comme assez perfectionnée. La population gauloise devenant romaine par les alliances, le régime municipal s'enracinait davantage chez elle. La différence qu'on trouve entre tel ou tel municipe s'explique par ces diverses origines.

Quoi qu'il en soit de cette diversité, il y a une infinité d'aperçus à observer dans le régime municipal romain introduit dans la Gaules, et surtout dans la partie méridionale où il poussa des racines plus profondes.

Je ne dirai que peu de mots sur le système provincial des Romains, surtout en ce qui a rapport à la province des Gaules.

L'empereur Dioclétien comprit la nécessité d'un vaste système de centralisation : c'était, en effet, le seul moyen d'empêcher que l'anarchie militaire ne débordât la puissance civile. Mais il fallait opérer sur un empire trop étendu, aggrégation confuse d'une multitude de peuples d'origine et de mœurs diverses. L'empereur s'arrêta devant une œuvre aussi gigantesque.

Constantin reprit l'ouvrage de Dioclétien et opéra la translation de l'empire à Bizance : la faute fut grande, car il dépaysa et abâtardit le génie romain. Cependant ne nous hâtons pas de blâmer Constantin ; cette division était devenue nécessaire par l'étendue de l'empire et la nécessité de repousser les barbares qui s'avançaient sur plusieurs points à la fois. Les conquêtes des Romains furent donc divisées en deux empires, celui d'Orient et celui d'Occident.

Chacun des deux empires fut divisé en préfectures, les préfectures en diocèses et les diocèses en cités (1).

Dans l'Occident, le régime municipal survécut à la ruine de l'empire. Les souverains de Rome avaient étouffé tous les germes bienfaisans contenus dans les institutions municipales, en les faisant servir à leur avidité fiscale. Aussi ne soyons pas étonnés si les municipes ne furent d'aucuns secours à Rome ; car si les institutions provinciales et municipales, malgré leur défectuosité, étaient un moyen efficace d'ordre et d'administration, il ne dut plus y avoir entre eux de relations, dès que les ressorts du système de centralisation impériale vinrent à se relâcher ; alors il n'y eut plus d'unité, plus de défense possible ; ainsi les barbares trouvèrent plus de facilité pour envahir l'empire.

---

(1) Desmichels. Précis de l'Hist. du moyen-âge.

L'artifice de la centralisation imaginée par Constantin n'était pas un signe de force, il indiquait plutôt que les ressorts de la vie sociale s'usaient dans le sein de l'empire. Aussi quelques auteurs, en énumérant les causes de la ruine de l'empire, ont signalé le régime municipal comme une des plus actives.

Ce régime semblait, au premier abord, renfermer les germes de la liberté ; cette liberté n'était que dans la forme ; au fond, on n'y trouvait qu'un instrument de despotisme qui abâtardit toutes les conditions sociales et agit comme un énergique dissolvant sur cette vieille société déjà atteinte de tant d'autres maladies.

Nous n'avons examiné jusqu'ici l'organisation municipale que sous le rapport des droits et des avantages politiques accordés aux décurions, et des attributions actives des magistrats ; examinons les charges.

« Qui ne croirait, à l'aspect de tels droits, reconnaître une petite république où la vie municipale et la vie politique sont confondues, où prévaut le régime le plus démocratique ? Qui penserait qu'un municipe ainsi réglé fait partie d'un grand empire, et tient par des liens étroits et nécessaires à un pouvoir central éloigné et souverain ? Qui ne s'attendrait, au contraire, à trouver là tous les éclats de la liberté, toutes les brigues, toutes les agitations et souvent tous les désordres, toutes les violences qui, à toutes les époques, caractérisent les petites sociétés ainsi renfermées et gouvernées dans leurs murs ?

» Il n'en est rien, et tous ces principes sont sans vie ; en voici d'autres qui les frappent à mort :

» 1° Tels sont les effets et les exigences du despotisme central, que la qualité n'est pas un droit reconnu à tous ceux qui sont capables de l'exercer, mais un fardeau imposé à tous ceux qui peuvent le porter. D'une part, le gouvernement s'est déchargé du soin de pourvoir aux services publics qui ne touchent pas son propre intérêt, et l'a rejeté sur cette classe de citoyens. D'autre part, il les emploie à percevoir les impôts qui lui sont destinés et les rend responsables du recouvrement. Il ruine les curiales pour solder ses fonctionnaires et et ses soldats. Il accorde à ses fonctionnaires et à ses soldats tous les avantages du privilége pour qu'ils lui servent à empêcher les curiales de se soustraire à la ruine. Complètement nuls comme citoyens, les curiales ne vivent que pour être exploités et détruits comme bourgeois.

» 2° Tous les magistrats électifs des curies ne sont au fait que les agents gratuits du despotisme, au profit duquel ils dépouillent leurs concitoyens, en attendant qu'ils puissent, d'une manière ou d'autre, se soustraire à cette double obligation.

» 3° Leur élection même est sans valeur, car le délégué impérial dans la province peut l'annuler, et ils ont le plus grand intérêt à obtenir de lui cette faveur ; par là encore ils sont dans sa main.

» 4° Son autorité n'est point réelle, car elle n'a point de sanction. Nulle juridiction effective ne leur est accordée ; ils ne font rien qui ne puisse être annulé. Il y a plus, comme le despotisme s'aperçoit chaque jour plus clairement de leur mauvaise volonté ou de leur impuissance, chaque jour il pénètre plus avant lui-même et par ses délégués directs dans le domaine de leurs attributions. Les affaires de la curie s'évanouissent successivement avec ses pouvoirs, et un temps viendra où le régime municipal pourra être aboli d'un seul coup dans l'empire encore subsistant, *parce que*, dira le législateur, *toutes ces lois errent en quelque sorte, vainement et sans objet, autour du sol légal.* » (1)

M. Guizot a jugé consciencieusement : sous les apparences de la liberté, ce système ne fut qu'un instrument de despotisme, et quand ce despotisme fut définitivement établi, il devint un embarras. L'empire romain d'Occident succomba sous

---

(1) Guizot. Essais sur l'Histoire de France.

l'invasion barbare. Mais l'empire romain d'Orient subsista encore jusqu'à la fin du moyen-âge, avec le droit civil de Rome et quelques-unes des traditions romaines ; le régime municipal s'y était aussi conservé ; mais il était devenu un rouage inutile pour l'action du despotisme administratif de l'empire byzantin.

Il ne tarda pas à être supprimé, et cela sans résistance et comme une institution dont l'inutilité était bien constatée car il ne fut regretté ni des peuples, ni de l'empereur. La constitution de Léon le philosophe, qui l'abolit, est un témoignage officiel, authentique, du peu de cas qu'on en faisait.

Dans le désastre de l'invasion, la civilisation romaine ne périt pas entièrement. La langue de Cicéron fut encore parlée longtemps ; elle resta la langue de l'Église, des sciences des affaires. Le droit romain continua de régir une partie de la population. (1) Enfin, les institutions municipales ne furent pas anéanties, et si elles disparurent dans le nord de la Gaule elles se conservèrent vivaces dans le midi pendant tout le moyen-âge et jusque dans les temps modernes.

Cette différence entre le nord et le midi est facile à expliquer.

Les invasions y furent moins désastreuses que dans le nord les barbares formèrent chez nous des établissemens fixes La nation qui s'y fit le plus remarquer fut celle des Goths et ensuite celle des Visigoths. Or, de tous les hommes du nord ces envahisseurs étaient certainement les moins destructeurs de la civilisation romaine ; vainqueurs, ils se laissaient plutôt subjuguer par les vaincus, qu'ils ne les subjuguaient. Ils n'essayaient pas de dominer les villes ; ils construisirent dans les campagnes des villa où ils s'établirent d'une manière permanente, tandis que les Francks et les Normands saccageaient les villes et ne les habitaient pas ; de sorte que lorsqu'ils

---

(1) SAVIGNY. Histoire du droit romain pendant le moyen-âge. — DESMICHELS. Hist. générale du moyen-âge.

urent fini de guerroyer, le pays se trouva réduit par eux à un état de servage presque complet.

Pour prouver que le régime municipal était une excellente institution, que le despotisme impérial seul l'avait altéré dans son essence, il suffira de dire qu'après que l'invasion se fut consolidée dans nos contrées, on vit fleurir les cités de nos provinces, et le régime municipal être pour elles une cause de prospérité. Le contraire avait lieu dans le nord ; à l'exception des résidences royales, tout resta pauvre et presque sans commerce, jusqu'au moment où les hommes des communes poussèrent les premiers cris de liberté.

On ne peut révoquer en doute la perpétuité du régime municipal dans notre histoire. Charlemagne se garda bien d'y porter atteinte. Quoique barbare par le cœur et par le caractère, il était admirateur passionné des institutions de l'empire romain. Il s'entoura des membres du clergé des Gaules, hommes versés dans la connaissance des lois romaines, qui l'auraient certainement dissuadé de détruire un ordre de choses très-savamment établi pour l'époque.

Le système féodal prévalut enfin sur ces populaires institutions. Il s'enracina moins dans le midi que dans le nord. Le système municipal co existe donc avec la féodalité ; celle-ci lui porta cependant un rude coup, car elle lui était naturellement antipathique. Ensuite le changement de mœurs et de coutumes qui s'opérait insensiblement dans la société, dut influer et influa en effet sur l'organisation municipale elle-même. Elle ne fut pas détruite entièrement, mais le type primitif fut altéré.

Si l'exemple des municipes du midi de la France n'a pas déterminé l'affranchissement des communes du nord, il l'a puissamment secondé pendant le moyen-âge. Nous trouvons dans l'histoire de la commune de Vézelay, au début de la révolution communale, un homme de patriotisme, Hugues de Saint-Pierre : cet homme vient du midi, où il a apprécié les idées du gouvernement municipal ; il les transporte du sol de

7

la Provence, pour les faire fructifier, sur les bords de la Loire; il se met ensuite à la tête du gouvernement de la cité et rédige une constitution pour le pays.

Le régime municipal romain n'avait pas complètement disparu dans le nord, il s'y était même conservé sur quelques points ; il se mêla, nous le savons, à la révolution communale du XIIe siècle ; car, lors de l'insurrection des habitans de Reims (1) contre leur évêque, on voit la ville réclamer des priviléges qui sont indubitablement d'origine romaine.

De la commune du moyen-âge. Après la grande invasion des barbares, c'est-à-dire vers la dernière période des temps mérovingiens, les pays qui forment aujourd'hui la nation française étaient partagés en deux vastes régions peuplées d'hommes d'origine, d'usages, de mœurs bien différens : la France du nord et la France du midi, régions séparées par le cours de la Loire.

L'influence de la civilisation germanique dominait dans le nord ; au midi, l'influence de la civilisation romaine avait été beaucoup moins altérée, c'est-à-dire qu'elle y régnait encore.

Les villes du midi étaient administrées par le régime municipal romain : il s'altéra avec le temps, comme s'altèrent toutes les institutions ; mais il résista et survécut à la conquête. Ce régime avait été aussi établi dans les villes du nord, mais il n'y jeta pas de profondes racines, parce que l'invasion y fut plus destructive.

Dans les contrées méridionales régnaient les arts, le commerce et l'industrie : les contrées septentrionales leur furent bien inférieures, quoique le commerce et les arts s'y signalassent par quelques progrès. La richesse des premières s'accrut rapidement par la fabrique des armes, des tissus, des objets de luxe, par le bénéfice qu'elles présentaient aux marchands étrangers qui venaient échanger les produits agricoles contre les tissus manufacturés des villes. Cette richesse avait

---

(1) ANQUETIL. Hist. de la commune de Reims.

une influence réelle ; mais elle n'avait pour stimulant aucune faculté politique, aucuns droits acquis ; c'est pour cela que les peuples firent des révolutions. Il faut au commerce, à l'industrie, des libertés, des garanties d'ordre, de prospérité, de conservation, sans lesquelles ils périssent dans peu de temps. Or, ce sont ces garanties, ces libertés qui manquaient dans ces temps où la force prévalait contre le droit. La société étant privée de ces garanties, la richesse et les personnes étaient à tout moment exposées à devenir la proie du pillage et de la conquête, dans un temps surtout où ceux qui pouvaient tout impunément abusaient de la force. Aussi vit-on alors les hauts et petits barons du moyen-âge, et même un roi de France, piller sur les routes, rançonner les passans et les marchands. Lorsqu'un de ces guerriers entrait sur les terres de son ennemi, il y portait la dévastation et le pillage. Outre ces guerres toujours ruineuses pour les habitans des campagnes, les bourgeois des villes avaient encore à endurer les exactions de leurs seigneurs immédiats et la fiscalité du roi et des autres seigneurs suzerains.

Parmi ces petits tyrans des villes, on remarque d'abord les évêques. Dès que le régime féodal se fut établi, surtout dans le nord de la France, les sièges épiscopaux furent occupés par des hommes de famille noble, fort éloignés de se montrer les *defensores civitatum*, comme l'avaient été les évêques du midi sous l'empire romain : ils n'avaient ni les lumières, ni le dévouement, ni l'esprit ecclésiastique de ces derniers ; ils portaient, au contraire, dans l'épiscopat les mœurs guerrières, turbulentes et désordonnées des barons féodaux.

Cependant des villes nouvelles, des bourgs, s'étaient élevés autour du manoir féodal ou de l'abbaye. Pour attirer la population dans ces localités, les seigneurs et les abbés accordaient des franchises aux nouveaux colons. Alors arrivèrent des alentours les marchands, les serfs, les ouvriers, pour jouir, sur la foi des chartes octroyées, d'une liberté qu'ils ne trouvaient pas ailleurs. La prospérité suivit de près ce mouvement imprimé à la vie active du commerce.

» Mais, avec le temps, remarque un auteur versé dans la matière (1), les seigneurs ou abbés cherchèrent à établir de nouvelles charges, ou à abolir les priviléges qu'ils avaient concédés. Les bourgeois résistèrent et cherchèrent même à conquérir de nouveaux priviléges, opposition qui produisit des réactions et des luttes sanglantes dont les résultats furent la ruine, parfois un affranchissement complet de la cité. Cet affranchissement valait, du reste, la peine d'être conquis. Ce n'était pas, comme dans le municipe romain, la chimère de quelques droits politiques plus apparens que réels; c'était la liberté d'aller et de venir, le droit de se défendre, car le peuple des villes, bien qu'il ne fût pas autant soumis au servage que celui des campagnes, était parfois horriblement pressuré. On l'assujétissait à une foule de monopoles, et cela dans l'intérêt pur et simple des seigneurs. Le bourgeois ou le vilain voulait-il, par exemple, cuire son pain? il ne pouvait le faire au meilleur marché possible, car il était obligé d'aller au four du seigneur et de payer une taxe qui excédait de beaucoup le prix réel. Il en était de même quand le paysan allait dans la ville pour y vendre son grain : c'étaient des droits d'entrée et de place, des droits de péage sur les routes. Quelquefois les bourgeois de certaines villes étaient obligés de fournir à l'évêque, ou à l'abbé, ou à tout autre seigneur, certaines denrées pour l'entretien de sa maison, pendant sa résidence dans la ville. »

Telle fut l'origine de plusieurs villes et de presque toutes les villes nouvelles; d'autres cités anciennes prirent part aussi au mouvement communal.

Mais de quelle époque date l'établissement des communes?

Les uns prétendent qu'il ne remonte pas au-delà du XIIe siècle; d'autres disent que les rois, voulant opposer un contrepoids à la puissance des seigneurs féodaux, provoquèrent la

---

(1) Em. Campagnac. Du passé, du présent, de l'avenir de l'administration municipale en France, tome I, page 58.

révolution communale et concédèrent des chartes d'affranchissement aux villes. Cette dernière opinion a été adoptée par le royal auteur de la charte de 1814. Il est dit, en effet, dans le préambule de cet acte, à propos de la liberté que le souverain prétend octroyer aux Français : « C'est ainsi que les » communes ont été affranchies par Louis-le-Gros. »

Tout prouve que la révolution communale du XIIe siècle date de bien plus haut, surtout dans le midi, où nous voyons les communes d'Arles, de Marseille et d'Avignon commencer leur mouvement en 1080.

Dans le nord, celle du Mans date de 1066, celle de Cambrai en 1076, et ces révolutions semblent avoir pour objet la confirmation de franchises antérieures.

Voici une observation qui nous confirme que ce fait est bien antérieur au XIIe siècle.

Dans les chartes des communes et dans les chroniqueurs contemporains, nous entendons souvent parler de consuls, d'échevins, de jurés et autres magistrats de la commune, non comme d'une chose nouvelle, mais comme d'une institution déjà ancienne, ce qui prouverait que certaines libertés municipales avaient précédé la grande révolution communale du XIIe siècle.

C'est ainsi que la commune du Mans s'affranchit sous le règne de Philippe Ier. Cette ville était située hors du domaine du roi ; elle était sous la suzeraineté d'un de ses plus puissans vassaux, de Guillaume-le-Conquérant, duc de Normandie, qui certes n'était pas homme à souffrir que le roi s'ingérât dans les affaires intérieures de ses provinces.

Les rois de France ne donnèrent pas toujours l'impulsion au mouvement communal, quelquefois ils le contrarièrent quand leur intérêt l'exigeait. Alors ils s'allièrent à l'oppresseur de la commune. Dans l'histoire de la ville de Laon, nous voyons Louis-le-Gros jouer ce rôle machiavélique, et cependant ce roi a joui longtemps d'une juste réputation de libéralisme dans nos fastes municipaux.

Les révolutions locales du XIIe siècle présentent un aspect infiniment varié qu'il est impossible de définir au premier aperçu. Le patriotisme d'alors, bien différent de celui d'aujourd'hui, était un patriotisme tout-à-fait borné, tout-à-fait local. Tout était donc partiel dans ce grand mouvement; et cependant il ne faudrait pas croire à l'isolement complet de chaque commune dans sa révolution. Au XIIe siècle, l'esprit d'insurrection se répandit de ville en ville comme une contagion. Les bannis d'une commune dont l'insurrection avait été comprimée, s'en allaient, martyrs de leur patriotisme, raconter les désastres de leur cité et réveiller par leurs récits les plus ardentes sympathies. D'un autre côté, les marchands forains qui parcouraient le pays, parlaient de la prospérité des villes affranchies; ils vantaient les avantages de la liberté, noble prérogative de l'homme; ils faisaient l'éloge de ces conseils communaux auxquels étaient attachés des dignités, des priviléges et des honneurs égaux à ceux dont jouissaient les hauts barons. Ces récits enflammaient les imaginations, les têtes s'échauffaient, l'oppression devenait plus odieuse ; on réclamait de nouveaux droits sociaux et politiques, on faisait revivre les anciens, et les révolutions s'accomplissaient. C'est ainsi que se propagea le mouvement communal.

« Si l'on compare attentivement les révolutions municipales du moyen-âge aux révolutions constitutionnelles des temps modernes, dit M Augustin Thierry, on sera frappé de certaines ressemblances que ces deux mouvemens présentent dans leur ensemble et dans leur marche. Si les réformes politiques du XIIe siècle s'exécutent dans un bien plus petit espace que celles du XVIIIe et du XIXe, l'action, au moyen-âge, est plus vive et offre plus d'ensemble, parce que ceux qui y coopèrent sont gens de même état, n'ayant qu'un intérêt et qu'une idée. Sur le même espace de terre pour lequel une révolution suffit de nos jours, il en fallait des centaines au temps de l'établissement des communes. Il fallait que chaque ville se fît une destinée à part, et courût pour son propre compte les chances de l'insurrection. Au reste, dans ces révolutions municipales et dans celles des grands mouvemens modernes, même variété de formes, même empire du hasard dans les circonstances accessoires, même désir de pousser la réforme jusqu'à son dernier terme, et même impuissance d'y parvenir. Sans aucun souvenir de l'histoire grecque et romaine, les bourgeois du XIIe siècle, soit que leur ville fût sous la seigneurie d'un roi, ou d'un comte, ou d'un évêque, ou d'un abbé, allaient droit à la république ; mais la réaction des pouvoirs établis les ramenait bientôt en arrière. Du balancement de ces deux forces opposées résultait bientôt pour la ville une sorte de gouvernement mixte.

. . . .

» Observez que, dans cette comparaison du mouvement communal du XIIe siècle et du mouvement constitutionnel de nos jours, j'ai spécialement en vue le caractère d'universalité de ces deux révolutions, la manière dont, l'impulsion une fois donnée, chacune d'elles a marché vers son but, en gagnant de proche en proche. Je ne veux établir aucune équation forcée entre les idées qui, à de si grands intervalles de temps, ont été le principe de ces deux révolutions propagées d'un pays dans l'autre par une force irrésistible. Le principe des communes du moyen-âge, l'enthousiasme qui fit braver à leurs fondateurs tous les dangers et toutes les misères, c'était bien celui de la liberté, mais d'une liberté toute matérielle, si l'on s'exprime ainsi, la liberté d'aller et de venir, de vendre et d'acheter, d'être maître chez soi, de laisser son bien à ses enfans. Dans ce premier besoin d'indépendance qui agitait les hommes, au sortir du chaos où le monde romain avait été englouti depuis l'invasion des barbares, c'était la sûreté personnelle, la sécurité de tous les jours ; la faculté d'acquérir et de conserver qui était le dernier but des efforts et des vœux. Les intelligences ne concevaient alors rien de plus élevé, rien de plus désirable dans la condition humaine, et l'on se dévouait pour obtenir à force de peines ce qui dans l'Europe actuelle constitue la vie commune, ce que la simple police des états modernes accorde à toutes les classes de sujets, sans que pour cela il y ait besoin de chartes ou de constitutions libres.

» Ainsi le mot de commune exprimait, il y a sept cents ans, un système de garanties analogue pour l'époque à ce qu'aujourd'hui nous comprenons sous le mot de constitution. Comme les constitutions de nos jours, les communes s'élevaient à la file, et les dernières en date imitaient de point en point l'organisation des anciennes. De même que la constitution d'Espagne a servi de modèle à celle de Naples ou du Piémont, on voit la commune de Laon s'organiser sur le modèle de celles de Saint-Quentin et de Noyon, et ensuite la charte de Laon servir de modèle à celles de Crespy et de Montdidier. »

Dans l'organisation de la commune du nord de la France, il y avait une assemblée de jurés qui avaient le pouvoir de voter des subsides : ils exerçaient une certaine portion du pouvoir judiciaire. Il y avait aussi un conseil exécutif composé de membres appelés échevins (*scabini*). Enfin, à la tête du pouvoir exécutif de la commune, était un major ou maire ; quelquefois il y en avait plusieurs. Il existait aussi d'autres magistratures dans le sein de la commune. Chaque corps de métiers avait ses doyens, lesquels exerçaient une certaine juridiction pour faire exécuter les règlemens de police industrielle et commerciale, et réprimer les délits qui résultaient de la contravention à ces règlemens.

C'est aussi aux communes du XIIe siècle que nous devons l'origine des armées civiques qui furent d'abord les gardes bourgeoises, plus tard les compagnies franches ou milices urbaines, et dont l'institution, renouvelée et généralisée, fut en 1789 la garde nationale.

L'organisation de la commune d'Avignon différa essentiellement de celle du nord ; elle tenait plus du régime républicain, parce qu'elle ne fut point gênée dans sa marche par la puissance féodale qui avait presque entièrement disparu. Je parlerai, dans le chapitre suivant, des vicissitudes qu'éprouva cette organisation pendant les troubles suscités par l'ambition de la noblesse.

Si nous observons l'organisation de la famille dans les pays de mœurs et de civilisation romaines et dans les pays de mœurs et de civilisation germaniques, c'est-à-dire dans le midi et dans le nord, nous verrons dans les premiers la puissance dominante du père de famille, telle à peu près que l'avaient réglée les lois romaines. Dans la commune du nord, au contraire, la puissance du père de famille ne fut guère alors que ce qu'elle est aujourd'hui. Quant à l'esclavage, il n'existait pas : il n'y avait pas même de servage, c'est en cela que les communes affranchies différaient des campagnes.

Les municipes du midi ont beaucoup de ressemblance avec les républiques italiennes du moyen-âge. Comme ces dernières, les municipes n'avaient rien à démêler avec une féodalité bien puissante, surtout avant la guerre des Albigeois. Les bourgeois des cités égalaient en puissance les nobles des campagnes et les surpassaient en richesses ; aussi ces deux ordres se confondirent, moins cependant que dans les républiques italiennes, où la haute bourgeoisie s'ennoblit en même temps que la haute noblesse se fit bourgeoise.

Dans le nord, au contraire, il arriva quelque chose d'analogue à ce que nous voyons plus tard dans l'histoire des communes flamandes : il y eut toujours entre les deux ordres une antipathie vive et forte. Ainsi, le mélange ne put s'opérer, car dans leur révolution, les bourgeois chassaient tout ce qu'il y avait de noble dans leur ville, et de leur côté les barons des campagnes n'entraient dans la ville que les armes à la main pour piller et se venger.

M. Guizot a très-judicieusement apprécié les deux systèmes municipaux : dans le premier, dit-il, dominait l'élément aristocratique, tandis que dans le second prévalait l'élément démocratique.

Le peuple avait donc compris, à cette époque, qu'il lui appartenait de veiller à ses propres intérêts, à l'emploi de ses deniers, à son administration intérieure, surtout lorsqu'un pouvoir plus élevé peut empêcher que des intérêts partiels ou locaux ne nuisent au bien-être public. Mais cette organisation n'eut-elle pas aussi ses dangers? Les administrations communales, selon un publiciste hollandais, telles qu'elles se sont formées dans le moyen-âge, vassales du souverain, et le seul lien qui existât entre le peuple et son roi, partie intégrante du même tout, dissemblables et opposées entre elles, indépendantes en tout ce qui ne tient pas à quelques devoirs généraux, exerçant dans leur sein tous les droits du souverain, ne sont guère moins inconvenantes, et fomentent une tyrannie mille fois plus odieuse que le despotisme, celle du despotisme populaire. C'est ce que je prouverai quand les événemens de la commune d'Avignon se dérouleront sous nos yeux.

« La commune, dit M. de Lamennais, correspond, dans le moyen-âge, à ce qu'était dans le monde antique la cité. Elle se constitua au profit de l'aristocratie bourgeoise, c'est-à-dire de ceux qui, parmi les affranchis, réunissaient les deux conditions de la liberté, le droit personnel ou la condition morale, la propriété ou la condition matérielle. Les autres restèrent en dehors de la cité nouvelle, ne jouirent point des prérogatives réservées aux seuls bourgeois ; ils furent dans la commune ce qu'étaient les plébéiens à Rome, non des esclaves, mais des prolétaires, le peuple, la plèbe.

» Quelque imparfaite que fût l'institution des communes, elle servit néanmoins la cause de la civilisation générale ; elle marque une des phases du développement de la liberté chez les nations chrétiennes. Par elle, un élément nouveau, qui fut le tiers-état, fut introduit dans l'ordre politique. Elle contribua à ébranler le système féodal, qui n'était guère que l'organisation de la conquête au profit exclusif des conquérans. Les mœurs s'adoucirent, l'arbitraire rencontra un obstacle déjà puissant dans la conscience publique que pénétrait de plus en plus le principe chrétien ; la justice moins partiale prit une forme plus régulière ; la faiblesse fut mieux protégée ; le servage diminua graduellement ; la richesse s'accrut par l'effet même de l'affranchissement du travail et par l'extension de la propriété. Le nombre de ceux qui acquirent ce complément de leurs droits augmentant chaque jour, une sève plus abondante de liberté circula dans le corps social. »

Décadence des communes du moyen-âge. M. Guizot résume sous trois chefs la décadence des communes du nord : la concentration des pouvoirs féodaux, le patronage des rois et des grands suzerains, le désordre intérieur des villes.

Dans le midi, nos communes, livrées à des divisions intestines, reçurent un rude échec en se heurtant contre la puissance pontificale quand elle suscita contre nous la guerre des Albigeois. Cette guerre, à laquelle on donna le nom impropre de *croisade*, eut le caractère des anciennes invasions barbares. Les barons du nord avaient conservé, sous beaucoup de rapports, les mœurs des guerriers germains. Ils s'avancèrent dans nos contrées peuplées de villes industrieuses, lettrées, opulentes et les plus civilisées de la France. Ils pillèrent et saccagèrent des cités riches de monumens dont plusieurs attestaient la grandeur romaine. Celui qui les conduisait était ce fameux Simon de Montfort, comte de Leicester, qui détruisait d'un côté les communes du midi de la France, et de l'autre, cherchait à nationaliser les communes anglaises en les introduisant dans le parlement ou municipe national.

La décadence des communes n'entraîna pas cependant la décadence du tiers-état. Au moment où l'organisation communale tombait de tous côtés, le tiers-état arrivait à la gestion des affaires nationales par les hommes d'église, les légistes et les financiers sortis de son sein. En France, il est appelé par la royauté à siéger dans les états-généraux convoqués pour la première fois, avec les trois ordres, par Philippe-le-Bel. C'est que le tiers-état ne comprenait pas seulement les bourgeois des grandes communes affranchies et libres, il comprenait encore les habitans des autres villes et bourgs, et surtout ceux des campagnes qui, alors comme aujourd'hui, formaient la majorité de la population de la France.

Tandis que les priviléges communaux disparaissaient de toutes parts, une grande tentative fut faite, sous Louis-le-Hutin, pour l'affranchissement des serfs : ce fait est d'une importance immense dans l'histoire du tiers-état ; car la population des campagnes avait eu aussi ses révolutions, moins politiques, à la vérité, moins brillantes et moins célèbres que celles des villes, mais plus graves au fond.

Au temps des Capets, ce furent les *Pastoureaux* qui bouleversèrent la Provence, le Languedoc et l'Auvergne. Plus tard, sous les premiers Valois, on vit paraître les *Jacques-bons-hommes*. Ces insurrections avaient toutes pour but la conquête des libertés que la puissance féodale tendait sans cesse à détruire.

Les frères de Louis IX, maîtres d'Avignon par le traité de 1251, tout en châtiant cette ville, furent forcés de respecter, à l'égard des vaincus, quelques priviléges acquis à notre ville par de longues années de révolutions. Les papes eux-mêmes, souverains indépendans et absolus, conservèrent notre ancienne organisation municipale. Mais peu à peu, l'aristocratie prédominant, cette organisation s'altéra ; mais elle conserva toujours son principe démocratique, en faisant entrer dans le consulat ce tiers-état tant dédaigné. Malgré la puissance des papes et des rois, la bourgeoisie resta implantée dans l'hôtel-de-ville jusqu'au moment où la révolution de 1790 vint lui faire une part plus belle en laissant entre ses mains la direction des affaires communales.

CHAPITRE VIII.

La république avignonaise. — Organisation de cette république. — Croisade contre les Albigeois. — Siége d'Avignon par le roi Louis VIII. — Perte totale de nos libertés.

Dès l'année 1078, sous le comte Bertrand, fils de Geoffroy et d'Etiennette, plusieurs états des comtés de Provence, de Forcalquier, du Vénaissin, de la vicomté de Marseille, de la principauté d'Orange, du Dauphiné, du duché de Savoie, jadis fiefs mouvans du royaume d'Arles, profitant de l'excommunication fulminée par le pape contre l'empereur, commencèrent à jeter les premières semences de liberté et à secouer le joug de l'esclavage sous lequel ils étaient honteusement courbés.

A la vérité, les grandes villes du midi ne furent jamais complètement asservies sous le régime féodal. L'esprit de liberté, étouffé par la tyrannie, se réveilla dans le XIIe siècle. Non contentes de se débarrasser du despotisme des seigneurs, les populations finirent par adopter en quelques lieux des institutions plus ou moins républicaines. Marseille, Arles et surtout Avignon, furent les villes qui se mirent à la tête de ce mouvement, qui devint une grande révolution, époque mémorable qui nous est peu connue, faute d'historiens.

Les empereurs d'Allemagne, princes souverains d'Arles, que les comtes et marquis de Provence avaient réduits à n'avoir qu'un vain titre, prêtèrent leur appui à la liberté naissante, dans l'espoir de recouvrer quelque influence, au moyen des immunités et priviléges qu'ils accordaient aux villes.

Les archevêques et évêques, anciens défenseurs des cités, ayant profité de l'anarchie générale pour se créer des droits féodaux, devinrent, par cela même, les rivaux des comtes. Ils aidèrent généralement les villes à s'affranchir et à se gouverner par elles-mêmes, sous la protection nominale de l'empire et sous l'influence et la direction plus réelle du pouvoir épiscopal.

L'époque la plus ancienne de l'autorité dont jouissaient nos magistrats, date de l'an 1135, lorsque Guillaume III, comte de Forcalquier, céda tous ses droits à Rostaing, évêque, et aux consuls d'Avignon, qui les possédaient déjà depuis trente ans. Guillaume veut encore que l'évêque et les consuls aient toute puissance, juridiction et pouvoir absolu dans la ville et son territoire (1). L'acte fut passé au château de Forcalquier, en présence de Guillaume, prévôt de l'église d'Avignon, procureur de Rostaing, son évêque, et les consuls de cette ville, Raymond de Foz, Guillaume de Ferrioli, Chasbalde de Jocas, Pons de Codolet, Guillaume Raymond de Maillane, et Isnard Aldégier, juge.

Cette cession fut ratifiée en 1206 par Guillaume V. Alors la ville d'Avignon adopta le gouvernement républicain, quoique Raymond Bérenguier, comte de Barcelone et de Provence, et Alphonse Jourdain, comte de Toulouse, eussent pactisé en 1125, pour terminer leurs querelles, et qu'ils se fussent partagé la ville d'Avignon, ainsi que son château et ses fortifications.

Nous ne croyons pas que l'empereur Conrad, qui régnait alors, ait mis aucun obstacle à l'indépendance des Avignonais. Nous lisons, au contraire, que l'empereur Frédéric, successeur de Conrad, l'approuva formellement; que dès lors

---

(1) Ruffy. Hist. des comtes de Provence, page 144.

cette ville prit le titre de république impériale, et ajouta à ses armes, qui représentaient une ville carrée flanquée de tours, un aigle aux ailes déployées ou un gerfaut. Le sceau des consuls était alors quatre bustes vêtus d'un manteau boutonné sur une épaule, avec l'inscription : *Sigillum consulum avenionensium*, et au revers, un aigle éployé, avec ces mots : GERFALCUS.

Plus tard, le pape Clément VI changea l'écusson des armes de la ville : au lieu de la cité carrée, il fit mettre trois clés, représentant les syndics ou consuls, gouverneurs du pays ; mais les Avignonais ne voulant pas perdre une partie de leurs armoiries, obtinrent d'y laisser les gerfauts, qu'ils mirent en support aux trois clés, avec la devise : *unguibus et rostro*. Quelques personnes prétendent que les grelots attachés au pied des gerfauts, signifiaient la surveillance que les consuls devaient exercer sur les intérêts de la ville, et que leur bruit devait les tenir éveillés pour maintenir la tranquillité d'un pays trop porté à la révolte.

Nulle part, dans les commencemens de cette révolution, l'association du peuple avec son évêque ne fut mieux cimentée qu'à Avignon. En 1154, l'évêque Walfridus ou Geoffroy dresse la charte du consulat, c'est-à-dire les lois municipales de la commune. Il les publie, du consentement des consuls, magistrats depuis longtemps à la tête des affaires.

En 1157, l'empereur Frédéric Barberousse convoque une assemblée à Besançon ; là, en présence de notre évêque Geoffroy, il reconnaît et approuve les franchises des Avignonais, auxquels il enjoint d'honorer leur évêque et de demeurer étroitement unis. Geoffroy reçut la confirmation de tous les fiefs et biens qu'il possédait de l'empire, en sa qualité d'évêque d'Avignon, et particulièrement de la ville de Bédarrides, ainsi qu'il conste par la donation dont l'original se trouve aux archives de l'archevêché (1).

---

(1) NOUGUIER. Hist. de l'église d'Avignon.

En 1165, les Templiers, ces moines-soldats dont la puissance s'étendait déjà sur toutes les parties de la France, s'établirent dans notre ville. Un nommé Brocardus donna à l'ordre du Temple sa propre maison, une tour pour bâtir un oratoire, et tout ce qu'il possédait en biens fonds au terroir des Fontaines, appelé depuis la Livrée (1).

Ce fut alors que parurent sur la scène politique des hommes d'un patriotisme ardent, d'un courage à toute épreuve. Parmi eux nous remarquons Isnard Aldégier, Raymond de Foz, Bertrand d'Avignon, Matheron, Arnaud Audiguier, Rancurelis, Arnaud de Barjols, homme de guerre expérimenté, Spinus de Surrexina, Barral des Baux, Perceval Doria.

Les nouvelles institutions, fortes de leur jeunesse, de la richesse des habitans depuis longtemps livrés au commerce, de l'appui de l'empereur et de l'évêque, durent bientôt entraîner les infortunés vicomtes d'Avignon dans la marche progressive du peuple vers une souveraineté entièrement absolue qu'il fut bien près d'atteindre dans le siècle suivant.

Il arriva à peu près à Arles comme à Avignon, parce que les circonstances furent à peu près les mêmes. Mais à Marseille le pouvoir comtal lutta avec plus d'opiniâtreté, parce qu'il était mieux constitué, et que les vicomtes avaient presque secoué la domination supérieure des comtes de Provence, tandis que chez nous tout annonce que les vicomtes restèrent, à l'égard de leurs suzerains, dans les bornes d'une dépendance assez étroite pour ce siècle d'insubordination.

On ne peut, faute de documens, préciser exactement l'année où expira le pouvoir vicomtal à Avignon. Cependant, si on adopte une opinion qui a été soumise à un mûr examen, il faudrait placer, entre l'année 1177 et l'hommage de 1195, la date de cet événement. Laissons parler le consciencieux auteur des *Recherches historiques sur les vicomtes d'Avignon*.

---

(1) NOUGUIER. Hist. de l'église d'Avignon.

Son opinion peut paraître hardie, au premier coup-d'œil ; mais elle paraît basée sur des faits et sur la connaissance des passions populaires, qui sont les mêmes à toutes les époques.

» En 1177, le pont d'Avignon fut commencé aux frais de la ville par les Frères pontifes ou faiseurs de pont, à la tête desquels se trouvait Bénézet, que ses vertus et les immenses services qu'il rendit à son pays ont mis au rang des saints. La crédulité populaire, la pieuse ignorance du moyen-âge se sont emparées de ce fait important et l'ont arrangé à leur manière. Adoptons pour un instant la vieille tradition, consacrée dans une espèce de procès-verbal évidemment postérieur au fait qu'il relate et dont le commencement, extrait d'un discours ou sermon, explique par les licences oratoires les faits prodigieux qu'il contient. Les fables ont aussi leurs vérités, et ici, mieux qu'une froide chronique, elles pourront peut-être jeter quelques lueurs sur les dernières années du pouvoir vicomtal à Avignon.

» D'après ces actes, un jeune berger de douze ans, appelé Bénézet, né dans les montagnes du Vivarais, où il était occupé à garder les brebis de sa mère, est appelé par une voix céleste à bâtir un pont sur le Rhône, vis-à-vis Avignon. Après plusieurs aventures, il arrive dans cette ville et interrompt l'évêque qui prêchait dans sa cathédrale, pour annoncer la mission dont il était chargé. Les uns rient, les autres s'indignent de l'insolence de cet enfant qui ose troubler le service divin. L'évêque, sans pitié pour son âge, ordonne qu'il soit saisi et conduit devant le viguier (*vicarius*) (que quelques-uns appellent Bérenger, homme aussi fier que cruel) pour que celui-ci le châtiât (*qué venguest et qué l'escourtiguet, qué li tolquetz los pés et los mas, qué malvais homme es*), dit naïvement le prétendu procès-verbal.

» On amène Bénézet au palais du viguier : c'était celui que l'on connaît aujourd'hui sous le nom de la Vice-Gérence. Là, le terrible magistrat dit à Bénézet qu'il croira à sa mission s'il enlève et porte lui-même au fleuve, pour servir de fondation à son pont, une pierre énorme qui était dans la cour de son palais.

» Cette cruelle ironie n'était sans doute, de la part de Bérenger, qu'un prélude des tourmens auxquels il réservait le jeune berger ; mais, ô merveille ! Bénézet, dit la légende, prend la pierre sur ses épaules, et marche avec assurance vers le Rhône. Cette pierre fut la première du pont d'Avignon, que Bénézet commença aussitôt, aux acclamations du peuple.

» Bénézet n'était pas un jeune enfant, simple et ignorant ; c'était, au contraire, un des chefs de la congrégation des Frères pontifes, voués à la construction et à l'entretien des ponts. Cet ordre si utile dans ces temps d'anarchie, et dont le zèle honore la religion qui inspirait un semblable dévouement, existait vers cette époque dans les environs d'Avignon, et possédait la maison de Bonpas sur la Durance. Bénézet ne fit peut-être pas de miracle, mais il montra un esprit supérieur et de grands talens qui tournèrent au profit d'Avignon. Dès-lors, comment le goût du merveilleux, si puissant au XIIe siècle, aurait-il respecté son histoire ? Il fallait nécessairement à Bénézet une légende miraculeuse ; les Frères pontifes ne pouvaient qu'y gagner, et les populations si naïvement pieuses de ces temps-là avaient besoin, pour entretenir leur foi, exciter leurs œuvres, et enfin peut-être pour ressentir quelques-unes de ces émotions que nous font éprouver aujourd'hui les ingénieuses fictions des romans et des poèmes. Mais ce n'était pas tout : un autre intérêt qui tenait à la politique et aux passions du peuple, demandait qu'on rendît odieux le dernier vicomte d'Avignon, dont le souvenir et les droits étaient antipathiques à la nouvelle constitution. Le personnage stupidement cruel de Bérenger fut inventé. On prit plaisir à peindre des plus noires couleurs son caractère, qui en effet avait peut-être été sévère, et on en fit un tyran farouche. Voilà quelle est notre opinion sur la fin des vicomtes d'Avignon ; si en effet, comme tout semble l'annoncer, il y en avait encore un en 1177, ce titre ne dut pas tarder à disparaître, soit que

Bérenger le perdît de son vivant, soit qu'après sa mort son fils en demeurât privé.

» Son fils, Bérenger de Ponte, fut consul d'Avignon en 1211 ; son nom est le premier des huit inscrits sur la liste consulaire de cette année. Il vivait encore en 1215 ; car on le trouve mentionné le second parmi les gentilshommes avignonais qui s'en remirent à l'arbitrage de l'archevêque d'Aix, pour mettre fin aux différends qui existaient entre eux et les bourgeois, au sujet des impôts dont les premiers prétendaient être exemptés. Il ne paraît pas que Bérenger de Ponte ait porté le titre de vicomte. Après 1215 on le perd de vue ainsi que sa postérité.

» Nous ne terminerons pas sans rapporter deux faits intéressans qui se lient d'une manière toute particulière à l'objet de nos recherches, mais sur lesquels nous n'avons pas encore tous les détails nécessaires. Le premier de ces faits, beaucoup mieux constaté que l'autre, puisque nous en devons la connaissance à un historien aussi exact qu'il est brillant écrivain, s'accorde parfaitement avec les circonstances politiques que nous venons d'exposer, et il justifie ce que nous avons dit de l'opposition qui existait entre les vicomtes et la commune naissante. En effet, nous lisons dans M. Capefigue (1) que les Avignonais, dans les luttes qu'ils eurent à soutenir pour la liberté de leur patrie et l'établissement d'une constitution républicaine, mirent à mort un de leurs vicomtes.

» M. Capefigue nous laisse ignorer le nom de ce vicomte, et ne cite d'ailleurs ce fait qu'en passant : il paraît qu'il l'a puisé dans deux chartes inédites qui lui ont été communiquées dans le temps, l'une par l'auteur des *Templiers*, M. Raynouard, et l'autre par M. Agricol Moureau.

» Le second fait nous est fourni par les *Annales manuscrites* de M. le marquis de Cambis-Velleron. Selon ces annales, saint Julien l'hospitalier, vivant au XIIe siècle, et dont les

---

(1) Hist. de Philippe-Auguste, tom. IV, page 238.

Bollandistes ont recueilli la déplorable et dramatique histoire, était fils d'un comte d'Avignon, appelé Geoffroy, et sa mère, nommée Anne, était cousine de la reine de France. Tout cela pourrait fort bien s'accorder avec ce qui a été établi précédemment, puisque Geoffroy était vicomte d'Avignon, de 1101 à 1146, et que nous savons d'ailleurs que M. de Cambis-Velleron a souvent confondu les comtes avec les vicomtes. D'un autre côté, il ne serait pas extraordinaire que la femme de Geoffroy, née probablement comme lui sur les bords du Rhône, n'eût eu quelque alliance avec Constance, princesse provençale et seconde femme du roi Robert, au commencement du XIe siècle. Mais cette filiation ne repose que sur un mot qu'on a lu diversement dans un vieux manuscrit de la bibliothèque du Vatican, et qu'on ne s'accorde pas généralement à interpréter, comme l'a fait M. le marquis de Cambis-Velleron, d'après le P. Henschenius, jésuite. On concevra donc nos doutes, et par suite notre réserve sur ce point. »

Après la mort de ce Bérenger, Avignon prit rang parmi ces grandes communes du midi de l'Europe qui étaient autant de républiques s'administrant elles-mêmes, jouissant de la faculté de battre monnaie, élisant leurs magistrats, ayant enfin leurs institutions, leur milice, leur trésor, leurs traités de commerce et d'alliance. A la faveur de ce mode de gouvernement, et grâce à la sagesse de ses *podestats*, de ses consuls et de son sénat, Avignon acquit une telle importance que ses habitans résistèrent aux exigences d'un roi français, de Louis VIII ; notre ville devint dans peu de temps si florissante, sa population augmenta si rapidement avec son commerce, qu'elle renferma bientôt un grand nombre d'édifices remarquables, et que les deniers publics purent suffire à la dépense d'un pont d'un quart de lieue de longueur.

Les finances étaient en si bon état, les nouveaux impôts si peu nécessaires à une sage administration qu'en 1198 l'évêque Rostaing IV et les consuls exemptèrent de toute taxe les habitans d'Avignon, tant leurs personnes que leurs propriétés, leurs meubles et leurs marchandises, descendant ou montant sur le Rhône ; c'était ce que nous avons appelé naguère un gouvernement à bon marché.

Lorsque Bénézet vint à Avignon, en 1177, pour construire le pont, l'évêque et les consuls traitèrent avec ce saint personnage comme souverains du pays, ce qui est prouvé par les actes authentiques existant dans les archives de la ville, dans lesquels actes les noms de ces magistrats sont indiqués, tandis que ceux de leurs prédécesseurs ne se trouvent pas. Il est vrai que depuis 1177 jusqu'en 1359, il existe plusieurs lacunes dans l'état des consuls, podestats ou syndics, ce qui ferait supposer que ces lacunes ont eu pour cause les malheurs des guerres civiles, les pestes et les incendies.

En 1195, Rostaing de Marguerites, évêque d'Avignon, régla, avec les consuls, les droits de péage du pont du Rhône, dont le revenu devait être employé à la réparation de ce pont. Ainsi, à cette époque, l'évêque participait encore à l'administration de la commune.

Dans ces temps de patriotisme et d'abnégation personnelle, les maisons riches se hâtèrent d'apporter en offrande, des biens, de l'argent, du vin, de l'huile, du blé, et de faire dans leurs testamens des legs pour la fabrique et l'entretien de ce pont. Deux chartes données par des princes seigneurs d'Avignon constatent les donations faites à l'hôpital et au monastère de Saint-Bénézet. La première est datée de Manosque, l'an 1202, et confirmée l'an 1207 par Guillaume VI, dernier comte de Forcalquier ; par elle, ce prince remet les droits de passage et autres qui pourraient lui appartenir, pour raison du transport des marchandises destinées à la maison du pont, de passage sur toutes ses terres, prenant lesdites marchandises sous sa protection et sauvegarde.

La seconde, donnée par Raymond VI, comte de Toulouse et du Vénaissin, à Montfavet-lès-Avignon, le 8 des calendes de septembre 1203, confirme les donations faites par Raymond V, son père, aux prieur et religieux de la maison du pont.

Vers l'année 1178, les Albigeois commencèrent de lever l'étendard de l'indépendance pour se soustraire à la domination envahissante des hommes du nord. Ils avaient poussé quelques partis en Provence, favorisés qu'ils étaient par le comte de Toulouse, Raymond VI, qui avait ardemment embrassé cette cause. Avignon n'avait pris encore aucune résolution. La population flottait encore incertaine entre le parti de son co-seigneur et le parti de la cour de Rome. La présence d'un légat intimidait les hommes qui eussent voulu marcher sous le gonfanon d'un chef intrépide. Maître de tout le comté-Vénaissin, Raymond avait fait bâtir au Pont de Sorgues une forteresse qui servait de camp retranché aux Albigeois. Cette retraite, d'où sortaient quelques détachemens d'hommes armés qui se répandaient dans la contrée, ne cessait d'inquiéter l'envoyé du saint-père. Navarre, évêque de Causerans, légat d'Innocent III, muni de l'autorisation d'Alphonse II, comte de Provence, co-seigneur d'Avignon, et mortel ennemi de Raymond, ordonna aux consuls de cette ville de faire abattre le château de Sorgues, refuge de l'hérésie, qu'ils tenaient en fief des comtes de Toulouse, et enjoignit à Rostaing, évêque, d'ordonner aux consuls, sous le serment prêté entre ses mains, de procéder au plutôt à la démolition de ce château. En effet, dans le mois de septembre 1208, les Avignonais, soumis encore aux ordres du légat, se portèrent à Sorgues, démolirent la forteresse et donnèrent la chasse aux Albigeois, qui se retirèrent en Languedoc.

Les succès du comte de Toulouse étaient trop grands pour ne pas effrayer la cour pontificale, qui dut user en cette circonstance de tous les moyens que la religion mettait en son pouvoir pour abattre un ennemi. Tandis que le légat Milon était à la cour de France, et qu'il s'approchait du Languedoc avec son armée, un concile national fut convoqué à Avignon pour le mois de septembre de l'an 1209, dans lequel se discutèrent les moyens à employer pour détruire les Albigeois. Hugues, évêque de Riez, le présida comme légat et commistaire du saint-siége ; les archevêques de Vienne, d'Arles, d'Aix, d'Embrun, vingt évêques, plusieurs abbés, prieurs, et recteurs, vinrent y assister le prélat. Par les actes de ce concile, qui commencent en ces termes : *Cùm in Provinciæ finibus refrigescente charitate adeò abundaverit malitia quòd verò omnes indigenæ in profundum venerint vitiorum, ut præsentibus et futuris Provincialium* (c'est-à-dire hérétiques albigeois nommés Provençaux) *malitiis occuratur*, etc., les soi-disant Vaudois ou Albigeois, leurs fauteurs et leurs complices, furent condamnés et excommuniés (1).

Après la mort d'Alphonse II, arrivée en 1209, à Palerme, son frère, Pierre d'Aragon, vint en Provence pour faire reconnaître comme héritier et successeur d'Alphonse, comte de Provence, Raymond-Bérenguier, son neveu. Après avoir pourvu ainsi à la garde et au bon gouvernement du pays, il retourna en Espagne, emmenant avec lui le jeune prince, qu'il fit élever avec Jacques, roi d'Aragon, fils de Pierre, par Guillaume de Montredon, grand maître des Templiers, et par Raymond de Penafort. Ces deux princes furent enfermés, sous la direction de ce Guillaume, dans la forteresse royale de Monçon en Catalogne ; ils y restèrent prisonniers pendant sept ans ; mais le jeune Raymond, ennuyé de sa retraite et de l'état de captivité dans lequel le tenait son oncle, trompa la vigilance de ses geoliers, à l'aide d'un Provençal nommé Pierre Augier. Ils se rendirent au port de Tarragone, où un navire aposté à dessein les ramena sur la terre de France (2).

Soit que le roi d'Aragon eût emmené Raymond Bérenguier pour veiller à son éducation, soit qu'il eût voulu s'assurer de sa personne, cette faute politique, en privant la Provence de son souverain depuis 1209 jusqu'en 1216, favorisa les projets

---

(1) Odon de la Motte, religieux bénédictin au monastère de Saint-André lès-Avignon.

(2) Zurita, lib. I, in indice an. 1216. — Nostradamus, page 176.

des Albigeois et la marche ascendante de l'indépendance des peuples. D'un autre côté, l'ambition de Guillaume de Sabran pour l'usurpation du comté de Forcalquier, en occupant Raymond-Bérenguier sur un autre terrain, donna gain de cause aux séditions des villes d'Arles, de Marseille, de Nice et d'Avignon.

Le désordre était à son comble, à cette époque d'historique mémoire : tandis que les peuples se débarrassaient du joug de la servitude, les seigneurs, s'appuyant sur un reste de puissance, s'emparaient des biens des moines, sans penser que le pouvoir clérical était encore assez fort pour les leur enlever. Guillaume VI, dernier comte de Forcalquier, mourut en 1208. Alphonse II, comte de Provence, successeur au comté de Forcalquier, en vertu de son contrat de mariage avec Garsende, petite fille de ce même Guillaume, était en Sicile où la mort le surprit. La princesse Adélaïs, femme de Giraud Amic de Sabran, sœur de ce comte Guillaume, sut profiter de la mort d'Alphonse, de la captivité de Raymond-Bérenguier, détenu en Espagne, et de la faiblesse de Garsende, mère de Raymond ; elle eut la hardiesse d'entrer dans la ville de Forcalquier, de s'emparer du palais, maison d'habitation des anciens princes, de prendre le titre de comtesse de Forcalquier et de donner à son fils, Guillaume de Sabran, d'abord celui de vicomte, ensuite celui de comte, qu'il garda jusqu'à la fin de sa vie.

A ces vains titres d'honneur, Guillaume et Adélaïs voulurent joindre les conquêtes. Aidés de leurs hommes d'armes, ils s'emparèrent de la ville de Pertuis, place qui avait été donnée depuis plusieurs siècles au monastère de Montmajour-lès-Arles par les comtes de Forcalquier. L'abbé dépossédé porta plainte au pape Innocent III. Ce pontife, qui tortura l'Ecriture pour la plier à ses projets et qui sut être roi sur la chaire de Saint-Pierre, prit la défense des moines contre les usurpations de la féodalité. Un ordre fut adressé de la part de ce pape à Guido de Fossis, archevêque d'Aix, et à l'évêque de Cavaillon d'excommunier Guillaume de Sabran, soi-disant comte de Forcalquier, et de mettre ses terres en interdit jusqu'à ce qu'il eût restitué les domaines envahis. L'archevêque fit plus que ne voulait le pape ; après avoir sommé Guillaume de comparaître en jugement, et ce dernier n'ayant pas obtempéré à cet ordre, défenses lui furent faites d'exercer sur les terres en interdit d'autres fonctions ecclésiastiques que celles des sacremens du baptême et de la pénitence, ainsi qu'il conste par la bulle donnée en 1210.

Cette affaire pouvait avoir des suites fâcheuses. L'excommunication était alors pour les princes une réprobation pire qu'un arrêt de mort. Adélaïs et Guillaume, pour échapper au châtiment qui les attendait, cédèrent aux sollicitations de l'évêque de Cavaillon. Par une charte des ides d'avril 1212, ils restituèrent la ville de Pertuis au monastère de Montmajour, ainsi que les autres terres qu'ils avaient conquises. En conséquence de cette soumission, ils reçurent le pardon de leurs injures et de leurs offenses envers l'abbé. Mais l'inexorable Innocent III ordonna à Guillaume de prendre les armes et d'aller combattre, en bon et loyal chevalier, les infidèles de la Terre-Sainte (1).

Pendant que ces événemens se passaient, Raymond VI, comte de Toulouse, venait de tomber sous les coups de ce même pontife et du légat Milon. La cause de Rome était triomphante. Les Albigeois, peu nombreux encore en Provence, avaient allumé le foyer de l'insurrection dans l'Occitanie. Aussi, toutes les forces des croisés se portèrent-elles dans cette province ; ils étaient sûrs de dompter facilement ensuite les rebelles qui occupaient les contrées voisines de la Méditerranée. Et pendant ce temps, éloignées encore de prendre part à la lutte établie entre les hommes du nord et ceux du midi, nos villes s'affranchissaient de la domination des seigneurs.

Arles, lasse d'obéir à un maître absent de la province, brisa

---

(1) Ex. Epist. Innoc. III, tome I.

ses chaînes en 1212. L'archevêque et les consuls de cette ville, pour faire revivre le droit imaginaire des empereurs sur le royaume d'Arles et donner un appui à la liberté naissante, envoyèrent des ambassadeurs à Bâle, où se trouvait Frédéric II, prince ambitieux, qui vit dans cette manifestation de la ville d'Arles l'espoir de reconquérir l'ancienne influence perdue. Frédéric accueillit les députés avec un vif empressement, et leur accorda, comme prétendu roi d'Arles, beaucoup plus qu'ils ne pouvaient désirer, dans la secrète pensée de se créer des partisans en Provence et de diminuer la puissance des comtes de la maison de Barcelonne. En conséquence, dans sa bulle au scel d'or, du 8 des calendes de décembre 1212, envoyée à Michel de Moresio, archevêque d'Arles, il accorde à ce prélat la juridiction de la ville, le pouvoir d'y nommer des consuls et la confirmation de tous les biens et priviléges que les rois et empereurs avaient accordés à son église.

Une seconde bulle, adressée par le même souverain aux consuls, grands hommes et autres habitans de la ville d'Arles, donne pouvoir aux citoyens de nommer leurs consuls et autres magistrats politiques, à qui il confie l'administration de la ville. Dans cette bulle, il n'est fait aucune mention de l'autorité du comte de Provence, que l'empereur considérait sans doute comme anéantie.

Quand Frédéric II favorisait ainsi l'affranchissement des communes, l'Europe était en armes; l'Allemagne et l'Italie déchirées par les factions des Guelfes et des Gibelins; la France, et surtout le Languedoc, livrés à tous les désastres de la guerre entreprise contre les Albigeois, permirent aux communes du Midi d'organiser la ligue qui devait repousser l'invasion francke. Arles, devenue républicaine, fut régie par trois sortes de magistrats : un podestat, des consuls, un juge ou viguier du podestat. Le podestat était nommé par le peuple, les consuls par l'archevêque; en cas de vacance du siége, par le chapitre de l'église métropolitaine, et le juge ou viguier par le podestat.

Le podestat avait l'intendance des hautes affaires de la police, des finances et de la guerre; les consuls, le gouvernement de la basse police; le juge, l'administration de la justice sur les particuliers. Les uns et les autres prêtaient serment de fidélité entre les mains de l'archevêque, de bien et loyalement administrer leurs charges, lesquelles étaient annuelles et pouvaient être continuées et confirmées pour plusieurs années sur une même personne. Nostradamus, Saxy et Bouis nous ont conservé les noms des podestats qui ont gouverné pendant trente-sept ans la république d'Arles : Pierre d'Aiguières, Fouquet Raynaud, Isnard d'Entrevènes, Taurello de Strata, Draconet de Mondragon, Roland Georges, Guillaume Augier d'Osa, Perceval Doria, Burgondion de Tretis, Rosset de Trance, Bertrand, Roland, Rousset, Guillaume Obriac et Albert de Lanau.

La ville et république d'Arles devint si puissante sur mer et sur terre, que son alliance fut recherchée non-seulement par les villes voisines qui, dans ces temps de haine contre les hommes du nord, s'érigèrent en républiques (Marseille, Nîmes, Narbonne, Avignon, Nice), mais encore par des villes éloignées et déjà affranchies, comme Gênes et Pise. Toutes ces cités envoyèrent des ambassadeurs pour cimenter leur confédération. Cette ligue républicaine sapa jusque dans ses fondemens la puissance agonisante de Raymond Bérenguier et de Charles d'Anjou, son successeur, puissance qui ne se releva de son abaissement que trente-cinq ans après.

Les sceaux de la ville d'Arles portaient, pour témoignage de sa grandeur, un lion accroupi, avec cette légende : Nobilis infirmis dici solet ira leonis, et de l'autre côté, une ville à plusieurs tours, dont une beaucoup plus élevée que les autres, avec cette devise : Urbs arelatensis est hostibus hostis et ensis.

Le pouvoir vicomtal, avons-nous dit, était plus fortement enraciné à Marseille que partout ailleurs. Cependant, les habitans, lassés du gouvernement des petits seigneurs qui en étaient vicomtes, les uns par héritage paternel, comme Raymond Geoffroy II et Roncelin, les autres du côté de leurs femmes, comme Raymond de Baux, Gérard Adhémar et Hugues de Baux ; les habitans, dis-je, firent tous leurs efforts pour se soustraire au despotisme de ces seigneurs et se rachetèrent à beaux deniers comptans, avec le consentement de Raymond Bérenguier, qui, subjugué par la force des choses, fut obligé de ratifier l'indépendance marseillaise. La liberté et la république furent proclamés dans la cité phocéenne en 1212. Pour les consolider, elle contracta des alliances avec la ville d'Arles pour s'opposer mutuellement aux projets du comte de Provence, dans le cas où celui-ci voulût les obliger à le reconnaître comme souverain. Une charte contenant certains articles de paix entre le comte de Provence et les Marseillais, déposée dans les archives de la ville d'Aix, nous affirme que la charge de podestat fut aussi établie dans la ville de Marseille. Ruffy en cite quelques-uns dans son histoire, tels que Jacques Carnavalet, Spinus de Surrexina, Spino de Floresina et Hugolin Donedame en 1220.

A l'imitation des villes d'Arles et de Marseille, celle de Nice voulut aussi avoir sa part de liberté. Elle se rappela que, cinquante ans avant, elle avait résisté à un autre Raymond Bérenguier qui l'attaquait avec une armée et qui perdit la vie sous ses murailles. Nice proclama son affranchissement et ne voulut point reconnaître pour souverain le jeune Raymond Bérenguier, captif en Espagne. L'an 1215, Nice se mit sous la protection de la ville de Gênes, pour résister au comte de Provence, si celui-ci voulait s'opposer à l'établissement de la république.

La ville d'Avignon qui, avant 1216, obéissait à trois souverains, le comte de Toulouse, le comte de Provence et celui de Forcalquier, et qui alors en reconnaissait deux, le comte de Toulouse et celui de Provence, sur la tête desquels se trouvèrent réunis les deux derniers comtés de Provence et de Forcalquier, en la personne de Raymond Bérenguier V, dernier de la race de Catalogne et d'Aragon ; la ville d'Avignon, disons-nous, ayant embrassé le parti du comte de Toulouse, quand ce prince vint chercher un asile dans ses murs, ne voulut point reconnaître son autre seigneur Raymond Bérenguier, ennemi du comte Raymond de Toulouse, et, suivant l'exemple donné par les villes voisines, se déclara libre et adopta les institutions républicaines. Débarrassée, d'un côté, du serment de fidélité envers le comte de Toulouse, à raison de son excommunication, et de l'autre, déclarée libre en ses juridictions par Guillaume VI, dernier comte de Forcalquier, notre ville fit valoir ses droits en l'absence de Raymond Bérenguier, légitime successeur de ce Guillaume, comte de Forcalquier, et se déclara indépendante.

Les esprits étaient-ils frappés de vertige alors que dans tout le midi, encore barbare et à demi civilisé, le cri d'émancipation sortait de toutes les bouches? Non, c'était l'esprit du christianisme et de la liberté qui germait sur notre sol : aussi voyons-nous les évêques s'associer à la marche progressive de l'esprit humain. Cet élan des peuples vers un avenir meilleur était naturel et pur, avant que les Albigeois, qui se disaient chrétiens, n'eussent renouvelé la dualité persane, manichéenne, comme, si en plein christianisme Arimane était revenu s'asseoir à côté de Dieu (1).

Pendant que cette doctrine se répandait dans l'Occitanie et attirait sur la cause de l'indépendance les anathèmes de la cour de Rome, la république avignonaise étendait sa souveraineté consulaire au-delà du Rhône. L'abbé Bernard, les moines et les habitans de Saint-André s'étaient portés à des excès outrageans envers les Avignonais ; des propos injurieux avaient été proférés contre les consuls et les citoyens de la métropole. Par un acte du mois d'avril 1210, l'évêque, Guillaume de Monteils et les magistrats d'Avignon forcèrent ces rebelles à faire des excuses et à prêter un nouveau serment de fidélité

---

(1) MICHELET, leçon du 4 mai 1843.

aux consuls de la république, comme à leurs souverains légitimes.

La même année vit paraître sur nos terres un parti d'Albigeois qui s'avançait vers la Provence. Il ruina et dévasta l'abbaye de Saint-Ruf, beau monastère, construit avec l'élégance et la simplicité du style roman. Les moines furent obligés de l'abandonner, et se retirèrent à Valence, où ils firent bâtir un couvent dans l'île d'Epervière, voisine de cette ville, que Raymond, abbé de Saint-Ruf, acheta d'Eudes, évêque de Valence.

Les dons funestes de Raymond VI, comte de Toulouse, vinrent troubler la tranquillité de la petite république avignonaise : sa fortune changea alors. Le comte ne faisait des concessions aux Avignonais que pour les attirer dans son parti, et les forcer à défendre sa cause et celle des Albigeois.

L'adroit Raymond y réussit de telle manière qu'après leur avoir fait partager ses erreurs, il les entraîna avec lui dans l'abîme. Tous cependant n'embrassèrent point l'hérésie qui se glissa furtive dans l'armée qui combattait pour la nationalité méridionale. De là, la scission qui s'opéra parmi les citoyens et qui amena des troubles incessans dans une ville où le patriotisme était devenu une des premières vertus.

Sur la fin de 1214, il s'éleva une querelle entre les nobles, les bourgeois et les confréries du peuple d'Avignon. *Diabolo surgente*, est-il dit dans le traité de conciliation, *inter milites Avenionis et alios cives ejusdem civitatis propter lesdas et pedagia usatica salis et propter linguas boum.* Les priviléges de 1198 exemptaient de tout impôt ; mais les nobles qui percevaient certains péages imposés aux étrangers et aux citoyens de la ville, prétendirent en être exempts. L'exaspération fut alors à son comble, tout le peuple courut aux armes, et le sang eût coulé, si un cardinal-légat n'eût nommé pour arbitres Bermond, archevêque d'Aix, et Guillaume de Monteils, évêque d'Avignon. Les deux partis nommèrent chacun cinquante députés et donnèrent douze ôtages, tous nommés dans l'acte, pour plaider leur cause devant les prélats. Ces arbitres firent succéder la justice et la modération aux fureurs des ressentimens. Le 27 février 1215, Bermond et Guillaume mirent fin à des querelles qui pouvaient avoir des résultats fâcheux pour la république. Le juge et les huit consuls signèrent comme suit l'acte de médiation : Isnard Aldégier, juge : Pons Guilhem, viguier, Pierre Arnaud d'Avignon ; Guillaume-Pierre Autorgatus, Pierre de Foz, Pierre Rostaing Andrando, Pons Reynaud, Bertrand Rancurel, Guillaume Figuier, Pierre Emeric.

Un cri général s'élevait de tous les castels du Nord, de toutes les églises, contre les armées provençales commandées par Raymond VI. A l'attirail d'extermination que traînaient après elles les bandes de Simon de Montfort, le clergé, dépossédé de toutes parts, combattait les armes de l'anathème avec le chef de la nouvelle secte. Un concile fut convoqué en 1210 ou 1214 à Orange, par ordre du pape Innocent III ; il fut présidé par Michel de Moresio, archevêque d'Arles. Les prélats décidèrent qu'on inviterait tous les princes catholiques à déclarer la guerre au comte de Toulouse (1).

Telle était la situation de la Provence en 1216, lorsque Raymond Bérenguier se délivra de la tutelle de son oncle le roi d'Aragon pour retourner dans ses états. Il trouva non-seulement les nouvelles républiques prêtes à s'armer contre lui, mais encore un autre ennemi dans Guillaume de Baux, prince d'Orange, qui élevait d'injustes prétentions sur le comté de Provence, en se prévalant du vain titre de roi d'Arles que l'empereur Frédéric II lui avait cédé par patentes au scel d'or, données à Metz le 13 janvier 1214.

La force des nouvelles républiques de Provence consistait dans leur union. Raymond Bérenguier, pour augmenter sa puissance, s'était allié à la maison d'un grand prince son voisin dont les armes et l'expérience pouvaient lui être d'un grand

---

(1) Bastet. Hist. des évêques d'Orange.

secours. En 1219, il épousa Béatrix, fille de Thomas, comte de Savoie. Raymond Bérenguier ne pouvant soumettre ces républiques, chercha à les diviser, en proposant à celle de Marseille de s'unir à lui. Il espérait, en s'alliant avec elle, mettre la division dans la ville et y rétablir son autorité; mais les Marseillais, prévoyant l'avenir qu'il leur destinait, s'unirent à un autre prince, qui, dépouillé de ses états, n'avait que plus d'empressement à profiter du secours de la république de Marseille pour parvenir à les recouvrer entièrement : c'était Raymond VII, comte de Toulouse, surnommé le jeune, pour le distinguer de son père Raymond VI, dit le Vieux.

La république avignonaise faisait alors parler ses consuls comme des souverains. En 1216, elle ordonne que les actes des notaires soient datés de l'époque du règne de ces magistrats. Elle en usait ainsi, pendant cette année, sous un Antoine Pol, consul de cette ville, et plus explicitement encore en 1218, quand elle dit par l'organe de l'autorité souveraine : *Notum sit omnibus quòd anno Dom. 1218 et 4 Id. Octob. existentibus in civitate avenionensi* CONSULIBUS *Raymundo de Polo, Isnardo Malavicino, etc. actum, etc. Et ego Bertrandus, notarius, interfui* AUTHORITATE CONSULIUM, *subscripsi et bullavi.*

Il y eut sans doute des troubles à cette époque dans la ville républicaine, car nous trouvons dans plusieurs manuscrits une interruption d'élection jusqu'en 1222. Cependant d'anciens actes nous ont fourni les noms des consuls de cette ville, depuis 1218 jusqu'en 1225, époque où arrivèrent des changemens dans la forme du gouvernement.

Avant d'arriver aux luttes sanglantes qui portèrent le désordre dans la cité, jetons un coup-d'œil sur l'administration consulaire qui régissait la ville d'Avignon.

Cette ville et celle d'Arles, avons-nous dit, s'étaient constituées en républiques aristocratiques. Les deux premières classes de citoyens participaient seules à la composition du consulat. Cette organisation se fit d'abord à la satisfaction des habitans et avec l'agrément de l'évêque qui perdit plus tard une grande partie de son influence et de son autorité.

Avignon avait eu ses vicomtes depuis la fin du Xe siècle, d'abord amovibles, puis héréditaires, relevant des comtes. Cette autorité fut anéantie vers 1180, époque à laquelle les grandes villes du midi s'érigèrent en républiques, après avoir secoué depuis plus de cinquante ans le joug féodal.

On ne peut fixer avec précision l'époque à laquelle fut institué le gouvernement consulaire ; mais il paraît certain que ce fut entre 1130 et 1146, puisque nous connaissons les noms des consuls élus dans cette dernière année, et qu'il y eut probablement des élections antérieures peu après la cession faite par Guillaume III en 1135 (1).

Dans le principe, deux nobles et deux bourgeois furent élus consuls ; souvent leur nombre fut augmenté. Les nobles formaient la première classe des citoyens ; leur seule qualification était alors celle de *miles*, qui doit être traduite par la signification qu'elle avait à cette époque, par les titres de *chevalier* ou de *gentilhomme*. L'autorité des consuls était annuelle. Des juges étaient agrégés à cette suprême magistrature qui s'entourait dans les circonstances difficiles d'un conseil choisi parmi l'élite des citoyens appelés alors *probi homines* ou *prud'hommes* : c'étaient des conseillers de la cité qui n'exerçaient aucune profession mécanique et désignés dans ce qu'il y avait de plus notable après la noblesse.

L'évêque eut d'abord la plus grande influence dans les affaires ; mais son autorité s'affaiblit ensuite par l'envahissement progressif du pouvoir populaire, surtout vers la fin du XIIe siècle. Elle s'effaça entièrement à l'époque où les comtes de Toulouse embrassèrent ouvertement la cause des Albigeois.

En 1134, les habitans divisés d'opinion, sourds à toute autre espèce de conciliation, se réunirent à la voix de leur évêque Gauffredi ou Geoffroi, qui, se mettant à la tête du mouvement national et voulant le régulariser, leur fit adopter

---

(1) DE BLÉGIER. Recherches historiques sur les vicomtes d'Avignon page 19.

8.

un règlement plein de sagesse pour l'administration générale et les attributions du consulat.

Les discordes et les luttes relatives à la possession du pouvoir avaient particulièrement lieu entre les nobles et les bourgeois. Quelquefois chacune de ces deux classes étaient divisées entre elles ; alors le peuple embrassait, suivant ses intérêts, ses caprices, ou poussé par une impulsion étrangère, le parti des nobles ou celui des bourgeois. Il paraît cependant que, dans des circonstances importantes, les chefs des corporations étaient appelés, pour donner plus de poids à l'autorité, mais que jamais le peuple ne prit une part active à un gouvernement dont l'aristocratie formait la principale base.

Voici les principaux articles de la constitution rédigée par l'évêque Geoffroi :

« Les consuls promettent, sous la foi du serment, de ne recevoir aucun don, de ne se rendre redevables d'aucun service intéressé, de n'écouter aucune proposition qui leur serait particulièrement avantageuse et qui pourrait les faire dévier du sentier de la justice, de gouverner avec la plus grande impartialité, et de ne recevoir d'autre rétribution que leurs honoraires payés par la ville. Le consul noble (*miles*) recevait cent sols (*centum solidos*) et le bourgeois cinquante. » Ils ne touchaient cette somme qu'autant que leur probité avait été reconnue. Ils jugeaient sans appel les causes civiles et criminelles selon les lois coutumières (*secundùm antiquum morem civitatis Avenionensis*). L'injure était punie par une amende au profit de la personne insultée. Les plaintes des domestiques ou des enfans d'une personne recommandable qui auraient été punis par des coups, étaient rejetées. Le citoyen qui avait contracté des dettes envers un étranger, était tenu de les payer et de vendre ses propriétés, s'il ne pouvait s'acquitter autrement. Les vols, les rapts, les homicides, étaient punis comme ils l'ordonnaient. Les consuls pouvaient s'adjoindre des conseillers, sans toutefois y être contraints, mais toujours d'une réputation sans tache. Ainsi que les juges, les consuls ne pouvaient être élus deux ans de suite. Deux fois l'année, en présence de l'évêque, les balances, les poids, les mesures de capacité, celles de longueur devaient être scrupuleusement vérifiés et des amendes infligées à l'infidélité. Les consuls devaient faire une égale application des lois sans acception des personnes, quel que fût leur rang, selon la nature du délit et des circonstances qui l'accompagnaient, etc. » (1)

Certes, voilà une constitution sagement rédigée. L'empereur Frédéric, en approuvant les lois données à la république par l'autorité épiscopale et adoptée par les citoyens, consolida le salut de la cité. On voit, par ce qui précède, que le pouvoir consulaire avait une étendue presque illimitée. Ces lois sages et fidèlement observées, durent maintenir l'ordre ou le rétablir promptement s'il était troublé, et attirer les étrangers dans une ville dont la position topographique était si favorable au commerce, et où l'on jouissait de tous les avantages de la liberté. Sous les lois de la commune, Avignon devint bientôt si florissant, et sa population augmenta si rapidement avec son industrie, qu'on vit s'élever un grand nombre d'édifices remarquables, et que les deniers publics et les offrandes des citoyens suffirent à la dépense d'un pont qui fut construit en 1177 par saint Bénézet.

Onze années furent employées à sa construction. Dès qu'on put le traverser, les consuls, conjointement avec l'évêque, arrêtèrent le tarif des droits de péage, dont la perception devait servir à son entretien; le cavalier et son cheval furent taxés à 2 deniers, un âne, 1; un traîneau, 4; un piéton, 2 oboles; un cochon, 1; on fixa aussi un tarif pour les marchandises.

A mesure que le pouvoir de l'évêque s'affaiblissait, celui de Raymond prenait de nouvelles forces. En 1216, le fils du comte de Toulouse s'empara du pays Vénaissin à l'aide des Avignonais ses nouveaux auxiliaires, au mépris du concile de Latran qui l'avait dépouillé de ses états. Raymond ranime

---

(1) J. Guérin. Abrégé de l'Histoire d'Avignon, pages 31, 32.

le parti des Albigeois dans le pays et donne, en 1218, à la république avignonaise, Caumont, le Thor, Girmagnanègues, Touzon et Joncquières, en reconnaissance des services que la république lui avait rendus.

Les Avignonais devinrent bientôt de chauds partisans de l'hérésie et s'attachèrent sincèrement à la cause des comtes de Toulouse : nous allons les voir manifester cet attachement d'une manière terrible, car, à cette époque d'ignorance et de barbarie, où tous les partis se livraient une guerre d'extermination, et où la pitié avait abandonné le cœur des hommes ; la vengeance était le seul mobile qui dirigeait les masses et les poussait aux massacres. Depuis que l'Eglise avait tiré le glaive exterminateur, depuis que Simon de Montfort s'était fait un nom célèbre dans les batailles, les hérétiques furent à leur tour sans pitié pour leurs ennemis.

En 1218, les Avignonais, auxquels s'étaient joints quelques Albigeois, surprirent dans une embuscade Guillaume des Baux, prince d'Orange, connu pour sa haine contre les comtes de Toulouse. On ajoute qu'ils l'écorchèrent vif et coupèrent son corps en morceaux. Cet évènement servit de prétexte à Honorius III pour ordonner une levée de boucliers contre le jeune comte de Toulouse Raymond VII et fut un des motifs qui déterminèrent Louis VIII à venir faire le siége d'Avignon en 1226.

Faisons connaître quelques traits de la vie de ce prince qui joignit aux titres les plus pompeux les talens de troubadour.

Guillaume des Baux, fils de Bertrand des Baux, obtint de sa mère, Tiburge, la principauté d'Orange, qui relevait alors du Comté-Vénaissin. S'il faut en croire les troubadours qui lui étaient contemporains, ce seigneur était avare, discourtois et fourbe ; aussi les satires ne lui furent pas épargnées. Parfois il essayait d'y répondre, et toujours en mauvais vers, ce qui rattachait un ridicule de plus à sa personne. Lorsque la cour de Rome eut enlevé au comte de Toulouse son marquisat de Provence, Guillaume des Baux profita de cette circonstance pour s'affranchir de toute sujétion. Puis, pour conserver les droits qu'il s'était arrogés, il fit lâchement sa cour au pape et tira le glaive contre son légitime souverain, le comte de Toulouse. L'Eglise n'eut pas alors de plus dévoué champion et les hérétiques de plus féroce ennemi. Cette conduite lui valut la haine de tous les Provençaux qui défendaient contre l'Eglise et les soldats du nord, non seulement leur seigneur injustement opprimé, mais encore leur nationalité. Il eut pour ennemis tous les Comtadins, tous les partisans de Raymond VII, entre autres les troubadours Guy de Cavaillon et Rambaud de Vacqueiras, qui l'accablaient de leurs lazzis et de leurs mépris.

Une autre cause vint augmenter l'orgueil et les prétentions du prince d'Orange, et acheva de le rendre insupportable à ses voisins ; je veux parler du titre de roi d'Arles et de Vienne que lui concéda l'empereur, par lettres-patentes datées de Metz le 13 janvier 1214. Quoique ce titre ne fût qu'honorifique, il accrut cependant l'insolence de Guillaume, qui, dès lors s'emparant de tous les priviléges de la souveraineté, se qualifia de prince *par la grâce de Dieu*, et prétendit à l'hommage des comtes de Provence. Ceux-ci refusèrent de lui obéir et se battirent contre lui en braves chevaliers qu'ils étaient. Il combattit vaillamment à la bataille d'Usson, contre Guy de Cavaillon dont il avait dévasté les domaines à Robions et autres lieux. Guillaume se fit ensuite voleur de grand chemin et dévalisait les marchands qui traversaient ses terres : il allait gentiment à la proie : (1) c'était alors chose assez commune dans ces temps de

---

(1) *Aller à la proie* était l'expression consacrée pour désigner l'action d'un noble qui s'embusquait sur les chemins pour détrousser les passans. Les plus qualifiés avaient des coureurs (*cursores*) qui faisaient le coup de main. Ces nobles, dans ces expéditions, s'équipaient à la légère, comme à la chasse du *vol* des oiseaux : de l'identité d'équipages employés à cette chasse et à ces expéditions contre les passans, est venu notre mot français *voleur*. (*Voyez ce mot dans le Dictionnaire encyclopédique*) Dans la Bible du Seigneur de Berzé, le même reproche est adressé à la noblesse :

barbarie, car les seigneurs détroussaient volontiers les passans. Le prince ne fut pas toujours heureux dans ses expéditions de forban. Guy de Cavaillon nous raconte une aventure assez humiliante, où Guillaume fut la dupe d'un marchand qui se saisit facilement de la personne du prince et le rançonna à son tour d'une manière violente, après l'avoir retenu quelques jours prisonnier. C'est sans doute pour le mystifier au sujet de ses aventures peu brillantes, que le troubadour Guy de Cavaillon lui adressa le couplet suivant :

> Nostre mieitz princes s'es clamatz
> Reis de Viena coronatz :
> So saben ben tuich siei baron ;
> Ar li vaï dir tost, Bernardon
> Que non giesca de sos regnatz,
> Que trop sovens chai en peison.

Notre demi-prince a été proclamé roi de Vienne et couronné, comme le savent tous ses barons. Bernardon le jongleur va promptement lui dire qu'il ne sorte pas de son royaume sans être bien guidé, car il est trop sujet à se laisser mettre en prison (1).

Cependant les dissensions allaient toujours grandissant dans dans la ville d'Avignon, depuis le jour où les nobles, s'immisçant dans les affaires de la république, voulurent détruire le pouvoir populaire qui les humiliait et leur faisait ombrage, pour lui substituer leur propre autorité. A la tyrannie des nobles, les bourgeois opposèrent la sédition, et une alternative funeste d'aristocratie et de démocratie amena la guerre civile et tous

---

> Et li chevalier qui devoient
> Déffendre de cels qui roboient
> Les mêmes genz et garder,
> Sont or plus engrant de rober
> Que li autre, et plus angoisseux.

Fabliaux de Barbasan, édit. de 1808, tome II, page 400.

(1) Parnasse occitanien. Guilhem del Bauz et Gui de Cavaillon.

les désordres qu'elle traîne à sa suite. L'autorité, toujours usurpée, passait alors au plus puissant ou au plus heureux. Parfois le peuple reprenait par la violence la liberté qu'on lui avait ravie, pour retomber peu à près dans un nouvel esclavage. L'anarchie était tellement grande, qu'Avignon ressemblait à un véritable champ-clos, où deux partis puissans se livrent un combat à outrance : toutes les boutiques étaient fermées, le commerce anéanti ; on se tuait dans les rues, sur les places publiques ; tandis que des hommes puissans se faisaient la guerre de roc en roc ou des tours élevées de leurs hôtels. Cet état de choses étaient trop déplorable pour qu'il pût durer longtemps. On chercha un remède à tant de maux, et l'on crut l'avoir trouvé en substituant le pouvoir d'un seul au gouvernement de plusieurs.

Vers la fin de février 1226, une foule immense se pressait compacte aux abords de la maison ou de l'église qui tenait lieu d'hôtel de ville, pour assister à l'élection du premier podestat, à qui devaient être confiés les intérêts de la république d'Avignon. Aussitôt que les portes de cet édifice furent ouvertes, le peuple s'y précipita en foule et l'inonda de toutes parts. Les nobles et les bourgeois ayant pris leurs places, les élections eurent lieu. Le peuple ne fut pas étranger à ce grand acte politique ; il y prit, au contraire, une part très-active, et ses énergiques démonstrations, ses menaces même, portèrent le désordre au sein de l'assemblée.

Les uns voulaient un podestat pour dix ans, les autres pour cinq. Enfin, il fut arrêté que la durée de la podestarie ne serait que d'une année. Par la délibération du sénat municipal, il fut résolu que ceux qui n'adhéreraient pas aux ordres prescrits par l'assemblée, seraient punis par la confiscation de leurs biens, par le bannissement à perpétuité de la ville, et par une amende de mille sols ; que, faute de paiement, les personnes répondraient à l'arbitrage du podestat. L'acte fut stipulé par ordre des deux partis, avec l'autorité de Jacques Bon, vicaire de l'évêque absent, et de Jacques de Osa, juge d'Avignon.

Ce fut au milieu de ce tumulte que, le 7 février 1226, Spinus de Surrexina fut nommé premier podestat de la république d'Avignon. On formula ensuite une espèce de réglement en forme de code, auquel nobles et bourgeois jurèrent de se conformer.

Dans ces difficiles conjonctures, on eut recours aux voies de rigueur pour maintenir la tranquillité publique. Les articles de ce règlement portaient, 1° que celui qui enfreindrait avec homicide le présent traité de paix, serait puni de mort, et si on ne pouvait le saisir, banni à perpétuité, quel que fût son rang, et ses biens confisqués ; 2° dans le cas où le dommage ne serait que pécuniaire, le coupable serait condamné à une amende cinq fois plus forte et à celle de mille sols en faveur du fisc ; que s'il ne pouvait la payer, le podestat lui ferait couper un membre, et, dans le cas où on ne pourrait le saisir, un exil perpétuel expierait son crime.

La population reconnut la nécessité de cette rigueur, et ces lois pénales, dans lesquelles résidait le salut de la patrie, reçues avec un assentiment général, firent renaître la confiance et la paix parmi les citoyens.

La charge de podestat était semblable à celle des dictateurs de l'ancienne Rome ; le consulat cessait pendant sa magistrature. Le mot *consules* qu'on lit dans les chartes, doit être traduit par *conseillers*, et si réellement il y avait des consuls, ils étaient sans droits et sans puissance.

Deux chevaliers, huit varlets (ou pages), six damoiseaux (gentilshommes) et huit cavaliers avec un nombre considérable de domestiques composaient la maison du podestat. Un lieutenant le remplaçait pendant son absence ; ce lieutenant était entretenu à ses dépens. Son conseil était composé de trois conseillers et de deux syndics ; six autres conseillers n'avaient que voix consultative. Il paraît que les syndics étaient spécialement chargés du maintien des statuts, priviléges et coutumes de l'état.

Les revenus affectés à la podestarie étaient de 1800 livres

royales couronnées (près de 30,000 liv. tournois), le chauffage et loyer de maison, 37 livres (700 liv. tournois).

Les podestats de Marseille et d'Arles n'étaient jamais choisis parmi les habitans de la ville, celui d'Avignon pouvait être élu parmi les citoyens.

Le même podestat exerçait quelquefois sa charge dans deux républiques. En 1226, Spinus de Surrexina était podestat d'Avignon et de Marseille ; Perceval Doria l'avait été d'Arles et de Marseille. En 1250, Barral des Baux le fut aussi des mêmes villes.

L'élection de ce grand magistrat avait lieu le lundi après Pâques.

Un des monumens les plus précieux que la ville d'Avignon ait dans ses archives, est le cartulaire de Perceval Doria, podestat de cette ville.

Avignon conserva longtemps encore sa splendeur et sa liberté. Mais le moment n'était pas éloigné où cette république devait laisser ternir son éclat par les dissensions et les guerres civiles. Les nobles possédant fiefs, jaloux de partager la prospérité des Avignonais, abandonnèrent leurs castels pour venir s'établir dans une ville qui leur offrait de faciles plaisirs. Mais bientôt, ils ne se contentèrent pas de ces avantages, ils voulurent des places, des honneurs, et ne reculèrent devant aucun moyen pour les obtenir. Alors commença entre les nobles, les bourgeois et le peuple, une de ces luttes terribles qui enfantent des divisions et des haines, préludes toujours certains de grands malheurs et de la dissolution des empires. A toutes les élections de grands magistrats, le désordre et l'anarchie étaient dans la ville ; chaque section avait sa cabale, chaque candidat ses partisans. Les nouveaux élus, au lieu de s'occuper à faire exécuter les lois, et à veiller au maintien de l'ordre et de la prospérité publique, ne cherchaient qu'à favoriser leurs parens et leurs créatures. Une autre cause vint encore contribuer à la ruine de notre république : je veux parler de la part qu'elle prit au grand drame qui se jouait alors dans le monde chrétien, de cette hérésie des Albigeois qui attira d'abord les foudres de l'Eglise contre ses partisans, et qui leur valut plus tard de terribles persécutions. Comme la haine contre la nation francke distingua toujours les populations de la Provence, il ne faut pas être étonné qu'Avignon, alors ville libre, laissât fermenter au milieu d'elle quelques levains d'une hérésie qui devenait alors de mode. Elle était d'ailleurs sincèrement attachée au comte de Toulouse, et son amour pour ce puissant suzerain grandissait en proportion des insultes et des persécutions que l'Eglise ne cessait de leur prodiguer.

Avant d'arriver au grand événement qui nous priva d'une partie de nos libertés, il est nécessaire de présenter l'esprit des sociétés pendant les croisades contre les Albigeois, et le récit rapide de cette guerre sanglante dont le dénouement fut la soumission définitive de la race visigothe par la nation francke et la destruction de notre ville par cette ligue puissante qui se dechaînait depuis longtemps contre la nationalité provençale, en la combattant avec les armes de la religion.

« Deux traits bien distincts marquent cette époque : il y a d'abord un principe religieux. Les opinions n'étaient pas assez avancées pour que le catholicisme cessât d'être le mobile dominant de cette société. C'était au nom de Dieu, au nom de l'Eglise surtout que les nations s'ébranlaient en masse pour marcher à cette guerre d'extermination ; aussi est-elle particulièrement empreinte de l'esprit de vengeance étroite et fanatique qui distingue le clergé ; la chevalerie du moyen-âge était belliqueuse et pillarde, mais elle n'avait rien de cette cruauté raisonnée ; elle répugnait à ces massacres par syllogisme qui rentraient dans le domaine des clercs.

» Deux races d'hommes se trouvaient en présence dans cette lutte sanglante ; les inimitiés, les répugnances qui existaient entre elles et dont les chroniques font entendre la vive expression, contribuèrent sans doute aux excès dont les batailles furent suivies ; les Français et les Provençaux ne pouvaient se souffrir dans les mêmes cours plénières, aux mêmes tournois ;

les croisades qui les avaient appelés sous de communs gonnons, ni les mariages qui rapprochaient le haut baronnage des deux bords de la Loire n'avaient pu complètement éteindre ces vieilles antipathies (1).

» L'ambition se mêlait à ces conquêtes ; les belles terres de Provence offraient une proie séduisante aux pauvres chevaliers du centre de la France ; ils échangeaient volontiers leurs antiques tourelles et leurs manoirs vieillis contre les joyeuses et riches châtellenies du midi.

» Dans ce tableau viennent se placer, à côté du comte de Montfort, quelques célébrités monacales : d'abord Innocent II ; ce nom est si grand dans le moyen-âge, qu'on ne saurait trop le contempler. Suzerain universel de toute la chrétienté, il gouverna ce monde si plein de troubles, avec une science, une habileté qui manquait aux rois de la terre. Que d'évènemens dont il fut le mobile et le régulateur ! quel immense gouvernement ne fut-il pas appelé à faire mouvoir ! Sa correspondance est un monument précieux sous le rapport historique ; elle donne une haute idée de la science et de l'esprit du pontife (2). Viennent ensuite le légat Castelnau, sorte de fanatique sincère, se réjouissant de tous les excès qu'il provoque, et expirant avec calme sous les coups d'un zèle patriotique ; le fameux Dominique, qui se montre à la postérité étonnée comme un contraste bizarre d'humilité et de cruauté religieuse. Quand on lit la vie de ce moine tristement célèbre, quand on étudie ses ouvrages, on semble perpétuellement assister à une de ces séances du tribunal de la foi, où tout doucement une victime est condamnée pour son salut, et où l'on s'efforce de

---

(1) La Provence avait une circonscription bien plus étendue qu'aujourd'hui ; on la confondait souvent avec la Langue-d'Oc, et on appelait Provençaux indistinctement tous les enfans du midi des Gaules, c'est-à-dire la race visigothe.

(2) La correspondance d'Innocent III a été publiée par Baluze, sous ce titre : *Innocentii III epistolarum libri undecim, collecti à Stephano Baluzio.* Paris, 1682, 2 vol.

lui prouver que c'est pour son bien qu'on la jette sur le bûcher.

» Deux faits politiques nous paraissent résulter de la guerre des Albigeois : d'abord l'intervention de l'Eglise dans les questions féodales, et par conséquent la violation complète de la hiérarchie des fiefs. Ce sont, en effet, les conciles, les légats, qui décident de la possession des terres et des seigneuries, ils se substituent, pour ainsi dire, à la cour féodale des barons, qui seule jusqu'alors avait prononcé les confiscations territoriales. Le concile de Latran fut donc une des plus grandes usurpations de l'Eglise sur la suzeraineté.

» A côté de ces violences des clercs, apparaît une résistance organisée contre eux, un commencement d'émancipation intellectuelle. Plus l'Eglise est hautaine, persécutrice, plus les nouveautés trouvent appui. La réforme prêchée par les Albigeois devient une cause nationale. Les seigneurs territoriaux la protègent, attendu qu'elle leur rend l'indépendance et les relève d'une sujétion humiliante envers le pape. Les peuples de la Langue-d'Oc l'adoptent, parce qu'elle se mêle à leurs besoins, qu'elle les délivre d'un clergé oppresseur, en opposition avec ses franchises locales et ses intérêts matériels. Ainsi les prétentions politiques des clercs, au lieu de préparer leur triomphe, hâtent la marche des innovations religieuses. » (1)

La guerre contre les Albigeois nous touche de trop près; le rôle que nous avons joué dans cette lutte est trop important pour la passer sous silence. La cause de la Langue-d'Oc était celle d'Avignon, et notre république, alliée aux autres communes qui combattaient pour leur nationalité, ne devait pas être oubliée quand le moment arriva de l'écraser. L'hérésie était ancienne dans la Langue-d'Oc (2). Sous les Visigoths,

---

(1) CAPEFIGUE. Résumé de la 4e période du règne de Philippe-Auguste.
(2) Le nombre des hérésies est très-considérable dans le XIIIe siècle; les plus célèbres sont celles des Stadings, dont les doctrines se rapprochaient des manichéens; les fratricelles qui annonçaient le règne de l'esprit; les flagellans qui, outre leurs pratiques bizarres et ascétiques

bulation avait embrassé presqu'unanimement l'arianisme, et dans le V⁰ siècle, Priscilius, évêque d'Avila, répandit en Espagne la doctrine de Manès; en Italie, les sociétés secrètes des manichéens prirent le nom de Patarini; en Allemagne, leur donna le nom de Bulgares, dont les chroniqueurs ont ensuite celui de Bolgre ou Bougre (1). En 1147, l'hérésie se propagea dans la Langue-d'Oc. Les prédications de saint Bernard n'obtinrent aucun succès. Le comte Raymond lui-même, possesseur de tant de terres, favorisa ouvertement ces croyances, et annonça qu'il élèverait son fils dans cette réforme religieuse. L'exemple d'émancipation que cette province pouvait donner à l'univers catholique, occupa vivement le pontife Alexandre III, qui chargea plusieurs évêques d'une prédication évangélique dans toute l'étendue de ces pays. Le peu de résultat de cette mission ne fit point renoncer à l'espérance de dompter l'hérésie. Dès que la tiare eut touché la tête d'Innocent III, son génie vaste et hardi comprit le danger qui menaçait la suprématie romaine; il ordonna aux princes, comtes et à tous les barons d'assister ses légats, et à tous les peuples de s'armer contre les hérétiques.

Ce n'était point encore la prédication d'une croisade, mais un pas fait vers la guerre religieuse. A frère Raynier, le pape adjoignit Pierre de Castelnau, archidiacre de Maguelone. Tous

---

croyaient que les laïques pouvaient ordonner et transmettre l'esprit saint; les apostoliques, qui réduisaient le christianisme au seul principe de chasteté. PLUQUET. *Dictionnaire des hérésies*.

(1) DUCANGE. V. *Bulgre*, *Bulgarii*. — Muratori, *antiq. ital.*, tom. II, p. 15. — Les bolgres, bougres et albigeois sont entièrement confondus dans les chroniques. On trouve dans l'épitaphe d'un vieux baron mort contre les Albigeois : « Il mourut contre les bolgres et les Albigeois. » Cette dénomination s'est perpétuée en France depuis le XIIe siècle, et nous l'employons d'une manière injurieuse à l'égard de la personne à qui elle est adressée : ainsi nous disons: *N. . . . est un bougre de coquin*; c'est-à-dire un coquin d'albigeois. Dans le vulgaire, on s'en sert adverbialement pour augmenter la quantité; ainsi le peuple dit : *Ce fardeau est bougrement lourd.*

deux se rendirent dans le Languedoc. La prédication catholique s'étendit ensuite dans tout le pays ; elle s'était fortifiée de deux clercs que le pape venait d'envoyer comme auxiliaires à ses légats; c'étaient Diego de Azèbe, évêque d'Osma en Espagne, et Dominique, sous-prieur de son église. Castelnau fulmina l'excommunication contre le comte de Toulouse, jeta l'interdit sur toutes ses terres, et le pape confirma la sentence du légat.

Raymond se soumit un moment aux ordres du pape. Bientôt la mort violente de Pierre de Castelnau, assassiné par un chevalier sur les bords du Rhône, souleva plus terribles les foudres de la cour de Rome. Le pape jeta tout le poids de ses colères sur Raymond, comte de Toulouse, et résolut de faire prêcher contre les hérétiques une croisade dans les mêmes termes et avec les mêmes moyens que pour les grandes expéditions contre les infidèles. Au parlement de Villeneuve-le-Roi, Philippe-Auguste octroie à ses barons licence et permis d'aller contre les hérétiques et seconder la Sainte Eglise.

Pour s'expliquer l'enthousiasme qui saisit toute la race des barons francks contre les Provençaux albigeois, il faut se rappeler que l'esprit religieux du temps était ici secondé par les différences caractéristiques qui distinguaient les deux populations, différences qui étaient loin encore d'être effacées.

Les chefs principaux qui prirent la croix, furent Eudes, duc de Bourgogne, le comte de Nevers, le comte de Saint-Pol, le comte Simon de Montfort et celui de Bar-sur-Seine, l'archevêque de Sens, les évêques d'Autun et de Clermont.

Le comte de Montfort, dont le nom est célèbre dans la guerre des Albigeois, avait été un des champions les plus hardis de la croisade de 1201, et suivit les chevaliers de France au siége de Zara ; à l'attaque de Constantinople, Montfort se sépara des croisés et passa au service du roi de Hongrie, puis il vint dans la Palestine et servit cinq ans contre les infidèles. Il arrivait en France de son long pélerinage d'outre-mer ; il n'avait pu y acquérir ni fief ni comté ; car alors toutes les belles

...res de la Palestine étaient au pouvoir des Sarrasins ; il accepta donc avec ardeur le poids d'une nouvelle expédition qui pouvait ajouter à sa petite baronie de Montfort-l'Amaury, entre Paris et Chartres, les fertiles campagnes de la Provence.

De tous les points de la France, les châtelains étaient accourus pour se ranger sous la bannière de la croix. Philippe-Auguste avait envoyé quinze mille hommes d'armes. Une multitude de servans accompagnaient les gonfanons chevaleresques. Tous portaient des croix sur leurs casques pour se distinguer des croisés d'outre-mer qui les avaient cousues sur leurs cuirasses.

Lorsque le comte Raymond eut appris la grande levée d'hommes qui se faisait par toute la France contre lui, il commença à préparer ses moyens de défense ; il s'efforça de gagner l'amitié de tous les magistrats, confédérations des cités, et compagnies bourgeoises, il reconnut même un droit de commune et de consulat à la ville de Nîmes, qui s'était révoltée contre lui. Ces intentions toutes belliqueuses ne durèrent pas longtemps. A la vue de ces formidables préparatifs des Francks, le comte perdit courage. Enfin Milon, légat du Saint-Siége, arrive à Montélimart, et somme Raymond de comparaître devant un concile d'évêques réuni à Valence. Le comte est contraint d'obéir, et c'est en présence des prélats et du peuple assemblés, qu'on commença à délibérer sur les affaires de la Langue-d'Oc. Milon prit la parole et dit : « Raymond, promets-tu d'obéir fidèlement à tous mes ordres? Veux-tu remettre entre mes mains sept de tes châteaux? — Oui, seigneur légat, répondit le sire comte. » Alors Milon s'adressant aux consuls et magistrats d'Avignon, de Saint-Gilles et de Nîmes : « Consentez-vous à ne plus obéir à Raymond s'il enfreint ce qu'il vient de promettre? » Les bourgeois répondirent par acclamations, et le comte lut la formule du serment « L'an 1209, au mois de juin, moi Raymond, par la grâce de Dieu, duc de Narbonne, comte de Toulouse, marquis de Provence, me remets, moi et mes châteaux, savoir :

» Oppède, Montferrand, Beaumes, Mornas, Roquemaure,
» Fourques, Fanjaux, à la miséricorde de Dieu et au pouvoir
» absolu de l'Eglise romaine, du pape, et de vous, seigneur
» Milon, légat du saint siége apostolique, pour servir de
» caution au sujet des articles pour lesquels je suis excom-
» munié : je confesse dès à présent, tenir ces châteaux de
» l'Eglise romaine, du pape, promettant de les confier inces-
» samment à qui vous voudrez : d'obliger comme vous l'or-
» donnez les châtelains et les habitans au serment de les gar-
» der exactement tout le temps qu'ils seront au pouvoir de
» l'Eglise, nonobstant la fidélité qu'ils me doivent (1). »

Après ce serment, le légat Milon envoya prendre possession des châteaux donnés en garantie; alors seulement le comte
Raymond fut admis à l'absolution. Le 22 juin, le légat, accompagné des archevêques d'Arles, d'Auch et d'Aix, des évêques de Marseille, Cavaillon, Carpentras, Nîmes, Agde, Maguelone, Lodève, Toulouse, Béziers, se rendit dans le ves-
tibule de l'Eglise de Saint-Gilles où l'on avait dressé un autel
garni de reliques. Le comte Raymond s'avança vers le sanctuaire; il était nu jusqu'à la ceinture, une corde serrait son
cou, et deux évêques en tenaient les bouts pendants comme
une bête de somme ; alors, prenant la parole devant toute l'assemblée, le comte dit d'une voix émue :

« L'an douze du pontificat de monseigneur le pape Innocent
» III, moi, Raymond, en présence des saintes reliques, de
» l'eucharistie et du bois de la vraie croix, je jure que j'obéi-
» rai à tous les ordres du pape, à vous, maître Milon, tou-
» chant chacun des articles pour lesquels j'ai été excommu-
» nié ; je promets de rendre raison de bonne foi sur tous les
» points sur lesquels je suis accusé, et particulièrement sur
» ce qu'on dit que je n'ai pas tenu le serment que j'avais fait
» d'expulser les hérétiques et que je les avais toujours favo-
» risés ; sur ce que j'ai entretenu des routiers, *meinades* ou

---

(1) Act. inter epist. Innoc. III, tome II, p. 546.

» compagnies de larrons, et confié à des juifs des offices pu-
» blics ; sur ce que j'ai pillé le domaine de l'Eglise, fortifié
» les monastères comme des lieux de défense, et chassé l'é-
» vêque de Carpentras (Geoffroy de Garosse) de son siége,
» envers lequel je m'oblige à payer une indemnité de 1800
» sols raymondins ; sur ce qu'on me soupçonne d'avoir trempé
» dans l'assassinat du légat du Saint-Siége, maître Pierre de
» Castelnau ; sur ce que j'ai fait jeter en prison l'évêque de
» Vaison (1) et me suis emparé de son palais ; si j'enfreins ce
» que je dis, je consens que les châteaux donnés en ôtage et

---

(1) Pendant que Raymond de Saint-Gilles combattait dans la Terre-Sainte, l'évêque de Vaison, Bérenger de Reillane, s'empara de tous les domaines du marquis de Provence, en vertu d'une prétendue donation à lui faite de tous ces biens par la sainte Vierge, en 1160. *Item dixit quòd idem comes Tolosæ petiit à Domino episcopo Berengario, qui fuit de Reillana, ut redderet ei palatium, et respondit Episcopus quod habebat à Deo et à Beatâ Mariâ et non à comite, et ideò non redderet ei palatium.* COLUMB. *De rebus episc. Vas.* Berengarius de Reillana.

Telle fut la réponse que firent les évêques à Raymond V et à Raymond VI, lorsque ces souverains voulurent reprendre possession de leurs biens. Sur le refus que fit obstinément l'évêque Bérenger de Mornas de restituer les domaines qu'il possédait en vertu de cette donation, de reconnaître les descendans du comte de Saint-Gilles pour leurs souverains et de leur prêter serment de fidélité, les comtes de Toulouse vinrent successivement avec une armée, assiéger la ville et la livrèrent aux flammes, après en avoir chassé l'évêque. Les habitans ayant pris la défense de leur pasteur, furent enveloppés dans la catastrophe. De là, cette longue querelle qui ne se termina qu'à la mort de Raymond VII, dit le jeune.

Raymond VI, époux d'Ermessende de Pelet, comtesse de Melgueil, fut constamment en guerre avec ses vassaux du Vénaissin ; il chassa de son siége Garosse, évêque de Carpentras ; c'est sans doute en cette occasion que, malgré la promesse de son prédécesseur, il fit élever dans cette ville une forteresse ; il obligea, en 1206, les habitans à lui prêter serment de fidélité ; mais ce prélat ne tarda pas à rentrer dans tous ses droits, et dès 1207, la paix était rétablie entre lui et son suzerain. (*Dict. hist. de Barjavel*, t. II, p. 288.)

» caution, deviennent la propriété de l'Eglise, et que mes su-
» jets soient absous du serment de fidélité » (1).

Alors le légat élevant la voix, dit : « comte Raymond, je
» t'ordonne de rétablir l'évêque de Carpentras dans tous les
» droits qu'il a en dedans et en dehors de cette ville ; restitue
» aussi toutes les propriétés de l'église de Vaison, etc.... Et
» vous, Guillaume des Baux, prince d'Orange, Guillaume
» d'Arnaud, Raymond d'Agout, Bertrand de Laudun, Ber-
» nard d'Anduze, seigneur d'Usez et sire de Lunel, ici pré-
» sens, faites-vous le même serment ? » Et tous dirent :
« Nous le jurons. »

Alors commença la cérémonie de réconciliation. Le légat
fit mettre une étole, au lieu de corde, au cou du comte de
Toulouse, et, en ayant pris les deux bouts, il l'introduisit
dans le sanctuaire, en le flagellant avec une poignée de verges. Le sire comte était tout rouge de honte. Enfin le légat
lui donna l'absolution. La foule était si grande dans l'église,
qu'on fut obligé de faire sortir Raymond, tout en sang, à travers le souterrain qui allait dans la campagne. Il passa devant
le tombeau du légat comme en expiation du crime dont il était
accusé (2).

Le légat réunit une assemblée le lendemain, et de nouveaux
articles furent imposés comme condition au comte Raymond.
Le grand feudataire accepta tout ce qu'on exigea de lui. Les
consuls de Toulouse, d'Avignon (3), de Saint-Gilles et de
Nîmes prêtèrent le même serment. Le clergé et les barons
francks cherchaient à se rendre populaires par ces mesures
d'ordre et de police, et à séparer ainsi les habitans des cités

---

(1) Act. inter epist. Innoc. III, tom II, page 518, H. Bouche, Hist.
de Provence, tom III, page 217.

(2) Pierre de Vaulx-Cernay, chap. XII. — Capefigue, chap. XX.

(3) Rostaing de Prato, Raymond de Foz, Camille Ferréol, Théobald du
Jocas, Pons de Codolet, Raymond Rancurel, Camille Raymond de Maillane,
Raymond Lombard, consuls; Raynauld Aldégier, juge.

de leurs seigneurs et de leurs magistrats. Enfin, un dernier acte de foi fut exigé du comte. Il promit, sur les saints Evangiles, que lorsque les princes francks arriveraient dans ses états, de leur obéir, tant pour ce qui regarderait leur propre sûreté, que pour toutes les choses qu'ils jugeraient à propos de lui commander pour leur utilité ou pour celle de toute l'armée de Dieu.

Ainsi le comte de Toulouse livrait tout et s'engageait même à prendre les armes contre ses propres domaines, à seconder l'entreprise des Francks contre les Provençaux ses sujets. Nous devons penser qu'il ne s'humilia si profondément que pour détourner l'orage et pour éloigner cette armée menaçante qui s'avançait contre la population du midi des Gaules.

Le pape lançait bulle sur bulle pour exciter le zèle de ces nouveaux champions de la croix. L'armée se concentra à Montpellier, et attaqua bientôt la ville de Béziers, qu'elle prit et saccagea. Mais les populations se levèrent : ce fut comme un cri général contre la domination des hommes de France. Narbonne se rendit, et, par une trahison inconcevable, le vicomte de Béziers fut obligé de capituler dans Carcassonne. Simon de Montfort se fit proclamer, le 22 août, vicomte de Béziers et de Carcassonne.

Le comte de Toulouse, dont on envahissait ainsi les états, s'était rendu auprès du roi Philippe, son seigneur suzerain, pour demander justice des menaces et attaques à main armée du sire Amaury de Montfort. Le roi assembla ses barons ; ceux-ci promirent et confièrent au comte des chartes adressées au pape, afin que le pontife mît un terme aux vexations auxquelles était exposé un grand vassal de la couronne, absous de toutes les accusations d'hérésie.

Raymond se décida à faire le voyage de Rome ; mais, avant de quitter Philippe, il fit son testament, car le pélérinage était long. Ce testament fut déposé dans les archives de l'abbaye de Saint-Denis, et notre comte voyageur s'achemina vers Rome. Des lettres fulminantes du légat l'y avaient précédé. Le comte de Toulouse arriva à Rome dans les premiers jours de janvier 1210, muni de ses bonnes lettres de recommandation. Le pape le reçut avec bonté et lui dit : « Hélas ! mon fils, pourquoi avez-vous favorisé l'hérésie? » Le comte demanda à se purger des griefs qu'on lui imputait. Innocent lui tendit alors la main, l'admit à la confession générale de toutes ses fautes et lui donna l'absolution.

Le comte quitta Rome très-satisfait de l'accueil qu'il avait reçu du pape. Il revint par l'Allemagne à la cour de Paris, où sa visite à l'empereur Othon excita quelque défiance. Néanmoins Philippe lui promit appui et protection.

Toulouse avait son souverain, et la guerre continua plus meurtrière. Trois cents lances marchaient avec la noble châtelaine de Montfort qui venait d'Agde. On résolut dès lors le siége de Minerve, l'un des points les mieux fortifiés de la Langue-d'Oc. A l'arrivée de Simon, le châtelain de Minerve offrit de se soumettre. Ce fort était rempli d'hérétiques qu'on essaya de convertir; mais, comme ils résistèrent aux sollicitations, le comte de Montfort fit prendre cent quatre-vingts de ceux qu'on appelait *parfaits*; on prépara un grand feu, dans lequel ces malheureux allèrent se précipiter d'eux-mêmes, en présence de l'armée agenouillée et chantant un *Te Deum* d'actions de grâce.

Montfort s'avança vers Toulouse, et Raymond fit un appel à ses vassaux. Tous les bourgeois de la ville prirent les armes. Bientôt les bannières de Montfort se présentèrent devant les hautes murailles de la cité. Raymond avait avec lui une brave chevalerie et un corps de bourgeois qui ne craignait pas de se hasarder contre les lances de France. Hugues d'Alfar, le comte de Foix, à la tête des gens du Béarn et de la Gascogne, pourchassèrent les soldats de Montfort pendant deux lieues, tant la terreur était grande parmi eux ! Montfort fut obligé de se retirer en toute hâte dans Castelnaudary. De nouveaux chevaliers s'avançaient pour délivrer Simon ; mais le comte de Foix courut les surprendre, afin d'empêcher leur jonction avec les assiégés de la ville. A leur rencontre, un des Paladins de Provence fondit sur eux la lance en arrêt, en s'écriant : *Foix! Foix! Toulouse!* (1). Les croisés ne purent résister à ce premier choc et se dispersèrent. Les hommes du comte de Foix s'étant livrés au pillage au lieu de profiter de leurs succès, furent surpris à leur tour et mis en désordre. Après cet échec, Raymond leva le siége de Castelnaudary et soumit toutes les places de l'Albigeois qui avaient reconnu la souveraineté de Montfort. Malgré les hauts faits du comte de Foix, les Français se rendirent bientôt maîtres de tout le pays.

Après la sanglante bataille de Muret, livrée le 13 septembre 1213, où les Provençaux, en y comprenant les habitans de Toulouse et les gens de pied, eurent quinze à vingt mille hommes tués, la cause de la nationalité provençale parut désespérée. Tous les castels furent en deuil, car le patriotisme y était porté à son dernier degré d'exaltation. L'église mit la main sur toutes les cités du comte Raymond. L'évêque Folquet rentra dans Toulouse d'où il avait été expulsé, et demanda douze ôtages pris parmi les capitouls. Le pauvre fils de ces comtes de Saint-Gilles, jadis si puissans, fut obligé de quitter le palais de ses ancêtres et d'habiter avec sa mère la maison d'un bourgeois dans sa petite tourelle. Raymond, après avoir vu mourir ses fidèles, et Pierre d'Aragon tomber atteint de plusieurs coups d'épée, fut obligé de se sauver en Espagne. Bientôt les murs de Narbonne et de Béziers tombèrent sous le marteau des varlets et des ribauds de l'armée de France. Là se borna le premier pélerinage du fils de Philippe, de ce Louis VIII qui devait plus tard faire tomber aussi les remparts d'Avignon.

Le vieux comte s'était retiré auprès de Jean d'Angleterre,

---

(1) Le comte de Foix est un des caractères les plus chevaleresques de cette guerre malheureuse. Le chroniqueur provençal dit de lui ; « Jamais Rolant n'y Olivié par ung jour non feguens mais faits d'armes qui aquesta conte de Foix; car de força de frapar son espasa se rompet entre ses mans. » Col. 43.

réclamant secours de tous les nobles hommes contre la violence dont il était victime. Du plus brillant état de chevalerie, de cette cour joyeuse et riche, de ces châtellenies si nombreuses, il ne lui restait rien. Le roi Jean lui donna dix mille marcs d'argent. La princesse d'Aragon, sa femme, se retira à Aix, où ses parens et amis déplorèrent ses illustres infortunes.

Le concile de Latran fut convoqué pour le mois de novembre 1215. Par ses décrets, la race francke et son chef devenaient paisibles possesseurs de tous les pays qui s'étendent depuis Béziers jusqu'à l'Océan, les Pyrénées et la Dordogne. Le jeune Raymond ne devait plus recueillir du riche héritage de son père que la Provence, telle qu'elle est aujourd'hui dans ses limites.

C'est à cette époque que Dominique fonda l'ordre des prédicateurs, milice sacrée qui devait défendre particulièrement dans la Provence les droits du saint-siége et la pureté de la foi catholique.

Tous les seigneurs de race provençale exclus de leurs héritages, cherchèrent un abri en Espagne, dans les cours d'Aix et de Marseille, ou chez les grands vassaux de Philippe-Auguste. Le comte Raymond et son jeune fils se retirèrent à Gênes, unie alors, comme toutes les villes d'Italie, aux villes libres de la Provence.

Au départ du prince Louis de France (1216), et après le concile de Latran, la domination du comte de Montfort sur la Langue-d'Oc semblait être assurée, toutes les grandes cités reconnaissaient son gonfanon ; les castels fortifiés obéissaient à ses hommes d'armes, une inféodation nouvelle rattachait à son autorité plus de cent cinquante chevaliers tenant fief et portant penonceaux et bannières. Le comte Raymond et son fils avaient abandonné leur patrimoine et s'étaient réfugiés à Gênes ; tout le clergé favorisait les nouveaux possesseurs ; on prêchait l'obéissance aux Francks comme un dogme, et la haine aux comtes exilés comme un article de foi religieuse,

Contre tant de causes qui favorisaient les envahisseurs du

sol, croissait et se fortifiait cependant cette puissance à laquelle rien ne résiste, l'opinion publique. Les Français, maîtres par les armes, n'en étaient pas moins considérés comme les oppresseurs du pays, comme d'injustes conquérans qui avaient expulsé la famille nationale des comtes de Toulouse ; les antipathies de race se manifestaient dans toute leur force ; le Provençal n'obéissait qu'avec contrainte à son supérieur d'origine francke, et il ne soupirait qu'après le jour de l'indépendance. Les capitouls, jurats, magistrats municipaux, les châtelains qui avaient conservé leurs domaines, toute la population, en un mot, ne reconnaissait que par la violence cette autorité nouvelle opposée à ses mœurs et à ses habitudes.

D'un autre côté, l'hérésie un moment effrayée par les croisades françaises, s'était partout réveillée plus audacieuse et plus forte.

Ce fut dans ces circonstances, dans la ferveur de ces souvenirs et de ces opinions, que Raymond et son fils partirent de Gênes et vinrent débarquer à Marseille. Le concile de Latran, en dépouillant le comte de Toulouse, avait concédé la Provence proprement dite au jeune Raymond, ainsi que les terres conquises sur le comte de Montfort, qui s'étendaient depuis le Rhône jusqu'au Var, en partant d'Avignon ; le retour des vieux seigneurs de la Langue-d'Oc n'avait donc rien de contraire aux dispositions du concile de Latran. Bientôt l'effervescence publique, l'enthousiasme des populations, les engagèrent à jouer un rôle plus noble et à reconquérir l'héritage dont ils avaient été injustement dépouillés.

Marseille formait alors une véritable république ; sa population était de race provençale, et sauf les étrangers qui étaient venus s'établir dans cette cité commerçante, et quelques familles, vieux débris de la colonie de Phocée, tous ses habitans avaient une commune origine ; des rapports intimes unissaient les magistrats et le peuple avec les capitouls et les jurats de Montpellier, Toulouse et Carcassonne ; les vicomtes de Marseille et les comtes de la Langue-d'Oc s'étaient rapprochés par des alliances de famille ; et comme si tous ces motifs d'union devaient se retrouver dans ces hommes sortis d'une même race, l'hérésie avait fait d'immenses progrès à Marseille comme dans le reste de la Langue-d'Oc.

Ainsi, lors du débarquement dans cette cité du comte Raymond et de son fils, l'enthousiasme fut à son comble. Les magistrats et les populations tout entières se donnèrent à eux et promirent de soutenir leur cause (1).

---

(1) Quand ils entrent à Marseille, ils descendent sur la rive, et sont accueillis avec joie et allégresse. Le comte prend son albergue au château de Tonel. Mais au quatrième jour, voici venir un messager qui salue le comte, et en son langage lui dit : « Seigneur comte, ne restez pas ici passé demain matin, car l'élite d'Avignon vous attend sur le bord (du Rhône), au nombre de trois cents hommes qui vous feront hommage. » Quand le comte l'entend, il en est grandement satisfait. Le matin, lui et son fils, ils se mettent en chemin ; et quand ils sont voisins du bord (du fleuve), le comte descend de son mulet de voyage, et trouve ceux d'Avignon agenouillés sous la ramée ; le comte les accueille, et eux lui avec allégresse. Arnaud d'Audigiers, homme sage et de noble cœur, né à Avignon, de haute parenté, parla le premier, connaissant toutes les coutumes du pays : « Seigneur comte de Saint-Gilles, recevez un gage d'amour, vous et votre cher fils, de loyal lignage. Tout Avignon se met sous votre seigneurie, et chacun vous offre son cœur et ses biens, la ville, les clés, la sortie et l'entrée ; et ce que nous vous disons, ne le tenez point pour chose vaine ; car il n'y a, en nous, ni fausseté, ni orgueil, ni insolence : mille chevaliers de parfaite bravoure, et cent mille autres hommes vaillans et de bon cœur, se sont, par serment et par ôtages, engagés à poursuivre la réparation de toutes vos pertes. Vous jouirez de tous vos droits sur la Provence, des rentes, des cens, du charroi et du péage ; nul chemin ne sera fréquenté s'il ne paie le droit de guide. Nous occuperons et garderons tous les passages du Rhône, et mettrons la terre à feu et à sang, jusqu'à ce que vous ayez recouvré Toulouse et tout votre héritage. Les chevaliers faidits sortiront des bois ; ils braveront (pour vous) orages et tempêtes ; et vous n'avez au monde si sauvage ennemi qui, s'il vous fait tort ou mal, n'en devienne repentant et honteux. » Seigneurs, répond le comte, vous ferez chose bonne et courtoise, si vous prenez ma défense ; et vous serez les (hommes) les plus glorieux de toute la chrétienté et de votre langue, si vous restaurez ainsi prouesse, joie et noblesse. »

Les Avignonais, depuis longtemps fédérés avec les Marseillais, envoyèrent une députation pour offrir leurs services, et lorsque les descendans de l'ancienne race des seigneurs de la Langue-d'Oc entrèrent dans le Comté-Vénaissin, on entendit de toutes parts ces cris de joie, ces nobles acclamations: *Viva Tolosa, Avinhon, Provenza!* Leur entrée dans Avignon fut une

---

Les comtes ne firent pas long séjour à Avignon; ils partirent le lendemain et retournèrent à Marseille où ils séjournèrent peu. Ils viennent à Salon le soir, vers la nuit, et s'y reposent avec joie. Et le matin, à la rosée, quand veulent poindre l'aube et le chant des oiseaux, quand s'épanouissent la feuille et la fleur des bourgeons, les barons chevauchèrent deux à deux, parmi l'herbe, devisant d'armes et d'armures. De dessus son cheval roux-brun, Don Guy de Cavaillon dit au jeune comte: — « Voici le moment venu, où courtoisie a grand besoin que vous soyez bons et mauvais, car, grâce au fléau des barons, au comte de Montfort, à l'église de Rome et aux prédicateurs de la croisade, courtoisie est aujourd'hui honteuse et honnie, et toute noblesse tellement laissée, que si elle ne se relève par vous, elle est à jamais perdue; si valeur et prouesse ne sont par vous restaurées, elles périssent, et le monde entier périt en vous; et puisque vous en êtes le parfait modèle, il faut ou qu'elle meure ou que vous agissiez en vrai preux. — Don Guy, dit le jeune comte, j'ai le cœur tout joyeux de ce que vous avez dit, et j'y ferai brève réponse: Si Jésus-Christ sauve mes compagnons et moi, et s'il me rend Toulouse, que je désire si fort, noblesse et courtoisie n'y seront plus honnies et appauvries. Il n'y aurait pas eu en ce monde d'homme assez puissant pour me détruire, si l'Église n'existait pas; mais mon droit est si grand, et si bonne est ma cause, que je puis braver les ennemis les plus durs et les plus méchans; et pour quiconque me sera léopard, je me ferai lion. — Ils parlent ensuite d'armes, d'amour et de beaux présens, jusqu'à ce que le jour baissant, ils entrent dans Avignon; et lorsque le bruit de leur arrivée s'est répandu dans la ville, il n'y a personne, jeune ou vieux, qui n'accoure empressé; et pour fortuné se tient celui qui court le mieux. — Par toutes les rues, en dehors des maisons, on entend crier: *Toulouse! pour le père et le fils!* D'autres crient: *Joie! victoire! Dieu est maintenant avec nous.* Les yeux en pleurs, mais pleins de courage, tous viennent devant le comte s'agenouiller, et s'écrient à la fois: Jésus-Christ, roi glorieux, donnez-nous la force de leur rendre à tous deux leur héritage. — Et si grandes sont la foule et la

9.

véritable fête nationale. Dès ce moment, des intelligences s'établirent entre les magistrats des cités de la Langue-d'Oc et leurs vieux seigneurs; ils vinrent joindre leurs gonfanons à ceux des communes d'Orange, de Marseille et d'Avignon, qui s'étaient publiquement déclarées pour Raymond et la cause provençale. On résolut de dénoncer la guerre au comte de Montfort.

---

presse, qu'il faut les menaces, les verges et les bâtons. — Ils entrent d'abord dans la cathédrale pour faire leur prière, après quoi au dîner, exquise et parfaite est la chère, variés les sauces et les poissons; les vins blancs, rouges, rosés et de couleur de giroflée : on n'entend de tous côtés que jongleurs et violes, que danses et chants. — Le dimanche matin, il est prêché de prêter serment et de promettre fidélité, et tous disent au comte : — Bel amoureux seigneur, ne vous effrayez pas de donner ni de dépenser; nous offrirons tout notre bien, nous engagerons nos personnes jusqu'à ce que vous recouvriez votre terre, ou que nous mourrions tous avec vous. — Seigneurs, répond le comte, vous en aurez belle récompense, et de par Dieu et de par moi, vous en monterez au pouvoir. — Après quoi, ayant pris le conseil de ses barons, il s'en va vers Orange, résolu et satisfait. Un traité d'alliance est conclu entre le prince d'Orange et le comte, un traité d'alliance et d'amitié qu'ils arrêtent entre eux. — Puis le jeune comte parcourt à la hâte le Vénaissin, pour recevoir et mettre en défense Pernes, Malaucène, Beaumes et maints autres châteaux. Mais au bout de quelque temps commencent le mal, les dommages et les contrariétés que lui suscitent l'évêque et les clercs qui lui sont contraires, contre lui guerroient le seigneur des Baux, l'avare, le discourtois; Raymond Pelet, ceux de Nîmes, d'Orange et de Courtezon; Raimbaud de la Calme; Jean de Semic, le brave; don Lambert de Montel, don Lambert de Limoux, et plusieurs autres de perfide cœur. — Mais il y a de ce côté pour les combattre, Marseille et Tarascon, l'Isle et Pierrelatte, don Hugues de Cavaillon; don Adhémar de Die, un puissant et brave baron; don Bernis de Muret, avec d'excellens compagnons; don Guiraud Adhémar et son fils Guiraudon, don Dragonet le preux; don Eléazar d'Uzès, ainsi que don Albaron; Bertrand des Porcellet, Pons de Mondragon, don Ricaut de Caromb, le vaillant Pons de Saint-Just. Tous ces barons meuvent guerre et querelle à Simon de Montfort, à don Aimery son fils, à son frère don Guy, dont le comte, duc et marquis du lignage d'Alphonse, requiert sa terre. (*Hist. de la croisade contre les hérétiques albigeois, écrite en vers provençaux par un poète contemporain, traduite et publiée par C. Fauriel, membre de l'Institut.*)

Raymond n'eut pas plutôt mis le pied sur les terres de Provence, qu'une noblesse nombreuse courut se ranger sous ses étendards et jura de le défendre jusqu'à la mort. Maître d'un corps de troupes considérable, il marcha vers Beaucaire, où les habitans venaient de l'inviter à se rendre. Il y fut reçu aux acclamations du peuple et se mit en mesure pour assiéger le château. Simon de Montfort avait confié le commandement de cette place importante à Lambert de Limoux, son sénéchal dans le pays. Lambert n'attendit pas les premières attaques, il fit une sortie à la tête de sa garnison; mais les troupes du comte, soutenues par les habitans, l'obligèrent de se retirer avec précipitation. Guy et Amaury de Montfort, qui étaient dans les environs de Toulouse, furent informés du péril qui menaçait le château de Beaucaire ; ils réunirent leurs troupes et marchèrent au secours de cette place. Tout ce que la science militaire avait de ruses, la valeur d'héroïsme et la haine d'acharnement, fut employé de part et d'autre dans ce siège mémorable. La garnison réduite aux horreurs de la famine, capitula et rendit la place le 19 juillet 1216. Raymond, qui avait fait des prodiges de valeur dans maints combats, reçut les députés avec honneur. Il prit possession de la forteresse, et Simon de Montfort se retira avec son armée du côté de Nîmes.

Toulouse se soulève, et les vigoureux chevaliers de Comminges et de Foix forcent Montfort de convertir ses fougues militaires en un siége régulier. Montauban fait une semblable tentative, mais moins heureuse. A cette levée de boucliers inattendue, Honorius III, qui avait succédé à Innocent, ne tarda pas à se prononcer avec vivacité et à lancer l'interdit, peut-être même l'excommunication, contre Avignon et les états du comte de Toulouse. Un grand nombre de citoyens ayant embrassé le parti de Raymond, furent les causes d'un siége qui devait bientôt ruiner une ville florissante et ne lui laisser que le douloureux souvenir de sa liberté et de son ancienne splendeur.

Le siége de Toulouse continuait avec vigueur. Les braves

habitans font une sortie pour détruire les machines de guerre ; Simon de Montfort court s'y opposer, sa vaillance dispersait déjà les Toulousains ; mais tandis qu'il lutte avec effort contre les bourgeois, il est frappé à la tête d'une pierre lancée par un *mangonneau*, d'autres disent par une femme qui s'était placée sur les remparts pour défendre sa cité et l'hérésie. Montfort fut renversé raide mort (1) : ainsi tomba celui que les chroniques contemporaines comparent à Judas Machabée, et qui avait soumis au joug des Français les populations libres de la Langue-d'Oc ; on le couvrit de son manteau, et ce corps sanglant fut transporté sous la tente du Légat. Puis Amaury, son fils, fut militairement reconnu comme légitime et droit successeur dans toutes ses seigneuries.

Le clergé réchauffa, autant qu'il le put, le dévouement des Provençaux ; mais pas un bras ne se leva pour le comte franck. Toutes les villes arboraient les couleurs nationales et secouaient le joug de la domination étrangère. A Avignon, le comte de Baux, prince d'Orange, fut massacré par les citoyens pour s'être opposé à ce mouvement général qui éclatait dans le pays (2).

Le pape, irrité de ce nouveau triomphe, ordonna dans une bulle de courir sus les Toulousains et les Avignonais, sur Raymond, son fils, les comtes de Foix et de Comminges, pour s'être rendus coupables du meurtre de Guillaume de Baux, défenseur de l'Eglise (3).

On se prépara à une seconde croisade qu'Honorius autorisa. Louis, fils de Philippe-Auguste, de retour d'Angleterre, vint la diriger, pénétra dans l'Aquitaine et mit le siége devant la Rochelle et Marmande, qui furent prises et livrées au pillage.

---

(1) To incontinent son dit fraire fes prendre lo dit corps et portat devers lo cardinal et l'évesque de Tolosa losqu'als fuguen fort marrits et dolens quand veguen lo dit corps et un grands pleurs et lagremas l'an ressaubat. *Mss. Peyresc.*

(2) Nicolas de Braya. *Gest. de Louis VIII.* Duchesne, tom. V, p. 517.

(3) Trésor des chartes, bulle contre les hérétiques, n° 15.

Louis VIII vint devant Toulouse le 16 juin 1219. Il fut obligé d'en lever le siége le 1er août, en abandonnant toutes ses machines. Cette belle défense fit le plus grand honneur aux bourgeois. Un pareil avantage remporté sur le fils du roi réveilla le courage abattu. Jamais mouvement national ne s'était opéré plus unanimement. Avec le gonfanon des comtes du sol, reparurent les doctrines albigeoises. Ne pouvant les détruire par les armes, on appela l'inquisition, formidable puissance de gouvernement. Ce tribunal, tout ecclésiastique, fut chargé de poursuivre et de punir, en dehors même de la puissance publique et territoriale, et malgré elle, les hérétiques et ennemis de l'Eglise. Composée de clercs, d'évêques ou de moines, l'inquisition s'occupait d'exterminer tous les rebelles à la foi catholique. L'Eglise s'organisait par corporation armée du double glaive de la puissance civile et cléricale. Les braves et loyaux bourgeois n'en continuaient pas moins leur ligue nationale; ils obtenaient de leurs comtes des priviléges, des droits absolus d'élection et de justice. Ainsi régularisée, chaque cité s'unissait ensuite à d'autres cités, Toulouse avec Marseille, Avignon avec Béziers, et toutes se jurèrent de maintenir l'intégralité de leurs domaines et la jouissance de leurs libertés.

L'esprit des croisades s'était singulièrement attiédi en présence de cet enthousiasme général. Vainement Honorius III offrait-il à Philippe toutes les conquêtes d'Amaury; Philippe, qui se préparait à faire la guerre au roi d'Angleterre, fut sourd à ces propositions, et garda toutes ses forces pour sa défense personnelle et pour la protection due à son royaume.

Le roi de France venait de recevoir les instantes supplications du jeune Raymond (*lo comte jove*), orphelin depuis quelques jours; le vieux comte, son père, était mort subitement à Toulouse en 1222, en impénitence finale dans les mains des hérétiques et des Templiers; son corps n'avait point reçu la sépulture, et il était resté exposé dans la maison du Temple. Raymond s'adressait au suzerain en ces termes : « A son très-sérénissime Seigneur, Philippe, roi des Français, salut ; J'ai recours à vous comme à mon unique refuge, à mon maître et à mon proche parent ; ayez pitié de moi ; obtenez que l'on me décharge de l'opprobre d'une honteuse exhérédation (1). Seigneur, j'invoque Dieu à témoin que je ferai votre volonté. Je serais allé volontiers au-devant de vous, mais je ne le puis, attendu mes grandes et pressantes affaires. Je vous prie d'ajouter foi à ce que vous dira de ma part Guy de Cavaillon, porteur des présentes. Donné à Montpellier, le 16 juin 1222. » Le roi demeura inébranlable dans son refus de ne prendre aucune part à la croisade contre les Albigeois ; les évêques de Lodève, de Maguelonne et de Béziers lui écrivirent en vain pour lui offrir toutes les conquêtes faites par les Francks, il consentit seulement à la convocation d'un parlement à Melun, pour délibérer sur ces affaires.

Ainsi les Français et leur comte furent abandonnés à leurs propres forces dans la Langue-d'Oc. Le découragement se mit parmi eux quand ils virent tous les châteaux, villes et communes passer sous la domination des anciens seigneurs. Soixante braves chevaliers quittèrent le camp de Montfort, ils s'en allèrent devers la Loire, lorsqu'ils furent assaillis à Béziers par une nuée de bourgeois sous les ordres du comte de Toulouse.

Enfin, le 14 janvier 1223, le traité d'évacuation de la Langue-d'Oc fut conclu. On convint qu'Amaury et ses chevaliers quitteraient cette terre, et iraient consulter leurs amis en France afin de savoir ce qu'ils devaient faire. Ces conventions arrêtées, Montfort et ses chevaliers sortirent de Carcassonne et prirent la route de France, après une domination de quatorze ans ; mais les opinions religieuses s'y maintinrent dans leur indépendance.

Raymond VI, dit *le Vieux*, avait disparu de la scène politique en laissant à son fils le triste héritage d'une puissance

---

(1) Exheredationis opprobrio sublato per vos, meam recipiam hoereditatem. *Trésor des chartes de Toulouse, sac. 3, n° 34.*

contre laquelle allaient se croiser de nouveau et la cour de Rome et la cour de France. Philippe-Auguste était descendu dans la tombe en septembre 1223. Le prince Louis succéda à son père. Il était doué d'un grand courage et d'une faible santé. Il serait parvenu à chasser les Anglais du continent ; déjà il s'était emparé d'une partie de leurs provinces ; mais, cédant aux instigations de la cour de Rome, il fut détourné de cette utile entreprise, pour recommencer cette malheureuse guerre de religion qui se faisait alors contre les Albigeois. Philippe-Auguste l'avait prévu : « Les gens d'église,
» disait-il, engageront mon fils à faire la guerre aux héréti-
» ques albigeois ; il ruinera sa santé à cette expédition, il y
» mourra, et le royaume restera livré à une femme et à un
» enfant. » Le règne de Louis VIII, dit *le Lion*, compte à peine dans l'histoire de la troisième race, car il ne fut, pour ainsi dire, qu'une longue croisade contre les Albigeois. A peine arrivé sur le trône, son premier soin fut de renouveler les hostilités contre les hérétiques. Jeune et brillant chevalier, il cherchait partout des expéditions périlleuses, sans voir autre chose que de grands coups de lances à donner.

Le pape avait de nouveau fulminé l'excommunication contre les Albigeois. Bientôt une croisade est proclamée, organisée et dirigée contre Raymond, fauteur de l'hérésie et usurpateur des biens et priviléges de l'Eglise. Rome envoya en France, le cardinal Romain de Saint-Ange au commencement de l'année 1225. Ce ministre convoqua un concile à Bourges. Le comte Raymond, contre lequel se dirigeaient toutes ces attaques, y parut sous un sauf-conduit, et promit, s'il était reconnu coupable, de faire les réparations qu'on exigerait. Les clercs furent inexorables : on voulait la ruine des seigneurs provençaux. Le légat enjoignit aux archevêques de s'assembler avec leurs suffragans, avec ordre de garder le secret sur la décision de ces divers conciles ; et pourtant il annonçait d'avance que l'avis des évêques était de ne point accueillir la soumission simulée du comte Raymond ; que tous ces prêtres invitaient, par son organe, le roi de France d'entreprendre cette guerre contre les Albigeois ; et que, pour la soutenir, ces mêmes évêques offraient le dixième de leurs revenus pour cinq ans. Le cardinal Romain engagea de plus Amaury de Montfort à renoncer à la donation faite par le pape à son père Simon des biens de la maison de Toulouse. Ces offres éblouirent le valeureux Louis, qui ne sut pas résister à tant de sollicitations, lui qui ne voyait que de la gloire à acquérir, il se jeta inconsidérément dans une guerre contre le premier pair de son royaume, son proche parent et le plus soumis de ses vassaux. Un parlement fut convoqué à Paris, et la guerre unanimement décidée. Le farouche légat débuta par excommunier Raymond, le déclara hérétique, et le condamna avec tous ses adhérens. Quelques évêques, moins fougueux que le cardinal, élevèrent la voix contre l'envoyé de Rome, se plaignirent de la condamnation de Raymond qui n'avait été ni convaincu, ni informé des crimes dont on l'accusait. Le légat fut sourd aux justes réclamations de ces hommes sages et modérés ; il s'occupa sur le champ de faire prêcher cette nouvelle croisade (1).

L'exaltation des esprits fut telle que presque tous les grands vassaux, les hauts barons et les chevaliers de France prirent la croix des mains du légat. Le roi Louis se trouva bientôt à la tête de 60,000 hommes d'armes, et de plus de 150,000 gens de pied (2).

Il fut décidé, dans un second parlement tenu à Paris au mois de mars 1226, que, le quatrième dimanche après Pâques, l'armée se rassemblerait à Bourges. Louis quitta sa noble cour du Louvre pour venir dans le Berry au temps indiqué, se mit aussitôt en marche, traversa le Nivernais, arriva à Lyon, fit embarquer les bagages et les munitions de guerre

---

(1) Hist. gén. du Languedoc. — Chronica Turonensis, *apud* Martenne, tome V.

(2) Gest. Ludov. VIII, apud Duchesne.

sur le Rhône, et continua sans résistance son voyage en côtoyant le fleuve.

Tout trembla sur ses deux rives au bruit de ce passage des gens de guerre. Plusieurs vassaux de Raymond l'abandonnèrent et s'empressèrent d'envoyer leur soumission au roi ; quelques villes épouvantées imitèrent cet exemple. Avignon même, selon les auteurs de *l'Histoire du Languedoc*, envoya une députation à Valence. Son podestat vint à Montélimart assurer le roi du respect de la république pour sa personne et de sa soumission envers l'église. Cette démarche n'est point prouvée ; on convient, au contraire, que Spinus de Surrexina, podestat d'Avignon, engagea la ville de Marseille dont il occupait aussi la podestarie, de se donner au comte de Toulouse, et les Avignonais étaient trop attachés à la cause de Raymond pour l'abandonner dans ces malheureuses circonstances (1).

Le 6 juin 1226, Louis parut sous les murs de notre ville. Il demanda le passage pour lui et son armée à travers la cité. On ne voulut l'accorder qu'à lui et à sa garde, pourvu qu'elle ne fût pas nombreuse. Louis murmura contre une condition qui indignait son bouillant courage, il voulait surprendre la ville le casque en tête et la lance au poing, suivi de ses hommes d'armes. Guillaume de Puy-Laurens, chapelain du jeune comte de Toulouse, prétend que l'intention des Avignonais était d'arrêter le roi s'il était entré avec peu de monde. Pendant cette contestation, le comte de Blois faisait défiler trois mille hommes sur les pontins qui communiquaient au grand pont de pierre. L'armée de la république s'opposa à l'entreprise, attaqua les trois mille hommes et s'empara du poste (2).

Le légat ne garda plus de ménagemens ; il lança une nouvelle excommunication contre la ville, et ordonna au roi et aux croisés, en vertu de leurs vœux, de tirer vengeance de cette injure. Louis fit annoncer aux magistrats que si les portes

---

(1) Les Bénédictins, an. 1226. Hist. de Marseille.
(2) Hist. du Languedoc. — Math. Paris. *Sedes Avenionis.*

n'étaient pas ouvertes dans vingt-quatre heures, la ville allait être assiégée. Les républicains répondirent fièrement qu'ils se défendraient. Sur-le-champ l'ordre fut donné d'investir la place.

On monta les machines de guerre, on distribua les postes, et le siége commença le 10 juin 1226, sous le podestat de Spinus de Surrexina.

Les évêques et les barons, de concert avec le roi, informèrent l'empereur des motifs de cette guerre. « Les Avignonais, » disaient-ils, sont des hérétiques. Dieu, qui connaît les plis » et les replis du cœur humain, sait que nous n'entreprenons » ce siége qu'en qualité de pèlerins, pour l'amour de son » saint nom et le soutien de la foi, sauf les droits de l'empe- » reur. » Ce droit, nous l'avons déjà dit, n'était qu'une chimère, et l'empereur ne fit aucune démarche pour s'opposer aux prétentions des Français (1).

En attendant, les évêques croisés, et surtout l'archevêque de Narbonne, parcouraient le Languedoc, exhortaient à l'obéissance, et par ce moyen entraînaient les populations abusées. Les villes abandonnaient la cause de Raymond; le camp de Louis se remplissait de nouveaux croisés. Le comte de Provence, Raymond Bérenguier, et ses barons vinrent offrir au roi leurs bras et leur fortune contre la ville d'Avignon et le comte de Toulouse. Ses motifs pour attaquer Raymond le jeune, qui s'était emparé de ses états, étaient assurément bien plus légitimes que ceux du monarque français. Il existait, entre les comtes de Toulouse et ceux de Provence, une ancienne rivalité que le temps n'avait pas effacée. D'ailleurs Raymond Bérenguier assistait au siége en vertu du partage de 1125; il faisait valoir ses droits sur la ville d'Avignon, qui s'était soustraite à son autorité en s'érigeant en république.

Cependant le siége n'avançait pas; la place attaquée avec une sorte de furie, se défendait de même; après trois mois de combats, on n'était pas plus avancé que le premier jour. Les

---

(1) VELLY. Histoire de France.

Français manquaient souvent de munitions ; ils les tiraient de fort loin : elles arrivaient très-tard et en petite quantité. Les convois étaient souvent enlevés par les troupes de Raymond et les fréquentes sorties de la garnison de Sorgues. La disette et les chaleurs avaient amené dans le camp des maladies contagieuses qui emportaient beaucoup de soldats ; l'infection des cadavres des hommes et des chevaux qu'on n'avait pas enterrés portait la peste dans l'armée, découragée, abattue par les effets de la contagion (1).

Le roi et le légat, impatiens de mettre fin à une guerre aussi meurtrière, résolurent de donner l'assaut. Une partie de l'armée était sur le pont lorsqu'il croula. Trois mille hommes tombèrent dans le Rhône et furent presque tous noyés. Les assiégés firent alors une sortie du côté de l'abbaye de Saint-Ruf, tuèrent deux mille Français ; et, pour se mettre à l'abri d'une surprise de ce côté, ils élevèrent un mur au-delà des fossés (2).

Les magistrats de la république déployèrent dans cette circonstance une intrépidité qui fut imitée par les habitans. C'était un spectacle imposant que celui que présentait l'armée nationale, commandée par l'infatigable Arnaud de Barjols, veillant sur ses larges murailles, décidée à subir les plus dures extrémités et battant continuellement les assiégeans exténués par les maladies.

Les grands vassaux qui servaient dans l'armée française n'avaient pas embrassé franchement la cause de la croisade. Soit qu'ils fussent fatigués des longueurs du siége, ou excités par la jalousie de la puissance que la conquête d'Avignon donnerait à Louis ; soit qu'ils fussent émus de compassion pour le malheureux Raymond, ou frappés par la crainte d'éprouver peut-être un jour eux-mêmes un sort semblable, ils se liguèrent entre eux, se promirent réciproquement fidélité et assis-

---

(1) Mathieu Paris.
(2) Guillaume de Puy-Laurens, chap. XXXVIII.

tance envers et contre tous, sans en excepter le roi. Les principaux chefs de la fédération furent le comte de Bretagne et le fameux Thibaut de Champagne, plus connu sous le nom de roi de Navarre. Ce dernier fut accusé d'entretenir des intelligences avec les Avignonais, surtout avec Arnaud de Barjols, un des généraux de la république. Sur les reproches que lui en firent quelques affidés de Louis, Thibaut vint, après quarante jours de service, dire au roi qu'il ne lui devait plus rien, quitta le camp et se retira (1).

La défection des grands, la vigoureuse résistance des Avignonais, les chaleurs accablantes d'un soleil méridional, ne ralentirent point l'ardeur belliqueuse de Louis. Il pressa si vivement les attaques, que la ville fut réduite aux dernières extrémités. Le légat mit à profit la triste position des assiégés : il leur envoya des propositions de paix, et promit respect aux personnes et aux propriétés. D'après cette assurance donnée par un ministre de Dieu, la ville ouvrit ses portes le 12 septembre 1226, après trois mois d'une opiniâtre résistance. Mais à peine l'armée fut-elle rentrée dans la cité républicaine, que le cardinal, changeant aussitôt de langage, ordonna que les fossés de la ville fussent comblés, les murs détruits, les hôtels renversés : ces hôtels étaient de vastes édifices construits en forme de tours, environnés de galeries et ornés de tant de tourelles qu'ils ressemblaient plutôt à des forteresses qu'à des maisons d'habitation. Ces bastilles fortifiées étaient occupées par la noblesse : on en comptait plus de trois cents. Romain de Saint-Ange exigea ensuite que deux cents citoyens demeurassent en ôtage jusqu'à ce que la république eût satisfait à l'Eglise et rempli les conditions imposées par le roi. Alors, à la voix du légat, tombèrent ces formidables remparts qui étreignaient la ville d'une ceinture d'arcades et de bastions; alors, à la voix du légat, le marteau des démolisseurs acheva de détruire ce qui avait échappé à la hâche des Francks de Charles-

---

(1) Hist. gén. du Languedoc. Siége d'Avignon.

lartel; le reste des édifices romains, les monumens et les
rteresses élevées sous la république ne furent bientôt qu'un
monceau de ruines.

Guillaume de Puy-Laurens assure que si la ville d'Avignon
ût résisté encore quelques jours, l'armée des croisés aurait
té submergée par les eaux de la Durance qui s'élevèrent à
ne telle hauteur qu'elles inondèrent la ville et son territoire.

Le 14 du mois de septembre, après que les eaux se furent
coulées, le roi et le légat s'acheminèrent processionnellement
vec Pierre de Corbie, évêque d'Avignon, qui portait le Saint-
Sacrement vers une petite chapelle dédiée à la Sainte Croix,
rors des remparts de la ville, en expiation de l'hérésie. De-
ruis lors, le Saint-Sacrement resta continuellement exposé
lans cette chapelle, aujourd'hui renfermée dans nos murs,
elle fut l'origine des Pénitents gris, qu'on appela les battus
le la Croix (1), qui se glorifient d'avoir eu Louis VIII au
rombre de leurs confrères et auxquels Pierre de Corbie prescrivit des règles qui furent confirmées par le légat.

Les chroniques n'ont pas tout dit au sujet du siége qui enleva 22,000 hommes aux croisés, parmi lesquels se trouvaient Guy de Saint-Pol, l'évêque de Limoges et au moins
deux cents chevaliers portant bannière ; ils n'ont pas dit surtout que l'armée du roi, découragée après trois mois d'efforts
infructueux, était au moment d'abandonner la place, lorsque
le légat, voulant à tout prix s'emparer d'Avignon, usa de perfidie pour s'en rendre maître. Par ses ordres, des propositions
de paix furent apportées aux républicains, avec les assuran-
ces de modération les plus solennelles. Ceux-ci, confians
dans les paroles d'un ministre du saint-siége, furent assez
simples pour ajouter foi aux promesses du légat, et ouvrir
leurs portes à l'armée royale. Nous avons dit la conduite du
cardinal après la reddition de la ville.

---

(1) Mathieu Pâris, an. 1226. — César Nostradamus. Hist. de Provence.
— Chroniq. chap. XXXIX, Guillaume de Puy-Laurens.

Là ne se borna point le châtiment infligé aux Avignonais
Le légat du pape, qui les avait si indignement trompés, n'os
pas faire éclater tout d'abord la haine qu'il leur portait.

Le roi Louis VIII ne séjourna pas longtemps dans notre vill
ruinée. Il alla mettre le siége devant Toulouse pour réduir
définitivement Raymond à l'obéissance : mais la saison avar
cée l'obligea à renvoyer au printemps cette nouvelle expéd
tion. Malade, et ne pouvant plus supporter le poids de s
cuirasse, il voulut retourner à Paris en passant par l'Auver
gne ; mais, arrivé au village de Montpensier, il mourut (1)
Le cardinal Saint-Ange poursuivit sa route et se rendit à Pari
pour saluer le nouveau roi, et c'est de cette ville qu'il lança
avec une amère ironie, sous le titre d'*absolution*, sa fameus
sentence, datée du 6 janvier 1227 (2).

---

(1) Quelques auteurs prétendent que ce roi fut empoisonné par Thibaut
comte de Champagne, amoureux de la reine Blanche. On doit penser plutô
que Louis prit sa maladie sous les murs d'Avignon, soit à cause des épi
démies qui se répandirent dans le camp des croisés, soit à cause des fat
gues de la guerre. Quelques-uns ajoutent, d'après Castel-Dupleix, qu
ce furent les Avignonais qui empoisonnèrent le roi qui venait de les sou
mettre.

(2) Quand on lit cette sentence qui ordonnait aux Avignonais suspect
d'hérésie, de cesser d'inquiéter et l'Eglise et les maisons religieuses, o
serait tenté de croire que le monastère de Saint-Agricol devait être compri
dans cette inviolabilité. La sentence du cardinal s'appuie sur le sermen
que firent nos consuls en 1209, à Saint-Gilles, en abandonnant la caus
du comte de Toulouse. Or, en 1209, il n'y avait à Avignon aucun des re
ligieux qui y sont actuellement établis ; il ne pouvait exister alors dans l
ville que les Frères du pont, dans l'hôpital, où saint Bénézet les avait établis
Comme la sentence du légat et le serment des consuls comprenaient, non seu
lement les établissemens religieux de la ville, mais encore ceux du terri
toire, où se trouvent l'abbaye des Bénédictins, un prieuré de Grandmon
établi à Montdevergues, que Jean XXII transféra à celui de Montauroux prè
Montpellier ; le monastère de sainte Catherine sur le penchant de la mêm
montagne ; celui de Saint-Laurent sur celle qui est terminée par la char
treuse de Bonpas, celui de Saint-Véran, fondé en 1140 par un comte d

Par cette sentence, toute communication avec le comte de Toulouse, l'ami le plus affectionné de la république, était interdite. Après avoir demandé toutes les machines de guerre, les navires à voiles, toutes les balistes; après avoir voulu que les fossés de la ville fussent comblés, les murailles renversées, les hôtels détruits, que trente chevaliers armés partissent pour la guerre de la Terre-Sainte, avec obligation que si quelqu'un d'eux venait à mourir, il fût sur-le-champ remplacé par un autre chevalier; il rançonna le pays pour sept mille marcs d'argent, somme exhorbitante pour cette époque. Le conseil de ville s'occupa sérieusement de payer cette somme, et dans le mois de juillet 1227, la république prit un arrêté et déclara que les emprunts qu'on allait ouvrir pour obtenir les sept mille marcs, seraient privilégiés aux dettes de l'État, tant anciennes que nouvelles. L'exaction (hâter le recouvrement des droits) fut donné à des députés nommés Bertrand Hugues et Thibaud de Foz; le tout approuvé par le conseil, par serment prêté sur les saints Evangiles, des deux podestats, de Pons Astouaud et Rostaing Torqueri, juges; Bertrand Matheron et Robert de Vèze, clavaires; Pons Raymond et Pierre Vasso, syndics, Bertrand de Ponte, notaire. Les sept mille marcs d'argent montèrent à 191,104 liv. 3^s 4^d, revenant au cours de 1760, à raison de 52 liv. le marc, à la somme de 364,000 liv. Le marc d'argent valait alors 52^s 7^d (1).

Les sommes empruntées pour le paiement de cette dette étant privilégiées et préférées à toutes les autres, ne purent

---

Forcalquier, uni au commencement du XVIIe siècle à celui de Sainte-Praxède, et que nous savons d'ailleurs que les Bénédictins de Saint-André avaient, dans la paroisse de la Principale, un hospice appelé de la Croix, nous avons lieu de croire que l'expression dont se sert le cardinal ne pouvait s'appliquer à l'église de saint Agricol qui avait été abbaye dans le XIe siècle. (Eusèb. Didier. Panégyrique de saint Agricol.)

(1) Archives d'Avignon, boîte 4. Nouguier, Hist. de l'Eglise d'Avignon.

être remboursées que par le moyen de nouvelles contribution[s]. Les nobles prétendirent être exempts de cette charge ; d'u[n] autre côté, le peuple refusa de supporter seul le fardeau. D[e] là, naquirent naturellement de nouvelles séditions qui affligè[-] rent cette malheureuse ville pendant plusieurs années, et m[i-] rent les habitans dans un état continuel d'insurrection : l[es] deux partis qui divisaient la noblesse, relativement aux cha[r-] ges municipales, ne contribuèrent pas peu à entretenir le fe[u] de la sédition.

La sentence du légat fut un brandon de discorde jeté au m[i-] lieu d'un peuple accoutumé à vivre dans une sorte d'indépe[n-] dance et dans un état continuel de rébellion : elle porta l'a[-] gitation dans ces esprits toujours disposés à saisir les occa[-] sions de se révolter contre l'autorité. Il est constaté qu'il r[é-] gnait déjà des divisions avant l'année 1215 ; elles duraient en[-] core pendant le siége fait par Louis VIII. A cette époque[,] le roi de France comptait beaucoup de partisans dans la vill[e,] puisque la sentence du légat en fait remarquer quelques-un[s] parmi les nobles, et les dispense du paiement de l'impositio[n] des sept mille marcs d'argent. Il n'est donc pas douteux que l[e] légat voulût faire supporter aux auteurs des maux qu'on souf[-] frait, tout le poids de cette imposition. Alors la résistanc[e] réciproque des exemptés et des corvéables amena nécessaire[-] ment la discorde entre les citoyens ; plusieurs combats ne s[e] terminèrent que par l'effusion du sang et laissèrent dans le[s] esprits des germes de haine qui durèrent jusqu'en 1251, épo[-] que où les frères de saint Louis se partagèrent la ville d'Av[i-] gnon et y rétablirent la tranquillité.

Les dommages causés par cette guerre furent incalculables[;] moissons, vignes et vergers, tout périt sous la main du vain[-] queur. Deux arches du pont sur la Durance furent détruite[s] pour empêcher l'arrivée des Provençaux qui venaient en foul[e] grossir l'armée royale. C'est de cette époque qu'on peut da[-] ter la destruction de ce pont, puisque les deux arches qu'o[n] reconstruisit ne résistèrent que quelques années.

Sensible au dévouement des Avignonais pour sa cause, Raymond le jeune, pour indemniser les habitans d'Avignon des pertes et dommages qu'ils avaient éprouvés pendant le siége fait par Louis VIII, céda aux consuls tous les droits qu'il avait sur Caumont, le Thor, Girmagnanègue, Joncquières, avec la permission de couper du bois depuis Valiguières jusqu'au Rhône (avril 1227).

Ce malheureux prince, accablé par tant de revers, ne perdit pas courage : digne du sang de ses ancêtres, il ne quitta point la lance et se défendait comme un lion, profitant de la mort du roi et d'une minorité qui présageait des orages. Il recommença la guerre en Languedoc et reprit avec rapidité toutes les places sur l'ennemi. Imbert de Beaujeu, général des croisés, s'en vengeait cruellement en faisant passer au fil de l'épée les malheureux habitans de ces pays. Raymond, usant de représailles, fit crever les yeux à trois cents prisonniers de guerre et les renvoya en cet état dans le camp ennemi.

Le pape, Honoré III, effrayé de ces succès, écrivit à Louis IX et à la reine-mère, et les pressa de venir au secours de la croisade. Le légat donna les restes des décimes promis à Louis VIII. Les chapitres voulurent s'y opposer, en appelant au pape : on saisit les revenus des églises; on fit vendre jusqu'aux chapes des chanoines pour payer (1).

Le conseil du roi saint Louis résolut de continuer la guerre et de conserver à la France les villes que le défunt roi avait acquises. La reine Blanche envoya des secours à l'armée. Alors commença une lutte qui n'a point d'exemple. Pendant trois mois on ne cessa de ravager le Languedoc. Raymond VII, enfermé dans la ville de Toulouse, menacé par une puissante armée, et voulant éviter les malheurs d'un siége à la cité qui fut toujours fidèle à sa cause, demanda à capituler et à se rendre à la cour de France. On accorda tout à ce prince repentant, persuadé qu'on allait enfin le dépouiller et le réduire à

---

(1) Fleury. Hist. ecclésiastique.

l'impuissance. Raymond s'achemina vers Meaux en Brie, où, en présence du légat, des députés de Toulouse, et de plusieurs prélats et seigneurs, on convint d'un traité de paix au mois d'avril 1228.

Il fut arrêté que Raymond donnerait en mariage Jeanne, sa fille unique, à Alphonse de Poitiers, frère du roi, sous la condition que si les époux mouraient sans postérité, le comté de Toulouse serait réuni à la couronne de France.

Les terres que Raymond possédait au-delà du Rhône, telles que le Vivarais et plusieurs autres en Languedoc, seraient acquises au roi de France, et les terres situées en deçà du Rhône, sur le domaine dit de l'Empire, seraient accordées en propriété à l'Eglise et particulièrement au Saint-Père.

Que Raymond n'aurait pour domaine que les biens qu'il possédait alors dans l'évêché de Toulouse, et l'usufruit de ces biens seulement, la propriété inaliénable étant déjà accordée à Jeanne, sa fille.

Que, pour la réparation des maux qu'il avait commis, et pour pénitence de ses fautes, il paierait cinq mille marcs d'argent, et irait combattre pendant cinq ans en Palestine.

La bonne foi de Raymond étant encore suspecte, il fut convenu que les murailles de trente villes ou châteaux qui lui appartenaient seraient démolies, parmi lesquelles on citait Agen, Condom, Cahors, Montauban, etc.

Et comme c'était sur ce traité qu'étaient fondés les droits du pape sur la ville d'Avignon et le comté-Venaissin, autrefois terres de l'ancienne Provence, il ne sera pas inutile de rappeler ici les expressions mêmes du traité inséré dans *l'histoire des comtes de Toulouse*, par Catel, page 552.

L'article le plus important de ce traité est celui où, après un grand dénombrement de terres que le roi laisse en Languedoc à Raymond, et de celles que Raymond cède au roi, il est dit: *Totam aliam terram quæ est citrà Rhodanum in* REGNO FRANCORUM, *et omne jus quod ipsi Raymundo competit, vel competere posset in eâ præcisè et absolutè quitavit nobis et hære-*

dibus nostris in perpetuum. Terram autem quæ est in Imperio ultrà Rhodanum, et omne jus si quod ipsi Raymundo competit, vel competere posset in eâ præcisè et absolutè quitavit dicto legato, nomine Ecclesiæ in perpetuum.

Par les terres appartenant au royaume des Français, nous devons entendre le Vivarais, et autres situées au bord du Rhône, et par celles appartenant à l'Empire, celles du Dauphiné, la partie d'Avignon et le comté-Vénaissin, avec ses dépendances ou terres adjacentes, telles que la baronie de Saint-Auban, Montélimart, Romans et autres places, au nombre de quatre-vingts appartenant à Raymond.

Par suite de ce traité fait à Paris, on procéda à l'absolution de Raymond et des autres excommuniés. Ainsi, le jour du vendredi Saint 1228, dans l'église de Notre-Dame de Paris, Raymond comparut nus pieds, en chemise n'ayant pour tout vêtement que son haut-de-chausses ; et là, après avoir abjuré son hérésie, il fut absous par le cardinal Romain, légat du pape, réconcilié et reçu en la communion de l'Église, en présence du légat du pape en Angleterre et du peuple de Paris, témoins de cette humiliante absolution Ensuite Raymond se constitua volontairement prisonnier dans la tour du Louvre, et y resta jusqu'à ce qu'il eût entièrement satisfait aux conditions du traité. Et l'année suivante 1229, après avoir reçu de la main du roi l'ordre de chevalerie, il revint à Toulouse, où il convoqua tous les archevêques et évêques du Languedoc pour arrêter des mesures propres à éteindre l'hérésie. Il fit ensuite conduire sa fille Jeanne à la cour de France pour y faire son éducation auprès de la reine Blanche, sa future belle-mère (1).

Ainsi finit cette croisade dans laquelle la république d'Avignon joua un des premiers rôles, elle avait mis jusqu'à quarante mille hommes sur pied, cette cité fidèle. Sa liberté, attaquée par le vainqueur, y fut blessée à mort ; elle ne sur-

---

(1) Archives de la ville.

vécut que peu d'années, minée sans cesse par des secousses qui la firent périr en 1251.

De nouvelles dissensions éclatèrent en 1229. Le conseil de ville, fatigué sans doute de l'absolutisme des podestats, ne voulut plus du gouvernement d'un seul. Il se détermina à élire des consuls. Une lutte violente s'engagea entre la noblesse et le peuple. Le parti de la bourgeoisie, c'est-à-dire, celui des consuls, sortit victorieux du combat.

Cependant, au milieu de ce désordre causé par l'ambition des grands et la résistance du peuple, les consuls ne négligeaient point les améliorations que réclamait une ville ruinée. En 1213, le conseil avait délibéré de faire creuser le canal de la Durançole, dont les eaux devaient servir uniquement à nettoyer les fossés qui entouraient la ville et à emporter les immondices dans le Rhône. La ville donna, en 1229, à nouveau bail et à titre de vente, à Pierre Ruffo et Isnard Mourre, le droit de canaliser la Durançole.

Rien de plus inconstant que l'esprit de républicanisme ; pour arriver à la perfection gouvernementale, on essaie de tous les moyens. C'est ce qui arriva à Avignon : la noblesse, éloignée des fonctions municipales sous l'administration consulaire, mit tout en jeu pour renverser ce gouvernement ; à force d'intrigues, elle y parvint. En 1229 on supprima la podestarie ; en 1230, elle fut rétablie ; on nomma un podestat : en 1231, on en voulut deux ; d'abord Guillaume de Laudun, ensuite Guillaume de Foz; Pierre de Aqua, un an plus tard, Bertrand Aldégier et Perceval Doria. Ce podestat fit faire, en 1237, l'inventaire des biens que la ville possédait. Le territoire de la république n'était pas renfermé dans l'enceinte d'Avignon, le bourg de Morières et la paroisse de Montfavet ; il s'étendait dans le Languedoc, le Comtat et la Provence. Villeneuve, Vedènes, Sorgues, Gigondas, Jonquières, Caumont, le Thor, Gadagne et autres villages étaient de la dépendance d'Avignon.

CHAPITRE IX.

Suite de la République. — Evénemens de Provence qui se rattachent à notre histoire. — La Maison d'Anjou. — 1ʳᵉ expédition de saint Louis. — Seconde expédition d'Afrique. — Charles 1ᵉʳ. — Charles II. — Avignon rendu au comte de Provence. - Fin de la République. — Traité de Beaucaire en 1251. — Nouvelle forme de gouvernement.

La prise d'Avignon n'apporta aucun bénéfice au comte de Provence. Le pape envoya dans cette ville un légat qui commandait en souverain et qui garda la cité, sous prétexte d'extirper l'hérésie (1) qui s'y était introduite ; mais le pouvoir du Saint-Père ne put s'y consolider ; la ville d'Avignon redevint libre, et les officiers que le comte de Provence y commissionna ne furent nullement respectés.

Raymond-Béranguier fut plus heureux en entreprenant seul

---

(1) L'hérésie des Albigeois est la seule qu'on puisse soupçonner avoir fait dans Avignon quelque progrès sensible. Ce fut bien moins là le crime public que celui de quelques esprits remuans, qui, jaloux ou avides de l'autorité, adoptèrent une nouveauté favorable à leurs desseins, que bien d'autres embrassèrent sans savoir pourquoi, et dont le plus grand nombre se trouva responsable sans savoir comment. Il entra bien plus de reconnaissance et de commisération que d'hétérodoxie dans les sentimens qu'on eut pour les comtes de Toulouse, dont on suivit et abandonna le parti tour-à-tour, vacillation que ne connaît guère l'hérésie quand elle est dominante. Ce fut pour avoir fermé ses portes à l'armée de Louis VIII, et non pas pour les avoir ouvertes à l'hérésie, qu'Avignon fut assiégé par ce prince. La sentence du légat après la reddition de la place, exempte les catholiques de l'amende: l'hérésie n'y

le siége de Nice. Malgré les secours que les Génois envoyèrent à cette ville, il la soumit à son obéissance, bien secondé qu'il fut par Romée de Villeneuve qui se distingua vaillamment pendant le siége.

Après la conquête de Nice, Raymond-Bérenguier voulut s'emparer de Marseille. Il négocia secrètement avec l'évêque qui lui était dévoué, menaça les Marseillais de faire marcher des troupes contre eux. L'esprit d'indépendance avait jeté de trop profondes racines dans cette ville qui redoutait de voir encore sur ses murs les armoiries comtales. Le malheureux souverain ne réussit ni à gagner les Marseillais par ses négociations, ni à les intimider par ses menaces. Ses propositions furent rejetées.

La dépouille de Raymond VII, prince valeureux, en butte alors à toutes les attaques, fut l'objet principal que convoita la cour de France. Le pape lui-même porta ses vues sur le marquisat de Provence, dans lequel il possédait quelques châteaux qu'il s'était fait donner par le comte de Toulouse. On connaît déjà les humiliantes conditions imposées par le traité de Paris au souverain vaincu. Le pape Grégoire IX ne fut point

---

était donc pas générale. Le légat ordonne qu'on pourvoie au dédommagement, et non pas à la réédification des églises : elles y étaient donc encore sur pied. Deux ans avant le siége, c'est-à-dire dans le temps où la foi des Avignonais aurait dû être suspecte, celui des ordres religieux que les Albigeois combattaient avec plus d'acharnement, fut recherché pour s'établir et s'établit effectivement à Avignon. Des Dominicains n'auraient pas sans doute été invités ni reçus dans une ville où les Albigeois dominaient. Qu'on lise l'histoire de ces temps-là, et l'on y trouvera diverses époques qui prouvent que la catholicité tenait pour le moins la balance dans Avignon et qu'elle y avait souvent le dessus. Quelques siècles après, les calvinistes n'y réussirent pas mieux. Les intelligences qu'ils avaient en dedans, les troupes qu'ils avaient en dehors, malgré tous les efforts de l'amiral de Coligny, n'avancèrent pas davantage leurs affaires. Rome nous envoya des officiers et des soldats, et le ciel fit pour nous des prodiges. Avignon fut pour eux impénétrable, tandis que tous les alentours furent envahis. (Eusèb. Didier. *Panég. de Saint Agricol.*)

oublié dans ce traité. Sous prétexte d'être indemnisé de toutes les dépenses que le saint-siége avait faites dans la guerre des Albigeois, il reçut du comte de Toulouse le marquisat de Provence ou le Comté Vénaissin ; mais il le lui restitua bientôt après. Il n'en est pas moins vrai que le pape Honorius III, et ses successeurs Grégoire IX, Célestin IV et Innocent IV l'ont possédé jusqu'en 1243, puisque Raymond employa toute espèce de sollicitations auprès du pape, de l'empereur et du roi de France pour rentrer dans ses domaines, et qu'il n'y put revenir que dans l'année 1243.

Mais à quel titre le roi de France et le Pape ont-ils les terres du comte de Toulouse ? Quel nom donner à cet accord ou contrat fait à Paris en 1228, si ce n'est celui de spoliation? D'abord Raymond n'était pas libre quand on a traité ; il était prisonnier dans le Louvre, il ne peut avoir consenti à cette spoliation. Ensuite il est certain que le traité de Paris ne peut être un contrat de pure donation ; Raymond n'avait pas à se louer de la conduite du pape et du roi envers lui pour leur faire un aussi riche cadeau.

Il ne peut être un contrat de confiscation. Les adversaires du comte de Toulouse ont pu considérer cet acte comme l'occupation d'un bien qui n'a point de maître et qui est confisqué en vertu de l'excommunication lancée contre les hérétiques. Mais Raymond était en voie de se faire absoudre et de se réconcilier avec l'église ; la confiscation était donc injuste. D'ailleurs en supposant même la légalité de cette prise de possession, les terres du royaume eussent été justement acquises au roi de France, comme haut seigneur dominant ; de même les terres du Vénaissin eussent été légitimement rendues, non au pape qui n'en était pas auparavant haut seigneur terrien, ni à l'empereur dont les prétentions sur la Provence étaient illusoires, mais au seul comte de Provence, comme seigneur dominant le Comté Vénaissin, qui était un de ses fiefs mouvans avec droit de réversion et de réunion par toute sorte de vacance.

On pourrait dire aussi que ce traité est en quelque manière un contrat de dépôt de tous ces domaines, un ôtage donné au roi et au Saint-Père en garantie de l'obéissance de Raymond à l'Eglise, de ses promesses de combattre l'hérésie dans toutes les terres qu'on lui rendrait, ainsi que son père avait fait autrefois, quand il livra ses châteaux au légat Milon. Or, comme ces terres n'avaient été données à l'Eglise romaine par Raymond le vieux qu'à titre de garantie, de même ce les-ci semblent ne lui être données que sous les mêmes conditions. Cette opinion est confirmée par la réponse que le pape Grégoire IX fit en 1233 au roi saint Louis et à la reine Blanche. Le souverain pontife, supplié de faire réintégrer le comte de Toulouse dans ses domaines donnés en ôtage, répondait que la prudence exigeait de ne point presser cette restitution, parce que Raymond n'était pas sincèrement converti, et que les habitans du Vénaissin pourraient revenir à leurs anciennes erreurs (1).

On peut opposer encore que ce traité est une espèce de vente faite en dédommagement des dépenses qui avaient été payées pendant trente ans par les papes dans la guerre des Albigeois. Et comme par la même raison Philippe-Auguste et Louis VIII s'étaient fait adjuger les terres qui faisaient partie du royaume de France pour les défenses faites par eux ; de même l'Eglise, en remboursement des frais occasionnés par cette guerre, s'emparait du marquisat de Provence, ou Comté Vénaissin.

Malgré toutes ces prétentions arbitraires de la part du pape et du roi, il n'en est pas moins constant que le traité de Paris est une véritable spoliation stipulée sans le consentement du comte de Toulouse, détenu prisonnier, et dépouillé par la force de tous ses états.

Si le comte de Provence n'eut aucune part dans la dépouille de Raymond VII, quoiqu'il se fût ligué contre lui avec le roi

---

(1) Dupuy. Traité du domaine du roi.

de France, au moins éprouva-t-il une satisfaction plus grande en mariant sa fille aînée, Marguerite de Provence, avec le monarque français. Raymond-Bérenguier n'avait que des filles. Toute son ambition tendait à leur procurer des établissemens avantageux. Cette haute alliance était d'un heureux augure, et ne pouvait manquer d'avoir une influence sur l'établissement de ses autres filles. En effet, deux ans après, la seconde, nommée Eléonore, fut mariée à Henri III, roi d'Angleterre.

Raymond-Bérenguier s'occupait toujours du projet de s'emparer de Marseille, comme d'une possession nécessaire pour arrondir ses états ; mais les Marseillais étaient si éloignés de le reconnaître pour souverain, qu'ils aimèrent mieux se donner au comte de Toulouse, quelqu'abandonné que parût être ce prince depuis son traité avec le roi de France. Dans son infortune, Raymond avait cependant trouvé un appui dans l'empereur Frédéric II, qui avait déclaré le comte de Provence déchu du comté de Forcalquier et de la seigneurie de Sisteron, pour en investir le comte de Toulouse, et qui, par deux bulles datées de Hanganovœ et de Palerme, ordonna à Raymond de prendre possession de ses terres aliénées. Frédéric était irrité contre Raymond-Bérenguier, parce que celui-ci n'avait pas attaqué le comte de Savoie comme il le lui avait ordonné, mais encore Raymond-Bérenguier osa aider la ville d'Arles dans sa rébellion contre l'autorité impériale. L'empereur invita le comte de Toulouse à prendre les armes et à attaquer son ennemi.

Le comte de Toulouse se rendit maître du pont de Bonpas sur la Durance et y établit garnison pour s'assurer du passage. Il entra ensuite dans le comté de Provence qu'il dévasta, et poussa vivement le comte Raymond-Bérenguier. Dans cette dure extrémité, celui-ci eut recours aux Français campés aux environs du Rhône depuis la paix de 1228, et à la noblesse du pays qui avait prêté serment de fidélité au roi. Les nobles et les lance de France ayant formé un corps d'armée, marchèrent au secours du comte de Provence ; mais Raymond de Toulouse leur dressa une embuscade, les surprit au passage et les défit entièrement. Il soumit ensuite une vingtaine de places, tant en deçà qu'au-delà du Rhône, appartenant au roi de France. Il s'empara du château de Trinquetaille, séparé par le fleuve de la ville d'Arles, dont il entreprit le siége à l'aide des Marseillais ses alliés.

La république d'Arles s'était depuis longtemps affranchie de la suzeraineté de l'empereur par le secours du comte de Provence ; mais elle s'était mise en même temps à la discrétion de celui qui l'aida à se rendre libre. Les habitans ne pouvant éviter alors de se donner un nouveau souverain, préférèrent le choisir dans leur propre pays. Raymond-Bérenguier employa immédiatement une autre politique pour s'attirer la confiance des Arelatains. Loin de profiter de sa supériorité sur eux et de leur faire regretter l'autorité impériale qui pesait peu sur la ville, il n'abusa pas des circonstances et accepta de bon cœur les conditions qu'on lui offrit. Ces conditions furent qu'il gouvernerait la ville, en respectant sa constitution, et pendant sa sa vie seulement. L'autorité qui lui fut accordée n'était guère plus étendue que celle des magistrats municipaux ; mais son rang seul rendit son pouvoir supérieur à celui de ces magistrats. Les factions cessèrent, la tranquillité se rétablit, et le gouvernement de la ville fut exposé à moins de vicissitudes. Les destinées des citoyens d'Arles furent désormais liées à celles de Raymond-Bérenguier, qui travailla immédiatement à empêcher le comte de Toulouse de s'emparer de la ville.

Le roi d'Angleterre, gendre de Raymond-Bérenguier, informé de ce qui se passait en Provence, crut devoir interposer ses bons offices auprès de Frédéric II, au nom duquel la ville d'Arles était assiégée par le comte de Toulouse ; mais les lettres que Louis IX, autre gendre du comte de Provence, adressa à l'empereur sur le même sujet, et surtout ses préparatifs pour faire lever le siége, eurent beaucoup plus d'effet. On convint de restituer ce qu'on avait pris de part et d'autre.

Le comte de Toulouse écrivit au roi de France pour se justifier. Il leva le siége d'Arles, abandonna Trinquetaille, et se retira, content du dégât qu'il avait fait en Camargue.

Muni des bulles précitées de l'empereur Frédéric, Raymond le jeune vint trouver à Rome le pape Innocent IV, pour lui représenter qu'ayant abjuré publiquement l'hérésie, et ayant été réconcilié à l'Eglise par le cardinal Saint-Ange, il croyait mériter, comme fils obéissant, de rentrer dans tous les biens dont il avait été dépouillé. Le pape, souverain arbitre de la destinée des princes, promit beaucoup, imposa des conditions, et renvoya Raymond peu satisfait. Après un an d'épreuves, le prince eut ses états assez purgés, et il écrivit au pape pour en demander la restitution. Le pape traîna l'affaire en longueur.

Le comte, indigné des lenteurs qu'il éprouvait, se tourna encore vers l'empereur qui, au mois de septembre 1234, lui donna l'investiture du pays Vénaissin, avec le titre de marquis de Provence. Pourtant Raymond n'usa pas de ses prérogatives. Pierre de Colmieu, légat du pape, confia le gouvernement du marquisat de Provence à Jean Baucian, archevêque d'Arles, et à Guillaume de Bariolis, évêque de Carpentras, le 15 juillet 1235, et il reconnut à l'archevêque de Vienne la faculté d'excommunier quiconque usurperait cet état. Ainsi l'empereur était hautement bravé, et le comte Raymond joué insolemment par le ministre de la cour de Rome; mais ces deux princes s'entendirent parfaitement pour empêcher que leurs intérêts ne fussent compromis par les hautaines prétentions du pape. Celui-ci colorait sa conduite en assurant que l'empereur réclamait le pays Vénaissain, et que divers seigneurs ne voulaient relever que de l'empire. Mais l'empereur fit bientôt sentir l'injustice de ces raisons, en donnant, au mois de décembre 1235, une nouvelle investiture à Raymond, sous la mouvance duquel il plaça ceux qui se disaient vassaux immédiats du royaume d'Arles; de plus, il envoya en Provence Torello de Strata, citoyen de Pavie, pour possessionner Raymond

Des bandes de malfaiteurs descendent alors des montagnes : c'étaient sans doute les débris dispersés des armées du midi, que la paix venait de réduire à l'inaction et qui cherchaient dans le désordre le moyen de subsister. Ils arrivaient des environs d'Apt, de Gap et de Sisteron. Torello de Strata les réunit en corps d'armée, et, sous ses mains, ils devinrent des instrumens nouveaux de la haine de l'empereur Frédéric contre le pape. Cette haine, qui n'était qu'une nouvelle transformation de l'opposition du midi contre le nord, devait régulariser la lutte et préparer la réforme.

Le comte de Toulouse en profita : il obtint d'abord la confirmation du don du pays Vénaissin que Frédéric lui avait faite ; plus, les fiefs de l'Isle, de Carpentras, d'Entraigues, de Caderousse, de Méthamis, de Pierrelatte et d'Entrechaux, qui précédemment ne relevaient que de l'Empire, lui furent attribués, et dès-lors furent regardés comme faisant partie du marquisat de Provence ; enfin, il reçut ordre de recouvrer par les armes tous les domaines relevant de l'Empire, qu'il avait aliénés.

Et ce n'étaient point là de vaines promesses : Frédéric fit entrer des troupes dans le pays Vénaissin, sous les ordres de Strata, pour en faire la conquête, et la remettre ensuite à Raymond ; celui-ci, ne dissimulant ni ses désirs, ni ses projets, joignit aux troupes de l'empire, les siennes que commandait Barral des Baux, son sénéchal.

Ces troupes combinées faisaient impunément des ravages, et rien ne mettait obstacle à leurs envahissemens. Déjà elles s'étaient emparées de Malaucène, de Monteux, de Pernes, de Piles, de Serres, d'Oppède et du faubourg de Mornas, et elles assiégaient le château de cette ville, lorsque l'archevêque de Vienne fulmina de Saint-Gilles, le 3 janvier 1237, une sentence d'excommunication contre Torello de Strata, Barral des Baux et leurs fauteurs. L'interdit fut jeté sur les terres soumises à Raymond, et les archevêques et évêques reçurent la formelle injonction de faire exécuter contre le comte ces censures impuissantes.

Le comte de Toulouse, indirectement frappé, sut détourner le coup : le malheur lui apprit la dissimulation, et lui-même nous a révélé le secret de sa politique où la ruse se mêle aux plus chevaleresques sentimens.

Raymond, en prenant possession du marquisat de Provence, exigea l'hommage de ses vassaux ; l'évêque de Carpentras le lui dénia, parce que, disait-il, le comte était excommunié. Les seigneurs de Caderousse firent moins de difficultés, et obtinrent de lui de grands privilèges. Il gagna aussi, à force de concessions, la ville de l'Isle, et peu à peu, il rentra dans toutes ses possessions. Le pape, acceptant les faits accomplis, ferma les yeux, leva l'excommunication, et Raymond, redevenu souverain du Vénaissin, récompensa l'hommage tardif de l'évêque de Carpentras, en confirmant en sa faveur les priviléges accordés à l'antique marché de cette ville.

Placé entre deux protecteurs ennemis l'un de l'autre, Raymond ne pouvait plaire à celui-ci sans indisposer celui-là. Il s'aperçut enfin que ses liaisons avec l'empereur, ennemi de la cour de Rome, pouvaient lui attirer un sort pareil à celui de son père, se détermina à rompre avec Frédéric ; il traita même contre lui avec le légat du pape. La soumission de Raymond à l'Eglise fut bientôt suivie de sa réconciliation avec le comte de Provence, grâce à l'idée heureuse que ce prince avait eue de remettre à la sagesse de Louis IX, de la reine Blanche et du roi d'Angleterre la décision de ses différends avec le comte de Toulouse.

Le successeur de Grégoire IX, Innocent IV, confirma, en 1243, Raymond VII dans la possession du Vénaissin, sauf le droit de réversion de cet état au saint-siége, dans le cas où la postérité du possesseur viendrait à s'éteindre.

Le principal motif qui décida Raymond à terminer avec le comte de Provence, fut le désir d'épouser la troisième fille de ce prince, dans l'espérance d'en avoir des enfans mâles qui pussent lui succéder, et d'exclure Jeanne, sa fille, épouse d'Alphonse, comte de Poitiers, de la plus grande partie de sa succession.

Mais il fallait, pour cela, faire déclarer nul son mariage avec Sancie d'Aragon, qui vivait éloignée de lui depuis longtemps, et dont il n'avait eu que sa fille Jeanne. Raymond étant réconcilié avec la cour de Rome, le pape n'hésita pas à nommer des commissaires pour s'occuper de la demande et qui finirent par casser le mariage, par la raison que Sancie d'Aragon avait été tenue sur les fonts baptismaux par le père de Raymond. Cette affinité ou alliance spirituelle, contractée à l'occasion du baptême, était considérée alors comme un lien de parenté, dont le concile de Trente restreignit dans la suite l'étendue et les effets.

La comtesse de Toulouse, assistée de ses deux neveux, le roi d'Aragon et le comte de Provence, n'opposa qu'un profond silence au jugement des commissaires. Ainsi ces deux princes, présens au jugement, consentirent, pour des intérêts politiques, à l'humiliation de leur parente.

On ne pouvait supposer dans la conduite de Jacques, roi d'Aragon, ennemi déclaré du roi de France, que le désir de seconder le dessein du comte de Toulouse; mais Raymond-Bérenguier dut s'apercevoir qu'il achèterait cher une pareille alliance, surtout si le comte de Toulouse manifestait toujours l'intention de recouvrer sur le roi de France une partie des états qu'il avait perdus, et lui jetait sur les bras une guerre avec un ennemi puissant qui s'opposait au mariage du comte de Toulouse avec la princesse provençale, mariage qu'il parvint à empêcher.

Sancie d'Aragon promise à Raymond de Toulouse, épousa Richard, frère du roi d'Angleterre, et Raymond contracta une autre alliance, en épousant la fille du comte de la Marche.

Raymond et son beau-père formèrent une ligue avec le roi d'Angleterre, contre le roi de France, qui triompha de cette coalition, et obligea le comte de Toulouse de se soumettre sans résistance à ses volontés. En même temps, Raymond-Bérenguier n'éprouva plus d'obstacle pour enlever au comte de Toulouse la souveraineté de Marseille, et s'emparer de cette ville qu'il laissa se gouverner en république, sous sa protection, en la comprenant néanmoins comme partie intégrante de ses états.

Raymond-Bérenguier, craignant que sa succession n'amenât des troubles, s'il ne prenait pas des précautions pour éviter le partage de ses états entre ses quatre filles, fit son testament à Sisteron, et nomma héritière sa quatrième fille, nommée Béatrix, qui n'était pas encore mariée. L'espérance de cette succession fit rechercher Béatrix par plusieurs princes. L'empereur Frédéric la désirait pour son fils; le roi d'Aragon la voulait aussi pour le sien. Ce dernier avait intérêt de conserver dans sa famille une souveraineté qui datait depuis plus d'un siècle. Ce qui est étonnant, c'est que le comte de Toulouse, qui n'avait pu obtenir la troisième fille de Raymond-Bérenguier, se mit aussi sur les rangs pour épouser la quatrième, quoiqu'il fût marié avec la fille du comte de la Marche; mais probablement, selon l'usage de ces temps peu difficiles sur la sainteté du nœud du mariage, il ne se faisait aucun scrupule de solliciter encore le divorce avec celle-ci pour raison de parenté, dont il n'avait pas été dispensé, comme il l'avait fait à l'égard de la princesse d'Aragon, pour raison d'affinité spirituelle.

Lorsque le comte de Toulouse se jouait ainsi de la foi du mariage, il paraissait bien difficile que sa proposition d'épouser Béatrix fût écoutée. D'ailleurs, la cour de France ménageait le mariage de cette princesse avec Charles d'Anjou, frère du roi. Cependant Raymond-Bérenguier, qu'une fausse politique éloignait alors de l'alliance de la France, s'occupait sérieusement du mariage de sa fille Béatrix avec le comte de Toulouse, dont il avait eu tant à se plaindre. Pouvait-il se flatter que ce prince recouvrerait les états qu'il avait perdus et que le Languedoc serait réuni à la Provence? Cet étrange mariage occupait encore la pensée du prince, lorsqu'il mourut en 1245, dans la quarante-cinquième année de son âge, après un règne de trente-six ans qu'il avait consacré tout entier au bonheur de ses sujets.

Béatrix de Savoie, sa veuve, loin d'acquiescer au mariage de sa fille avec le comte de Toulouse, le rejeta, autant par la répugnance qu'elle en ressentait elle-même que par les conseils de Romée de Villeneuve et d'Albert de Tarascon, que Raymond-Bérenguier avait nommés pour gouverner l'état jusqu'au mariage de sa fille Béatrix. Ces sages ministres pensèrent à un établissement plus solide, en choisissant Charles d'Anjou, qu'ils firent demander par la noblesse de Provence. Charles s'avança avec une armée pour écarter tous les concurrens et épouser librement Béatrix. Ce fut ainsi, par un mariage avec l'héritière du dernier comte de Provence de la maison de Barcelonne, que les comtés de Provence et de Forcalquier passèrent à un prince de la maison de France.

La cause de la liberté ne gagna rien à la mort du comte de Provence; l'heure de son agonie avait sonné, et Charles d'Anjou devait un peu plus tard se charger de ses funérailles.

Ce prince, fils de Blanche de Castille, fut reconnu comte de Provence après son mariage avec Béatrix, quatrième fille de Raymond-Bérenguier et héritière de ses états. D'après les écrits des troubadours, il paraît que les premiers actes de son règne ne firent que redoubler les regrets que la mort de Raymond, prince doux et libéral, avait laissés dans tous les cœurs. Charles avait un esprit vif, bouillant, impétueux; son activité ne pouvait consentir à demeurer resserrée dans le gouvernement d'un petit état; aussi, dès qu'il apprit que son frère Louis IX se disposait à aller en Orient, il brûla du désir de le suivre dans cette lointaine et périlleuse entreprise.

Au mois d'octobre 1247, les croisés arrivent en foule au nouveau port d'Aigues-mortes pour se ranger sous la bannière royale. Saint Louis ne se fait pas longtemps attendre; on le voit arriver, la pannetière et le bourdon à la main; il marche, pieux pélerin, à la conquête du Saint Sépulcre. On distingue autour de lui une suite aussi nombreuse que brillante. Les plus braves chevaliers de l'armée ont brigué l'honneur de l'accompagner. La reine Marguerite veut braver les fatigues d'un voyage l'outre-mer ; ses frères, Charles d'Anjou, suivi de sa femme Béatrix, et Robert, comte d'Artois ; Alphonse, comte de Poitiers, différa son départ d'une année, afin d'assister la régente de ses conseils. Plus loin se trouvent les comtes de Flandre et de Bretagne, le sire de Beaujeu, le comte de Soissons, Philippe et Guy de Montfort, le vicomte de Solignac, Geoffroy de Sargines, Gautier de Châtillon, Hugues de Lusignan, et nombre d'autres encore, la fleur de la chevalerie française. Parmi les seigneurs provençaux, on distinguait Blacas, Barras, Castellane, Glandevès, Grimaldi, Laincel, Montolieu, Ponlevès, Sabran, Villeneuve (1) et des gentilshommes du Vénaissin.

Raymond VII, comte de Toulouse, faible comme son père, était comme lui victime de la cour de Rome. Celle-ci le forçait à se croiser, afin de faire lever l'excommunication. Raymond feignit d'obéir à cet ordre, et accompagna saint Louis à Aiguesmortes ; mais il le quitta bientôt, sous le prétexte qu'il voulait s'embarquer sur un vaisseau qui l'attendait à Marseille.

Une grande partie de l'armée des croisés était venue joindre le roi à Lyon. La cohorte royale suivit la rive gauche du Rhône. Les habitans du Vénaissin virent passer, avec une curiosité mêlée d'effroi, les nombreuses barques de pélerins que commandait le roi de France. Ces barques furent souvent pillées par les débris des bandes albigeoises réfugiées dans le château de Jicon (*Jucundus*), d'où ils descendaient sur les bords du fleuve pour inquiéter les convois. Les Avignonais n'osèrent pas attaquer Louis IX, car leur ville n'était plus en état de faire résistance ; mais ils l'accompagnèrent longtemps de leurs imprécations. En passant devant cette ville, dont les habitans se tenaient debout sur leurs remparts en ruine pour voir défiler les croisés, beaucoup de ceux-ci se mirent à crier : *Albigeois ! empoisonneurs !* pour insulter les Avignonais, que la majeure partie des Français accusait d'avoir empoisonné Louis VIII,

---

(1) Tables de Pierre d'Hozier. Aix, 1677, in fo.

lorsque ce prince fit le siége de cette ville, vingt ans auparavant. Les Avignonais, irrités de ces outrages, tuèrent quelques traînards. Louis fut vivement engagé par les moines et ses barons à revenir sur ses pas pour saccager la ville, attendu qu'elle était un réceptacle d'hérétiques et de mécréans. Le roi s'y opposa et se hâta de passer outre en traversant le Rhône à Tarascon. — *Ce ne sont point*, dit-il, *les injures faites à mon père et à moi-même que je veux venger ; je n'ai pris la croix que pour venger les injures faites à Jésus-Christ.*

Un spectacle inaccoutumé se vit alors à Aiguesmortes. L'armée des croisés n'attend plus que le signal du départ, les bannières déroulent à la brise du matin leurs brillantes couleurs d'azur et d'or, les casques, les épées, les lances étincèlent aux rayons du soleil levant, les hymnes sacrées entonnées par des prêtres, répétées en chœur par des milliers de soldats montent sur des nuages d'encens vers le trône de gloire et de majesté du Dieu des armées, et dès le lendemain, 25 août, les voiles gonflées entraînent vers des rivages inconnus ces nombreux et beaux bataillons dont la plus grande partie ne doit jamais revoir le beau pays de France.

Le navire de Louis IX cinglait vers l'île de Chypre où devaient se rendre les croisés. L'histoire a raconté comment le saint-roi forma cette héroïque résolution, comment il y persista, malgré l'opposition de sa mère et même des princes de l'Eglise, et comment il détermina une foule de barons et de chevaliers à se joindre à sa bannière. Il serait curieux de chercher, sous le motif religieux, le motif politique de ce pieux empressement, et de penser qu'en ramenant les croisades vers leur but primitif, saint Louis voulait opérer dans les esprits une diversion puissante et prévenir pour longtemps les troubles intérieurs.

Le comte de Toulouse avait promis de suivre le monarque. Son intérêt lui défendit ce voyage, et une maladie vint l'en dispenser; il se rendit à Milhaud en Rouergue, où il fut attaqué d'une fièvre qui le conduisit au tombeau le 27 septembre

49, après avoir institué héritière universelle, sa fille Jeanne, [ép]ouse d'Alphonse, comte de Poitiers. Ce prince, dit l'his[toi]re, fut un des plus grands capitaines de son temps; il se [tro]uva à la fameuse bataille de Muret; il fit des prodiges de [va]leur au siége de Beaucaire; après la mort de Simon de [M]ontfort, il conquit tout l'Agénois; il remporta en 1221, à [Ba]ziége près de Toulouse, une victoire signalée sur les trou[pe]s d'Amaury de Montfort. Un historien qui a écrit en langue[an]cien le récit de la guerre des Albigeois, dit: que le jeune [R]aymond se jeta dans la mêlée, y combattit comme un loup [fu]rieux, terrassa tout ce qui se présenta devant lui, et répan[di]t partout la terreur et l'effroi (1). Son corps fut transporté [da]ns le chœur de l'abbaye de Fontevrault, où il avait choisi [sa] sépulture auprès de Jeanne d'Angleterre, sa mère.

Raymond VII fut pleuré de tout son peuple et regretté sin[cè]rement des Avignonais. En lui finit la postérité de cette [m]aison célèbre, qui, pour me servir des expressions d'un au[te]ur contemporain, avait tenu un rang distingué parmi les fa[m]illes souveraines, fondé des empires en Orient, et résisté, [pe]ndant près d'un demi-siècle, aux armes de l'Europe et de [la] France réunies. En 1246, il avait fait l'acquisition de la di[xi]ème partie du domaine de l'Isle de Venisce, son sénéchal [sti]pulant pour lui (2). Et par son testament, fait à Milhaud, [si]x jours avant sa mort, dans lequel il s'intitule encore: *Ego [Ra]ymundus, dei gratiâ, comes Tolosæ et marchio Provinciæ*, [il] fait un legs de cent marcs d'argent aux religieuses du mo[n]astère de Notre-Dame du Bosquet, diocèse de Saint-Paul[-Tr]ois-Châteaux, qui devait être dans les dépendances du Com[té] Vénaissin, et choisit pour exécuteurs testamentaires, ou-

---

(1) E a dounc es arribat lo conte jove en la batalhe, a en la plus gran [f]ieyssa que fossa s'es anat mettre come un lou rabious, et talamen a frapat, [qu]e no y avié home que devan el se ausesse trouba, o que no ly fasse plassa [q]uan lo vesié veni. (*Hist. de Nîmes*, tome VII, pages 642 et 643.

(2) Dupuy. Traité du domaine du roi.

re quelques évêques du Languedoc, les évêques de Carpentras et de Cavaillon, ce qui prouve que Raymond fit encore acte d'autorité dans ce pays, et qu'il était rentré dans ses domaines (1).

A la mort de Raymond, Alphonse et son épouse n'étaient point en France; il y avait environ deux mois qu'ils étaient partis pour la Terre-Sainte. Mais la reine Blanche, régente du royaume, fit prendre en leur nom possession des états que laissait le comte de Toulouse, et ces états furent gouvernés par des sénéchaux du comte de Poitiers, depuis le mois d'octobre 1249 jusqu'au mois d'août 1271. La principale noblesse et les notables assemblés au château Narbonnais jurèrent fidélité, conformément au traité de Paris; le Comté Vénaissin fit aussi sa soumission; mais il ne revint au pape que plusieurs années après, sous Philippe-le-Hardi. A la nouvelle de la mort de leur père, Alphonse et Jeanne revinrent en France, abordèrent au port d'Aiguesmortes, et se rendirent de là à Beaucaire pour y recevoir l'hommage de leurs vassaux.

On connaît l'issue de la première expédition de saint Louis. Vaincu, fait prisonnier au combat de Massoure, avec le comte de Provence, Charles d'Anjou, obligé de livrer Damiette pour sa rançon particulière, et cent mille marcs d'argent pour son armée, saint Louis revint en France après la mort de sa mère, à laquelle il avait confié le royaume. Charles d'Anjou revit aussi les rives de la Provence. C'est dans l'intervalle qui précéda la seconde expédition que des événemens importans se passèrent à Avignon, c'est-à-dire la fin de la république. Il sera nécessaire pour cela de reprendre un peu plus haut le récit de l'histoire.

Bientôt cédant aux sollicitations pressantes du pape Clément IV, une nouvelle croisade se prépare, et, le 1er juillet 1270, Aiguesmortes voit s'éloigner pour toujours le malheureux fils de Blanche de Castille, à la tête de sa seconde ar-

---

(1) CATEL. Hist. comit. Tolosæ.

e (1). Le 25 août suivant, le roi de France s'appelait Phipe-le-Hardi : Louis IX était mort de la peste.

Alors Philippe ramenait d'Afrique les débris de la dernière isade. Les peuples accouraient au-devant de lui pour jeter dernier regard sur les restes du saint-roi dont la renommée ait rempli le monde. Ce voyage était un convoi funèbre dont aque pas fut marqué par une catastrophe. A Trépani mourut roi de Navarre ; à Marseille, sa veuve, sœur du roi de ance, puis la reine de France elle-même, Isabelle d'Aran ; enfin, à Savone, Alphonse de Poitiers et Jeanne, son ouse. Ainsi s'éteignit, après être tombée de lance en quenille, cette antique et noble maison des comtes de Toulouse, ii brille dans le lointain des âges de la double auréole de la oire et du malheur.

A la mort de Raymond-Bérenguier, en 1245, les habitans Arles avaient repris leurs droits qu'ils avaient cédés à ce 'ince pour sa vie seulement. Ces républicains, toujours turilens, ne recouvrèrent leur indépendance que pour en abuir. Ils commirent des actes d'hostilité sur les terres du comte e Provence ; les ministres de ce prince ne réprimèrent faiblelent les entreprises des Arlésiens que pour fournir à Charles, à n retour de la Palestine, un prétexte pour s'emparer de leur ille. En effet, ce prince, rendu à ses états, s'occupa aussit après son retour en Provence, de leur demander raison es ravages qu'ils avaient commis sur ses terres. Son ambition mbrassait également les républiques d'Avignon et de Mareille : mais ce fut sur celle d'Arles que les circonstances le lécidèrent à porter les premiers coups.

Barral des Baux, prince d'Orange avait été élu podestat de le la ville d'Arles, en même temps qu'il l'avait été d'Avignon n 1243. Ce seigneur était d'une illustre naissance ; sa fortune i'était pas grande, mais son ambition était sans bornes ; aussi, pour satisfaire ses insatiables désirs, pour obtenir de ses ser-

---

(1) VELLY. Hist. de France, tome VIII, pages, 66, 84, et 89.

vices une récompense nécessaire pour l'entretien du luxe de sa maison, pour effacer le souvenir des sujets de plainte que le roi de France avait contre lui, Barral permit-il secrètement à la reine Blanche de ne rien épargner pour décider les citoyens d'Arles et d'Avignon à se ranger, les uns sous le sceptre de Charles d'Anjou, et les autres sous celui du comte de Toulouse, à condition toutefois qu'après la mort de ces deux princes l'ancienne forme de gouvernement de ces villes serait rétablie. Avignon seul refusa l'hommage. La reine témoigna son mécontentement ; Barral des Baux, podestat de la république, se rendit à la cour de France, et promit tout au nom des Avignonais; mais, à son retour, ses promesses ne furent point ratifiées. Le 27 avril 1247, les trois républiques avaient fait entre elles une alliance de cinquante ans. Chacune devait fournir cent cavaliers en temps de guerre, avec un nombre considérable de gens de pied. Avignon et Marseille s'obligaient de plus d'entretenir dix grands bateaux armés du côté d'Arles, pour la défense de la Camargue. Marseille devait en fournir six et Avignon quatre. En temps de paix, les troupes alliées étaient réduites à la moitié.

Deux ans après, mourut Raymond, comte de Toulouse, dont l'héritage échut à Jeanne, sa fille unique, épouse d'Alphonse de Poitiers. Ce prince était alors dans l'Orient avec son épouse.

Les prétentions hautaines d'une foule de seigneurs provençaux occasionnèrent quelques troubles dans le pays, pendant l'absence des princes; car ces nobles ne pouvaient se décider à reconnaître la souveraineté de Charles d'Anjou, héritier, par sa femme Béatrix, du comté de Provence. La présence de Louis IX, au retour de l'Orient, calma bien des ressentimens et arrêta au début un incendie qui grondait déjà dans les tourelles et derrière les remparts des châteaux. Une amnistie fut accordée à tous ceux qui avaient pris les armes; mais des restes d'agitation couvaient toujours sous le sol d'une terre où régnaient de si fiers seigneurs. Les Marseillais, enrichis par commerce du Levant, subissaient avec peine le moindre [joug] : les souvenirs républicains de leur histoire les enflammaient encore et leur rendaient leurs maîtres odieux à l'excès. [Po]ur maintenir les priviléges qu'ils s'arrogaient en Orient, ils [fir]ent avec Alphonse X, roi de Castille, un traité de ligue of[fen]sive et défensive, dont le but était de protéger ces mêmes [pr]iviléges, et d'accroître ainsi leur crédit auprès des peuples [lev]antins.

Instruit de toutes ces audacieuses manifestations, de ces [fai]tes qui prouvaient combien Marseille, attachée à son ancienne [in]dépendance, se considérait encore comme une ville libre, [Ch]arles d'Anjou se permit de la dépouiller de ses prérogatives. [M]arseille voulut résister, la guerre s'alluma entre elle et le [co]mte Charles. Les officiers du prince furent ou massacrés ou [m]is en prison. A cette nouvelle, Charles accourt tout palpitant [de] colère, entre dans la ville, après l'avoir forcée de se ren[dr]e, après un blocus qui l'affama. Son séjour à Marseille fut [si]gnalé par de sanglantes exécutions. Les principaux habitans [fu]rent décapités, les forteresses confisquées au profit du [co]mte, ainsi que les terres de Boniface de Castellane, qui [a]vait conduit ses hommes d'armes au secours des Marseillais. [C]e seigneur fut banni de la Provence. Outre la perte de leurs [c]hâteaux, les Marseillais eurent encore à déplorer la perte de [le]urs priviléges, qui établissaient l'indépendance dans l'élec[ti]on des officiers de justice et des officiers municipaux.

Charles s'était attaché à faire revivre le plan des Bérangers. [D]ésirant tout ramener à l'unité administrative, il avait cherché [à] dépouiller les barons et les villes de leurs justices souve[r]aines. L'influence calamiteuse du pouvoir se fit sentir. Un [t]roubadour nous dit que les praticiens et les légistes, faisant [p]lier le droit aux caprices du prince, lui adjugeaient tous les [d]omaines. Arles, ville républicaine et fière de ses prérogati[v]es, s'était levée courroucée ; l'ancienne constitution du pays [a]vait été revisée, et la peine de mort prononcée contre qui[c]onque oserait proposer l'aliénation de la ville. Avignon et

Marseille, redoutant de voir encore leurs créneaux humiliés par les armoiries comtales, acceptèrent la ligue qu'Arles leur avait proposée, et dont nous avons déjà parlé. Ainsi se releva de son abattement cette indépendance des communes qui a brisé à jamais le sceptre du pouvoir féodal. Charles, trop ignorant pour apercevoir le danger de ces orages républicains, s'était rendu à la croisade avec ses trois frères.

La lutte, cette résistance ardente qui exaltait les esprits des marchands et des bourgeois, ne cessa point pendant l'absence du prince. Les réformateurs d'Arles, comprimés sans succès par l'archevêque Jean III, de la maison des Baux, qui avait embrassé le parti de Charles, s'exhalaient en imprécations contre le clergé qui s'abritait sous l'égide du comte. Un décret fut lancé contre l'archevêque; les citoyens d'Arles reçurent défense de lui parler, d'entrer dans son palais, de lui rien vendre ou prêter sans le consentement du podestat et des conseillers de la commune; de plus, on le força de sortir de la ville, et toute prérogative fut retirée aux clercs, ennemis naturels de la liberté. Le prélat, irrité de ces audacieux empiétemens d'une bourgeoisie turbulente, fulmina contre Arles une sentence d'excommunication et d'interdit. La commune ne s'en émut guère, et s'allia à son suzerain l'empereur Frédéric II, que l'excommunication frappait une seconde fois, par l'organe d'Innocent IV. Mais les rois résistent à la voix du pontife; ils n'osent point affronter ses censures en appuyant ses ennemis. Innocent mortifié prêche une croisade contre Frédéric. Dans sa colère, il a recours à la trahison: des moines salariés se font empoisonneurs; des médecins de la cour impériale sont corrompus, et la tête du suzerain de Rome est, pour ainsi dire, pontificalement mise à prix. C'est alors que le monarque chrétien fut contraint de prendre des mahométans pour gardes.

Innocent IV n'eut pas l'honneur qu'il désirait: Frédéric, déclaré déchu du trône comme hérésiarque et comme athée, mourut de chagrin en 1250. Ce prince fut le héros de son siècle; il réunissait à l'amour des arts une âme sensée, généreuse et intrépide. Il laissa après lui l'exemple d'une grande confiance dans les moyens de résistance, lorsque, quel que soit l'adversaire, cette résistance est juste. Il expira en bon chrétien, absous par un évêque sicilien dont le pape osa réprimander l'indulgence.

Avignon voyait dans ses murs abattus les mêmes désordres, la même exaltation. On avait insulté les députés de Charles, plusieurs même avaient voulu les mettre à mort. Vainement Barral des Baux, appuyé sur la volonté d'un grand nombre de citoyens, fit tous ses efforts pour soumettre la ville sous la domination du duc d'Anjou, les républicains, irrités par le souvenir des malheurs du siége, les républicains à qui le joug était odieux, répandirent partout le trouble et la désolation, en maltraitant les habitans soupçonnés d'être les partisans de Charles; ils dévastaient leurs propriétés; celles des comtes furent aussi ravagées. On n'entendait que les cris menaçans de mort aux traîtres ! aux ennemis de la liberté !

Les rives de la Provence avaient revu Charles et son frère, le comte de Poitiers. Le premier soin de ces princes fut d'éteindre ce feu de sédition qui embrasait les villes d'Arles et d'Avignon. Les circonstances étaient favorables aux deux puissans comtes : la couronne de Toulouse, vers laquelle ils auraient songé à tourner leurs regards dans une si pitoyable détresse, avait passé sur la tête du frère de Charles, le comte de Poitiers, héritier des états de son beau-père Raymond VII, mort en 1249. Le faible successeur de Frédéric, chancelant sur son trône, ne pouvait, dans sa position incertaine, les secourir. Les barons de Provence commençaient à trembler dans leurs châteaux, et Marseille avait grand peine à calmer leurs craintes par des envois d'hommes et d'argent. Arles voulut opposer de la résistance ; elle espéra au moins, en entrant en négociation, traîner l'affaire en longueur et obtenir de meilleures conditions. Sur ces entrefaites, Alphonse de Poitiers parut avec une armée pour aider son frère à conquérir la ville. Charles, dont l'orgueil était irrité par tant de résistance, parla alors en maître aux habitans, auxquels il ne fut plus permis de différer. Cette ville, qui aurait conservé une partie de ses priviléges, si elle se fût soumise plus tôt, se dépouilla de sa souveraineté en faveur du comte de Provence : heureuse encore d'avoir pu acheter par ce sacrifice un repos qu'elle n'avait jamais su trouver lorsqu'elle était indépendante !

Après la soumission d'Arles, Charles, de concert avec Alphonse, auquel appartenait la moitié d'Avignon, fit des préparatifs pour réduire cette ville par la force des armes. Démantelée, sans autre défense que quelques tours intérieures appartenant à des particuliers, cette cité ne pouvait opposer une longue résistance aux forces des deux princes réunis, soutenus par les lances de la France.

Les troupes alliées s'avancèrent. Quelques combats sous les murs de la ville dans lesquels les armes de la république ne furent pas triomphantes, décidèrent les Avignonais, toujours divisés d'opinions, à traiter avec les princes belligérans. Le parlement, c'est-à-dire la commune, à la tête duquel se montrèrent les hommes les plus modérés, délibéra que la soumission pouvait seule désarmer les comtes et conserver quelques avantages dont on n'oserait priver la cité. Des députés, munis de pleins pouvoirs, se rendirent à Beaucaire où se trouvait l'armée des princes, et là ils demandèrent la paix. Il y eut suspension d'armes, et le 6 mai 1251, on rédigea une convention qui fut signée d'une part par les comtes, et de l'autre par les envoyés d'Avignon, qualifiés nonces, acteurs, syndics et prud'hommes de la république. Le 10 mai, la convention fut examinée et approuvée en plein conseil et parlement public, et le même jour elle fut lue à haute et intelligible voix sur les degrés de l'église de Notre-Dame des Doms, en présence des principaux officiers de l'armée des comtes, du podestat et des premiers magistrats de la république.

D'après cette convention, qui renfermait des clauses moins onéreuses qu'on n'avait lieu de s'y attendre, la ville d'Avignon se rangea sous l'obéissance de Charles, comte de Provence, et d'Alphonse de Poitiers, comte de Toulouse. Ces deux princes s'en partagèrent la souveraineté, ainsi qu'il avait été réglé, cent-vingt-six ans auparavant, par le traité fait en 1125 entre Raymond Bérenger, comte de Provence, et Alphonse Jourdain, comte de Toulouse.

Le consulat, la judicature consulaire périrent dans ces honteuses soumissions. Les princes changèrent la forme du gouvernement. Sous prétexte de délivrer la ville de l'oppression des hérétiques, ils promirent à Zoen, évêque d'Avignon, que le viguier par eux nommé, serait obligé de se présenter à lui, pour être admis ou rejeté, s'il réunissait ou ne réunissait pas les conditions requises. Cet usage était encore en pratique à l'époque où Nouguier écrivait l'*Histoire des Evêques d'Avignon*, car il dit que la veille de la Nativité de Saint-Jean-Baptiste, le viguier nommé par le Saint-Père se présentait devant l'archevêque assis sur son trône épiscopal dans la salle du chapitre de son église ; et là, le viguier étant à genoux, on lisait tout haut la charte des promesses des princes. Des syndics, des juges annuellement nommés par les seigneurs remplacèrent les magistrats primitifs. Depuis 1251 jusqu'en 1410, il n'y eut que des syndics pour l'administration particulière d'Avignon. Les papes, après l'acquisition que Clément VI fit de cette ville, conservèrent la forme de gouvernement municipal adopté par les comtes. En 1460 (1) Pie II substitua aux syndics des consuls qualifiés *nobiles viri*.

Ainsi finit, sous le podestat de Barral des Baux, sous le syndicat de Raymond de Morières et de Guillaume Martin, cette république d'Avignon, si bien gouvernée dans son principe,

---

(1) En 1447, il y avait encore des syndics au lieu de consuls, comme on le voit dans une bulle de Nicolas V, qui exempte les écoliers de l'université d'Avignon, des gabelles et impôts. *Bullar. civit. Avenion.* page 65. Cette bulle commence par ces mots : Nicolaus, episcopus, servus servorum Dei, dilectis filiis syndicis, consilio et communi civitatis Avenionensis, etc, etc. (J. Guénin. *Abrégé de l'Hist. d'Avignon*, page 70.)

si orageuse dans les derniers temps, épisode de cent vingt ans, non dépourvu d'intérêt pour quiconque aime à étudier l'histoire des peuples.

Si Arles, si Avignon subissaient ainsi la loi du vainqueur, Marseille était encore en pleine révolte. Cette ville était plus favorisée par ses anciennes institutions que celles d'Arles et d'Avignon, où la puissance du clergé ne connaissait point de limites : à Marseille, l'évêque était non le chef d'une république, mais le seigneur d'une ville adjacente ; son pouvoir contenu dans des remparts, expirait sur le seuil de la ville vicomtale où la liberté tenait sa cour plénière ; aussi, dans sa capitulation, cette antique liberté ne reçut-elle que de légers dommages.

Tels furent les résultats de cette lutte de cent vingt ans, résultats qui eurent pour effet certain de révéler, à côté de la puissance féodale, cette autre puissance populaire méprisée à laquelle l'avenir devait appartenir un jour.

Dans le mois de juillet 1270, eut lieu la seconde expédition d'Afrique. Louis IX, sur le déclin de la vie, imagina cette funeste croisade qui lui valut un tombeau sur la terre étrangère et la perte d'une partie de sa famille. Soit scrupule ou terreur, il était peut-être le plus grand papiste de ses états. Nous avons parlé plus haut de la marche funèbre qui suivit les pas de son successeur, qui, à chaque instant, était obligé d'ouvrir une fosse.

Après la mort d'Alphonse de Poitiers, Philippe-le-Hardi se mit en possession, non seulement des domaines qui avaient appartenu à son oncle Alphonse, mais encore de tous ceux que Jeanne avait eus de son père, dans lesquels était compris le Vénaissin ou marquisat de Provence. Cependant cette princesse avait fait, le 23 juin 1270, avant de partir pour la Terre-Sainte en juillet de la même année, un testament par lequel elle lègue à Gaucherande, fille d'Almaric, vicomte de Narbonne, sa cousine, le château de l'Isle dans le Vénaissin, de même qu'elle dispose de la ville de Cavaillon et ses dépendances en faveur de Marguerite, sœur de Gaucherande ; des châteaux de Bonnieux et de Cabrières en faveur de Guillaume de Narbonne, leur frère, et du restant du Comté au profit de Charles d'Anjou, comte de Provence et roi de Sicile. Elle avait institué héritière universelle une autre de ses cousines, nommée Philippe, fille du vicomte de Lomagne, et épouse d'Archambaud, comte de Périgord. Mais, attendu que le traité connu sous le nom de traité de Paris, passé entre le roi de France et Raymond VII, père de Jeanne, interdisait expressément cette transmission, le roi s'empara de plusieurs parties du Vénaissin, prétendant que Jeanne n'avait pu disposer de ses domaines et qu'ils devaient revenir à lui seul, en vertu de la paix de Paris ; et quand Philippe de Lomagne fit demander au parlement d'être admise à prêter hommage pour les domaines de cette succession, elle fut déboutée par un arrêt daté de 1274.

Il y a tout lieu de croire qu'on regarda pareillement comme incontestables les droits acquis au saint siège par ce même traité de Paris ; car, ni Charles d'Anjou, ni les autres légataires de Jeanne n'élevèrent de prétentions sur le pays Vénaissin. Et pourtant l'occasion était belle : le saint-siége était en quelque sorte vacant, et Grégoire X, élu pape pendant qu'il était à la croisade, n'avait pu faire réclamer cet état. Philippe s'en empara ; toutefois, l'évêque de Carpentras, dans l'acte qui fut dressé de son hommage, fit insérer cette prudente réserve : *sauf néanmoins les droits de l'Eglise romaine.*

Ces droits, Grégoire X ne les laissa pas prescrire : après d'instantes sollicitations, il obtint du roi, dans une entrevue qu'il eut avec lui à Lyon, à l'occasion du concile général de 1273, la cession de l'Etat Vénaissin.

Ce fut dans l'église de Sorgues et le 27 janvier, quatre ans après la mort de Jeanne et d'Alphonse, arrivée à Corneto en Toscane, sur la fin de la même année, que Guillaume de Saint-Laurent, camérier du pape, et Bernard, archevêque élu d'Arles, prirent, au nom du pape, possession de cet état. Les habitans, après avoir été déliés du serment de fidélité prêté au roi, prêtèrent de suite un pareil serment au saint siége, entre les mains des commissaires de sa sainteté (1).

Guillaume de Villaret, hospitalier de Saint Jean de Jérusalem, fut nommé recteur du Comtat par une bulle de Grégoire X du 5 des Calendes de mai 1274.

Philippe-le-Hardi, héritier d'Alphonse de Poitiers, resta possesseur de la moitié d'Avignon avec Charles d'Anjou, son oncle. Dans la suite, Philippe-le-Bel, son successeur, céda cette moitié à Charles II, roi de Naples et comte de Provence, qui possédait l'autre. Alors ces comtes furent les seuls maîtres de cette ville jusqu'à la vente qui en fut faite par Jeanne de Naples.

A mesure que le domaine de Charles d'Anjou s'agrandissait par des cessions volontaires ou forcées, l'ambition de ce prince s'étendait de plus en plus ; dans sa tête fermentait un immense projet. Il se rappelait qu'au XIe siècle, de simples chevaliers normands avaient trouvé un royaume au bout de leur épée; au commencement du XIIe, les établissemens des princes normands se réunirent sur la tête de Roger, roi des Deux-Siciles ; les cinq enfans de Roger moururent sans postérité. Charles résolut de mettre sur sa tête cette couronne de Naples qu'un pape, Urbain IV, lui octroyait. Le 15 mai 1268, il vint à Marseille avec mille hommes de cavalerie et une brillante noblesse provençale. Devant lui s'ouvrait le vaste champ de l'ambition ; il s'y élança avec une ardeur chevaleresque. L'histoire a raconté la mort tragique de Conradin et celle de son cousin Frédéric d'Autriche, de la maison de Souabe. Charles se montra cruel comme un vainqueur du temps.

La vie de Charles s'épuisa dans ces guerres meurtrières de l'Italie. Nous ne le suivrons pas dans ces aventureuses expéditions, étrangères à l'histoire de notre pays, tranquille alors

---

(1) Mémoire pour la cour de L. C. M. le duc de Caderousse, 1781, page 72.

sous le sceptre de fer de cet implacable usurpateur du royaume de Naples.

Après la sanglante journée des Vêpres siciliennes (1282), Charles d'Anjou jure de tirer une vengeance prompte et terrible de ce massacre. Les Siciliens attendaient l'arrivée de Pierre, roi d'Aragon ; mais, comme il tardait, ils offrirent au prince français de se remettre sous son autorité, s'il accordait l'absolution des derniers excès. Toutes ces conditions furent rejetées avec hauteur, et la guerre commença. Le roi d'Aragon parut enfin devant les côtes de la Sicile, l'île le reçut avec ivresse. Ce prince avait avec lui deux nobles ministres, Robert de Lauria, pour la guerre maritime, et Jean de Procida, l'auteur de la conspiration, pour le conseil. Cependant Charles se disposait à comprimer cette révolte par des forces imposantes, devant lesquelles devait tomber la confiance téméraire des Siciliens ; ils pensaient que les moyens ordinaires n'arrêteraient pas le coup décisif que Charles s'apprêtait à porter. Les conseils de Sicile connaissaient parfaitement le roi de Naples et son humeur chevaleresque ; aussi lui adressèrent-ils, au nom du roi d'Aragon, une proposition de combat en champ clos pour terminer la guerre. Le cartel fut reçu avec joie par Charles, qui se hâta de se rendre à Bordeaux, lieu convenu pour le combat. Le roi d'Aragon, qui savait mieux employer son temps et qui n'était pas d'humeur de courir les chances d'un combat singulier, ne se trouva pas au rendez-vous. L'absence de Charles d'Anjou fut fatale à ses troupes, dont le courage et l'ardeur mollirent ; les Siciliens reprirent confiance. Le pape Martin IV, toujours dévoué à la maison d'Anjou, lança une excommunication contre le roi d'Aragon, donna son royaume à Charles de Valois, second fils du roi de France, Philippe-le-Hardi, et proclama une croisade contre l'Aragonais.

Le roi de Naples quitta Bordeaux et retourna dans son royaume. A peine y est-il arrivé, qu'il apprend que l'amiral de Sicile a fait prisonnier Charles-le-Boiteux, prince de Salerne, son fils et successeur, et qu'ensuite il est parvenu à faire révolter Naples contre lui. Mais toutes les voix qui mugissaient dans cette ville se turent tout-à-coup devant le roi. Charles était exaspéré, il se montra cruel : cent cinquante citoyens payèrent de leur tête leur révolte, et la ville allait, sur l'ordre du prince, disparaître et s'abîmer, quand les prières du légat, en appaisant Charles, conservèrent à l'Italie la plus belle de ses cités. Les chagrins qui accablaient le roi le tuèrent à Foggio, dans la Capitanate, le 7 janvier 1285, à l'âge de soixante-six ans, après un règne de dix-neuf années. Avant sa mort, il prononça ces paroles : « Sire Dieu, je crois que tu » ès mon Sauveur, et comme je fis la proie du royaume de » Sicile, plus pour servir Sainte Eglise que pour mon profit » ou autre convoitise, pardonne-moi mes péchés. » Il laissa de Béatrix de Provence, morte en 1266, quatre fils et trois filles, et n'eut aucune postérité de Marguerite de Bourgogne, sa seconde femme.

Charles-le-Boiteux restait toujours prisonnier en Sicile. Alors le pape, en qualité de seigneur suzerain du royaume, envoya à Naples un de ses cardinaux, et Philippe-le-Hardi, roi de France, y dépêcha Robert, comte d'Artois, avec un corps considérable de troupes. Mais la fortune trahit les armes françaises ; le comte d'Artois sembla n'être venu en Italie que pour assister à la honteuse évacuation des places que les Provençaux y tenaient encore. En ce temps-là, Honorius IV succéda à Martin IV, Philippe-le-Bel à son père Philippe-le-Hardi (1285), et Pierre III d'Aragon laissa à sa mort le trône espagnol à son fils Jacques. Les états généraux du comté uni de Provence et de Forcalquier députèrent des messagers auprès d'Edouard, roi d'Angleterre, pour l'intéresser en faveur du roi prisonnier. Ces députés étaient Isnard d'Agoult et Faucher de Sabran-Forcalquier.

Par le traité signé à Champfranc, près Oloron, en 1288, Charles sortit des prisons de Barcelonne, où on l'avait transporté pour le soustraire à une exécution populaire méditée sur sa personne. Le premier usage que Charles fit de sa liberté, fut d'aller voir, à Paris, le roi Philippe-le-Bel et le comte Charles de Valois, afin d'obtenir d'eux une renonciation à leurs prétendus droits sur l'Aragon. Les princes français furent inébranlables et les sollicitations du comte inutiles. Ce pauvre roi, ainsi repoussé par la cour de France, se rendit en Italie, auprès du pape Nicolas IV, dont il ne put vaincre l'inflexible obstination.

Ladislas, roi de Hongrie, mourut sur ces entrefaites. Charles-le-Boiteux, qui en avait épousé la sœur, songea à régler la succession de ce prince mort sans enfans, et échue au roi des Deux-Siciles. La distance qui sépare les deux pays, la Sicile et la Hongrie, ne permettait pas de réunir les deux couronnes sur une même tête ; aussi, après avoir reçu Charles-Martel, son fils aîné, chevalier, dans une nombreuse et brillante assemblée de prélats et de barons napolitains, Charles le fit couronner roi de Hongrie par le légat du pape. Cependant Charles tenait à honneur de faire exécuter les conditions du traité de Champfranc. En mariant sa fille Marguerite avec le comte de Valois, auquel elle apporta en dot les comtés de Maine et d'Anjou, il obtint de ce prince la renonciation au vain titre de roi d'Aragon ; cette cession procura même au roi comte quelques avantages.

Avant le mariage de Marguerite, un traité de paix fut projeté entre Charles II et Jacques, roi d'Aragon. Le lieu du rendez-vous fut la ville de Tarascon, et l'époque du mois de février 1290. Là vinrent Gérard de Parme et Benoît Gaëtan, cardinaux-légats du pape, les ambassadeurs de Philippe-le-Bel, ceux d'Alphonse, roi d'Aragon, les agens de Charles, comte de Valois, et le comte de Provence. Tout fut réglé relativement à l'absolution de l'excommunication et de l'interdit du royaume d'Aragon, à la cession à faire du royaume de Sicile, à la délivrance des ôtages retenus en Catalogne. Et comme les avantages nuptiaux faits par Charles à sa fille Marguerite étaient favorables à la maison de France, Philippe-le-Bel, pour récompenser la perte que Charles faisait des comtés de Maine et d'Anjou, lui remit, céda et donna la moitié de la ville d'Avignon qui lui appartenait, non point du chef de Louis VIII qui l'avait prise contre le comte de Toulouse en 1226, mais du chef de Philippe-le-Hardi, son père, qui, en remettant au pape Grégoire X, en 1273, quelques terres du pays Vénaissin, s'était réservé la moitié de cette ville d'Avignon, l'autre moitié appartenant alors aux comtes de Provence, qui, par cette cession, se virent alors entièrement seigneurs et maîtres de toute cette ville jusqu'à l'époque où la reine Jeanne la vendit au saint-siége en 1348. Cette cession nous est confirmée par une bulle donnée à Paris l'an 1290, conservée aux archives du roi à Aix, au registre *pergam.* fol. 224.

Des conférences eurent ensuite lieu à Brignoles. Il y fut décidé qu'une paix solide et durable unirait le roi de France, le comte de Valois, le roi des Deux-Siciles et le roi d'Aragon. La politique du comte de Provence fut, ainsi que l'histoire l'atteste, de niveler la puissance des seigneurs sous celle du souverain.

A son retour en Provence, en 1295, Charles constitua en état particulier les villes et les chefs du Piémont. L'année suivante, il créa deux sénéchaux pour le comté-uni ; l'un d'eux, dont le siége fut établi à Forcalquier, eut dans son ressort la vallée de Cornillon, les bailliages de Sisteron et de Digne, la viguerie de Forcalquier, la ville d'Avignon, les bailliages d'Apt et de Pertuis, la viguerie de Tarascon, la ville d'Arles, le bailliage de Notre-Dame de la mer.

CHAPITRE X.

État social et mœurs de cette époque mémorable.

Dans le nord et le midi de la France, les habitans des villages dépendant d'un seigneur étaient serfs de corps; le seigneur pouvait les vendre ou céder le droit qu'il avait sur eux. S'ils quittaient le lieu où leur naissance les tenait attachés à la glèbe féodale, une sévère confiscation les dépouillait de leurs biens; s'ils mouraient sans enfans, l'héritage du manant allait grossir le trésor seigneurial. Le seigneur marchait-il à la guerre, tous ses hommes le suivaient, et si le sort des armes le faisait tomber au pouvoir des ennemis, c'étaient ses hommes qui le rachetaient de leurs deniers.

Les personnes libres se divisaient à cette époque en trois classes : les nobles, les bourgeois et les artisans.

Les nobles seuls offrent des particularités remarquables. Il y en avait de trois sortes : les barons, les simples seigneurs de fief et les nobles sans fief.

Les barons étaient au premier rang, parce qu'ils comptaient des seigneurs parmi leurs vassaux. Ils combattaient à cheval, couverts de leur armure, cela s'appelait : *miles cum equo armato.*

Les lois et les usages de cette époque établissaient contre l'adultère des peines qui varient selon les lieux. Nos aïeux s'occupèrent aussi des femmes publiques ; ils rédigèrent pour elles des coutumes plaisantes, de singulières interdictions. A

Avignon, dans certains cas, elles étaient condamnées à la *bataculé* donnée publiquement sur la place saint Didier. Elles inspiraient un tel dégoût légal, qu'il leur était sévèrement défendu de toucher à aucune des choses exposées en vente, comme le pain, les fruits, la viande, sans être forcées de les acheter ; dès que le doigt d'une courtisanne avait effleuré un objet, celui-ci restait contaminé. A Marseille, certains vêtemens leur étaient interdits ; en cas de contravention, on les fouettait publiquement.

État social des Juifs. — L'état misérable des juifs sous notre vieille monarchie est un de ces faits qui sont restés dans le souvenir du peuple ; mais on est loin de s'imaginer quelle fut l'intensité de la persécution qui frappa ces malheureux. Pour en donner une idée à nos lecteurs, nous allons remonter jusqu'aux premiers temps de la monarchie et nous appuyer sur le témoignage des historiens les plus dignes de foi.

Pendant la première race des rois de France, on voit des juifs établis dans presque toutes les villes de la Gaule : il en existait beaucoup à Paris. Grégoire de Tours fait souvent mention d'eux et de leur commerce.

Leurs usures, leur religion, leurs richesses, furent contre eux de puissans motifs de persécution. Dans les premières croisades, on se faisait un devoir religieux de les massacrer tous.

Saint Bernard, au XIIe siècle, arrêta cet excès de dévotion sanguinaire.

Dans les temps ordinaires, les chrétiens étaient dans l'usage, pendant la semaine sainte, ou le jour de Pâques, de les poursuivre à coups de pierre dans les rues, d'en lancer même contre les portes et les fenêtres de leurs maisons. Dans quelques villes, pendant ces jours saints, on faisait entrer un juif dans l'église, afin de lui appliquer solennellement un vigoureux soufflet.

Les juifs étaient, pour les rois de France, une ressource toujours prête dans leur urgente nécessité. En les chassant, ils s'emparaient de leurs richesses ; en les rappelant, ils leur faisaient payer cher la permission d'être rétablis. Soit qu'on les chassât, soit qu'on les rappelât, le fisc avait toujours à gagner.

Chassés en 633, sous le roi Clotaire, ils revinrent dans la suite. Philippe-Auguste, en 1181, les chassa de nouveau, et les rappela en 1198. En les chassant, il s'empara de tous leurs biens immeubles ; en les rappelant, il exigea d'eux des sommes considérables. Saint Louis, en 1257, les expulsa, et son fils leur permit de revenir peu de temps après. En 1306, ils furent chassés par Philippe-le-Bel; son successeur Louis X les rappela en 1315, à condition qu'ils paieraient la somme énorme de 122,508 livres, ce qui faisait plus de deux millions de notre monnaie.

Ce fut en 1320 qu'ils eurent à supporter la persécution des Pastoureaux. Sous prétexte d'une conspiration formée entre les juifs, les lépreux et le roi de Tunis, conspiration absurde, dont le but était, dit-on, d'empoisonner toutes les fontaines et tous les puits du royaume, on les arrêta en 1321. Les uns furent brûlés vifs et les autres chassés des états du roi : les plus riches, moyennant une somme de 15,000 livres, s'exemptèrent de ces rigoureux traitemens.

Quand la peste de 1348 éclata en France et en Allemagne, elle y souleva les passions contre les malheureux juifs, que l'on accusa d'avoir encore empoisonné les fontaines et les puits. Sans que rien justifiât cette accusation, 12,000 juifs, dit-on, furent impitoyablement massacrés à Mayence. Le fléau destructeur, venu d'Asie comme le choléra envahit Avignon, où l'on se mit également à persécuter une race proscrite ; mais le pape Clément VI, qui résidait alors dans notre ville, prit ces infortunés sous sa protection. Deux bulles du souverain pontife, tendant à justifier les juifs, et défendant toute poursuite contre eux, honorent à jamais la tolérance que déploya Clément VI au milieu d'un siècle superstitieux et barbare (1).

Charles VI n'attendit pas le terme de six ans accordé aux

---

(1) Rastoul. *Tableau d'Avignon*, page 261.

juifs par son père. Par lettres-patentes du 17 septembre 1394, il les chassa de son royaume à perpétuité. Ils se retirèrent dans les pays voisins ; plusieurs s'établirent à Metz, et lorsque cette ville fut réunie à la France, ils y furent maintenus. Quelques juifs hollandais et portugais commencèrent, sous le règne de Louis XIII, à s'établir dans le royaume, sous le prétexte de commerce. Ce roi, par une déclaration du 23 avril 1615, les en bannit entièrement.

Quelques rois voulurent par force, plutôt que par persuasion, convertir les juifs à la religion chrétienne ; mais les conversions étaient peu sincères, et surtout fort rares. En voici la cause : le gouvernement avait adopté l'usage de confisquer, comme mal acquis, tous les biens des juifs qui se convertissaient. Cette loi fiscale, absurde et peu propre à faire des prosélytes, ne fut abrogée qu'en 1381.

Si, à ces grandes persécutions, on ajoute les conditions de misère et d'humiliation dans lesquelles vivaient les juifs, on aura lieu de s'étonner de la persévérance de ce peuple à revenir dans un pays où ils étaient ainsi maltraités, et à rester dans une religion qui les exposait à de si cruelles avanies.

Nous allons parler maintenant de leur état social dans Avignon et le Comtat-Vénaissin. Le 25 avril 1337, sous le pontificat de Benoit XII, étant évêque d'Avignon Jean de Coiardan, le Concile tenu à Saint-Ruf obligea les juifs à porter sur la poitrine une cocarde de trois à quatre doigts, et les juives forcées d'attacher à leurs cornettes un morceau de ruban. Le pape Paul IV substitua à l'ancienne marque distinctive des juifs l'humiliant chapeau jaune, et celle des femmes fut changée en un lambeau d'étoffe de la même couleur, attaché par une épingle à leur bonnet. Ils payaient à la ville une redevance annuelle de 300 fr., et contribuaient à l'entretien de la maréchaussée pour une rente de 10,000 fr. Vinrent ensuite les corvées imposées à ces serfs de nouvelle espèce : le jour de la Fête-Dieu, les juifs étaient tenus de balayer la place du palais et de tendre les tapisseries sur toute l'étendue de cet espace immense ; ils se libérèrent de ce travail en payant une somme de 15,000 fr.

Les juifs avaient autrefois des synagogues à Avignon, à Carpentras, à l'Isle et à Cavaillon. La condition de ces fils de Jacob était également humiliante dans ces quatre villes et ils y étaient exposés aux mêmes avanies. On les parquait, comme un vil troupeau, dans le quartier le plus sale de la cité, et les sergens de Saint-Pierre les enfermaient chaque soir à double tour dans leur juiverie. Les dimanches et fêtes, ils étaient rigoureusement surveillés par la police. Malheur à celui qui aurait porté une coiffure autre que le chapeau jaune! Malheur à celui qui, rencontré par une procession, ne se serait pas sauvé à toutes jambes! Malheur surtout à celui dont le cœur aurait battu d'amour pour une chrétienne! L'excommunication les aurait frappés, ainsi que la chrétienne qui aurait donné son lait à un enfant juif, ainsi qu'au médecin qui aurait donné ses soins à un israélite, même en danger de mort, car nulle part on croyait que la mort d'un juif fût considérée comme un malheur.

L'inquisiteur et le vice-légat ne faisaient pas couler le sang des juifs, mais ils leur imposaient de fortes amendes. Ils étaient soumis à des corvées humiliantes; les enfans les insultaient dans les rues; ils ne pouvaient posséder aucun immeuble ni exercer aucune profession, si ce n'est un petit commerce de friperie; mais, en revanche, ils faisaient l'usure. L'insurrection du 10 juin 1790 les rendit à la vie civile. La garde nationale d'Orange proclama leur émancipation, et, pour trophée de sa victoire, emporta les chapeaux jaunes au bout de leurs baïonnettes.

L'abbé de la Basoche faisait l'ouverture du carnaval, c'est-à-dire, qu'il parcourait la ville avec son cortège, au son de la musique et à la lueur des torches, annonçant en vers pompeux que son règne commençait pour ne finir qu'au carême entrant. Il exigeait ensuite deux écus d'or de chacune des carrières des juifs d'Avignon, de Carpentras, de L'Isle et de Cavaillon. Non pas que les juifs achetassent par là le droit de ne point être molestés, car, aussitôt que le hourra de la foule en signalait un dans les rues que l'abbé et son cortége parcouraient, toute la

Basoche se précipitait sur lui ; on le traînait de force sur la place saint-Pierre qui, comme paroisse de la Juiverie, jouissait de ce privilége, et là, l'abbé, armé d'un couteau, faisait la barbe au malheureux juif. La mauvaise volonté respective de l'opérateur et de l'opéré, faisait presque toujours que la peau de ce dernier était entamée, et le peuple, au lieu de s'émouvoir de pitié, battait des mains à la vue du sang. C'est qu'aussi les juifs, opprimés par le gouvernement d'alors, se vengaient sur le peuple qu'ils pressuraient par l'usure. Le débiteur, ruiné par les exactions de son créancier, se vengeait à son tour en attirant celui-ci hors de sa demeure par l'appât d'un gain sordide et en le jetant traîtreusement sur les pas de la Basoche. Le juif une fois pris pouvait se soustraire à l'ignominieuse râclure, en payant à l'instant même une rançon que l'abbé taxait arbitrairement. Les chroniques rapportent que ce casuel ne faisait pas rentrer moins de deux cents écus dans la mense abbatiale de la Basoche (1).

Ce qu'il y a de singulier, c'est que les juifs d'Avignon avaient une administration à eux ; leur tribunal condamnait à des peines sévères les délinquans, les crimes étaient punis, mais ils étaient rares parmi ces hommes fidèles observateurs de la loi de Moïse. Toutes les délibérations du conseil communal de la Juiverie devaient être soumises à la sanction du viguier, qui les approuvait ou les annulait. Le viguier imposait arbitrairement et sans contrôle toutes amendes aux contrevenans aux règlemens de police : c'était enfin un gouvernement dans un autre gouvernement, étrange anomalie dans un temps où tout pliait sous la domination cléricale.

Les actes irrespectueux, les profanations des temples chrétiens par des juifs étaient punis d'une peine infamante et d'une amende dont était solidaire toute la Juiverie. On raconte qu'une jeune israélite, belle comme Esther, fanatique comme Judith,

---

(1) L'abbé de la Basoche, par M. P. A. *Echo de Vaucluse*, 6 février 1842.

se permit un jour de cracher dans le bénitier de l'église de saint-Pierre. L'imprudente fut aussitôt incarcérée et condamnée à être publiquement fouettée par le bourreau. Les juifs intercédèrent auprès du viguier et demandèrent que l'exécution n'eût pas lieu un samedi, et que le cortége ne traversât point la Juiverie, ce qui leur fut accordé, moyennant finance. Une inscription gravée sous le bénitier, perpétua le souvenir de cette profanation.

Quand le trésor du vice-légat était à sec, ce qui arrivait souvent, le monsignor puisait à une source intarissable pour remplir le vide, il pressurait la bourse des juifs. Certain vice-légat, dont l'histoire n'a pas conservé le nom, se creusait la tête pour faire entrer quelques baïoques dans son trésor épuisé. Il pensa aux juifs et imagina un expédient pour en tirer la somme nécessaire à ses besoins.

Il manda les plus riches d'entre eux. Mécréans, leur dit-il, sa sainteté n'admet plus le chapeau jaune qui vous avait été imposé par le pape Paul IV : voici le nouveau que vous aurez à porter dorénavant. Et il leur montra un chapeau d'une dimension à effrayer le plus pieux rabbin. — Mais, monseigneur, c'est un véritable parasol que vous nous présentez là. — J'en suis fâché, mais sa sainteté.... — Ne serait-il pas possible d'en diminuer la dimension? — Impossible, fils de l'enfer. — Jusque là seulement; combien prendrez-vous pour cette rognure? — Je veux bien condescendre à vos désirs; allons, donnez 3,000 fr. — Et si on le rognait un peu plus, monsignor? — Ma, je serais compromis. — Allons, 10,000 fr. pour racheter cette bonté. — 10,000 fr. ! ah ! perché Dieu m'a t-il fait si bon? gardez le chapeau tel que vous le portez aujourd'hui, et faites attention de ne pas encourir la colère du Saint-Père, car alors je serais inflexible.

On voit qu'il y a dans ce procédé toute l'astuce monacale et l'audace d'un voleur de grand chemin qui vous demande la bourse ou la vie. Pauvres juifs d'autrefois !

L'Inquisition. — Ce fut vers 1250 que fut instituée l'inquisition en Provence ; tribunal redoutable érigé par le fanatisme et l'ignorance, qui ne put longtemps appuyer sa base sur la terre de France, parce qu'il trouva une opposition constante dans les parlemens : il a désolé un petit nombre d'années le midi de notre patrie. Presque toujours ses arrêts étaient la mort ; l'incrédule, l'hérétique albigeois étaient amenés à sa barre, ne voyaient devant eux que les apprêts du supplice, ne lisaient sur le front de leurs juges que leur foudroyante condamnation. C'est sur la terre espagnole qu'il a surtout laissé la terrible empreinte de son pouvoir, qu'il a le plus érigé de bûchers et creusé de tombes. Pour s'en convaincre, il n'y a qu'à lire la remarquable histoire écrite par Llorente.

Etablie à Avignon dans le XIIIe siècle, l'inquisition fit peindre sur son étendard un grand damas rouge, avec une croix au milieu ; on lisait sur cette bannière : *Exurge, Domine, et judica causam tuam.* Considérons que, depuis l'année 1184 jusqu'en 1226, Avignon marcha toujours sous le gonfanon du comte de Toulouse, et qu'ainsi l'inquisition ne put s'y établir que momentanément. Ce ne fut qu'en 1233 qu'elle fut confiée aux Dominicains. Alors commencèrent les exécutions, les auto-da-fé sur les restes de ces malheureux albigeois que la guerre avait épargnés.

Les papes viennent enfin se fixer à Avignon ; le palais se construit ; véritable château-fort, il eut ses tours et ses cachots. Les fauteurs d'hérésie ne furent point épargnés par les souverains pontifes. Urbain V surtout s'est signalé par son zèle à poursuivre les prétendus schismatiques.

Lorsque Luther et Calvin jetèrent la réforme en Europe, l'autorité ecclésiastique déploya une sévérité rigoureuse contre les protestans.

Entrez dans cette sombre demeure, ou plutôt dans ce vaste tombeau que Benoit XII éleva sur notre rocher ; dans ces formidables enceintes, qui furent le laboratoire où la politique put dénouer avec quatre lignes et un sceau de plomb le nœud des résistances et résoudre le problème du pouvoir sacerdotal. Il

a des émotions bien tristes à éprouver sous ces voûtes étroi-
es, sous ces pans de murs, restes du palais épiscopal, dans
les salles ruinées, jadis rayonnantes d'or et de lumières: il y
a une étude philosophique à faire dans ce séjour des douleurs,
où la pierre gravée reproduit les pensées des prisonniers. Eh
bien! pas un cri de désespoir ou de vengeance, la consolation
et la résignation ont guidé la main qui écrivait les vœux de ces
infortunés. F. Grasset, accusé de faux serment en 1581, gra-
vait sur les murs de son cachot; *Beati qui esuriunt et sitiunt jus-
titiam!* Ce serait une collection précieuse que celle de toutes
les inscriptions disséminées dans cette tour!

L'inquisition ne se borna pas à sévir contre les fauteurs
d'hérésie, elle punit sévèrement les écrivains qui censuraient
les actes des puissances du jour. Ferrante Palavicini, jeune
poète italien dont la verve satirique poursuivit à outrance les
cardinaux Barberini, neveux du pape Urbain VIII; ce Juvénal
moderne dont l'histoire a tout l'intérêt du drame, fut décapité
dans la cour du palais en l'année 1644, sous la légation de Camille Pamphili, neveu d'Innocent X.

En 1652, un autre poète, Louis Ferrier, d'Arles, fut poursuivi pour avoir écrit ce vers :

L'amour pour les mortels est le souverain bien.

L'inquisition interpréta mal ce vers. Ferrier fut cité devant le
saint-office, mais il se sauva à Villeneuve, sur les terres de
France: ses amis intercédèrent pour lui, et n'obtinrent sa grâce
qu'à la condition que Ferrier ferait amende honorable.

Les idées du XVIIIe siècle forcèrent les inquisiteurs à adopter
un système de tolérance plus approprié à nos mœurs nouvelles.
Le sang cessa de couler, les flammes des bûchers s'éteignirent.
Les écrits des philosophes de l'école voltairienne se répandaient
avec profusion et arrivaient chez nous en traversant déguisés
les postes de soldats chargés de leur refuser l'entrée de la
ville, où ces pamphlets étaient immédiatement contrefaits par
les presses avignonaises. La sollicitude du P. Mabil, dernier
inquisiteur, se dirigeait spécialement contre l'introduction de

l'esprit encyclopédique. De là, cette surveillance exercée envers certains colporteurs et libraires de cette ville.

L'inquisition prenait sa revanche sur les juifs. Pour la moindre infraction aux règlemens, des amendes, la bastonnade, la prison, tels étaient les châtimens qu'on infligeait aux juifs, aux blasphémateurs, aux distributeurs de doctrines anti-religieuses.

Dans le moyen-âge, à côté de ce sanglant tribunal, naquirent, pour achever l'épouvante des esprits, les sorciers et les fées. Ces créations de la superstition la plus grossière ont longtemps régné dans la Provence et à Avignon. Les fées, malgré les formes gracieuses que des poètes et des conteurs ont donné à quelques-unes d'entre elles, avaient quelquefois des aspects repoussans ; ainsi s'explique d'ailleurs leur nom, qui, en espagnol, signifie *laid* et *difforme*. Nous lisons dans le livre de Guillaume, qui vivait en 1250, avec le titre de maréchal du royaume d'Arles, la merveilleuse histoire de la Tarasque et celle du Drac. Chaque province de France a son monstre dont l'épouvantable image figure même sur des autels, pour attester la puissance du saint ou de la sainte qui les enchaîna, tant le peuple aime à mêler le merveilleux aux mystères les plus sacrés de notre religion (1).

Dans nos contrées méridionales, troublées longtemps par les guerres de l'indépendance, on parut s'occuper peu de la culture des lettres, tandis que dans le nord, plus favorisé par l'affranchissement des communes, on vit surgir dans le moyen-âge deux littératures rivales ; l'une se ressentait encore des formes de l'école, c'était, pour ainsi dire, l'imitation servile des anciens, c'était la copie imparfaite des modèles de la grande et basse latinité, lui empruntant non seulement les idées, les images, les formes, mais les vers mêmes; l'autre nationale, puisant son origine dans les habitudes et les inspirations de l'époque. Les essais de cette littérature furent fai-

---

(1) Méry. Histoire de Provence.

les, bien souvent monotones, mais ils avaient une origine française; ils offraient l'empreinte de nos mœurs et de notre caractère. On n'avait que de faibles notions sur les langues anciennes et orientales. L'intelligence fut alors favorisée par les croisades, l'établissement de l'empire franc à Constantinople et l'esprit de prédication chrétienne, particulièrement chez les disciples de saint Dominique, association nomade qui s'était chargée de la conversion universelle.

A cette époque de recherches et d'activité, commence la grande lutte entre le latin et l'idiome vulgaire, ou langue romane, devenue depuis cette belle et noble langue française, d'où sont sortis tant de chefs-d'œuvre. Dans les écoles, dans les sciences, dans l'église, dans les actes de la vie publique et civile, le latin avait conservé toute sa puissance. La langue vulgaire était parlée par les laïques et par les clercs. Malgré les efforts tentés par les universités pour en arrêter les progrès, la langue romane commença à envahir les études : on traduisit quelques ouvrages en idiome vulgaire. Peu à peu la révolution s'opéra, le latin disparut, et son usage ne fut conservé que dans la rédaction des actes et les formules d'argumentation.

Les chroniques ne furent point écrites encore en langue nationale. Quoique correctement rédigées, elles manquent de ce caractère qui sait apprécier les faits et les embellit d'un aperçu philosophique. Ce que le chroniqueur aime surtout à raconter, ce sont des événemens merveilleux, des phénomènes, des miracles, en un mot, les annales de son monastère. Dans ces descriptions prolixes, faites pour entretenir la pieuse crédulité des peuples, on trouve bien parfois quelques traits de mœurs ; mais, pour chercher ces impressions dans toute leur naïveté locale, c'est aux chroniqueurs qui ont écrit en langue vulgaire qu'il faut avoir recours. Il y a dans leurs récits, presque toujours dégagés de l'esprit monacal, moins de partialité cléricale. On aime à lire ces histoires de pélerinages aventureux des preux chevaliers, cette vie de castel de la société féodale, qui nous expliquent avec tant d'abandon les mœurs et les habitudes de ces familles de hauts barons gouvernant leurs vassaux avec toute l'arrogance du souverain.

Les chroniqueurs sont très-nombreux dans les XII° et XIII° siècles. Les plus remarquables sont les sires de Villehardouin et de Joinville, Guillaume de Puy-Laurens, le moine de Vaulx-Cernay, Matthieu Pâris, Jacques de Vitry, Guillaume le Breton, qui nous ont laissé en biau parler ou ramage de leur pays, des chroniques intéressantes sur les guerres des Albigeois, sur Philippe-Auguste, sur l'histoire de l'empire de Constantinople, sur saint Louis et sur les croisades.

A cette époque, se publièrent une infinité d'opuscules, de sermons et d'épîtres, genre de littérature que favorisait l'esprit religieux. Les sermons exerçaient une influence immense sur les esprits, et remplacèrent dans la société chrétienne et militante les harangues de la tribune. Dans ce genre se distinguèrent saint Bernard, Pierre de Blois, Jean de Sarisbury, quand il fallut appeler les peuples à la gigantesque entreprise des croisades. Il faut aussi reconnaître à ces grands noms du moyen âge un talent supérieur dans l'épître. Ils ont gouverné le monde avec ces vastes et actives correspondances. Une lettre de saint Bernard mettait en émoi l'univers catholique. Innocent III quitta rarement l'enceinte de Rome, et cependant ses épîtres, empreintes de cette dignité et de cette force capable de parler aux convictions et à la conscience, malgré la monotonie qui règne dans les écrits du moyen âge, gourmandaient les princes, commandaient aux populations.

Cependant une autre littérature plus libre dans son allure, que les chroniques, les sermons et les épîtres, dans laquelle un peu de licence s'était réfugiée, naquit alors que les sermons couraient le monde comme la seule expression de la pensée littéraire. L'esprit put se reposer sur les chants poétiques des troubadours et des trouvères écrits en langue française. Dans les sirventes, on remarque une certaine verve d'expression, une chaleureuse indignation contre les moines et le clergé. Comme productions littéraires, ces poésies nous paraissent oins remarquables, mais elles sont pour nous des monumens storiques. C'est dans la naïveté de ces vers qu'il faut chercher le tableau de cette société agissant d'après les impulsions de son propre caractère. La chronique écrite dans le silence du cloître ne nous montre qu'un peu de vérité; nous la trouvons tout entière dans les sirventes (1).

C'est pendant le XIIIᵉ siècle, depuis l'année 1201 jusqu'en 1280, que les chants des troubadours se répandirent sur tout le sol de la France. Les catalogues qui en ont été publiés portent leur nombre à plus de cent cinquante. Cependant quelque ai chanteur parut à intervalles éloignés dans le XIᵉ siècle ; mais la grande époque de la littérature méridionale commence après cet âge. Alors s'ouvre la brillante galerie des troubadours.

C'est sous le beau ciel de la Provence et dans le petit royaume d'Arles que naquit la gaie science, amalgame dérivé du latin et du grec, assemblage de mots liguriens, arabes, turcs et hébreux, que les troubadours surent plier à tous les caprices de la poésie. Cette langue nouvelle avait gardé les dépouilles de tous les conquérans de nos contrées ; et les croisades, en l'enrichissant encore de mots nouveaux empruntés aux peuples de l'Orient, ne firent que hâter sa popularité et signaler son adoption pour rendre les pensées de la religion, de la politique et de l'amour. Des hommes au génie créateur, quelquefois sortis des rangs du peuple, l'assouplirent encore, la soumirent aux lois d'une poétique informe encore, et la consacrèrent à exprimer les transports de l'amour, la sévère et audacieuse franchise de leurs opinions morales et politiques, leur enthousiasme pour les exploits des héros, leur indignation contre le despotisme des seigneurs féodaux, contre les vices des clercs, contre la vie tant soit peu mondaine des moines leurs contemporains.

Alors commença cette nouvelle littérature dont l'origine remonte au temps de Charlemagne. Un auteur nous a conservé

---

(1) CAPEFIGUE. Hist. de Philippe-Auguste, tome II.

un fragment précieux de l'idiome roman, en transcrivant les sermens prononcés en 842 par Louis-le-Germanique et par les Français soumis à Charles-le-Chauve. Dès cette époque reculée, les trouvères du Nord reconnaissent la supériorité de la langue du midi pour sa pureté et sa délicatesse. Les Xe et XIe siècles, en mettant à part le poème de Boèce, dont il ne nous reste qu'une centaine de vers, nous offrent des fragmens de formules de foi et hommage recueillis dans des actes latins ; ils nous prouvent que l'idiome roman était depuis longtemps la langue populaire de la France méridionale. Les poésies religieuses des Albigeois sont des monumens du langage primitif. Un de ces poèmes porte la date de 1100. Ce biau parler fut en vogue dans les castels et les manoirs pendant que régnèrent les guerres des hommes du nord contre les hommes du midi. Les troubadours finissent avec les Albigeois, comme s'ils n'avaient pas voulu survivre à la nationalité provençale.

La *gaie science* naquit, dit-on, d'un sourire de femme : la liberté, la gloire nationale, furent aussi, je crois, la seconde inspiration de ces Tyrtées du moyen-âge. Aussi, avec quels sentimens d'enthousiasme n'accueillit-on pas les maîtres de cette science ! La société féodale des XIIe et XIIIe siècles, quand elle ne chevauchait pas sur les grands chemins pour aller en guerre, passait de longs jours dans le silence et la solitude. Quand le troubadour paraissait, on faisait cercle autour de l'hôte harmonieux : les hommes d'armes s'exaltaient aux récits de vaillance des seigneurs de la Langue-d'Oc, et la noble damoiselle suivait avec la plus vive émotion l'intéressante histoire des dangers que bravait un jeune chevalier pour défendre son Dieu et sa dame. La vraie noblesse des troubadours, c'était le génie. A côté du prince suzerain, de Frédéric-Barberousse du célèbre et malheureux Richard-cœur-de-Lion, nous trouvons d'obscurs vassaux et jusqu'à d'humbles serfs.

CHAPITRE X.

La Papauté à Avignon.

Cette histoire, trop étendue pour trouver place dans ce li[v]re, sera publiée immédiatement ; elle sera le corollaire de cet [e]ssai et l'indispensable complément de l'histoire avignonaise.

Pendant les soixante-dix années d'exil de la monarchie ponficale, que d'évènemens se sont succédé ! Sous Clément V, [l']expulsion et le supplice des Templiers, à peine indiqués par [le]s biographes des pontifes et particulièrement par Teissier. [S]ous Jean XXII, le duel à mort entre ce pape et Louis de Ba[v]ière, duel de la force et de l'idée, l'empereur représentant la [fo]rce, le pape représentant la parole ; car lorsqu'un empereur [s]e mettait en hostilité avec le saint-siége, le saint-siége lui [s]uscitait aussitôt un concurrent dans quelque recoin de l'Eu[ro]pe, et lorsqu'un pape avait attaqué l'Empire, immédiatement [l']empereur allait lui déterrer un antipape dans quelque recoin [d]e sacristie ou sous les arceaux ignorés d'un cloître. Sous Clé[m]ent VI, l'entreprise audacieuse de Nicolas Rienzi, le drame [s]anglant de Jeanne de Naples. Sous Grégoire XI, le grand [s]chisme d'Occident qui eut pour principaux résultats, d'abord [l']affaiblissement du principe d'autorité dans l'Eglise, et par [s]uite, une forte impulsion donnée à deux tendances d'affranchissement très-diverses. L'une conduisait à la réforme du [c]lergé par le clergé, à la substitution du principe aristocratique au principe monarchique ; ses grands actes furent les d[é]crets de Constance et de Bâle, la pragmatique de Charles [VII] et la déclaration de 1682 ; elle eut pour principale sphère d'[ac]tion l'Angleterre et la France, et pour ses plus illustres repr[é]sentans au XIV° siècle Gerson et d'Ailly, au XVII° Bossu[et]. La seconde tendance fut celle qui substitua l'autorité de la [Bi]ble interprétée par le sens individuel, par la conscience [à] l'autorité du sacerdoce ; elle eut le malheur d'amener la gran[de] guerre de Bohême, sanglant résultat du supplice de Jean H[us] suscitée par Jean Ziska, un des plus ardens fauteurs de l'h[é]résie, et la réforme du XVI° siècle, dont les principaux foy[ers] furent l'Allemagne et l'Angleterre, révolution jusqu'alors sa[ns] exemple, qui eut Vicleff pour père, Jean Hus pour précu[r]seur, et à laquelle Luther attacha son nom après l'avoir a[c]complie.

Jusqu'à ce jour, les papes de Rome et d'Avignon n'o[nt] trouvé dans leurs biographes que des apologistes complaisa[ns] ou des détracteurs passionnés. Le devoir de l'historien con[s]ciencieux est de ne point aller se heurter contre les écueils [de] la louange imméritée ou du blâme exagéré. Avant d'entrepre[n]dre l'Histoire politique et religieuse des souverains pontif[es] d'Avignon, j'ai interrogé les auteurs qui l'ont écrite avant m[oi] ; j'ai rétabli ce que l'un avait négligé de dire par respect pour [la] cour romaine ; j'ai corrigé les erreurs dans lesquelles un aut[re] était tombé, en haine de cette même cour ; j'ai fait de leurs r[e]cherches et des miennes un tout homogène, une histoire co[m]plète de ce siècle si fécond en évènemens. Quel intérêt pl[us] grand acquerrait-elle si nous possédions les matériaux empo[r]tés par les papes en quittant la ville d'Avignon et ensevel[is] dans la poussière du Vatican ? Que de secrets nous ont été d[é]robés ! que de mystères nous sont restés inconnus !

Ce qui se passe aujourd'hui sur les bords du Tibre, c'e[st] l'histoire de l'Italie depuis près d'un millier d'années. L'exp[é]dition de Civita-Vecchia n'est qu'un chapitre détaché de l'his[toire de la papauté au moyen-âge. « Sous toutes les formes sous toutes les dénominations, dit l'historien de la *Lutte des papes avec les empereurs*, Guelfes et Gibelins, maison de Souabe, maison d'Anjou, Frédéric Barberousse, Bonaparte, général Oudinot, malgré toutes les variantes et toutes les intermittences, c'est toujours la même question qui se débat en Italie. Cette question est la souveraineté temporelle de la papauté. »

Ainsi, l'histoire du séjour des papes en France n'est, pour ainsi dire, que la continuation de ce problème non encore résolu, puisque les souverains pontifes, en perdant la puissance qu'on leur disputait, devinrent, dans le XIVe siècle, les humbles vassaux des rois de France.

Telle est l'histoire dont j'ai essayé de faire connaître toutes les péripéties si dramatiques, si multipliées.

CHAPITRE XI.

La Légation. — Eugène IV. — Félix V. — Invasion de la Provence p[ar]
Charles-Quint. — François 1ᵉʳ à Avignon.

Après le départ de Grégoire XI pour Rome, en 1378, Avi[-]
gnon et le Comtat-Vénaissin furent gouvernés par des cardi[-]
naux légats : quelques-uns d'eux ont été Français, tels que le[s]
cardinaux de Bourbon, d'Armagnac, de Foix, de Clermont [;]
ceux-là résidèrent à Avignon. Les légats italiens, dont la plu[-]
part étaient neveux des papes, ne quittèrent pas Rome. L[e]
gouvernement était alors confié à des prélats, sous le titre de pro[-]
légats ou vice-légats, qu'on changeait selon la volonté du pape[.]
  On avait conservé aux légats une partie des gardes que le[s]
papes avaient pendant qu'ils siégeaient à Avignon. Il y ava[it]
aussi une garnison italienne dans le fort Saint-Martin ; parti[e]
de cette garnison montait la garde au palais et aux portes d[e]
la ville.
  Après la mort d'Hippolyte de Médicis, notre archevêque[,]
Alexandre Farnèse, neveu du pape Paul III et cardinal, l[e]
remplaça et constitua Antoine Fachinetti son vicaire pour régi[r]
son église. Le cardinal de Clermont étant mort en 1541, l'ar[-]
chevêque lui succéda dans la légation ; mais comme il résidai[t]
à Rome, le gouvernement de notre pays fut confié à Alexan[-]
dre Campeggi en qualité de vice-légat ; c'est par lui que com[-]
mence la table chronologique des gouverneurs d'Avignon e[t]
du Comtat.

Telle était la forme du gouvernement après le départ des [pa]pes. Cette explication était nécessaire pour faire comprendre [les] évènemens de l'année 1443.

Il y avait déjà neuf ans que Benoît XIII avait cessé de tour[m]enter l'Eglise et l'Europe, par son opiniâtreté à vouloir être [ce] que ni l'Eglise ni l'Europe ne voulaient qu'il fût. Le schisme [de]scendit avec lui dans le tombeau, et le cardinal de Foix fit [éle]ver un monument pour perpétuer le souvenir de la victoire [re]mportée par la coalition italienne contre les papes français. [Av]ignon réparait ses murs et ses tours abîmés par les boulets [de] ses propres citoyens ligués contre Rodrigue de Luna, et [ob]ligés de faire eux-mêmes le siège de leur ville. Abritée sous [le] dais de velours de ses légats, la cité papale dormait paisi[bl]ement, oublieuse de ses jours de turbulence républicaine, [éc]lipsés par le traité de 1251 et par le long séjour des papes [da]ns ses murs, lorsque se rappelant enfin ce qu'elle avait été, [el]le résolut, en 1432, de s'opposer aux volontés suprêmes du [so]uverain pontife. Les citoyens d'Avignon ne veulent pas re[co]nnaître pour gouverneur Marc Condulmieri, frère du pape [E]ugène IV ; ils se mettent sous la protection du concile de [B]âle, et confèrent cette dignité au cardinal Alphonse Cariglio, [es]pagnol. Après de vaines tentatives en faveur de Condulmieri, [le] pape nomme le cardinal de Foix et le charge de chasser Ca[ri]glio. Le nouveau légat fait assiéger Avignon par son frère, le [c]omte de Foix, qui oblige cette ville à se soumettre, en mars [1]433. Ce fut là le dernier effort de cet esprit d'indépendance [q]ui se réveillait de temps à autre pour secouer le joug italien.

Le cardinal de Foix administrait paisiblement depuis dix ans [s]a légation, quand un nouvel orage gronda sur sa tête. Le con[c]ile de Bâle, toujours opposé à Eugène IV, jeta une tiare à la [t]ête de l'épicurien de Ripaille, Amédée VIII. Celui-ci consen[t]it, pour s'amuser, à jouer le rôle de Benoît XIII et à faire [u]n peu de bruit dans le monde en guerroyant avec Eugène. [I]l prit donc ses mesures pour disputer la chaire de Saint-Pierre [à] son rival, et sa première tentative fut de s'emparer d'Avi[g]non pour y venir siéger.

Le dimanche 15 septembre 1443, un grand tumulte se fit entendre vers une heure du matin. Trompant la vigilance du cardinal, le duc de Savoie avait introduit des troupes de sa nation dans la ville pour se faire proclamer pape. Ces soldats, ligués avec quelques habitans toujours habiles à saisir un changement politique quelconque pour s'emparer des emplois, parcourent la ville armés d'arquebuses, de lances et de bâtons. Ces factieux portaient le drapeau de Savoie et faisaient entendre les cris de *vive le pape Félix V !* La terreur glaça tous les esprits. Les Savoyards s'emparèrent facilement de la porte Saint-Lazare et de celle du Pont ; ils y établirent des postes et des sentinelles pour les garder.

Le cardinal de Foix entendit ces cris qui arrivaient jusqu'à lui à travers les voûtes de son palais. Il rassemble aussitôt le peu de soldats qu'il avait à sa disposition ; un grand nombre de bons citoyens se joint à la petite armée papale. Au pas de charge, on marche sur les rebelles stationnés à la porte du Pont : ils sont massacrés ou dispersés. Il n'en fut pas de même à la porte Saint-Lazare. Les Savoyards et leurs auxiliaires s'y défendent vigoureusement et refusent de se rendre. On livre l'assaut, et l'incendie ayant consumé les portes, les assiégés grimpent au haut des tours et se précipitent dans les fossés. Le lendemain 16, trois des blessés restés sous les murs, sont pendus devant leurs maisons, d'autres complices de la révolte subissent le même sort devant la porte Saint-Lazare ; après leur mort, les cadavres mutilés sont traînés au milieu de la Carreterie, où on les laissa étendus sur le pavé pendant trois jours et trois nuits.

Le même jour, on posa une roue de charrette élevée sur des pieux placés devant l'hôpital du Lazaret, hors la ville, et on y pendit trois rebelles. Les mêmes exécutions se renouvelèrent devant les portes Imbert, Saint-Michel et Ourouse. Le cardinal de Foix se montra inexorable dans cette circonstance, comme il l'avait été dix ans avant, lors du siége entrepris pour soutenir la nomination de Condulmieri, frère d'Eugène IV.

Les partisans de Félix qui eurent le bonheur d'échapper à
potence, furent proscrits et leurs biens confisqués au profit
e l'Etat. (*Extrait du protocole de M° Denis Hale, notaire à
vignon, en* 1443, *folio* 138).

Depuis deux ans on parlait du mariage d'un fils de France
rec une nièce de Clément VII, Jules de Médicis, qu'il ne
ut pas confondre avec le pontife d'Avignon qui avait porté ce
om et qui, surtout à Rome, était regardé comme un anti-pape.
ous les politiques considéraient ce mariage comme une chi-
ère, parce que Charles-Quint voulait faire épouser cette
rincesse à François Sforce, duc de Milan. Mais Clément VII
romettait de réunir le Milanais à d'autres grands domaines en
aveur de l'époux futur de sa nièce: il compensa de cette ma-
ière, dans l'estime de François Ier, tous les désavantages
l'une alliance si disproportionnée. Ainsi l'affaire ne fut pas plu-
ôt résolue, que le pontife partit avec sa nièce, Catherine de
Médicis, âgée seulement de treize ans, pour se rendre auprès
lu roi à Marseille. Dans la jeune et séduisante italienne, rien
l'indique encore cette Catherine qui se rendit si célèbre sous
es règnes de ses trois fils, François II, Charles IX et Henri
II. François Ier s'arrêta alors à Avignon, avec les ducs d'Or-
éans et d'Angoulême. Les chroniques nous ont laissé le récit
les fêtes brillantes qui furent données à ce prince, et qui coû-
èrent si peu au conseil municipal de notre ville (1533). François descendit au palais archiépiscopal, chez le cardinal de Médicis, premier pasteur du diocèse d'Avignon, et membre aussi
de cette famille d'illustres marchands avec lesquels allait s'allier
la dynastie des Valois.

Quatre ans après, le vainqueur de Marignan, qui était assurément aussi brave chevalier que celui de Tunis et de la Gou-
lette, avait répondu énergiquement au défi de l'empereur. On
en vint bientôt à une guerre violente ; et grâce à la connivence
du marquis de Saluces, Charles-Quint, avec une armée nombreuse, fit une irruption en Provence. Les Impériaux, après
bien des tentatives sur Marseille et Arles, ne purent s'emparer d'aucune de ces places.

Aussitôt que le roi de France fut instruit que son rival était entré sur ses domaines, il nomma généralissime de son armée le maréchal Anne de Montmorency, l'homme de guerre le plus expérimenté de son siècle. François Ier resta à Valence avec un corps de troupes pour protéger le camp qui allait s'établir entre le Rhône et la Durance. Montmorency s'avança avec son armée forte de 38,000 hommes, et détacha Robert Stewart, seigneur d'Aubigny, pour occuper Avignon, qui ouvrit ses portes aux 8,400 hommes de Stewart (1).

Le plan du connétable était de ne risquer aucun combat et de laisser à l'empereur la fatigue d'une campagne dans laquelle il aurait tous les obstacles à vaincre. Le généralissime plaça son camp en écharpe sur le territoire d'Avignon, la droite appuyée aux murs de la ville, la gauche sur la Durance, et le château de Fargues au centre des opérations. D'après cette savante combinaison, le connétable pouvait recevoir les vivres et les munitions par le Rhône, et empêcher qu'il n'en passât dans l'armée de l'empereur, par l'occupation de la Durance.

Le roi, qui se lassait de faire à Valence le métier de commissaire des vivres, tandis que ses soldats se battaient, se hâta de descendre le Rhône avec peu de suite, et arriva au camp d'Avignon. Pendant ce trajet, qui fut assez court, tout avait changé de face dans l'armée de l'empereur, il venait de perdre ses meilleurs généraux et près de 22,000 hommes de troupes. Le chagrin le saisit; il disait sans cesse qu'il ne voulait pas se mettre à dos un fossé tel que la Durance; ainsi, loin de vouloir livrer bataille, il ne songea plus qu'à sa propre sûreté. Charles-Quint, avec une armée ruinée par une disette

---

(1) L'historien Fantoni se garde bien de raconter par quelle ruse notre ville fut surprise et occupée militairement par ordre de Montmorency. Au contraire, il faut admirer le soin qu'il met à pallier cette occupation passagère. Les motifs d'une pareille réserve de la part d'un écrivain aussi prolixe que Fantoni, sont faciles à apprécier. Il est évident que s'il use de toutes ces réticences, c'est qu'il craint de porter atteinte aux droits du saint-siége. Th. G. *Historiens d'Avignon.*

qui fit quelquefois manquer le pain sur sa propre table, par des maladies contagieuses qui emportaient des centaines de soldats par jour, par la vigoureuse résistance des garnisons, et par le zèle patriotique des paysans qui brûlaient leurs récoltes et assommaient tout ce qui s'écartait du gros de l'armée, fut obligé d'évacuer une province qu'il croyait déjà réunie à son vaste empire.

Alors Montmorency mit sa cavalerie en campagne, anima les paysans à s'emparer des défilés des montagnes, et donna sans cesse de nouvelles alarmes aux impériaux. La déroute fut complète jusqu'à Fréjus. « Vous eussiez vu, dit du Bellay de
» Langeais, hommes et chevaux, les uns et les autres, et de
» tous costés les mourans pesle et mesle, rendent un spectacle
» si horrible et piteux qu'il est misérable jusques aux obstinés
» et pertinaxes ennemis ; et quiconque a vu ceci ne le peut
» estimer moindre que la désolation de Jérusalem écrite par
» Josephe, et Thucidide en la guerre de Péloponèse. Je dis
» ce que j'ai vu, attendu le travail que je pris à cette pour-
» suite avec ma compagnie, de sorte qu'à mon retour à Mar-
» seille, je demeurai quinze jours sans avoir puissance de mon-
» ter à cheval. »

L'empereur repassa le Var le 25 septembre 1537, après avoir perdu 25,000 hommes. L'armée française, composée de soldats de toutes les nations, commit des désordres considérables dans les environs d'Avignon pendant son séjour au camp. Les soldats mirent le feu aux couvens de Montfavet, de la Tour d'Espagne, de Saint-Ruf et de Saint-Véran ; ils pillèrent et enlevèrent les meubles et les archives du château de Fargues, qui appartenait à François de Gardini. Ce seigneur ayant présenté requête au roi de France, ce prince lui donna, en dédommagement, la terre de Pujaut en Languedoc.

Le monastère de Saint-Véran fut dévasté et ruiné (1) par les

---

(1).... Pour l'avantage et la conservation de l'état, il fut trouvé nécessaire de démolir l'église, maison et édifices de l'abbayé de Saint-Véran, sise

12.

troupes du camp de François Ier. Les religieuses, violées dit-on par les reitres, se réfugièrent dans la ville. On établit, à côté du monastère, une plate forme pour mettre en batterie des pièces de canon. François Ier qui, en reconnaissance des précieux secours que la ville lui prêta dans cette circonstance, accorda aux Avignonais, entre autres beaux priviléges, celui de *regnicoles*, ne demeura pas sourd aux réclamations des dames de Saint-Véran, et, par lettres-patentes du 15 mai 1538, leur assigna, sur les lods, trézains, profits seigneuriaux et autres revenus du roi en Provence, une pension de 192 écus et demi, payable à la Noël (1) (2).

Le pape Paul III, nonobstant son grand âge, profita de cette circonstance pour amener une réconciliation entre les deux rivaux; il se rendit sur la frontière de France, et traita séparément avec les deux princes. Le cardinal de Sadolet, évêque de Carpentras, théologien, philosophe, orateur, poète, écrivain qui de tous ceux de son temps a le plus approché de la diction des anciens, et qui ne s'est pas moins signalé par toutes les vertus épiscopales, sociales et chrétiennes; le cardinal de Sadolet, disons-nous, malgré son éloquence, ne put consommer le traité de paix; mais il obtint une trève de dix ans.

François Ier, après les conférences de Nice, se rendit à Marseille, où il arriva le 1er juillet; il en repartit trois jours après pour se rendre à Avignon, avec Éléonore d'Autriche, sa femme, le roi de Navarre, le dauphin et la dauphine, le duc d'Orléans, Marguerite, reine de Navarre, le connétable de Montmorency,

---

hors les murs d'Avignon, et pour la commodité de l'assiette du camp de l'armée française, les vignes, terres, prés et arbres fruitiers qui se trouvaient à l'entour, furent coupés, gâtés et détruits. (Requête des dames de Saint-Véran au roi de France, 1657. *Archives de la préfecture.*)

(1) Cette pension était calculée à raison de trente sous pour chaque jour de l'année. On disait que le roi avait voulu que cette pension fût suffisante pour que chaque religieuse pût avoir tous les jours un œuf à son déjeûner. Les lettres-patentes en furent appelées l'OEuf de François Ier.

(2) P. Achard. Notice historique sur les remparts d'Avignon.

les ducs de Lorraine, de Guise et de Wittemberg, le chancelier de France, plusieurs cardinaux et évêques. François reçut à Avignon un courrier de l'empereur par lequel ce prince lui proposait une entrevue à Aiguesmortes. Le roi ayant accepté la proposition, partit sur-le-champ d'Avignon avec la famille royale, et se rendit à Vauvert, où il attendit que l'empereur fût arrivé.

CHAPITRE XII.

Guerres civiles du Comtat-Vénaissin (XVIe siècle.)

Il est généralement reconnu qu'en 1495, descendit du sommet des Alpes un peuple nouveau, façonné aux pénibles travaux des champs, qui venait repeupler un pays privé de ses travailleurs que l'arbitraire et la tyrannie des seigneurs avaient fait fuir dans les villes, et que Raymond de Turenne avait ruiné, quand il vint, de concert avec Eléonore de Comminges, sa mère, porter la désolation dans la Provence. Ces émigrés étaient des Vaudois excommuniés de l'autre côté des Alpes ; ils avaient été amenés des hautes montagnes du marquisat de Saluces par les seigneurs de Boulier-Cental et de Rocca-Sparviera, acquéreurs d'un district désert au nord de la Durance. Le pays occupé par les nouveaux colons s'étendait sur un rayon de six ou sept lieues le long de la montagne du Luberon, dernier rameau de la chaîne des Alpes, limites naturelles de la Provence et du Comtat-Vénaissin. C'est sur le revers méridional de cette montagne, du côté de la Durance, dans la vallée d'Aigues et dans la région vraiment provençale, que s'établit une grande partie de ces Vaudois du Piémont. Dans cette vallée, se trouvent les villages de Mérindol, de Lourmarin, de Villelaure, de Cabrières-d'Aigues, de Lamotte, de Saint-Martin, de Peypin et plusieurs autres, sur le revers septentrional du Luberon ; les autres Vaudois se fixèrent surtout à Lacoste, et, plus loin, à Cabrières du Comtat, près la fontaine de Vaucluse (1).

Il est probable que ces émigrans trouvèrent quelques restes des Albigeois échappés à la persécution, et qu'ils éprouvèrent moins de préjugés et des dispositions moins hostiles dans une contrée peuplée d'hommes pleins d'esprit et de pénétration, imbus des principes de fraternité, et dont la civilisation romane, la langue et quelques libertés traditionnelles faisaient une nation distincte, au moins plus avancée que la leur dans ces temps de féodalité et d'oppression.

De l'alliance des Vaudois et des Albigeois naquit le protestantisme dans les contrées méridionales du Comtat-Vénaissin.

Aux doctrines de Jean Vicleff, qui agitèrent si vivement la fin du XIVe siècle, succédèrent celles de Jean Hus et de Jérôme de Prague, condamnées par le concile de Constance.

Bientôt un moine augustin de la ville de Wittemberg en Saxe, Martin Luther, s'associant à l'opposition déjà en vigueur, eut le courage de s'élever contre les abus toujours croissans; il réfuta victorieusement les discours des prédicateurs du pape Léon X, et ne craignit pas de contester à ce pontife le droit de vendre des indulgences.

Léon X, au lieu de s'humilier devant la raison, de discuter en homme qui cherche la vérité, ou de détourner adroitement l'orage qui grondait au loin, prit l'attitude fière de la force qui commande, d'un souverain qui ne veut point entrer en discussion, ni descendre jusqu'à justifier sa conduite. On attendait des raisons, on répondit par une bulle qui, en 1518, condamnait les opinions du réformateur.

Luther, dont le savoir égalait l'énergie, reparut dans l'arène avec plus d'audace encore. La grâce, le libre arbitre, les sacremens, le purgatoire, l'autorité des papes, les vœux mo-

---

(1) Bèze, liv. 1, pag. 35. — Bouche. *Hist. de Provence*, tom. II, pag. 610. — Roman. *Essai hist. sur les Vaudois de Provence.*

nastiques, devinrent les objets de ses attaques incessantes.

Le 15 juin 1520, le pape lança une nouvelle bulle contre Luther : celui-ci en appela au futur concile, et fit publiquement brûler cette bulle avec les décrétales ; la discussion s'échauffa. Le Saint-Père ne voulant pas reculer, fulmina, le 3 janvier 1521, son anathème contre Luther et ses sectateurs, et les déclara hérétiques. La guerre fut allumée.

Cependant la doctrine réformatrice faisait des progrès : le peuple et un grand nombre d'ecclésiastiques, moines, abbés, évêques, la Saxe tout entière, et bientôt la Suisse, sous la direction d'Ulrick Zuingle, l'adoptèrent.

Un peu plus tard, nos paisibles contrées furent troublées par le bruit des guerres religieuses ; car la réforme et le catholicisme se sont aussi rencontrés armés de syllogismes et d'arquebuses meurtrières, au milieu de nos montagnes, où prêchèrent saint Auspice et saint Castor, où vécurent tant de pieux cénobites et d'austères croyans ; et nulle part peut-être la lutte n'a été plus vive, plus longue, plus acharnée.

Avant de raconter les épisodes de cette guerre déplorable, il est utile de parler d'un évènement qui précéda la lutte des deux partis et qui donne une idée de la disposition des esprits à cette époque où toutes les passions fermentaient comme la lave d'un volcan.

Dans tous les temps la disette et les finances ont servi de prétexte aux révoltes et aux premiers efforts révolutionnaires : certes, quand le peuple a faim, il est facile aux meneurs de l'entraîner aux derniers excès. Ce qui arriva en 1539 se renouvela en 1789, et cette première sédition fut suivie de bien d'autres plus déplorables encore.

Le 24 avril, sous la légation du cardinal Alexandre Farnèse, le peuple d'Avignon se souleva et cria hautement que des accapareurs faisaient passer les blés à l'étranger par la voie du Rhône. Les femmes s'attroupent et courent les rues en portant des sacs vides sous le bras ; dans leurs imprécations, elles accusent les magistrats de faire sortir le blé de la ville et de ne leur vendre que de l'ivraie. Ces femmes furieuses se portent au bord du Rhône, suivies d'une foule immense attirée par leurs cris de désespoir ; elles s'emparent de plusieurs bateaux de blé amarrés sur le port. Les marchands veulent s'opposer au pillage ; les femmes se rendent maîtresses des bateaux, frappent les mariniers et en précipitent plusieurs dans le Rhône.

Pendant l'enlèvement des grains, d'autres femmes s'opposent à ce que la porte du Rhône ne se ferme, et elles y montent la garde elles-mêmes. De tous les quartiers de la ville on accourt pour charger les grains ; chacun emporte son fardeau et revient encore augmenter sa provision ; le pillage fut si prompt et si complet, qu'en quelques heures ces barques chargées de 1,500 salmées de grains furent presque vidées. A toutes les époques, les femmes d'Avignon se sont montrées les plus intrépides séditieuses ; nous l'avons vu de nos jours dans les divers évènemens de notre révolution, et notamment en septembre 1795, quand le représentant Boursault-Malherbe fut poursuivi par elles à coups de pierres, depuis la place de l'Horloge jusqu'à l'hôtel d'Aulan, rue Calade.

Les marchands de blé eurent recours à la justice des magistrats. Plusieurs coupables furent emprisonnés. Le même jour, 24 avril, vers dix heures du soir, des potences furent dressées sur plusieurs places de la ville. Une proclamation ordonna, sous peine de mort, de porter à l'hôtel-de-ville les grains qu'on avait volés. Cet ordre, loin d'intimider les héroïnes de la sédition, augmenta davantage leur audace. Elles se transportent au tribunal de Saint-Pierre, insultent les juges et les menacent de les tuer, s'ils ne délivrent les prisonniers : elles les forcent même à donner les clés des prisons, et elles en font sortir indistinctement tous les détenus ; ensuite elles renversent et brûlent les potences dressées sur les places. Le gouvernement de la ville passe alors entre les mains de ces amazones ; elles règlent tout et administrent selon leurs caprices pendant leur règne éphémère.

La petite garnison n'était pas suffisante pour comprimer ce

mouvement. Les autorités travaillaient cependant en secret pour ne pas laisser une pareille licence impunie : il était urgent de relever par la force des armes la justice abattue et sans force. Des troupes françaises qui se trouvaient dans les provinces furent demandées et obtenues : elles arrivèrent. Les portes de la ville furent fermées ; des corps-de-garde s'établirent dans le palais et sur les remparts ; des canons, escortés par mille fantassins et des cavaliers, furent promenés dans la ville. Cet appareil ne pouvait manquer d'inspirer une grande terreur au peuple et surtout aux coupables ; des patrouilles augmentaient encore cette terreur, tandis que le chef des sbires était, avec sa troupe, à la recherche des séditieux. Les prisons furent bientôt remplies. Ensuite, sans bruit, sans forme de procès, plusieurs d'entre eux furent pendus, un grand nombre d'autres livrés au bourreau qui les attacha à des poteaux et les fouetta vigoureusement. Les grains, réclamés par les bateliers, rentrèrent dans les magasins.

On dit, ajoute un historien, que, dans le silence de la nuit, certains coupables furent enfermés dans des sacs portant cette inscription ; *laissez passer la justice du légat*, et ensuite précipités dans le Rhône. Nous n'osons ajouter foi à un pareil fait, qui, s'il était vrai, ternirait la mémoire d'Alexandre Farnèse.

Déjà, dans les environs d'Avignon, on racontait avec satisfaction les traits de courage des voleuses de blé ; on y applaudissait. Mais bientôt la connaissance des châtiments qui s'ensuivirent, inspirèrent la terreur et le silence.

A cette émeute passagère, allait succéder une guerre sanglante, plus sérieuse que cette révolte des femmes insurgées. Calvin avait introduit sa doctrine dans nos contrées ; du choc des opinions religieuses allait jaillir des torrens de sang. *(Extrait d'un Mémoire manuscrit déposé dans les archives du palais.)*

Il n'entre pas dans notre plan de dérouler le sanglant tableau de batailles, de massacres, de pillages, d'incendies qui signalèrent cette malheureuse époque, pendant laquelle rivalisèrent de cruautés Meynier, baron d'Oppède, le terrible baron des

Adrets, Fabrice Serbelloni, La Raiz et La Coste, le comte de Suze et Sainte-Jalle ; nous n'indiquerons ici que sommairement les massacres de Mérindol et de Lourmarin, les atrocités commises contre les prêtres catholiques, la prise et le sac d'Orange, la bataille de Valréas, le siége de Carpentras, celui de Mènerbes, et la dévastation générale de notre belle contrée par des hommes excités par le fanatisme religieux.

Il est douloureux pour l'historien de prendre la plume pour apprendre à la postérité que des hommes, enfans d'un même Dieu, se sont entregorgés pendant bien des années pour des questions de dogme. Nous n'aborderons pas ce terrain brûlant, fécondé par le sang de nos frères. Nous nous contenterons seulement de citer un épisode de cette grande et terrible lutte, qui seul peut donner une idée de la cruauté des partis triomphans.

François de Beaumont, baron des Adrets, s'était rangé sous les drapeaux des protestans qu'il n'aima jamais. Catherine de Médicis, cherchant un contre-poids à opposer à l'ascendant des Guises, se ressouvint du baron des Adrets. Elle lui écrivit pour le déterminer. Sa lettre réveilla tous les ressentimens du baron, qui se déclara pour le prince de Condé. L'esprit de parti, sa réputation, firent courir en foule sous ses drapeaux la noblesse du pays, et il fit, en moins d'une année, à la tête des protestans, des choses si extraordinaires, qu'elles paraîtraient incroyables, si elles n'étaient attestées par tous les historiens. Valence fut la première ville dont il s'empara. Il prit ensuite Lyon, Grenoble et Vienne avec une diligence incroyable. Le baron s'avança ensuite vers les frontières du Comtat. Orange, Montélimart, Pierrelatte, le Bourg, Bollène, Carpentras, Cavaillon, etc., furent successivement le théâtre des exploits et des fureurs du terrible baron. Rien ne lui résista, si ce n'est Mornas, où il se livra à une cruauté qui ternit tous ses succès. Ses troupes s'étaient emparées de la ville et l'avaient inondée du sang de ses habitans ; il restait un fort où s'étaient retirés ceux qui avaient échappé au carnage ; des Adrets le prit, et les fit précipiter du haut du château.

Castelnau-Mauvissière dit, dans ses Mémoires, « qu'il y eut un de ces malheureux qui, en tombant du haut en bas du château qui est assis sur un grand rocher, se prit à une branche, et ne la voulut jamais abandonner; quoy voyant, lui furent tirés une infinité de coups d'arquebuses et de pierres sur la tête, sans qu'il fût possible de le toucher. De quoy le baron estant esmerveillé, lui sauva la vie, et réchappa comme par miracle. » (1)

Après le massacre, les cadavres furent jetés dans le Rhône. Des Adrets fit mettre le corps du commandant Lacombe et ceux de quelques autres chefs sur une méchante barque : et leur ayant fait enfoncer des cornes dans la tête et mettre des bâtons blancs à la main, pour ajouter l'insulte à la cruauté, il laissa aller au gré des flots cette barque, sur laquelle était cette inscription italienne en gros caractères :

O voi d'Avignone, lasciate passare questi mercanti, perche an pagato il dazio a Mornas.

Gens d'Avignon, laissez passer ces marchands, car ils ont payé le péage à Mornas.

Cette barque, entraînée par le courant de l'eau, s'arrêta au-dessous du Pontet. Tous ces cadavres, dit une tradition, furent ensevelis dans une même fosse, hors les remparts d'Avignon, à l'endroit où se trouve la pyramide du chemin de la Fontaine-Couverte.

Pendant que tout le Comtat-Vénaissin était en armes, depuis les montagnes du Dauphiné jusqu'aux rives de la Durance, les calvinistes tentèrent plusieurs fois de s'emparer de notre ville bien protégée par sa garnison et dont les habitants ne s'étaient jamais montrés grands partisans de la réforme; tous leurs efforts échouèrent et le protestantisme ne put pénétrer dans nos murs. Une conspiration pour leur livrer la ville s'ourdit alors dans l'ombre.

---

(1) Le roi Charles IX passant à Mornas en septembre 1564, eut la curiosité de voir celui qui avait été précipité et sauvé; il lui assigna une pension viagère de quarante écus sur l'abbaye de Saint-André de Villeneuve.

Nous allons puiser dans un manuscrit le récit de cette audacieuse entreprise.

Les calvinistes, agissant de concert avec les *politiques* (1), ourdissaient de continuelles conspirations pour se rendre maîtres de la ville. La plus importante fut celle qui faillit être couronnée du succès le 22 juillet 1578.

Des citoyens notables étaient à la tête de quatre cents hommes d'épée et de robe enrôlés sous le drapeau de la révolte. Le plus grand nombre de ces conjurés ne connaissaient pas les véritables projets des chefs; ils n'en étaient pas moins disposés à tout entreprendre et à exécuter promptement tout ce qui leur serait prescrit par les meneurs. Des insinuations flatteuses, des promesses d'emplois, des festins joyeux, tels furent les moyens employés pour recruter dans tous les rangs d'une société turbulente.

Les conjurés s'étaient engagés par le serment le plus saint à garder un inviolable secret ; des signes distinctifs placés sur le chapeau et sur la poitrine, servaient à faire reconnaître entre eux les initiés à ce grand complot.

Ces hommes, pour augmenter le nombre de leurs partisans, engageaient le peuple à se soulever contre le clergé, la noblesse et le gouvernement.

Le plan des conjurés consistait à s'emparer de la porte des Miracles, (aujourd'hui Saint-Roch). Cette expédition était confiée à cinquante arquebusiers. Maîtres de ce poste, ils devaient donner le signal à deux mille autres arquebusiers cachés dans l'île de la Barthelasse et soutenus par d'autres troupes.

Le maréchal de Bellegarde, le comte de Carcès, le fameux capitaine Parabère, gouverneur de Beaucaire, étaient les chefs de cette conspiration. Le projet du maréchal était de saccager la ville et de faire d'elle une place d'armes pour les huguenots.

---

(1) On nommait *politiques*, dit Fantoni, ceux qui, sans être calvinistes, prétendaient corriger les abus, et se liguaient avec les religionnaires pour s'emparer des places et obtenir des pensions.

Les conjurés, craignant que le peuple ne fût effrayé par l'arrivée inopinée de toutes ces troupes, le rassurèrent en lui promettant la liberté, moyen toujours sûr de le faire embrasser la cause de la révolte. Profitant du calme que ces promesses amèneraient dans la population, les conjurés devaient s'emparer du Petit-Palais, de la Roche des Doms, et de plusieurs églises, pour canonner ensuite la ville et la dominer par la terreur.

Les magistrats, avertis par quelque faux-frère, agirent aussitôt avec vigueur, parvinrent à faire échouer le funeste projet de livrer la ville, et lui épargnèrent de nouveaux malheurs par leur activité et leur vigilance.

Cent des conspirateurs furent pendus et d'autres envoyés aux galères. Quelques-uns d'entre eux, se plaçant au-dessus des lois par leur position sociale et la protection dont ils jouissaient, ne furent nullement inquiétés; d'autres, moins coupables peut-être, obtinrent leur élargissement. Six des principaux chefs entrèrent dans les cachots du Palais ; mais leur procès s'instruisit lentement et la punition fut différée pendant longtemps. Les coupables étaient des hommes titrés que la justice craignait de frapper. Fantoni ajoute que l'instruction du procès resta suspendue, à cause des grandes difficultés qu'on opposa. La pensée secrète de quelques juges était, dit-on, de soustraire les coupables à la vengeance des lois, pour éviter l'inimitié et la haine des parents. Les citoyens bien intentionnés murmurèrent; dans leur indignation qui arrivait jusque dans les salles du Palais, ces hommes justes disaient que la grâce qu'on voulait accorder aux conjurés, serait d'un funeste exemple pour l'avenir, et que l'énormité du crime exigeait une punition éclatante.

Le cardinal d'Armagnac, archevêque d'Avignon, entendit ces plaintes ; et voulant sortir de cette position embarrassante, il obtint du pape que les évêques du Comtat, et Grimaldi, recteur de cette province, lui fussent adjoints pour juger ce procès important. Les prélats refusèrent. Alors le souverain pontife, indigné de ne trouver personne dans le pays qui eût la fermeté et le courage de juger ces conspirateurs si hautement protégés, envoya d'Italie, en janvier 1581, le docteur Georges Diedo, homme éclairé, énergique et très profond dans la science criminelle. Ce commissaire termina bientôt ce procès par un jugement solennel qui condamna Claude de Cambis, Claude de Soubiras, Georges Siroque, Etienne de La Salle, Jean-Baptiste de Fontaine-Rousse et Pierre Lombard, à être pendus et étranglés sur la place du Palais, et ensuite suspendus par les pieds comme traîtres. Lombard se tua dans la prison et fut néanmoins attaché au gibet comme les autres. Pierre d'Anselme, un des chefs de la conjuration, avait pris la fuite ; il fut arrêté et conduit au Château-d'If, où il subit la peine de mort. Ces exécutions eurent lieu le 22 janvier 1581.

Le même commissaire instruisit le procès contre le seigneur Astouaud de Vaucluse, convaincu d'avoir participé au meurtre du seigneur Thomas Grimaldi, frère du recteur de Carpentras. Astouaud fut condamné à la perte de ses biens de Vaucluse, Lagnes et L'Isle, confisqués au profit de la chambre apostolique, et à la démolition de sa belle maison et château de Mazan. Astouaud se retira à Istres avec sa famille. Quelques temps après, le pape lui fit restituer tous ses biens, à condition qu'il n'habiterait plus le Comtat. (*Extrait des Mémoires de Jean Morelli et Fantoni.*)

La ville d'Avignon avait fait de si grands sacrifices pour la guerre contre les huguenots, qu'elle se trouva grevée, en 1587, de 196,000 écus d'or de dettes. Il fut décidé que le clergé paierait 139,000 écus, et que les habitans fourniraient les 57,000 écus restans. Chaque habitant fut imposé à un quart d'écu jusqu'à dix écus. (*Arch. de la ville.*)

CHAPITRE XIII.

Causes principales des séditions d'Avignon. — Les Pévoulins et les Pessugaux. — Fronde avignonaise.

Peu de villes en France jouissaient de priviléges plus étendus que ceux que les souverains de l'Etat d'Avignon avaient accordés à l'administration consulaire et aux habitans de la cité. Plusieurs papes les avaient confirmés et souvent maintenus contre les tentatives des gouverneurs qui voulaient les anéantir, et ce n'a été que par suite des diverses séditions ou révoltes, qu'ils sont enfin parvenus à éclairer la cour de Rome sur la nécessité de restreindre ces priviléges, et même d'en supprimer la majeure partie pour contenir un peuple toujours remuant et prompt à se révolter.

Notre gouvernement, sous les papes, était le plus paternel et le plus doux des gouvernemens de l'Europe. Pourquoi donc la ville d'Avignon a-t-elle été si souvent exposée à des révoltes ? Nous croyons en avoir trouvé les causes dans les dispositions suivantes :

1° Un peuple qui avait vécu près de cent ans dans l'indépendance, c'est-à-dire sous les lois municipales d'une espèce de république, et toujours prêt à se rappeler son antique suprématie dans le gouvernement électif de la cité ;

2° Une noblesse nombreuse, opulente et hautaine, souvent divisée en deux factions, usurpatrice des administrations principales qu'elle dirigeait despotiquement ;

3° Une bourgeoisie riche occupant les emplois, toujours sous la dépendance des nobles ;

4° Des ouvriers nombreux qu'un commerce florissant entretenait dans l'aisance, tant que ce commerce n'était point interrompu, mais toujours prêt à se révolter aussitôt que l'industrie éprouvait une stagnation de quelques mois ;

5° Une population composée de gens de campagne, à laquelle se mêlaient des artisans, ennemis éternels de la noblesse, saisissant avec empressement les occasions de la combattre et déversant sur elle tout le fiel de sa jalousie et de son inimitié ;

6° Enfin, des vices-légats peu soigneux de leur honneur et de leur réputation, se livrant à toutes sortes de vexations pour augmenter leur fortune aux dépens de leurs administrés, et autorisant même leurs subalternes italiens à imiter leurs scandaleux exemples. La qualité des protecteurs de ces prélats exacteurs faisait repousser les plaintes que les habitans portaient aux pieds du trône, et toute punition se réduisait au rappel de ces petits despotes ou à la destitution des officiers du palais.

L'histoire ne nous a laissé que peu d'exemples de punitions de ces voleurs italiens : seulement quelques chefs de sbires pendus, quelques subalternes de cette troupe envoyés aux galères ; un auditeur général condamné à mort pour crimes de concussion et de meurtres qu'il avait autorisés, mais que la protection de la cour de France arracha au gibet qui l'attendait.

Nous avons eu, à la vérité, peu de vice-légats concussionnaires ; et nous devons rendre à la cour de Rome le témoignage de dire que les prélats reconnus coupables de malversations étaient très-mal accueillis à leur retour, et que la plupart d'entre eux languissaient toute leur vie dans des emplois obscurs. Quelques-uns cependant, protégés par une naissance illustre, se trouvaient à l'abri de la juste indignation du souverain et n'étaient pas moins promus à des places éminentes. Mais dans tous les temps, comme dans tous les pays, y a t-il eu une justice assez sévère pour atteindre des coupables titrés, s'abritant derrière leur écu blasonné, surtout quand leurs crimes ne blessent nullement la personne et les intérêts des princes ?

Sous la république et sous les podestats, les élections consulaires étaient souvent orageuses et amenaient des divisions parmi les nobles ; les principaux bourgeois, toujours dupes de leur vanité, prenaient part à ces divisions, en embrassant l'une ou l'autre cause ; le peuple mettait à profit ces dissensions pour augmenter le désordre et en retirer quelque avantage. De ces mésintelligences surgirent ces guerres intestines qui désolèrent cette ville pendant les 10e, 11e, 12e siècles.

Il est impossible de parler de ces évènemens déjà si loin de nous, par la raison, ou que nos ancêtres n'aient pas jugé à propos de nous en transmettre le récit, ou que les divers incendies des archives communales ou particulières, lors des guerres civiles, en aient détruit les documens. Nos plus anciennes chroniques, ou manuscrits de ces temps reculés, ne constatent que des suspensions d'élections des consuls ou des podestats, conséquence inévitable des troubles qui régnaient alors, et ne donnent aucun détail sur les évènemens.

Le séjour des papes à Avignon mit un terme à ces divisions intestines. Elles se renouvellèrent sous les vice-légats, intéressés à les fomenter ou à les entretenir pour avoir un prétexte pour abolir nos priviléges et combattre l'autorité que la noblesse s'était arrogée.

Les séditions des 15e, 16e, et 17e siècles, si funestes à ceux qui en furent les auteurs, finirent par détruire entièrement la puissance du consulat ; elles rendirent le peuple moins entreprenant et plus soumis, elles causèrent l'émigration d'une quantité de familles nobles, lasses de tant de troubles, qui se dispersèrent dans les principales villes du Comtat ou dans celles de la France. Plusieurs de ces familles se sont éteintes, d'autres se sont fondues dans les classes du peuple et ont perdu le souvenir de leur origine et de la splendeur de leur race.

(*Extrait d'un manuscrit.*)

Séditions d'Avignon (1652 à 1665.) — L'aristocratie alors, appuyée sur son blason ou sur une crosse d'évêque, donnait ses ordonnances de ses palais, et puis un beau jour (le 10 juin 1790), la démocratie, le fusil sur l'épaule, dicta ses décrets de son *hôtel-de-ville*, de sa *Maison commune*.

L'esprit français et le secret désir de secouer enfin le joug de la domination italienne avaient jeté de profondes racines dans le pays, des fermens de discordes couvaient secrètement sous une apparente tranquillité. Le pouvoir était confié en de faibles mains, la noblesse était haineuse et fière, le peuple turbulent, avide, enclin à la révolte, et au milieu de tous ces esprits exaltés se trouvait un cardinal italien, Alexandre Bichi, ennemi de nos anciens priviléges et voulant tout faire plier sous son autorité despotique. Les longues rivalités des nobles et des artisans, qui durèrent dix ans, sont à l'histoire d'Avignon ce que fut la Fronde à l'histoire de France : des pamphlets, des bravades, des chaînes tendues, assez de poudre brûlée, et plus de bruit que de mal.

Le cardinal Bichi, homme ambitieux, esprit tracassier, jaloux de la puissance des vice-légats, empiétant sans cesse sur leurs attributions, fut, à vraiment parler, la cause de bien d'agitations dangereuses. A Carpentras, il s'était formé une petite cour de la noblesse comtadine qui ne frayait pas les salons de l'ancien palais des papes. Il profitait de son influence pour s'attirer des courtisans et se former un parti. Frédéric Sforça, vice-légat, supérieur au cardinalat par sa qualité de gouverneur, mais accoutumé à ces égards serviles que les prélats romains prodiguent complaisamment à la pourpre à laquelle ils aspirent eux-mêmes, n'osa rien refuser à la nouvelle Eminence, qui, sachant profiter de la faiblesse du gouverneur, se mêlait de toutes les affaires, demandait hardiment, obtenait tout ce qu'il demandait, et se constitua ainsi une autorité si absolue dans cette ville et dans le Comtat, que celle du vice-légat n'était plus qu'un fantôme.

Le cardinal ne prodiguait ses faveurs qu'à ceux qui les gagnaient par leur servitude. Les nobles s'en emparaient en lui faisant une cour assidue, et s'en servaient pour tourmenter despotiquement le faible et le roturier. Les plaintes n'arrivaient jamais jusqu'au cardinal : si elles y parvenaient, elles n'étaient point écoutées. Le vice-légat lui-même, souple et peureux, n'osait rien ordonner, de peur de déplaire au cardinal, de sorte que Sforça, devenu l'objet du mépris de la noblesse et le sujet des plaintes du peuple, languissait sans considération dans son palais, lorsque le pape le rappela et nomma Laurent Cursi pour le remplacer.

Ce nouveau délégué marcha d'abord sur les traces de son prédécesseur ; la crainte de se faire du cardinal un ennemi qui nuisît à sa fortune, le troublait nuit et jour : cette crainte étouffa toutes les résolutions qu'il avait prises avant son arrivée. La faiblesse du nouveau gouverneur augmenta la puissance du cardinal, rendit plus audacieux ceux qui étaient attachés à sa personne, grossit le nombre de ses courtisans, et consterna le peuple, qui déjà, par des discours peu mesurés, manifestait sa haine pour la noblesse et la domination ultramontaine.

Telle était la situation politique d'Avignon, lorsqu'un autre sujet de troubles se présenta.

Les Lyonnais, toujours attentifs à ruiner le commerce de notre ville, dans la fausse prévention que les Avignonais jouissant d'une pleine liberté d'industrie sans taxes et sans douanes, porteraient un rude échec à leur commerce, obtinrent du roi de France que toutes les étoffes et autres marchandises qui sortiraient du Comtat seraient frappées d'une contribution exhorbitante.

Ce droit, qu'on appela *foraine domaniale*, ou douanes de Lyon et de Valence, porta un coup mortel à notre commerce et laissa sans travail un nombre considérable d'ouvriers. La vigilance des commis étrangers s'étendit insolemment jusque sous nos murs, où des soldats français fouillaient impitoyablement les citoyens soupçonnés de faire la contrebande. Ces vexations inusitées étaient tolérées par le vice-légat Cursi, qui d'ailleurs n'osait trop parler en maître, ne se sentant guère appuyé par la cour de Rome qui faiblissait devant l'influence française. Toutefois, on obtint, dans la crainte d'un soulèvement populaire, l'éloignement momentané de ces commis de la douane. L'extension de notre commerce se rétablit, mais pour bien peu de temps. La France fit de nouveau peser sur nous ses rudes impôts, et les commis revinrent s'installer, avec la permission du vice-légat, devant les portes de la ville et sur le port du Rhône.

Le 4 décembre 1652, les rumeurs populaires éclatèrent avec une violente acrimonie : on chantait des refrains séditieux ; on maudissait Paris et Rome. Ces menaces ne restèrent pas longtemps sans effet ; la populace ameutée ayant rencontré un fort piquet de soldats italiens, elle l'insulta et le poursuivit à coups de pierres. La garnison sortit du fort Saint-Martin, situé sur le rocher des Doms ; un choc devint inévitable, tant l'irritation était grande. La garde italienne fut forcée de prendre la fuite et de se retirer en désordre dans l'église de la Métropole.

Après un premier coup d'audace, rien ne coûte à des rebelles ; ceux-ci n'étant plus retenus par le frein du devoir et du respect, se ruèrent sur les maisons des sieurs d'Amat et de Bellevue, directeurs des gabelles à sel du Dauphiné, contre lesquels ils conservaient un profond sentiment de haine à cause de la protection qu'ils accordaient aux gabelous royaux. Une prompte fuite déroba ces directeurs à la fureur du peuple..... Ce jour-là fut marqué par des actes de pillage et de barbarie.

Les magistrats municipaux, pour arrêter d'aussi effrayans désordres, mirent alors en usage tout ce que la prudence put leur suggérer. Prières, menaces et promesses, tout fut employé. On distribua un grand nombre d'exemplaires d'une pièce authentique qui se trouve dans l'Hôtel-de-ville, et dans laquelle MM. d'Amat et de Bellevue protestent de toute coopération au rétablissement des commis. Cet acte produisit un effet auquel on ne devait raisonnablement pas s'attendre. Les mutins se radoucirent et ne pensèrent qu'à vivre en paix. Tel est le peuple : ardent dans le premier moment d'effervescence, laissant ensuite tomber les armes à la première promesse fallacieuse du maintien de la liberté.

La douane de Lyon subsistait toujours. Le peuple accusa les nobles de l'encouragement secret qu'elle lui accordait et de l'appui qu'elle trouvait dans la ferme volonté du cardinal Bichi. L'aristocratie, irritée de ces odieux soupçons, n'en devint que plus hautaine et plus haineuse. Il y eut alors deux opinions, deux camps, deux chefs, le cardinal, protecteur de la noblesse, et le vice-légat qui crut devoir se présenter comme l'ami du peuple. Toute neutralité devint impossible, la ville fut divisée en deux factions ; le peuple se distingua par des marques extérieures. Au lieu d'une croix blanche comme sous la ligue, quelques brins de paille devinrent le signe de ralliement. Dans leurs insultantes satires, les deux partis se donnèrent des noms : il y eut les *Pévoulins* et les *Pessugaux* (1), c'est-à-dire, le prolétaire et le noble.

Le gouverneur Cursi comprit enfin que les exigences des nobles ne reposaient que sur la faiblesse de son administration. Des reproches amers, des avis de Rome sans doute, lui firent changer de conduite et manifester presqu'autant de fermeté qu'il avait montré de coupable condescendance. Le cardinal Bichi, qui ne tarda pas à s'apercevoir de ce changement, en conçut un dépit qu'il n'eut pas la prudence de cacher. Sa haine éclata, et les courtisans, à son exemple, affectèrent de parler haut et avec dédain de la personne du gouverneur. De son côté, le peuple demanda impérieusement la révision des comptes de l'administration consulaire ; on rédigea une requête, et le parti

---

(1) *Pévoulin* signifie en patois un pouilleux, un gueux couvert de poux, et le nom de *Pessugaux*, un homme qui grapille ou qui cherche à faire de petits profits dans les affaires ou dans les administrations publiques. *Pessugaux* vient du mot *pessu*, petite pincée. On dit vulgairement *un pessu dé juver*, *un pessu dé pébré*. *Pessu* signifie aussi pinçon, marque noire qui reste sur la peau lorsqu'on a été *pincé*.

des Pévoulins se présenta avec plus d'assurance en confiant cette requête aux mains de M. Louis de Berton de Crillon, alors viguier. Malheureusement, le puissant appui de ce citoyen honorable amena les plus fâcheux résultats. Ainsi Avignon, comme Paris, eut ses journées des barricades.

Le duc de Crillon appuya fortement les prétentions des Pévoulins qui demandaient la reddition des comptes consulaires. Fort de la protection de ce magistrat, le parti des prolétaires devint plus exigeant ; il demanda l'adjonction d'un quatrième consul choisi dans les rangs du peuple ; mais des résistances aristocratiques et administratives, en éloignant le moment de céder aux vœux des Pévoulins, donnèrent lieu à bien des querelles, à bien des haines particulières, qui donnaient à notre ville la physionomie pâle et sombre d'une cité livrée aux horreurs de la guerre civile.

Pour assurer la nomination des consuls favorables à ses desseins, la noblesse prit des précautions énergiques qu'elle ne craignit pas de rendre arbitraires. Elle fit venir des étrangers auxquels elle donna des armes, et l'hôtel-de-ville fut occupé par cette nouvelle milice improvisée. C'était déjà une sorte de déclaration de guerre. Mais cette fois le peuple ne prit point l'initiative ; la noblesse, qui agissait de concert avec l'autorité communale, éleva les premières barricades ; elle fit ensuite fermer les avenues de la grande place, menacée par quelques pièces d'artillerie. Pour inspirer plus de terreur au parti des Pévoulins, et surtout augmenter la crainte que devait produire ce déploiement de force militaire, on voulut utiliser l'influence morale que pouvait exercer la présence d'un homme puissant. Le cardinal Bichi fut invité à se rendre à Avignon pour faciliter l'élection. Son Eminence, saisissant à propos cette occasion favorable pour humilier le vice-légat, arriva en toute hâte et vint loger, non point dans son hôtel ordinaire, mais bien en face de l'hôtel-de-ville, chez M. de Caumont, où l'on avait établi une sorte de comité où se manipulait la matière électorale.

Un appareil si inusité consterna tous les habitans. Ils ne

pouvaient comprendre la nécessité de tant de préparatifs pour procéder à une élection populaire qui se réalisait toujours paisiblement. Ils conclurent qu'il se tramait contre eux quelque complot; et pour se mettre à l'abri de toute entreprise hostile, ils se barricadèrent à leur tour. On tendit des chaînes dans les rues, on prit les armes, on fondit des balles. Les habitans de la Carreterie, des Infirmières, du Change, de la Fusterie, de la Bonneterie et de la place Saint-Didier, se fortifièrent dans leurs quartiers. Craignant d'être attaqués à l'improviste, ils se préparaient à la plus opiniâtre résistance.

Cependant, au milieu de tant de troubles et d'un tumulte si extraordinaire, l'élection se fit tranquillement. MM. Gaspard de Seytres de Puivert, Joseph Rousseau, Symphorien Michelet furent élus pour exercer le consulat; M. Antoine-Laurent Barbier fut choisi pour assesseur, et M. Paul-Charles de Fogasse de la Royère remplaça M. de Crillon dans les fonctions de viguier. On conçoit, d'après ces nominations, l'esprit qui présida dans cette assemblée si illégalement investie de pouvoirs électoraux.

La noblesse, triomphante dans cette circonstance, comprit un peu tard qu'elle avait pris l'alarme sans raison, et elle se trouva fort embarrassée lorsqu'elle se vit cernée dans le quartier de l'hôtel-de-ville. Il fallait faire enlever les barricades, et pour cela entrer en négociations. Ces délicates propositions, presque rejetées par des esprits extrêmement irrités et portés à la vengeance, furent heureusement bien conduites par les magistrats, qui parvinrent à faire mettre bas les armes aux deux partis. Sans avoir recours à l'arquebusade, tous les insignes de la rebellion disparurent, et les étrangers armés accourus des environs furent congédiés. Il semblait qu'une solide paix allait succéder à tant de troubles, quand l'imprudence de quelques nobles et l'insolence de leurs laquais la bannirent pour longtemps de cette ville.

Les nobles ne voyaient pas sans un peu de honte la nécessité qui les avait conduits à signer une capitulation avec les

Pévoulins : le souvenir des barricades les indisposait contre eux et ils cherchaient toutes les occasions pour se venger de cet affront fait à leur orgueil. M. de la Rousselle, seigneur de Maillane, de la maison de Porcelets, se distinguait parmi les Pessugaux qui nourrissaient dans le cœur un levain de haine contre les Pévoulins, et qui trouvaient fort déplaisant de n'avoir pu faire le coup de pistolet ; M. de la Rousselle affectait d'aller dans le quartier où demeuraient les plus mutins et les menaçait dans les termes les plus insultans. En cette circonstance, les dames de haut lignage parlaient haut comme ces messieurs, entre autres, la maîtresse du cardinal, dont l'auteur de ces Mémoires nous a caché le nom.

Il est toujours dangereux de braver un peuple déjà porté à la révolte. Les Pévoulins supportaient avec résignation les bravades de la noblesse ; un sentiment de respect les retenait dans le devoir ; mais enfin, poussés à bout par tant d'insolence, ils se levèrent ; le respect fit place à l'emportement le plus furieux qu'une sage prudence eût dû prévenir.

Les Pévoulins n'avaient été retenus que momentanément dans le devoir par les magistrats ; lorsque ceux-ci les laissèrent exposés aux insultes de leurs adversaires et de leurs laquais, il n'y eut pas d'excès auxquels on ne les vit se livrer. Personne n'avait osé s'opposer à ces terribles représailles, tant qu'avait duré l'effervescence populaire. Le vice-légat était à peine sorti du palais pour dissiper les mutins, que, sans égard pour son autorité et la présence de la garde, quatre mille hommes qui venaient de rosser les laquais à la Carreterie, parcoururent les rues, la torche à la main, et vinrent incendier la maison de M. de la Rousselle. En vain le vice-légat et l'archevêque se présentèrent-ils pour arrêter le torrent dévastateur, rien ne peut calmer la fureur de ces hommes qui ne respirent que la vengeance. L'hôtel de la Rousselle brûla pendant vingt-quatre heures. L'or, l'argent, la vaisselle, les meubles, tout fut pillé.

A l'aspect de ces ruines fumantes, de ces flammes qui menaçaient de dévorer ses propres demeures, la noblesse crut prudent de se soustraire à une nouvelle réaction populaire. Elle quitta cette ville tumultueuse, et le cardinal Bichi lui-même, qui ne se crut pas en sûreté, retourna à Carpentras, avec l'intention secrète de se rendre à Rome pour instruire le pape de la faiblesse de son vice-légat.

Les Pévoulins ne manquèrent pas de protecteurs: on écrivit en leur faveur. On allégua des raisons pour colorer leur conduite et pour l'excuser même; ces justifications affaiblirent considérablement les plaintes du cardinal et de la noblesse. Le souverain pontife, sincèrement affligé de ces collisions perpétuelles entre ses sujets, voulut examiner de plus près cette affaire. En attendant, il ne crut pas à propos de donner aucun ordre; de sorte que les Pessugaux, désappointés et craignant toujours l'inimitié des prolétaires, se gardèrent bien de rentrer dans la ville. Ceux qui ne voulurent pas en sortir, mirent leur maison en état de défense, appellèrent à leur secours des étrangers ou des paysans à leurs gages, qu'ils avaient fait venir de leurs terres.

Cependant le vice-légat crut devoir donner des témoignages un peu tardifs de sévérité; il fit faire des recherches, et l'on emprisonna quelques-uns des plus mutins. L'archevêque, de son côté, se servit des armes de la religion et voulut apaiser le ciel par des prières. Il ordonna une procession solennelle et un vœu à saint Dominique, le jour de la fête de ce saint, dans l'église des religieux de son ordre. Le vice-légat assista à cette procession avec tous les magistrats, suivis d'une foule inombrable. Tous les corps constitués de la ville firent des offrandes particulières: les consuls promirent de faire célébrer toutes les années une messe, le jour de ce vœu, et d'y joindre un flambeau de douze livres; le vice-légat promit de marier quinze filles; l'archevêque offrit lui même à ce saint, son patron, une lampe d'argent. Il ne cessa, pendant l'octave, de prêcher à ses ouailles pour les porter à reconnaître leur faute et à demander pardon à Dieu pour en obtenir la paix dont il ne les avait privées que pour les punir de leurs péchés. Ces actes de religion, toujours puissans sur le peuple, suspendirent pour quelques temps sa fureur.

Mais l'influence du cardinal Bichi, les sourdes menées de la noblesse provoquèrent enfin le rappel du vice-légat Cursi, qui avait, disait-on, trop ostensiblement protégé les Pévoulins ne réprimant pas avec sévérité leurs actes de violence. Cette nouvelle jeta la consternation dans ce parti, qui voulut s'opposer au départ du vice-légat, dans la crainte d'être exposé sans protecteur aux mauvais traitemens de la noblesse. Le vice-légat apprit bientôt cette résolution, et crut devoir se soustraire à tout témoignage de trop vive sympathie. Aussi, par une belle nuit d'automne, qui suivit un jour d'émeute et de pillage (la maison de M. de Castelet et celle de M. de Cambis, seigneur de Fargues, avaient été brûlées et rasées par les Pévoulins, à raison d'une insulte faite à un maître tailleur); le vice-légat Cursi, disons-nous, s'embarqua sur le Rhône, à l'embouchure duquel l'attendait un vaisseau qui devait le transporter à Rome. Lorsqu'il arriva près d'Aramon, l'embarcation fut assaillie par plusieurs coups de feu lâchés par des hommes qui montaient un bateau faisant mine de vouloir en venir à l'abordage. Mais Cursi n'était pas seul : il avait eu la sage précaution de faire placer cinquante mousquetaires dans une barque qui le suivait à peu de distance. Les soldats répondirent par une vive décharge, et le bateau agresseur fut mis en fuite. C'était le 7 octobre 1653. Ainsi partit le vice-légat Cursi, après avoir gouverné la légation d'Avignon pendant un an. Ce magistrat avait de rares talens, mais sa pusillanimité les rendit inutiles.

M. de Marinis, son successeur, employa son pouvoir à prendre des mesures pour pacifier les esprits. Mais Marinis ne devait pas séjourner longtemps dans le Comtat. Son administration se borna à faire quelques voyages à Carpentras pour essayer de traiter avec le cardinal Bichi, et à envoyer aux galères quelques prévenus qu'il trouva dans les prisons. Le cardinal, qui était bien en cour, déjoua les projets de Marinis d'une manière si complète, que bientôt après Francioti fut désigné pour le remplacer.

Ce vice-légat, qui arriva le 4 juin 1654, ne pensa d'abord qu'à prévenir de nouveaux excès. Il apprit que, peu satisfait de l'issue des violens débats qu'avaient suscités les élections consulaires antérieures, le parti pévoulin s'opposait ou menaçait de s'opposer à la nomination de M. de Cambis. Le candidat avait insulté quelques femmes du peuple : c'était un crime qui motivait son exclusion de toute charge publique. Mais Augustin Francioti, qui connut à temps les mesures hostiles qu'ils avaient déjà prises, donna ses ordres en conséquence. Le jour de l'élection arrivé, il se mit lui-même à la tête de la cavalerie et parcourut la ville pour contenir le peuple. Arrivé à la Carreterie, il excita les mutins à crier *vive le prince !* (le pape sans doute) *et les consuls !* Cette conduite intimida ou satisfit les séditieux. Chacun resta paisible, et l'élection consulaire eut lieu sans que la paix fût troublée.

Tout paraissait tranquille dans la ville, mais l'esprit de rebellion n'y régnait pas moins ; il se manifestait même à toute occasion. Un savetier du quartier du Corps-Saint, pévoulin exalté, s'avisa d'arborer sur son échoppe les armes de M. de Crillon, avec cette devise : *Vox populi, vox Dei*. Cette audace ne resta pas impunie. Le vice-légat fit prendre le savetier et lui fit donner *trois traits de corde* (l'estrapade). Cette punition étonna les Pévoulins et les rendit plus circonspects dans leur conduite.

Pour ne point encourir les reproches qu'avait mérités son prédécesseur, Francioti ne montra pas moins de sévérité envers la noblesse fugitive. S'étant rendu à Carpentras, il fut harangué par les émigrés résidant en cette ville. Ils voulurent justifier leur conduite et motiver leur absence. Malgré les vives instances du vice-légat, ils s'obstinèrent à ne point retourner à Avignon. La cause de ces résultats infructueux de tout projet d'accommodement résidait surtout dans la persuasion où ils étaient que le cardinal Bichi leur ferait obtenir pleine et entière satisfaction.

Afin de mieux indiquer le caractère du gouvernement de cette époque, n'oublions pas de faire connaître sa vive sollicitude qui s'étendit, dans ces malheureux temps, sur la ville et son commerce. Francioti fit agréer au conseil la suppression totale des gabelles et la franchise des entrées. Le trésor fut alimenté par d'autres impôts peu considérables : les fermes des crémens du Rhône et de la Durance produisirent, en grande partie, les fonds nécessaires pour combler le déficit qui s'ouvrait. Francioti s'occupa aussi d'importantes améliorations ; non content d'avoir assuré la franchise aux portes, il établit des marchés et des foires ; pour activer nos relations commerciales, il fixa un marché qui aurait lieu tous les samedis. C'est de cette époque peut-être que date l'origine de celui qui attire hebdomadairement nos voisins dans notre ville.

Le pape Innocent X mourut le 7 janvier 1655, âgé de quatre-vingt-deux ans, après en avoir régné dix et demi. Il fut remplacé le 7 avril suivant par le cardinal Fabius Chisi, natif de Sienne, âgé de cinquante-sept ans ; il prit le nom d'Alexandre VII.

L'archevêque de Marinis, de son côté, n'oubliait rien pour maintenir les habitans dans des dispositions pacifiques. Le jubilé universel que le pape accorda au monde chrétien, excita le zèle de notre prélat. Il consacra, avec la solennité la plus éclatante, l'église des PP. Jésuites, commencée depuis quarante ans. (9 mai 1655).

Nous arrivons à l'une des phases les plus remarquables de cette longue guerre civile, assez improprement appelée sédition par ceux qui en furent les premiers historiens.

Depuis plus d'un an tout était tranquille. Le vice-légat tenait d'une main ferme les rênes du gouvernement, et administrait avec droiture et intelligence. Un M. de Saint-Roman fit évanouir toutes les belles espérances que l'on fondait sur cet état de trève qui devait amener la paix et l'oubli de bien de projets de vengeance. Ce jeune seigneur rencontra, le 5 novembre 1655, sur les quatre heures du soir, au coin du monastère de Sainte-Claire, M. d'Entremont de Ribère, accompagné de M. Joannis; en l'abordant, il met l'épée à la main, fond sur lui comme un furieux et le blesse grièvement. Ce fut là une de ces rencontres inattendues qui se réalisaient souvent dans les temps de troubles, où les *raffinés* se faisaient une gloire d'exceller dans le métier de spadassin.

La nouvelle de cet attentat se répandit bientôt dans la ville. Saint Roman fut accusé d'avoir assassiné d'Entremont, déserteur du parti des nobles. L'alarme arrive dans les quartiers éloignés; des groupes se forment, on pousse des cris de haine et de sédition, on court aux armes, le peuple se réunit en masse contre l'aristocratie; il jure la mort de Saint-Roman et de Joannis qui, dit-on, ont favorisé ou n'ont point empêché une attaque déloyale, et se dirige vers la maison de d'Entremont, où se trouvait Joannis. Là, un drame sanglant se serait réalisé, si le blessé n'eût eu la force de signer une déclaration qui fut lue au peuple par l'auditeur général et le fiscal accourus sur les lieux: cette déclaration éloignait tous les soupçons qui pouvaient planer sur Joannis. L'auditeur général profita d'un moment d'irrésolution de la part des Pévoulins pour faire conduire secrètement Saint-Roman hors la ville. Mais des malveillans insinuèrent aussitôt aux séditieux assemblés que le coupable avait été aperçu sur le pont de Saint-Bénézet, fuyant sous la protection de MM. de Crillon et d'Amat. Alors l'irritation fut à son comble: Saint-Roman avait échappé à leurs coups; sa maison dut payer pour lui; la place Pie, où elle était située, devait le soir même être éclairée par l'incendie.

Le vice-légat se hâta d'envoyer trente mousquetaires pour garder les lieux menacés. Le commandant et sa troupe arrivèrent à temps et se barricadèrent dans l'hôtel. Mais que ne peut une populace ameutée! Les assaillans, par leur acharnement, inspirèrent des craintes si motivées au chef des mousquetaires, que celui-ci se vit forcé de se faire jour à travers les ennemis et d'abandonner la maison, dans l'impossibilité de soutenir un siége contre une multitude innombrable qui l'inquiéta même dans sa retraite. Heureusement pour lui, arrivé à la hauteur de l'église Saint-Symphorien, il rencontra MM. de Crillon, Louvancy et autres qui venaient à son secours. Ces hommes courageux invitèrent les mousquetaires à retourner sur leurs pas, pour tâcher, par un nouvel effort, de sauver la maison de Saint-Roman.

Le brave commandant n'hésita pas ; il marche à la suite du duc de Crillon. Mais devant l'église Sainte-Catherine, leur bravoure fit place à la prudence. M. de Crillon s'avança vers les ennemis pour se faire connaître : il était fier de l'ascendant de son nom sur cette populace qui l'avait toujours considéré comme son protecteur. Les rebelles sentaient fort bien que M. de Crillon n'approuverait par leurs excès, et comme ils avaient l'intention d'en commettre, ils furent sourds à sa voix, et dans leur rage aveugle, ces misérables firent une décharge sur cet honorable citoyen : Louvancy fut blessé à la jambe, et une balle meurtrière effleura la tête de M. de Crillon. Ne pouvant sans utilité s'exposer davantage, les deux médiateurs se retirèrent, et furent témoins de l'incendie des meubles et effets renfermés dans la maison de Saint-Roman que les flammes dévoraient déjà. MM. de Crillon et Louvancy montèrent chez le vice-légat, qu'ils trouvèrent fort inquiet sur l'évènement et très-embarrassé sur les moyens qu'il devait prendre pour prévenir de nouveaux malheurs.

Celui qui parut le plus sûr, selon M. de Crillon, fut d'établir à la place du Change un corps de troupes à portée d'aller au secours de ceux que les incendiaires menaceraient. Le vice-légat chargea M. de Crillon du soin de choisir des bourgeois assez dévoués pour faire respecter les propriétés. Cet ordre reçut bientôt son exécution. La place du Change se remplit de bourgeois armés, et là on attendit les nouvelles sur les entreprises des Pévoulins.

Ceux-ci étaient partout, menaçans et terribles. On entendait, au milieu de fréquentes clameurs prolongées, quelques coups de feu qui indiquaient assez le degré d'hostilité auquel on était parvenu. Le nombre des maisons brûlées fut assez considérable. L'émeute était dans les quartiers de Saint-Pierre, des rues Bancasse et de la Croix où était la demeure de Joannis, laquelle fut attaquée et condamnée à être brûlée, ainsi que celles de MM. des Achards de la Beaume, Bermond et Crivelly. La bataille était dans toutes les rues ; repoussés dans un quartier, les Pévoulins reparaissaient dans un autre. Le vice-légat connut alors l'imminent danger que courait la ville, et la nécessité d'avoir des troupes pour arrêter les désordres que la nuit favorise toujours. A cet effet, on organisa la garde nationale, qu'on divisa en sept compagnies prises dans la circonscription de chaque paroisse.

Le vice-légat écrivit, en outre, aux consuls des principales villes du Comtat, avec ordre de venir en personnes, avec le plus grand nombre de soldats qu'ils pourraient amener. La bourgeoisie fut sous les armes le même jour, et bientôt les villes de Cavaillon, Vaison, L'Isle, Bonnieux, Bollène, Pernes, fournirent douze cents hommes ; Carpentras fournit seule un détachement considérable. Ces troupes réunies formèrent un corps de six mille hommes bien armés, dont le commandement fut confié à M. de Gadagne, lieutenant général des armées du roi.

Aux approches de la nuit, Gadagne dissémina ses troupes dans tous les quartiers de la ville ; il établit des corps-de-garde sur les places, avec ordre de se donner mutuellement secours à la première alarme. Grâces à ces mesures d'ordre, les rebelles n'osèrent pas se montrer.

Il n'en fut pas de même le jour suivant ; les chefs pévoulins parurent le pistolet au poing, forcèrent leurs complices à prendre les armes, à faire une guerre ouverte, et à se défendre jusqu'à la mort pour éviter celle qui les attendait s'ils se laissaient prendre vivans.

Animés par une exaltation furibonde, ils sortent de leur

retraite et s'assemblent à la place Pie. Là, ils délibèrent et décident d'envoyer un député à M. de Crillon pour le prier de demander leur grâce, et d'employer auprès de ce seigneur les prières et les menaces. Les députés remplirent leur mission. Ils offrirent de mettre bas les armes si on leur accordait le pardon des désastres commis par eux dans la nuit du vendredi précédent ; mais en même temps, ils représentèrent que si on leur refusait la grâce qu'ils sollicitaient, ils étaient résolus de mettre tout à feu et à sang, et qu'ils ne souffriraient jamais qu'on punît Jean Antoine, Lichière, La Rose et leurs autres chefs, s'ils étaient pris.

Tout parti qui supplie est un parti à demi-vaincu. Cette députation suppliante perdit la cause des Pévoulins. On a droit de parler haut à des ennemis agenouillés. Aussi M. de Crillon répondit-il aux députés que des excès aussi énormes ne méritaient pas un intercesseur tel que lui ; que bien loin de parler en sa faveur au vice-légat, il allait se mettre à la tête des troupes pour s'emparer de ceux qui tomberaient entre ses mains. Les députés répliquèrent insolemment que les menaces ne les épouvantaient pas ; qu'ils étaient assez nombreux encore pour faire trembler leurs ennemis, et que leur courage ne ferait pas défaut dans cette circonstance périlleuse.

Le vice-légat Francioti, informé de l'audacieuse résolution des rebelles, donna les ordres les plus sévères. Il fit promettre cinquante pistoles à ceux qui livreraient vivans Lichière, La Rose, Jean Chandelier, Jean Antoine, Béraut et Lagrave, reconnus chefs des factieux.

Vers les trois heures de l'après-midi, Son Excellence sortit du palais pour visiter tous les quartiers de la ville et intimider les mutins. Le vice-légat était précédé par les Suisses armés de mousquets ; une foule de gentilshommes, de bourgeois, de marchands, intéressés à la tranquillité, entourait la personne du magistrat ; trois cents mousquetaires du Comtat, sous le commandement de M. de Gadagne, suivaient la milice nationale ; M. de Montdevergues, à la tête de deux cents fantassins, venait après M. de Gadagne : la compagnie des chevau-légers de S. S., commandée par son capitaine, formait l'arrière-garde. Le gouverneur fut satisfait de l'ordre qui régnait dans la ville et de la bonne tenue des troupes.

Tant de sages précautions ne pouvaient qu'amener des résultats heureux. C'est ce qui arriva. Il ne restait plus qu'à s'emparer des coupables. Jean Antoine fut pris le 8 novembre 1655, à dix heures du matin, et à cinq heures il fut pendu sur la place du Palais. Trois mille hommes étaient sous les armes pour faire face aux tentatives d'enlèvement que les rebelles auraient pu hasarder. Le corps d'Antoine fut divisé en quatre quartiers que l'on plaça devant les maisons qui avaient été brûlées. Le lendemain 9 novembre, Lichière fut découvert dans une maison près des Pénitens gris. En sautant sur un toit voisin, il fut frappé d'un coup de mousquet qui le blessa mortellement ; il fut saisi et exécuté le jour même. Les consuls demandèrent grâce pour leurs compatriotes égarés ; le vice-légat se laissa toucher, il parut même charmé de saisir l'occasion de faire succéder la clémence aux actes de justice. Francioti accorda un pardon général à tous les citoyens qui avaient pris part à la révolte, sous deux conditions : 1° que les effets volés dans les maisons incendiées seraient restitués dans trois jours; 2° que Jean Chandelier, Béraut, Lagrave, chefs des rebelles ne seraient pas compris dans le pardon. Les coupables s'empressèrent d'obéir pour obtenir grâce, et beaucoup d'effets volés furent rendus par l'entremise des confesseurs. Jean Chandelier fut découvert à Lagnes et transféré dans les prisons d'Avignon. Béraut et Lagrave évitèrent par la fuite le châtiment qui les attendait.

Ainsi Francioti allait enfin jouir de la paix qu'il avait rendue aux Avignonais, par sa sage conduite, lorsqu'on apprit que, par une secrète intrigue ourdie à la cour de Rome, il était remplacé par Nicolas Comti, qui arriva à Avignon le 23 décembre 1655. Comti ne tarda pas à manifester le penchant qu'il avait de favoriser la noblesse fugitive. Pour engager ses émigrés à revenir dans la ville, il somma M. de Crillon d'en sortir. C'était une victoire éclatante qu'ils venaient de remporter, et le retour des nobles ne servit pas peu à faire continuer les informations qu'on prenait contre les principaux moteurs des derniers excès. Jean Chandelier, qui était détenu dans les prisons, et un autre individu de Pernes, reconnus pour chefs des rebelles, furent pendus sur la place du Palais, le 1er juin 1656.

Quand une fois on est entré dans la voie des persécutions, il n'y a plus possibilité de s'arrêter. Comti poursuivit, non seulement les rebelles, mais encore ceux qu'on soupçonnait les avoir favorisés. Ainsi Mme de Crillon ne fut pas à l'abri du ressentiment des nobles : elle fut accusée d'avoir permis des assemblées dans son hôtel. S'appuyant sur cette calomnie, le vice-légat ordonna à la duchesse de quitter la ville. Cette dame alla joindre son mari à Montélimart où il s'était retiré. M. Henri Suarez, le même qui avait été ambassadeur auprès du pape, fut arrêté et accusé d'avoir été le conseil des révoltés. Ces illustres prévenus firent connaître à Rome, où M. de Crillon s'était rendu en toute hâte, que la justice ne dictait pas les mesures qu'on prenait contre eux. Sa Sainteté évoqua la connaissance de ces affaires ; elle ordonna par un bref du 1er juillet 1656, que toutes les procédures qui avaient été instruites fussent portées et remises aux commissaires qu'elle avait nommés. Mais la peste qui éclata à Rome suspendit toute opération relative à cette procédure. Pendant ce temps, les Pévoulins étaient poursuivis à Avignon avec tant de rigueur, qu'un nombre considérable de ceux qui avaient porté la paille au chapeau, abandonnèrent la ville qui se trouva bientôt presque déserte.

Quand la peste eut cessé à Rome, M. de Crillon se constitua volontairement prisonnier dans la tour de None. Les commissaires ne tardèrent pas à l'interroger et à ordonner qu'il fût élargi.

M. de Marinis, touché des malheurs de son peuple, et persuadé que dans les poursuites on confondait souvent les innocens avec les coupables, prit la généreuse résolution d'aller lui-même éclairer Sa Sainteté sur toutes ces injustices. Il arriva à Rome le jour même où le cardinal Bichi rendit le dernier soupir (25 mai 1657).

La mort du cardinal et l'arrivée de l'archevêque firent changer la face des affaires, tant l'éloquence d'un homme de bien exerce un puissant empire sur un esprit déjà porté à la clémence.

Le cardinal Chisi, neveu du pape, nommé légat-protecteur d'Avignon, ordonna que les Pévoulins fugitifs revinssent librement dans leur patrie, et que les procédures déjà commencées contre eux ne fussent plus continuées. Il chargea en outre le recteur de Carpentras de revoir celles qui avaient été faites, et d'entendre les témoins que le vice-légat et son auditeur avaient assignés.

Le recteur s'acquitta avec zèle de cette mission. M. de Crillon publia un Mémoire pour justifier ses actes et flétrir la calomnie. Le pape déclara par un bref qui fut expédié au duc, qu'il était satisfait de sa conduite. Ainsi, comblé de gloire et d'honneur, M. de Crillon revint dans sa patrie. M. de Marinis arriva aussi : son peuple le reçut avec des acclamations dignes d'un si bon pasteur.

Pour prévenir les funestes effets des duels entre les nobles divisés d'opinions, le vice-légat publia un règlement qui défendait, sous des peines rigoureuses, les combats singuliers, occasionés même par le hasard et par une fortuite rencontre. Un article mal réfléchi portait que les pères seraient responsables des contraventions dont leurs enfans se rendraient coupables; il les soumettait même à des peines pécuniaires et corporelles.

Ce règlement jeta l'alarme dans la ville. Le conseil s'assembla et délibéra d'envoyer un ambassadeur à Rome pour obtenir la suppression de cet article. M. Galéan des Issarts fut choisi pour cette mission. Il fut accueilli favorablement par le pape, qui n'hésita pas à révoquer ce funeste article du règlement du vice-légat.

Lascaris succéda à Comti dans la magistrature suprême du pays, le 29 janvier 1659. Comti fut regretté par la noblesse qu'il avait toujours favorisée, et détesté par le peuple qui ne cessait de se plaindre de sa sévérité.

Lascaris signala le commencement de sa légation par un acte qui répandit la joie dans la ville, la réconciliation de la noblesse avec M. de Crillon et la proclamation d'une amnistie générale pour tous ceux qui avaient participé aux derniers excès. Mais quelques jours après, l'astucieux italien, qui cachait ses projets sous les dehors de la clémence, fit appeler les consuls au palais et leur remit une lettre du cardinal-légat, et les invita à faire exécuter ponctuellement l'ordre qu'elle contenait. Les consuls, hommes prudens, ne voulant prendre aucun engagement envers un prélat qu'ils connaissaient à peine, répondirent qu'ils étaient prêts à contribuer de tout leur pouvoir à la tranquillité de la ville, mais qu'ils ne pouvaient rien lui promettre sans avoir préalablement consulté le conseil.

Les consuls ne tardèrent pas à le convoquer. La surprise des municipaux fut grande quand l'assesseur donna lecture de la lettre du cardinal-légat, datée du 1er janvier 1659. Elle était conçue en ces termes :

« Sa Sainteté voulant pourvoir aux moyens de maintenir la
» la paix et la tranquilité dans sa très-fidèle ville, a cru de-
» voir assurer une indemnité à ceux qui ont éprouvé des pertes
» par les incendies arrivés dans les derniers troubles ; et à cet
» effet, elle veut qu'on impose une collecte sur les maisons et
» les jardins qui se trouvent dans l'enceinte de la ville, jusqu'à
» vingt-quatre mille écus romains, laquelle somme sera répar-
» tie entre ceux qui ont reçu des dommages. M. Lascaris, vice-
» légat, porte les ordres nécessaires. »

Une opposition violente se forma après la lecture de cette étrange lettre. Les municipaux s'élevèrent contre la volonté de l'autorité supérieure. On ne douta pas que le pape ne révoquât un ordre si opposé à nos priviléges. On délibéra d'envoyer un ambassadeur à Rome, et, séance tenante, on fit choix de M.

de la Barthelasse. Le vice-légat, furieux quand il apprit la résolution du conseil, fit défendre au député de sortir de la ville et aux consuls de fournir l'argent nécessaire pour son voyage, sous peine de quatre mille écus d'amende.

La lutte était engagée entre l'autorité supérieure et l'autorité municipale. Défenseurs de nos antiques libertés, nos conseillers combattirent avec courage ; de son côté, Lascaris, despote opiniâtre, ne cessa d'entraver les délibérations par des chicanes sans cesse renouvelées. Obligé de temporiser pour arriver à son but, Lascaris s'excusa sur l'ignorance où il était de nos priviléges, et promit aux consuls de ne plus les troubler dans leur administration pour ne pas donner un exemple qui pourrait devenir pernicieux dans la suite. Et cependant il faisait punir ceux qui s'étaient le plus ouvertement opposés à l'exécution de la lettre du légat ; il défendit au conseil de nommer premier consul M. de la Barthelasse, un des principaux opposans. Les municipaux résistèrent. A peine l'élection consulaire du 24 juin 1659 fut-elle faite, que Lascaris ordonna à M. de la Barthelasse, nommé ambassadeur, à M. de Donis de Goult, ex-consul, et à M. Ruffi, ex-assesseur, de se rendre incessamment à Rome pour rendre compte de leur conduite ; défense fut faite au conseil de prendre aucune délibération qui pût apporter le moindre retard à l'exécution dudit ordre.

La conduite extraordinaire du vice-légat provoqua les plus violens murmures de la part des habitans. Le feu de la sédition couvait encore sous la cendre ; une étincelle pouvait le rallumer ; des placards séditieux semblaient même annoncer qu'on se préparait à la guerre. Le gouverneur en fut alarmé, ce qui ne l'empêcha pas cependant de poursuivre avec plus de rigueur l'affaire des indemnités, en donnant ordre que les deniers publics fussent arrêtés entre les mains du trésorier, qui ne devait rien livrer aux consuls. Louis XIV se proposait de venir à Avignon à son retour du Languedoc et de la Provence ; les consuls se trouvèrent fort embarrassés, par suite de la séquestration des deniers publics, relativement aux préparatifs des fêles qu'on voulait donner au monarque français ; ils consentirent donc à écouter des propositions sur les indemnités accordées aux incendiés.

Le roi arriva à Avignon le 19 mars 1660 et y séjourna jusqu'au 4 avril suivant. La brillante réception qu'on lui fit, les fêtes qui en furent la suite, suspendirent pour quelques jours les hostilités. Mais à peine fut-il parti, que le vice-légat pressa les consuls de terminer l'affaire des incendiés. Cette question, qui prenait un caractère sérieux d'animosité, fut heureusement terminée par une transaction entre les parties belligérantes.

Jusqu'à présent nous avons vu le pouvoir papal placé comme médiateur entre le peuple et la noblesse ; désormais, c'est à la fois l'aristocratie et le peuple qui deviendront hostiles à ce pouvoir étranger. Lascaris, profitant des derniers troubles, s'attachait à saper dans leurs fondemens les priviléges accordés par nos anciens souverains et confirmés par les brefs des souverains pontifes. Le conseil eut beau s'opposer aux empiétemens du gouverneur, tout fut inutile : la cour de Rome appuya le vice-légat, et celui-ci persista dans l'exécution des actes vexatoires dont il fatiguait depuis si longtemps cette malheureuse ville.

Tout le monde connaît l'insulte faite à Rome par la garde corse au duc de Créqui, ambassadeur de France, la rupture des deux cours et la satisfaction que le roi exigea dans la suite.

Quand cette nouvelle arriva à Avignon, les habitans furent persuadés que le monarque français s'emparerait bientôt de ce pays, et l'on considéra cette révolution comme un évènement favorable pour secouer le joug des Italiens que la conduite de Lascaris avait rendu insupportable.

Ce prélat, malgré l'exaltation des esprits, n'en continuait pas moins ses vexations despotiques. On l'accusait publiquement d'avoir fait fabriquer une quantité de *patars* et de remplacer avec cette monnaie, rebut des provinces voisines, les pièces d'or et d'argent qu'il enfouissait dans son trésor ; on lui reprochait aussi son indulgence pour les Italiens dont il tolérait les concussions, et l'abus de son autorité pour anéantir nos anciens priviléges. Le peuple était exaspéré à tel point, qu'on craignait à chaque instant une explosion qui aurait pu amener de nouveaux désordres.

On était dans cet état de perplexité, lorsque le 30 septembre 1662, on vit arriver dans la cour du palais un exempt des gardes-du-corps du roi de France. Il était sans suite et muni seulement des ordres du roi. Il entra brusquement dans les appartemens du vice-légat et lui signifia, aussitôt qu'il fut en sa présence, l'injonction de faire sortir d'Avignon et du Comtat les garnisons italiennes, et ce, dans le délai de vingt-quatre heures ; que, quant à lui, vice-légat, il resterait en France pour servir d'ôtage, et que sa tête répondrait de celle de la princesse Cesarini, arrêtée à Rome par la seule raison que le prince son mari était partisan de la France. Lascaris répondit que la garnison étant établie pour la sûreté de sa personne dans un pays où le peuple était naturellement mutin et séditieux, il n'avait pas le pouvoir de la congédier ; qu'il ne craignait lui-même aucunes menaces, et que s'il avait mille vies, il les sacrifierait pour le service de son souverain, auquel il allait faire part des intentions du roi. L'exempt répliqua qu'il n'était pas question d'attendre les ordres de son maître, qu'il fallait obéir à ceux qu'il lui signifiait.

L'exempt se retira, et de là se rendit à l'hôtel-de-ville ; il remit aux consuls une lettre du roi, et leur répéta l'ordre de faire sortir la garnison italienne dans vingt-quatre heures ; mais que ce terme passé, il allait donner ordre aux gouverneurs des provinces voisines de faire avancer des troupes, et qu'alors il n'y aurait plus de sûreté pour les officiers et soldats du pape, et peut-être même pour les habitans Ces menaces alarmèrent les citoyens, non dans l'intérêt des soldats étrangers dont on se mettait fort peu en peine, mais dans la crainte d'avoir des soldats français dans la ville, à la charge des citoyens.

Dès que l'exempt se fut retiré, les consuls se rendirent au

palais suivis d'une quantité de nobles et de bourgeois, ils lurent au vice-légat la lettre du roi conçue en ces termes :

Très-chers et bien aimés,

« Envoyant le capitaine Busca, exempt des gardes de notre corps, vers le vice-légat, au sujet de ce que nous avons appris qu'il se passe dans Avignon et le Comtat depuis que la nouvelle de l'attentat commis dans Rome le 20 du mois dernier, en la personne de notre ambassadeur, de son épouse et de ses domestiques, a été sçue, nous lui avons ordonné de vous voir, pour vous faire savoir sur cela nos intentions, et nous avons bien voulu accompagner le capitaine Busca de cette lettre, pour vous convier à lui donner une entière créance sur toutes les choses qu'il vous dira. A quoi nous remettons de ce que nous pourrions ajouter à la présente. Nous ne vous la ferons plus longue que pour prier Dieu qu'il vous ait à sa sainte garde. A Paris, le 24 septembre 1662. *Signé* Louis ; *et plus bas :* Letellier. »

Après cette lecture, les consuls prièrent instamment le vice-légat de sauver la ville d'une occupation militaire imposée par la force des armes.

Le prélat, qui croyait pouvoir résister à la volonté puissante de Louis XIV, persista dans son refus. On fut obligé de se contenter d'envoyer de part et d'autre des députés aux gouverneurs du Dauphiné, de Provence et de Languedoc pour les prier de suspendre l'envoi des troupes jusqu'au retour de leur député à la cour. (1)

La garnison italienne, qui était peu nombreuse, tremblait au seul nom des soldats français ; elle redoutait aussi une in-

---

(1) MM. de Saint-Andiol Boissac au prince de Conti, gouverneur du Languedoc ; le marquis de Galéan des Issarts au duc de Mercœur, gouverneur de Provence ; de Puget de Chasteuil, au duc de Lesdiguières, gouverneur du Dauphiné, et le marquis de Pérussis auprès du roi. Le vice-légat envoya le sieur Florent, archiviste, au duc de Mercœur, et le chevalier de la Grugière, capitaine de la Garde suisse au prince de Conti.

surrection des Avignonais, aigris depuis longtemps contre elle. En effet, les places publiques se couvrirent d'une foule exaspérée manifestant hautement le désir de passer sous une autre domination. Lorsque cette populace se dirigea vers les portes occupées par les Italiens, elle les trouva évacuées ; les gardes avaient déjà pris la fuite et s'étaient retirés dans le palais ou dans des maisons particulières.

Le peuple, enhardi par ce premier succès, résolut de forcer le palais pour en chasser tout ce qui restait des sbires italiens ; mais les consuls, par leur énergie, calmèrent cette ardeur guerrière, et leurs paroles de paix furent écoutées.

Les Italiens n'ayant plus la garde des portes, furent censés renvoyés au-delà des monts : ainsi l'ordre du roi fut en quelque sorte exécuté.

Les consuls, après avoir informé le vice-légat de ces évènemens importans, le supplièrent de laisser armer la bourgeoisie pour éviter de semblables désordres et fournir des gardes aux portes. Lascaris, sans pouvoir, timide devant le danger, approuva tout et donna, par son adhésion, une autorité absolue aux consuls, en mettant sous leurs ordres la garde citoyenne, dont les magistrats devaient se servir bientôt contre le gouverneur lui-même.

Le duc de Mercœur et le prince de Conti, instruits de la conduite des Avignonais, en témoignèrent leur satisfaction aux consuls et leur enjoignirent en même temps de faire surveiller le vice-légat, de peur qu'il ne s'échappât de la ville. Le conseil assemblé délibéra d'ordonner à M. de Folard, major de la cité, d'aller investir le palais avec un détachement de troupes bourgeoises, qui, outrepassant la consigne qu'ils avaient reçue, se répandirent tumultueusement dans le palais, posèrent des gardes à toutes les portes, de sorte que le vice-légat se trouva prisonnier de ceux à qui il avait commandé naguère si despotiquement.

Cependant sa détention ne fut pas de longue durée. L'exempt des gardes dit aux magistrats qu'il suffisait de faire observer Lascaris, et de lui permettre même de se promener dans la ville, faculté dont celui-ci se garda bien d'user pour éviter d'accablantes humiliations. Lascaris resta donc ainsi resserré au milieu de ses Suisses et de ses Italiens Cette captivité durait depuis neuf jours, lorsque MM. de Pérussis et des Issarts arrivèrent auprès du duc de Mercœur. Après une conférence de plusieurs heures avec ce prince, ils envoyèrent un courrier au conseil de ville pour l'informer que les intentions du roi nous étaient favorables ; que le premier président du parlement d'Aix avait reçu ordre de faire procéder incessamment à la réunion d'Avignon et du Comtat à la France ; que le Parlement, sur la requête du procureur général, avait déjà ordonné que le pape serait ajourné, en la personne du vice-légat, à comparaître dans huit jours à la cour, pour entendre déclarer la réunion.

Cette nouvelle publiée en plein conseil fut bientôt divulguée. Ce fut alors une joie extrême, une émotion des plus vives. Dans l'ivresse du triomphe, le peuple s'abandonne à des excès criminels ; il escalade la façade du palais où étaient les armes du pape ; il les arrache pour y substituer celles de France ; il les traîne dans la boue, et demande arrogamment au vice-légat de lui livrer le barigel, réfugié dans le palais, petit magistrat accusé de vols et autres crimes commis dans l'exercice de ses fonctions et que Lascaris avait tolérés. Celui-ci rejeta d'abord la demande avec indignation ; mais les clameurs des furieux épouvantèrent le gouverneur ; il livra le malheureux barigel, qui fut conduit à l'Hôtel de Ville protégé par les consuls qui eurent peine à se faire jour dans la foule. On l'enferma dans l'arsenal, les fers aux pieds, et attaché à l'affût d'un canon.

Le lendemain, l'ordre d'évacuation fut proclamé. Aussitôt le capitaine-colonel de l'infanterie, bailli Rospigliosi, le commandant-général de l'infanterie, chevalier Passionei, décampèrent avec leurs officiers. Deux huissiers français, accompagnés de quatre archers, se rendirent au palais et ajournèrent

14

le pape à comparaître à la cour du Parlement de Provence pour y exposer sur quels titres il possédait Avignon et le Comtat. Il est cependant une pensée élogieuse à accorder à Lascaris ; elle réside dans le fait seul de son immuable énergie. Tandis que la foule le maudissait et accompagnait par des vivats les commissaires français, lui, demeurait ferme et impassible dans son palais et signait une protestation, par laquelle le pape, son maître, étant prince souverain, ne reconnaissait aucune juridiction.

Le conseil de ville, occupé à examiner la conduite des officiers de la légation, délibéra que l'abbé Chaconi, auditeur général, devant être syndiqué avant de quitter le pays, sortirait du palais pour subir cet examen, et qu'en attendant on s'assurerait de sa personne. Le vice-légat voulut en vain résister ; cédant à la force imposante qui l'environnait, il laissa appréhender au corps cet officier, comme on avait fait du barigel. L'abbé Chaconi fut conduit en voiture dans une maison voisine de l'Hôtel de ville, où il fut gardé à vue, et on lui nomma deux syndics. MM. Antoine de Laurens et Hector Anglesy.

Pendant qu'on négociait la paix à Lyon, les consuls, profitant de cet état de choses, rompirent ouvertement avec le vice-légat qu'ils ne regardèrent plus que comme un fantôme de gouverneur qui allait bientôt disparaître ; ils lui enlevèrent tous ses droits et prérogatives et le traitèrent comme un simple particulier, heureux qu'on le laissât dans son palais, d'où ils comptaient le chasser bientôt.

Pleins de ces folles idées, ces magistrats rappellent à eux tout le faste du commandement ; ils se font suivre par des gardes, ils prennent à leur solde les Suisses du prince. Avec cet appareil triomphant, ils assistent aux divers offices où le vice-légat paraissait ordinairement *in fiochi* (1).

---

(1) Mot italien qui désigne l'appareil avec lequel les vice-légats assistaient aux offices des fêtes de Noël et de Pâques : cet appareil consistait dans une suite imposante composée des chevau-légers, des Suisses et des carrosses de parade du prince.

On donna des fêtes au peuple qui applaudissait, on puisa sans mesure dans le trésor de la ville. Effrayés d'une telle profusion, les bons citoyens s'empressèrent, dans un conseil, de mettre un frein à une conduite si peu mesurée. On nomma, malgré eux, des adjoints pour surveiller la dépense et modérer cette ivresse républicaine qui égarait les hommes les plus sensés.

Cette mesure amena pour quelque temps la tranquillité; mais l'esprit de sédition qui régnait toujours fit commettre un nouvel attentat contre le souverain dans la personne du viguier qui en est le représentant. A la procession générale qu'on fait la veille de l'Ascension, l'étendard du pape est porté par le viguier, et celui de la ville par le premier consul. Une troupe de séditieux demande insolemment cet étendard; ils se jettent comme des furieux sur le magistrat qui le porte, et le mettent en lambeaux.

Lascaris ne témoigna aucun ressentiment de cette nouvelle insulte; il temporisait dans la solitude de son palais, en attendant que les différends de deux souverains fussent terminés, pour se venger des outrages faits à la majesté du prince.

A cette époque, les consuls reçurent la lettre suivante de Louis XIV :

Très-chers et bien amés,

« Nous apprenons avec tant de satisfaction la constante affection que vous faites paraître au bien de notre service et à l'avantage de tous nos intérêts, que nous avons bien voulu vous écrire cette lettre pour vous témoigner que nous vous en savons beaucoup de gré, et pour vous assurer en même temps de la résolution où nous sommes de vous donner en toute rencontre à l'avenir une si haute et si solide protection, que quelque chose qui arrive de l'accommodement qui va se traiter à Lyon, ce qui devient tous les jours plus douteux, par le peu de disposition que la cour de Rome met à nous satisfaire, non-seulement vous n'aurez jamais à vous repentir de nous avoir donné à ces occurences-ci des preuves de votre zèle et de votre attachement à tous nos intérêts, mais plutôt à vous louer de la bonne fortune qui vous a fait rencontrer une occasion si favorable d'acquérir auprès de nous ce mérite qui nous conviera à vous départir avec joie nos grâces. Sur ce nous prierons Dieu qu'il vous ait en sa sainte garde. Ecrit à Paris, le 1er mai 1663. *Signé* Louis ; et plus bas : de Lionne. »

Cette lettre causa dans la ville des transports de joie inexprimables. Des fêtes, des réjouissances publiques, des bals sur les places, signalèrent cet évènement. Mais cette allégresse fut pourtant modérée quelques jours après par l'espoir d'une prochaine paix entre le pape et le roi de France.

Le duc de Créqui et l'abbé Rasponi, députés des deux souverains, après s'être séparés à Lyon sans rien conclure, étaient revenus au Pont de Beauvoisin pour renouer les négociations : et comme l'on craignait qu'ils ne tombassent d'accord sur les satisfactions que le roi demandait, sans faire mention des Avignonais, il fut délibéré d'envoyer sur les lieux huit députés pour soutenir les intérêts de la ville, ou, pour mieux dire, afin de mettre à l'abri de toute poursuite, si la réunion n'avait pas lieu, les consuls et les citoyens qui avaient si imprudemment manifesté leur opinion en faveur de la France, et poussé jusqu'au délire les insultes les plus graves envers le représentant du souverain, soit par des actions, soit par des écrits. Les insultes étaient grandes : on en jugera par cette parodie de l'hymne *Vexilla regis*, etc.

Vexilla Regis prodeunt
Fulget ubique lilium,
Quo syndicandus auditor
Suspendetur patibulo.

Quo syndicandus insuper
Est judicandus Lascaris,
Ut se lavet à crimine
Expectans jussa præsidis.

Impleta sunt quæ concinit,
Tunc Nostradamus carmine,
Dicens Avenionibus
Regnavit rex Ludovicus.

Arbor decora fulgida
Ex Borbonum familia,
Electa digno stipite
Ut venias nos regere.

Beata cujus manibus	Redde nobis justitiam,
Restituetur pretium,	Nec eis dones veniam.
Quæ redimamur barbaris	
Cum redimamur Italis.	Te summa Deus Trinitas,
	Collaudet omnis spiritus,
O rex ! ave, spes unica,	Quos salvas nunc per lilium
Redemptionis tempore,	Te laudabunt in secula. Amen.

ORATIO.

Quæsumus, omnipotens Rex, civitatem quam propitiùs respice, ut te redimente rogatur à Gallis, et te servante liberetur ab Italis. Amen.

Le procès du barigel fut terminé le 15 juin 1663. Ce malheureux fut condamné à être pendu, après avoir été convaincu de plusieurs crimes capitaux. Le jugement portait qu'il serait exécuté sur la place Saint-Didier : mais le peuple demanda qu'il fût mis à mort devant le palais, afin d'insulter aux Italiens qui y étaient renfermés. Le procès de l'auditeur général se poursuivait aussi avec vigueur.

Dans cette sorte d'état sans gouvernement, M. de Villefranche, à la tête de huit cents hommes, faisait nuit et jour des patrouilles continuelles. Ces précautions assurèrent l'élection des nouveaux consuls, qui supprimèrent d'un commun accord la visite d'usage et de droit qu'on faisait au vice-légat après la nomination.

Cependant personne ne paraissait encore pour prendre possession de la ville au nom du roi ; on était dans l'inquiétude, lorsque le 17 juillet 1663, les délégués du Parlement d'Aix allèrent en personne trouver le vice-légat pour lui faire connaître l'arrêt de réunion. Lascaris, sans être intimidé, ne répondit au président d'Oppède, qu'en lui intimant la bulle d'excommunication lancée contre ceux qui envahissent les biens de l'Eglise. Mais le président le fit prisonnier de la part du roi et lui donna des gardes. On arrêta en même temps son secrétaire, le dataire et le sieur Florent, archiviste ; on saisit tous leurs papiers, et sur les onze heures du soir, les quatre prisonniers montèrent dans une voiture du duc de Mercœur, escortés de dix de ses gardes qui les conduisirent jusqu'à Nice. Quatre nobles avignonais partirent alors pour féliciter le roi : c'étaient MM. de Puget de Chasteuil, de Cazal, Borrelly et Capelan.

Le moment n'était pas encore venu où Avignon devait être réuni définitivement à la France. Le pouvoir royal, quoiqu'alors à son apogée, n'osa point encore braver les foudres du Vatican et porter atteinte aux droits de l'Eglise. Il était réservé à la révolution de remonter à la source de ces droits et de les abolir.

Les conférences entre le duc de Créqui et l'abbé Rasponi, interrompues au Pont-de-Beauvoisin, furent continuées par ce dernier et l'abbé de Barlemont, auditeur de Rote à Rome. Enfin par le traité de Pise, signé le 12 février 1664, la bonne harmonie fut rétablie entre les deux souverains. Le cardinal-légat, Chisi, arriva aussitôt à la cour de France, et le pape fut rétabli dans la possession d'Avignon et du Comtat. L'ordre en fut expédié à M. de Mérinville, gouverneur d'Avignon. L'auditeur-général Chaconi fut mis en liberté et s'éloigna de la ville.

Cette nouvelle atterra le parti français, surtout quand il apprit que Lascaris allait revenir occuper la légation. Celui-ci ne tarda pas, en effet, à faire son entrée triomphante, le 20 août, au milieu des acclamations de ce même peuple qui l'avait abreuvé de dégoûts. L'auditeur Ravisa reçut le serment des consuls ; après la formule, l'auditeur leur dit: *Beatus Petrus ter negavit Christum, pœnitentia ductus, flevit et gratiam obtinuit, vos semel à rectâ viâ aberrastis, penituistis, et beatus Petrus gratiam fecit.*

Cependant le cardinal-légat s'approchait d'Avignon ; il fut précédé par MM. Sigismond Chisi, Picolomini et Colonna ; ce dernier fut désigné vice-légat à la place de Lascaris. A son arrivée, des réjouissances eurent lieu dans la ville. Avant de partir, il accorda une amnistie générale ; mais il nous laissa malheureusement un vice-légat qui fut un fléau pour le pays, qui eut toutes les qualités propres à faire regretter son prédécesseur. Colonna était dur, violent, inhumain, en un mot le plus impitoyable qui fût venu d'au delà des monts ; aussi sa conduite nous entraîna dans de nouveaux désordres qui ne finirent que par la perte de nos plus beaux priviléges et de nos libertés.

« Avignon était bien alors cette ville de plaisirs, de corruption et d'intrigue, telle que l'amant de Laure l'avait connue, telle que l'avait faite le séjour des anti-papes et des cardinaux ; comme c'était un lieu d'asile étranger dans le sein même de la France, le rebut de tous les ordres ecclésiastiques, la lie de la société, les condamnés de tout genre qui avaient pu échapper à la justice y affluaient. Il y avait aussi, au-dessus de cette tourbe, le vice poétique et doré, les intrigues coupables mais tolérées par le monde et même encouragées par lui, s'exerçant dans une société choisie à laquelle la cour du vice-légat servait de théâtre. Le légat était à cette époque un cardinal italien, Flavio Chisi, plein d'esprit et d'instruction, aimant la poésie et la musique, et se plaisant à réunir dans son palais tout ce qui pouvait accroître sa réputation de protecteur des lettres. Les femmes un peu compromises, mais encore belles et jeunes, les hommes de mauvaises mœurs, mais à manières élégantes, recherchaient surtout la cour d'Avignon. Là, pourvu que les dehors fussent observés, toute licence était permise. »

Il y a dans l'histoire de sombres et majestueuses figures qui ne nous apparaissent qu'environnées d'une auréole lugubre, comme le soleil d'un mauvais jour. Nous ne savons pas, au premier aspect, si c'est un grand homme qui passe devant nous, ou un de ces mauvais génies que le ciel envoie dans sa colère pour châtier les peuples. Tel fut pour nous Alexandre Colonna, qui passa comme un météore malfaisant laissant après lui les traces de son apparition désastreuse.

On devait naturellement penser que d'après l'amnistie accordée par le cardinal-légat, la ville allait enfin jouir de la tranquillité troublée par quatorze ans de désordres. La modération du cardinal Chisi aurait dû servir de règle au nouveau vice-légat pour consolider la paix et l'union, ramener les habitans à leur devoir, les éloigner de l'habitude des révoltes et adoucir un peu le despotisme italien. Mais Colonna était d'un caractère à ne rien sacrifier pour obtenir ces heureux résultats, il ne pensait qu'à tirer une vengeance éclatante des fautes passées : les évènemens et son imprudence le servirent à souhait.

Colonna fut installé vice-légat le 15 septembre 1664. Bientôt après on vit arriver d'au-delà des monts un autre barigel avec vingt-quatre sbires ramassés dans la populace de Rome, armés de longues épées et de poignards; ils étaient suivis de trois cents soldats italiens qui s'emparèrent subitement des portes de la ville et des autres postes qu'ils occupaient auparavant. A cette démonstration hostile, une agitation sourde commença à se manifester et à faire craindre des suites fâcheuses; mais les consuls travaillèrent activement au maintien du bon ordre, en faisant espérer au peuple que les mesures prises par le vice-légat ne pouvaient porter atteinte à nos libertés et à nos priviléges, mais qu'elles avaient pour but seulement d'intimider les séditieux habitués depuis longtemps à s'attrouper sur le moindre prétexte.

Les magistrats ne se méprenaient point sur les intentions du vice-légat; prudemment ils se tenaient sur la défensive, et sans alarmer un peuple qui s'irritait facilement et se précipitait inconsidérément dans la révolte, ils voulaient du moins l'empêcher de fournir à Colonna un prétexte pour exercer sa vengeance, lorsqu'on vit paraître un règlement publié avec un appareil tout militaire et dont les dispositions devaient inspirer la plus grande terreur. Les consuls se hâtèrent de se rendre auprès du prélat pour lui faire connaître le danger d'une pareille démarche. Colonna reste sourd à leurs patriotiques remontrances et les renvoie avec dureté. Le peuple est bientôt instruit de l'insultante réception faite à ses magistrats. Le 24 octobre, plus de quinze mille hommes paraissent devant le palais, demandant hautement la révocation de ce règlement, chef-d'œuvre du plus insolent despotisme.

En voici les principaux articles : ils sont le digne pendant des mesures prises dans les plus beaux jours de 93.

« 1° Défense de se trouver plus de deux personnes ensemble, sous peine de galères et de la confiscation des biens des condamnés ; 2° que les pères répondraient des duels et des disputes de leurs enfans ; 3° que personne n'allât dans les rues après huit heures du soir, et après neuf heures pour affaires importantes ; que les enfans au-dessus de dix ans qui diraient ou chanteraient des choses tendantes à la sédition, auraient le fouet (par la main du bourreau) et les pères paieraient trois cents écus d'amende. »

L'indignation s'empare des esprits de la généralité des conseillers. MM. Puget de Chasteuil et Conceyl de Saint-Roman proposent de résister au vice-légat, et de suite on crie aux armes, les boutiques se ferment, on enfonce les portes de l'arsenal, on le pille, on crie : *vive les consuls ! vive la liberté !* Le peuple armé s'empare des portes de la ville et en chasse la garde italienne à coups de fusil. En vain M. de Crillon cherche à apaiser les révoltés, on n'écoute point sa voix amie ; en vain l'archevêque se présente avec sa crosse et sa mitre, on est sourd à ses exhortations pastorales. Dans le même temps, un imprudent soldat italien laisse pendre une corde d'une fenêtre du palais ; alors la fureur populaire est à son comble, elle menace de mettre le feu au vieil édifice des papes. Le vice-légat tremble enfin, il se présente sur le balcon entre les deux tourelles où le souverain pontife bénissait le monde, et promet de révoquer son règlement par une ordonnance qui fut rédigée le 25 octobre 1664.

Cette ordonnance, monument curieux de l'astuce italienne, n'était qu'un piége que Colonna tendait aux habitans pour les calmer et les engager à poser les armes. Les consuls et le corps de ville ne furent pas la dupe de cette politique ultramontaine ; ils connaissaient trop bien Colonna pour le croire assez généreux de pardonner à ceux qui l'avaient forcé à révoquer son règlement. Craignant avec juste raison les effets de la vengeance du vice-légat, ils décidèrent de secouer entièrement le joug de la domination italienne et de se donner à la France. En conséquence, ils écrivirent au roi Louis XIV, lui donnèrent connaissance du règlement de Colonna, et le supplièrent de prendre le pays sous sa protection, désirant ardemment de devenir ses sujets.

Le roi de France leur fit expédier la réponse suivante :

Très-chers et bien amés,

« L'affection que nous avons pour votre ville et le ressentiment que nous conservons du zèle qu'elle nous a témoigné dans les embarras passés, nous convie à prendre grand intérêt à tout ce que nous jugeons être de son bien, de son repos et de sa sûreté. Nous envoyons notre cousin le duc de Mercœur et le sieur d'Oppède, premier président à notre Parlement de Provence, à Villeneuve-lès-Avignon, pour vous faire entendre de plus près nos sentimens sur l'état présent de ladite ville, et travailler ensuite en notre nom à tout ce que nous avons estimé pouvoir le plus contribuer à votre avantage et à l'indemnité de ce qui s'est passé depuis quelque temps. Vous donnerez donc entière créance à tout ce que mondit cousin et le sieur premier président vous feront entendre de notre part, en quoi vous aurez occasion de reconnaître de plus en plus la sincérité de notre affection. Cependant nous prions Dieu, très-chers et bien amés, qu'il vous tienne en sa sainte garde.

» A Paris, le 26 novembre 1664. *Signé* Louis. »

Cette lettre promettait beaucoup, mais elle ne satisfit point les Avignonais, ils devaient s'y attendre. Le roi de France aurait pu facilement s'emparer de cette belle contrée ; les foudres du Vatican, depuis longtemps émoussées, eussent été impuissantes pour l'en empêcher ; mais le cabinet de Versailles trouvait plus politique de tenir les papes sous sa dépendance, en les menaçant, sur le plus léger mécontentement, de la perte de cet état, auquel le saint-siége attachait du prix, quoiqu'il n'en retirât aucun revenu. D'ailleurs les princes n'autorisent jamais la révolte qu'autant qu'ils y trouvent leurs intérêts. Louis XIV était assez versé dans la science du gouvernement, pour connaître que la sûreté commune des souverains dépend de la soumission des peuples, et qu'il est de bonne politique de les maintenir dans l'obéissance, tout en les flattant de leur royale protection. La paix que Sa Majesté venait de conclure avec le pape, aurait dû éloigner des Avignonais l'idée que le roi voulût l'enfreindre en s'emparant sans motif d'un pays qui ne lui appartenait pas.

M. de Montdevergues, député de la ville auprès du roi, informa les consuls que Sa Majesté avait fait choix du duc de Mercœur pour terminer les affaires. A cette nouvelle, le peuple, excité par ses chefs, se porte à l'Hôtel-de-Ville, et crie qu'il faut député au roi pour demander un autre médiateur, attendu que ce seigneur, prétendant au cardinalat, prendrait de préférence les intérêts de la cour de Rome que ceux de la ville. Le comte des Issarts, voulant éclairer le peuple sur la fausse opinion qu'on lui avait suggérée relativement au duc de Mercœur, fut insulté et accusé de trahison. Puget de Chasteuil, moteur secret de toutes ces menées, se mit à la tête de quelques factieux, et les exhorta à chasser les traîtres. Mais les honnêtes bourgeois, qui redoutaient un rassemblement toujours dangereux dans ces circonstances, firent courir le bruit que M. de Chasteuil voulait se rendre maître des portes de la ville pour traiter ensuite avec le vice-légat. Cette insinuation, adroitement lancée, rendit tellement Chasteuil suspect au peuple, que ce seigneur fut obligé de rester caché pendant trois jours pour éviter sa colère. Des témoins déposèrent devant les juges que M. de Chasteuil leur avait dit que les consuls, le comte des Issarts et le marquis de Pérussis trahissaient le peuple, et que M. le duc de Mercœur ne venait que pour faire une paix désavantageuse aux habitans; qu'il fallait se mettre sous les armes, et qu'il s'offrit de devenir le chef de cette juste opposition. D'autres assurèrent qu'il était monté secrètement au palais, et qu'il était d'intelligence avec le vice-légat.

D'après ces témoignages, le conseil s'assembla pour aviser aux moyens de prévenir l'insurrection, et pour y arriver plus facilement, il fut décidé qu'on s'assurerait de la personne des chefs.

En conséquence, les juges de Saint-Pierre décernèrent contre Chasteuil un décret de prise de corps. Ce conspirateur en fut averti, mais il ne crut pas qu'on osât mettre la main sur lui et continua de paraître en public. Le major Folard fut chargé de le faire prisonnier. Suivi de vingt-cinq mousquetaires à la suite desquels étaient les sbires, il trouve Chasteuil se promenant dans la rue ; les sbires l'entourent, le saisissent et l'emmènent dans les prisons de Saint-Pierre. Destinée commune aux chefs de parti, ils finissent toujours par devenir victimes de ce même peuple dont ils étaient l'idole naguères. M. de Chasteuil l'éprouva cruellement, car ce ne furent pas les sbires qui le saisirent, mais bien une populace furieuse qui voulait le massacrer.

Le 10 décembre, le duc de Mercœur et le président d'Oppède arrivèrent à Villeneuve. MM. des Issarts et Pérussis se rendirent aussitôt auprès de Son Altesse, avec laquelle ils eurent une longue conférence. Le lendemain, les consuls, accompagnés d'un grand nombre de gentilshommes et de bourgeois vinrent lui rendre visite. Son Altesse leur répéta qu'elle avait l'ordre du roi de procurer tous les avantages possibles à la ville d'Avignon ; elle les invita, en outre, à mettre leurs demandes par écrit et à faire assembler le conseil le jour suivant, où effectivement se rendit le capitaine des gardes de Son Altesse, qui enjoignit aux consuls de nommer des députés pour venir entendre les volontés du roi. MM. de Donis de Goult, de Villeneuve, Vitrolles, de Conceyl de Saint-Roman, Deslandes, Ribère, Silvestre, Durrieu, Tournet, Blanc et Capelan, furent nommés pour aller à Villeneuve.

Le même jour, le chevalier de la Pène vint demander au vice-légat un *pareatis* pour faire traduire M. de Chasteuil hors de la ville. Colonna l'accorda sans hésiter. La garde consulaire escorta le prisonnier jusqu'à la porte du Rhône ; là il fut remis entre les mains des soldats du duc de Mercœur, qui le conduisirent dans le château de Tarascon.

Le vice-légat et les députés se rendirent séparément auprès de Son Altesse, qui, pour éviter des discussions toujours pénibles et souvent infructueuses, en présence des parties belligérantes, fit placer le vice-légat et son conseil dans une chambre et les députés dans une autre, tandis que Son Altesse faisait les allées et venues pour porter les propositions.

Les demandes des députés consistaient en quatre chefs principaux : 1° point de garnison italienne, attendu qu'elle n'avait jamais été appelée à Avignon qu'à la réquisition des consuls, et que même elle était contraire au service du roi ; 2° la suppression de l'office d'archiviste, charge très-préjudiciable à la ville ; 3° le maintien de l'ordonnance du vice-légat, publiée le 25 octobre ; 4° amnistie générale pour tout le passé.

Le duc de Mercœur dit aux consuls et députés qu'avant toute discussion, la volonté du roi était qu'on désarmât le peuple. Les consuls promirent, et l'on s'ajourna au jour suivant pour connaître les volontés du roi.

A leur arrivée, les consuls et les députés firent part de la demande faite par le duc de Mercœur et de la promesse qu'ils avaient donnée de la faire exécuter. Le peuple avignonais se trouvait dans une position fort embarrassante. Placé entre deux pouvoirs despotiques, le pape et le roi, intéressés à le priver de sa liberté, pouvait-il lutter avec fruit contre deux puissances, dont l'une disposait de la force militaire, et l'autre des foudres de l'excommunication ? Il céda et se laissa désarmer. Les postes que les habitans occupaient furent abandonnés.

Le lendemain, les consuls et les députés retournèrent à Villeneuve. Son Altesse leur dit que le roi avait appris avec bien de déplaisir tout ce qui s'était passé à Avignon, et que, sans le zèle que cette ville avait témoigné pour Sa Majesté, elle aurait pris les armes pour remettre cette ville dans l'obéissance due au Saint-Siége ; que sa volonté était que les choses fussent remises comme auparavant, et que le vice-légat aurait la faculté de faire construire devant le palais un fossé avec un pont-levis à la principale porte. Chose étonnante ! l'envoyé du roi de France voulut obliger les consuls et les députés à signer cet écrit. Mais nos magistrats, fiers de leur antique indépendance, rejettèrent cette proposition, en disant qu'ils ne pouvaient s'y soumettre avant d'avoir consulté les représentans de la cité. Les conseillers en corps se refusèrent hautement à signer leur honte et leur condamnation. Le duc répondit à l'assesseur porteur de ce message, qu'il enverrait des troupes du roi pour se faire obéir. Celui-ci répliqua qu'il aimait mieux la présence des troupes françaises que la perte de nos priviléges. Les plus violens débats s'élevèrent dans le conseil de ville. On agita la question de poignarder celui ou ceux qui oseraient signer un acte aussi honteux ; on vomit mille injures contre MM. de Pérussis et des Issarts : on les appela traîtres et perfides, parce qu'ils étaient restés auprès du prince. — Nous sommes ravis d'avoir les troupes du roi, dit un conseiller ; qu'elles viennent, nous ouvrirons toutes nos portes pour les recevoir, nous abattrons, s'il le faut, cinquante toises de nos murailles pour qu'elles entrent plus commodément. Notre plus grand désir est de fraterniser avec les troupes du roi. — Ces paroles, qui déguisaient une fermeté illusoire et qui exposaient la ville aux plus grands dangers, si le prince exécutait ses menaces, ne furent pas approuvées par les papistes dont plusieurs manifestèrent une opinion contraire.

Les malheurs dont on était menacé firent changer de résolution à ces conseillers si courageux naguère. Malgré l'éloquence d'un député du peuple (M. Desmarets) admis dans le sénat, il fut résolu de ne plus tarder à souscrire à tout ce que le roi voudrait ordonner, et de lui envoyer en même temps deux députés pour l'informer de la soumission de la ville et le supplier d'intercéder auprès de sa sainteté pour le maintien de nos priviléges.

Cette affaire étant terminée, le duc de Mercœur et le vice-légat partirent de Villeneuve, le premier pour Aix, et le second pour Cavaillon; mais ils se rejoignirent le lendemain, par suite de l'arrivée d'un courrier arrivé de Rome, dont les dépêches devaient être communiquées à Son Altesse. Le marquis des Issarts, envoyé auprès du cardinal-légat, fut peu favorablement accueilli, et se vit obligé de sortir de Rome pour ne pas éprouver quelque mauvais traitement. La chancellerie du Vatican était tellement fatiguée de ces continuelles séditions, qu'on avait secrètement agité la question d'abandonner cet état à la France, moyennant une indemnité; mais le Saint-Père avait persisté à le garder. D'un autre côté, les députés envoyés à la cour de France, furent rencontrés à Moulins par M. de Villerey, gentilhomme du duc de Mercœur; il leur intima l'ordre de retourner à Avignon. En même temps Son Altesse signifia aux habitants qu'il fallait se résoudre à obéir aveuglément au Saint-Père. Cette fatale nouvelle excita une si grande agitation parmi le peuple, qu'il ne fut rien moins question que de mettre la ville au pillage. Effrayés par ces menaces, les consuls députèrent MM. de Guillet et de Galéan Castelet auprès du vice-légat pour le prier de rentrer dans la ville, les habitans étant disposés à se soumettre. Son Excellence répondit qu'elle ne pouvait se rendre à cette invitation sans avoir consulté le duc de Mercœur, seul chargé de terminer cette affaire.

L'Italien, notre ennemi, nous traitait avec dédain, soutenu qu'il était par un autre despote, irrité qu'un petit peuple osât parler de liberté. Des nouvelles alarmantes arrivées de Paris firent craindre que l'amnistie ne fût pas générale. Alors plusieurs nobles et bourgeois quittèrent la ville et se réfugièrent en Languedoc.

Le duc de Mercœur, le président d'Oppède et le vice-légat revinrent à Villeneuve. Les consuls furent invités à se rendre le lendemain chez Son Altesse, qui les présenta bien confus et soumis à l'altier Colonna. L'assesseur Pierre Roberty fit

toutes les protestations d'obéissance exigées par la malheureuse circonstance où se trouvait la ville d'Avignon. Son Excellence répondit avec hauteur : « La considération du roi très-
» chrétien qui a intercédé pour votre ville, fait qu'on oublie
» tout le passé, et c'est pourquoi je vous reçois à pardon des
» mains de Son Altesse le duc de Mercœur. » L'écuyer du duc remit aux consuls une lettre du roi, dans laquelle Sa Majesté leur promettait sa protection s'ils se soumettaient entièrement à notre Saint-Père, de qui il était glorieux d'être sujet.

C'en était fait, le despotisme italien était vainqueur de nos résistances ; il ne lui restait plus qu'à nous humilier et à nous asservir. Le vice-légat fit publier de Villeneuve une proclamation qui ordonnait à chaque citoyen de porter ses armes au palais, sous peine de la vie. Les magistrats municipaux vidèrent l'arsenal et firent transporter le tout sous les herses de la demeure pontificale (1).

Dès que le vice-légat apprit que la ville était désarmée, il y fit entrer cinq ou six cents hommes de troupes ramassées dans le Comtat et leur donna la garde du palais et des portes de la ville. Le 2 février 1665, à une heure après midi, son Exc. se rendit au bout du pont où tous les carrosses de la ville étaient en station. De là, elle vint à la porte Saint-Lazare, les consuls l'attendaient. Colonna les fit placer dans sa voiture, et suivis de la cavalerie, ils montèrent à Notre-Dame. La garnison était en bataille sur la place. Quand le cortége fut entré dans l'église, un chanoine récita le *Confiteor*, la musique du chapitre chanta le *Miserere*. Ensuite les consuls firent à genoux l'amende honorable suivante, en présence du vice-légat revêtu d'une étole violette. L'assesseur portant la parole dit à haute voix :

---

(1) Les pertes que la ville fit dans cette dernière révolte furent immenses. L'enlèvement d'un arsenal renfermant plus de 4,000 fusils, une quantité de hallebardes, de cuirasses, de poudre et autres munitions de guerre, plus de 108 pièces de canon de fonte, amena les dettes que la ville avait contractées en 1560, lors de la guerre des huguenots en achetant ces objets, et dont elle supportait encore la charge en 1790.

Monseigneur,

Votre ville d'Avignon, et nous, consuls et assesseur, en nos propres noms et de tous les habitans d'icelle, prosternés à vos pieds, demandons très-humblement pardon à Dieu, à la bienheureuse Vierge Marie, aux apôtres saint Pierre et saint Paul, à notre saint père le pape Alexandre, notre auguste souverain, à l'éminentissime cardinal-légat et à votre excellence, des crimes commis par nous et le peuple de ladite ville, ci-devant et ensuite. Et supplions très-humblement sa sainteté, vicaire de N. S. Jésus-Christ, dont le propre est de pardonner, de faire toujours miséricorde et de la même façon qu'un père fait à ses enfans, et Son Exc. qu'il lui plaise nous donner l'absolution des censures que nous et lesdits habitans avons encourues par lesdits excès, nous offrant de subir et faire la pénitence qu'il plaira à Son Exc. de nous imposer.

L'assesseur prêta ensuite le serment de fidélité.

Le 4 avril le vice-légat fit publier et afficher l'amnistie de N. S. P. le pape, avec les réserves de sept proscrits et vingt exilés à perpétuité. Il destitua ensuite les consuls Galéan-Védènes, Louis Robert et Barthélemi Chrétien; ces magistrats obtinrent la faculté de rester dans la ville. L'assesseur fut confirmé dans ses fonctions; de sorte que la ville fut gouvernée par le viguier et cet assesseur jusqu'au mois de décembre suivant qu'eut lieu une nouvelle élection. Toutes les mesures furent prises pour changer l'ancien ordre de l'administration et nous enlever nos franchises une à une.

Le 20 mai, en exécution de la sentence rendue à Rome contre les proscrits et exilés, MM. François de Puget de Chasteuil, Thomas de Tulle de Villefranche père, Claude de Galéan des Issarts, Gaspard de Conceyl de Saint-Roman, Paul-Barthélemi de Baroncelli-Javon, Clément Chaissy et Pierre Anfossi, atteints et convaincus de rébellion envers leur souverain, et par conséquent criminels de lèze-majesté au premier chef, furent condamnés à être pendus sur la place du palais, à la confiscation de leurs biens, à la démolition de leurs maisons, sur les ruines desquelles on éléverait une pyramide infamante qui apprendrait à la postérité leurs noms et leurs crimes. Défenses furent faites aux exilés de rentrer dans les états de Sa Sainteté, sous peine de la vie.

Les proscrits étant en fuite, excepté M. de Chasteuil, détenu dans le fort de Tarascon, on crut à propos de faire peser sur lui seul la peine des désordres passés. A cet effet, Colonna expédia un courrier au duc de Mercœur pour lui demander de faire traduire le prisonnier à Avignon. Le duc adhéra à cette réquisition, à condition que les troupes du roi seraient chargées de la garde et de la conduite du proscrit jusqu'au port de Barbentane, où les soldats du pape devaient le recevoir. Chasteuil fut livré à douze archers qui le mirent dans une voiture et le conduisirent paisiblement jusqu'à Boulbon ; là, cinquante cavaliers armés et déguisés, embusqués dans la gorge de Saint-Julien, enlevèrent le prisonnier des mains des archers, tandis que six cents soldats, avec la cavalerie du pape, l'attendaient au port de Barbentane. La population avignonaise battit des mains à la nouvelle de cet enlèvement, et personne ne douta qu'il n'eût été effectué que par un ordre du roi de France.

Le 2 juin 1665, après l'exécution en effigie des proscrits, on démolit la maison du sieur Chaissy, située rue Philonarde. Sur ses ruines, on éleva une pyramide avec l'inscription suivante :

Cùm viii kalendis novembris 1664,

Populari furore, seditiosorum hominum instinctu conflata, contempta prolegati auctoritas, præsidarii milites urbe pulsi, palatium apostolicum obsidione vexatum, eoque violata principis majestas et sublata publica tranquillitas esset,

ALEXANDER VII, PONTIFEX MAXIMUS,

Contences animadversione in septem præcipuos defectionis auctores,

Thomassum DE TULLA DE VILLAFRANCA,

Claudium DE GALÉAN DES ISSARTS,

Paulum-Bartholomeum BARONCELLI-JAVON,

Franciscum Josephum DE PUGET DE CHASTEUIL,

Gasparem DE CONCEYL DE SAINT-ROMAN,

Clementem Chaissy,

Et Petrum Anfossi ;

Eadem causâ capitis damnatos et quia merita sese pœnæ subduxerunt, effigie eorum infelicè ligno addictæ publicatisque bonis et unius domo eversa, ejusque loco Pyramide erecta sentenciam passos, reliquæ multitudinis errore paterno animo ignoscendam putavit, exque justitiæ et clementiæ temporatione, republica egregie constituta Deo sedique apostolicæ ac sibi alteram Romam constituit.

Le vice-légat, voulant fortifier le palais de manière à pouvoir résister aux attaques imprévues d'un peuple toujours prêt à se révolter, fit abattre, le 13 avril 1665, une partie de la tour des Anges, pour en tirer les matériaux nécessaires à construire une plate-forme d'où les canons pourraient battre la ville, et établir ensuite des bastions et des demi-lunes contre la principale entrée du palais ; il fit démolir, pour le même motif, une partie de la tour de Trouillas, la plus élevée des constructions de Benoît XII. La cour de France ne voyait pas avec plaisir les ouvrages entrepris par le vice-légat, au mépris de la convention passée à Villeneuve entre le duc de Mercœur et le prélat. Le roi envoya à Avignon M. de Mérinville pour faire suspendre les travaux jusqu'à ce que les deux cours se fussent entendues à ce sujet.

Au retour du courrier de Rome, on apprit le rappel de Colonna et la nomination de Laurent Lomellini pour le remplacer.

Colonna ne voulut pas nous quitter sans nous laisser un souvenir de sa haine et de sa vengeance. Le 28 juillet 1665, il fit publier et afficher l'ordonnance suivante :

« Alexandre Colonna, baron romain, etc., désirant pourvoir au repos et à la tranquillité publique du présent état et faire connaître à tout le monde l'exécration que tous les gens de bien doivent avoir de la gravité des excès et crimes de la sédition et rébellion passée, que nous avons déjà punis du dernier supplice, par la sentence de mort que nous avons déjà prononcée contre Thomas de Tulle de Villefranche, Paul-Barthélemi de Baroncelli-Javon, Claude de Galéan des Issarts,

Jean-François de Puget de Chasteuil, Gaspard de Conceyl de Saint-Roman, Pierre Anfossi et Clément Chaissy.

» Avons, par ce présent édit, imposé, comme nous imposons la taille de deux cents pistoles pour le prix de la tête de chacun des susnommés ou de la personne de chacun d'iceux, lorsqu'elle sera remise ou délivrée vive ou morte entre les mains et pouvoir de cette cour ; lesquelles deux cents pistoles seront d'abord payées par le trésorier de la légation pour chaque tête ou chaque personne à livrer, comme dit est, au pouvoir de la cour ; et à ce que la susdite taille soit connue de tous et notoire à chacun, avons ordonné et ordonnons icelle être publiée à son de trompe et affichée à tous les lieux et carrefours de la présente ville accoutumés. Donnée à Avignon, le 28 juillet 1665. ALEX. COLONNA, *vice-légat.* Vu : CARTIER, *avocat et procureur-général* ; FLORENT, *archiviste et secrétaire,* ainsi signés à l'original. »

Colonna partit d'Avignon le 20 août, le lendemain de l'arrivée de Lomellini. Il se fit accompagner jusqu'à Turin par huit cavaliers, dans la crainte que les proscrits ne lui fissent payer cher les persécutions exercées contre eux.

Le 23 novembre, en vertu des ordres de la cour de Rome, on démolit le bastion et autres ouvrages commencés par Colonna. Le fossé et le pont-levis furent exécutés sous les ordres de Lomellini.

Le 12 décembre, le vice-légat confirma l'ordonnance de son prédécesseur, et y ajouta: « Et au cas que celui ou ceux qui livreraient lesdites têtes en personne, chacun d'eux l'une d'icelles, en mains et pouvoir de la cour, vives ou mortes, se trouve ou trouvent être aucun ou aucuns des condamnés à mort, auxdits cas outre les deux cents pistoles qui seront, comme a été dit, payées par le susdit trésorier pour chacune tête ou personne livrée, icelui ou ceux qui les livreront et mettront en toute assurance au pouvoir de notre cour, auront grâce de leur crime, laquelle, à ces fins, suivant le pouvoir à nous donné, leur avons octroyé et octroyons par ces présenes, dès maintenant comme pour lors, et dès lors comme dès à présent, icelle rémission, avec assurance comme dessus faite, leur remettant toutes lesdites condamnations à mort, à l'exil, respectivement contre eux faites. Déclarant néanmoins, comme nous n'avons entendu et n'entendre que ledit François de Puget de Chasteuil puisse se servir de l'effet des présentes, ni jouir de ladite grâce, ainsi celui avons excepté et réservé, exceptons et réservons par les mêmes présentes, lesquelles nous avons ordonné être publiées et affichées partout où besoin sera. *Signé* LOMELLINI, *vice-légat.* »

Les Parlemens de Grenoble, d'Aix et de Toulouse protestèrent contre cet édit et firent défense de l'exécuter dans leurs ressorts respectifs, menaçant de faire informer contre ceux qui donneraient refuge aux hommes assez lâches pour se rendre coupables d'un pareil acte de félonie.

Avignon, comprimé par la force, dépouillé d'une partie de ses libertés, se soumit au joug italien ; l'esprit public qui s'était porté vers une toute autre direction en adoptant les idées françaises et en s'efforçant de les traduire par des actes qui tendaient à amener une réunion à la France, oublia toutes les rivalités intestines qui l'avaient aigri. Le peuple attendit avec résignation le jour qui devait voir éclore la transformation d'un gouvernement dont la chute ouvre la seconde partie de notre histoire nationale.

Le 29 décembre 1665, on procéda à l'élection des consuls, d'après l'intention du roi de France, qui avait envoyé M. de Mérinville au vice-légat pour lui faire connaître ses ordres à cet effet. Furent nommés : MM. Louis de Berton de Crillon, viguier; Fogasse de la Grugière ; Nicolas Folard ; Barthélemi Provensal, consuls; Jean Bassinet, assesseur.

Comme on le voit, nous étions toujours placés entre deux pouvoirs menaçans. Aussi la tranquillité ne fut-elle plus troublée, et la guerre de la Fronde avignonaise doit être considérée comme le dernier effort d'un peuple pour arriver à la liberté.

CHAPITRE XIV.

Disette de 1709. — Siége de Caderousse. — Occupation de la Ville d'Avignon par les troupes françaises. — Causes de cette occupation.

L'hiver de 1709 avait été rigoureux, les récoltes étaient détruites, et les habitans d'Avignon furent réduits à la ration avant que le pape ne vînt à leur secours. Le vice-légat Sinibaldi Doria, apprenant que les heureux de Caderousse avaient du blé au-delà de leurs besoins, leur en fit demander pour les pauvres Avignonais qui mouraient de faim. Les Caderoussiens, égoïstes comme le rat de La Fontaine, refusèrent avec dureté. En conséquence, Doria leur envoya l'auditeur-général avec cent hommes de la garnison, pour prendre de force ce qu'on ne voulait pas leur donner de bonne grâce. Mais les Caderoussiens n'étaient pas gens à se laisser dépouiller par une centaine d'hommes et un auditeur-général ; avertis à temps, ils fermèrent leurs portes, sonnèrent le tocsin et se préparèrent à défendre vigoureusement leurs provisions. La troupe italienne, qui ne s'attendait pas à une pareille réception, fit volte face et dressa ses tentes non loin du village. Les municipaux de Caderousse, plus prudens que les habitans, vinrent au camp pour parlementer, L'auditeur-général, qui ne connaissait pas les lois de la guerre, s'empare de leurs personnes, contre le droit des gens. On amène les municipaux en triomphe à Avignon, comme des prisonniers d'importance attachés au char du vainqueur, au lieu de remplir ce char du blé dont on était affamé.

La résistance des Caderoussiens fit décider le vice-légat à lever une armée plus formidable pour les réduire. Ainsi, le 31 mai 1710, par une belle matinée de printemps, comme disent les poètes, les soldats du pape, les chevau-légers, une foule d'ouvriers taffetassiers, mourant de faim, mal équipés, mais bien armés, se mettent en route, traînant à leur suite quatre pièces de canon. L'armée papale arrive devant Caderousse; elle dresse ostensiblement ses batteries, comme s'il se fût agi de faire le siége de Troie. Les habitans saisis de frayeur à la vue de cet appareil guerrier, s'empressent de venir présenter les clés aux assiégeans. Mais le commandant italien, qui connaissait son devoir de militaire, veut absolument entrer par la brèche.

Le comte de Berton de Crillon, commandant l'artillerie, représenta à l'Italien que le village se rendant à discrétion et sans se défendre, il était fort inutile d'en venir à une pareille extrémité. On tira quelques coups de canon pour satisfaire la vanité de l'illustre général. Les boulets passèrent par-dessus le village, sans faire aucun dommage, pas même au clocher de l'église. L'armée entre ensuite triomphante dans Caderousse; mais les vainqueurs veulent souiller les lauriers de la victoire avec le sang des vaincus. Deux potences sont dressées sur la place du village; heureusement on ne pendit personne. Les soldats reçurent une indemnité de 20 sols par jour, les sous-lieutenants 6 fr., et les autres officiers en proportion. Le comte de Crillon reçut 300 fr. par pièce de canon, le tout à la charge des habitants. L'armée fut nourrie pendant trois jours à discrétion dans Caderousse, et pour couronner dignement sa victoire, et montrer aux Avignonais les dépouilles des vaincus, elle emporta pour trophées les poulets, les pigeons et le gibier des métairies environnantes.

M. d'Ancezune, duc de Caderousse, porta ses plaintes au roi et au pape. L'ordre arriva bientôt de restituer ce qu'on avait volé aux habitans, ce résultat ajouta encore plus au ridicule dont s'étaient couverts les chefs de cette entreprise guerrière.

Telle fut la fin de cette fameuse expédition de Caderousse, dont s'empara l'abbé Fabre, prieur de Celleneuve, près Montpellier, qui a jeté sur ce sujet le sel de la malice provençale, toujours folle et rieuse.

Laissons là Caderousse et les poëmes badins, reprenons la gravité de l'histoire.

Les villes de Nîmes et de Lyon suscitaient constamment des obstacles au commerce d'Avignon. Depuis 1650, les étoffes de soie payaient pour leur sortie des droits considérables qui ne permettaient plus à nos fabricans d'entrer en concurrence avec les mêmes étoffes de Lyon, relativement aux prix.

Le tabac, les toiles peintes, la poudre, le salpêtre ne pouvaient sortir sans payer de forts droits; une nuée d'employés entouraient le Comtat et le territoire d'Avignon, et malgré les beaux priviléges que les rois de France nous avaient accordés, les habitans de ce pays étaient traités par les fermiers-généraux plutôt comme des ennemis que comme des régnicoles.

Le 2 janvier 1733, toute relation internationale fut interdite entre la France, Avignon et le Comtat. Par une grâce particulière, on permit seulement une fois par semaine l'entrée d'une certaine quantité de blé, d'huile, de charbon et de bois de chauffage. Cette parcimonie amena dans le pays une disette déplorable.

Les consuls, alarmés sur les suites de cette gêne, assemblèrent le conseil. Il fut décidé d'envoyer M. de Costebelle auprès du roi de France pour obtenir un adoucissement aux ordres rigoureux qui avaient été donnés. Les états du Comtat nommèrent M. de Malijai pour adjoint au député d'Avignon. Après bien des difficultés surmontées, la liberté du commerce fut enfin rétablie, avec une petite diminution sur les soies et autres marchandises, sous les conditions que la plantation du tabac et la fabrication des toiles peintes seraient absolument interdites dans Avignon et le Comtat. Les fermiers-généraux s'oblièrent à compter annuellement 230,000 livres, dont 94,750 pour Avignon et le reste pour le Comtat. (*Transaction passée à Paris le 2 avril 1734*).

En 1768, des griefs s'élevèrent entre la France et le Saint-Siége. Le roi Louis XV se plaignait des entreprises de la cour de Rome sur la souveraineté de l'Infant d'Espagne, duc de Parme et de Plaisance. Pour user de représailles et venger les intérêts de son petit-fils, le monarque ordonna au marquis de Rochechouart, lieutenant-général de ses armées, d'occuper militairement Avignon et le Comtat. Deux régimens furent désignés pour cette facile conquête, le régiment Dauphin, infanterie, et Beauffremont, cavalerie.

A la nouvelle de l'approche des soldats français (11 juin 1768), le vice-légat Vincentini, gouverneur-général de la ville et du Comtat, ne pensa pas à opposer la force à la force; il prit prudemment la fuite.

L'armée d'occupation, commandée par le marquis de Rochechouart, fit son entrée triomphante dans Avignon par la porte Saint-Michel. L'esprit français, qui s'était implanté dans le pays depuis la prise de possession par Louis XIV, se manifesta hautement dans cette circonstance. Plusieurs Avignonais, mécontens du régime pontifical, allèrent au-devant des conquérans. Les dames remarquèrent avec plaisir les officiers du régiment de Beauffremont faisant caracoler leurs chevaux, et l'on dit même que quelques individus chantèrent des couplets commençant par ces mots :

Noble régiment de Dauphin !

L'occupation militaire fut bientôt régularisée : des commissaires du Parlement de Provence vinrent prendre possession d'Avignon et du Comtat au nom de Louis XV, et recevoir le serment de fidélité, foi et hommage des consuls, syndics et habitans. Enfin, deux tribunaux, sous le nom de sénéchaussées, furent institués, l'un à Avignon, l'autre à Carpentras, et la justice s'y rendait de par le roi de France, **comte de Provence, d'Avignon et du Comtat**.

Six ans s'écoulèrent sous la domination française. Le temps calme bien des ressentimens ; celui du roi de France commençait à s'apaiser. D'ailleurs, un nouveau pape, Clément XIV (Ganganelli), avait suivi envers le duc de Parme une conduite toute différente de celle de son prédécesseur. Don Philippe joua le rôle de médiateur entre la France et Rome. Louis entendit la voix de son petit-fils, et par lettres-patentes du 10 avril 1774, le saint-siége fut rétabli en possession d'Avignon et du Comtat. Ces lettres-patentes furent signifiées et lues à l'audience de la sénéchaussée le 22 avril, après avoir été enregistrées au Parlement de Provence le 19.

Le 25, à neuf heures du matin, MM. des Rollands, d'Aulan, de Petris, de Montaigu, furent députés par le conseil pour se rendre auprès de M. de Rochechouart et l'accompagner à l'hôtel-de-ville, où le général fut complimenté par l'assesseur.

Après cette cérémonie, ce seigneur, escorté par les viguier et consuls, suivis d'un nombreux cortége, monta au palais. Là, on enleva, avec la plus grande décence, les armes de France qui étaient sur la porte ; on les porta ensuite sous un dais à l'hôtel-de-ville. M. de Rochechouart rendit sa visite à l'archevêque, et monta à cheval, à la tête du régiment d'Angoumois, suivi de la population avignonaise, qui ne cessa de crier : *vive le pape ! vive Rochechouart !* Le général français sortit par la porte Saint-Michel et se dirigea sur Grignan.

Ce départ fut le signal des fêtes et des réjouissances. Un mandement de l'archevêque d'Avignon, commissaire et vicaire-général par *interim*, ordonna qu'une messe pontificale et solennelle serait célébrée le 26 avril dans l'église métropolitaine. Trois jours consécutifs furent consacrés à des réjouissances publiques.

Tout était rentré dans l'ordre antérieur à l'occupation par les Français. Les tribunaux de justice, cours, juridictions, demeurèrent tels qu'ils étaient au 11 juin 1768, et les magistrats reprirent leurs anciennes fonctions.

Des chansons avaient accueilli les régimens de Louis XV ; des caricatures mystifièrent les juges des sénéchaussées qui rendaient la justice au nom de ce monarque : voilà bien le peuple ! Maintenant voici un trait caractéristique des gouvernemens. En 1767 le bail de la ferme-générale des droits d'entrée d'Avignon s'élevait par an à 86,305 livres. Au terme de ce bail, en 1773, sous la domination de la France, le prix s'éleva à 150,070 livres, tradition que conserva la cour de Rome, puisqu'en 1778, cette ferme fut concédée à 140,100 livres par les anciennes et nouvelles impositions.

Le 30 juin, Mgr. Doria, nonce du pape en France, arriva à Avignon, portant un bref du saint-père qui exilait hors des terres du Comtat M. François-Marie de Manzi, notre archevêque. On fit lecture de ce bref dans la grande chapelle du palais, en présence des viguier et consuls, suivis d'un nombreux cortége composé des plus notables citoyens et des juges de la sénéchaussée. La lecture de ce bref souleva l'indignation de tous les assistans pénétrés de vénération pour ce digne prélat ; ils se retirèrent en murmurant, et laissèrent dans la chapelle le nonce et les consuls. Ceux-ci montèrent seuls à la Métropole, où l'on chanta un *Te Deum*, cérémonie qui fut jugée par la majorité des citoyens avec une aigreur qu'on ne chercha pas à déguiser. M. de Manzi partit vingt-quatre heures après (2 juillet) pour se rendre à Barbentane, emportant avec lui les regrets de tous les honnêtes gens. La disgrâce de M. de Manzi fut attribuée à quelques propos qu'on prétendait qu'il avait tenus au sujet de l'élection du cordelier Ganganelli (Clément XIV) à la papauté. Le même jour, on afficha une ordonnance du nonce, qui cassait et annulait toutes celles émanées de l'archevêque pendant son *interim*. Le viguier (M. de Blauvac) qu'il avait nommé, fut déposé et réintégré dans ses fonctions le même jour. Le 5 août, Vincent Giovio, natif de Pérouse, et secrétaire du nonce, reçut ses patentes de pro-délégué. Le 2 septembre, Ange Durini, ci-devant nonce en Pologne, arriva à Avignon en qualité de délégué.

On vit, en 1776, le nonce de Pologne, qui avait pris le titre de président, recevoir la pourpre romaine. Mgr. Durini se montra en public coiffé de la barrette rouge avant d'avoir reçu la bulle d'institution. Plein d'amabilité, de politesse exquise et de courtoisie, Durini, versificateur latin, l'ami du cardinal de Bernis, le Mécène de notre Balze, renommé pour ses réparties pleines de gaîté et sa correspondance trop libre pour un prélat chrétien, fut rappelé à Rome dans la même année 1778.

Philomarino lui succéda. Pendant sa paisible vice-légation, rien ne vint troubler le doux *farniente* des heureux habitans de la ville.

En 1787, Philippe Casoni vint prendre possession du palais pontifical. Les encyclopédistes répandaient partout les idées du XVIII° siècle ; l'horizon était gros de tempêtes ; Avignon ne pouvait échapper au bouleversement qui menaçait la France.

Les occupations momentanées de la ville d'Avignon par les troupes françaises eurent une influence immense sur notre civilisation ; rien ne s'y accomplit, il est vrai, mais tout s'y prépara. La société ne se modifie pas en un jour ; quelques idées jetées d'abord se fortifient avec le temps, et deviennent, pour une autre époque, le principe des évènemens qui la dominent. De 1768 à 1789, ces idées eurent le temps de mûrir. Les élémens en étaient encore confus et désordonnés ; les forces anciennes en possession de notre société vieillie, absorbaient sans doute les faits qui décelaient nos secrets désirs, mais successivement ces faits se régularisèrent et prirent place dans les mœurs publiques.

Depuis la dernière occupation, l'esprit français avait jeté de profondes racines sur notre sol ; bien des cœurs soupiraient après la réunion au grand empire qui nous environnait de tous côtés. Aussi, quand la révolution française renversa nos anciennes institutions sociales, tous les efforts de Pie VI et de Casoni ne purent empêcher les idées nouvelles de pénétrer à travers les portes de la ville, qu'on tenait soigneusement fermécs. Malgré ces précautions, l'influence française triompha de la résistance. Le consulat fut renversé et remplacé par une municipalité qui adopta aussitôt les couleurs nationales ; des cris s'élevèrent alors pour demander la réunion à la France. Un pacte fédératif eut lieu entre la ville d'Avignon et vingt-cinq communes du Comtat, mais en opposition à cet acte, une autre alliance est signée à Sainte-Cécile entre les communes du Haut-Comtat pour s'opposer à la réunion.

A la suite de l'hiver désastreux de 1789, qui avait si cruellement pesé sur nos contrées, une agitation sourde annonçait la prochaine éruption du volcan révolutionnaire. Des symptômes funestes, des germes de malaise travaillaient les habitans d'Avignon. On redoutait une disette, et ces craintes, exploitées par la malveillance, amenèrent une émeute.

Dans le mois de mars 1790, la foule révoltée abattit les armoiries de la ville placées sur la porte de nos consuls, qui pourtant s'étaient dévoués au soulagement des maux de la classe indigente avec un zèle infatigable. Excitée par ce premier acte de sédition, la foule s'abandonne à la violence de ses passions, elle se transporte au couvent des Dominicains dont elle pille les greniers. Les divers magasins de blé qui se trouvent dans la ville subissent le même sort.

Le duc de Crillon, prêt à partir pour Madrid, se présente aux révoltés. L'autorité de sa parole, l'ascendant de sa présence, calment les passions ; devant l'homme de bien, devant le guerrier dont s'honore Avignon, la sédition se tait et rougit. Il presse alors les mutins de réparer leur faute, de restituer les grains qu'ils ont pris. La restitution eut lieu ; elle continua pendant plusieurs jours avec un zèle, un empressement difficile à décrire.

L'année 1790 fut marquée par une effervescence effrayante, et le 10 juin, au moment où la noblesse voulut tenter un dernier effort pour conserver ses priviléges, le peuple sortit victorieux de la lutte. Casoni fut obligé de partir ; les armes de France substituées à celles du pape, et le gouvernement remis entre les mains de la municipalité.

Le 14 avril 1791, Lavilasse, maire de Vaison, est assassiné : cette mort devient le prétexte de la guerre entre Avignon et Carpentras, guerre ridicule qui amena le pillage de Cavaillon et de Sarrians, sans aucun résultat pour la cause qui l'avait fait entreprendre. L'assemblée nationale, touchée alors de nos malheurs, nous envoya Verninac Saint-Maur, Lescène-des-Maisons et l'abbé Mulot, comme médiateurs entre le peuple d'Avignon et celui du Comtat-Vénaissin. Ces commissaires arrivèrent à Avignon le 19 juin 1791, ils furent reçus par des acclamations universelles. Pendant que l'abbé Maury défendait pied à pied les droits du pape à la tribune des députés de la France, l'anarchie dévorait notre malheureux pays. Enfin, vainqueurs de l'opposition, les législateurs de la gauche firent décréter, le 14 septembre 1791, sur la proposition de Camus, républicain enthousiaste et ennemi implacable de la cour de Rome, la réunion d'Avignon et du Comtat-Vénaissin à la France. Lescène-des-Maisons, Champion de Villeneuve et d'Albignac, furent nommés pour procéder à l'exécution de cette loi. Ils entrèrent dans l'hôtel Crochans le 8 novembre 1791. Ils arrivèrent trop tard : les massacres de la Glacière avaient souillé avec du sang les jours qui précédèrent la promulgation de ce décret.

A dater de la réunion, Avignon n'a plus d'histoire. Ses dissensions civiles, ses malheurs, entrent dans le domaine des grandes annales de la révolution française.

CHAPITRE XV.

Gouvernement du pays sous la domination pontificale.

Une province qui ne payait que peu ou point d'impôts, dont le souverain, vicaire d'un Dieu de paix, n'avait que des intentions paternelles pour ses sujets du Comtat, comme pour ceux du patrimoine de saint Pierre, qui les secourait en temps de disette, qui les exemptait des charges dans les calamités publiques; cette province, dis-je, n'était pas difficile à gouverner : aussi deux ou trois commis suffisaient pour faire marcher les rouages d'une administration aussi peu compliquée. Le vice-légat, souverain absolu et juge suprême dans les affaires ecclésiastiques, civiles et criminelles, jouissait de prérogatives égales à celles des rois : il avait le droit de faire grâce au criminel que la justice avait condamné. Cette administration sage, éclairée et toute bienveillante, était souvent récompensée par le chapeau de cardinal donné au vice-légat sortant.

Généraux des troupes du Comtat. — Cet emploi est d'une ancienne institution : mais ce n'a jamais été que dans de pressans besoins qu'on a eu recours à ces capitaines. On fait remonter au pape Innocent VI la création de cette charge. Ce pontife, s'étant vu dans la nécessité de lever des troupes pour repousser les bandes de voleurs qui, sous les noms de *Tuschins* et de *Tard-venus*, ravagèrent nos contrées en 1356 et en 1360, donna le commandement de ses troupes à Jean Hernandez d'Hérédia, chevalier de l'ordre de Saint-Jean de Jérusalem, homme de peu d'expérience, qui ne sut éloigner ces brigands qu'en leur payant les contributions qu'ils demandaient.

En 1407, Rodrigue de Luna, frère de Benoît XIII, commandait les troupes du Comtat pendant les guerres qu'il y eut dans cette province entre les concurrens pour la papauté.

Rodrigue ayant été chassé en 1410 par le parti d'Alexandre V, Philippe de Poitiers, seigneur d'Arras et de Dormans, envoyé à Avignon par Charles VI, roi de France, pour soutenir les droits d'Alexandre, fut installé général des troupes du Comtat, par Pierre de Thurrei, cardinal-légat.

Le pape Jean XXIII, voulant s'assurer d'Avignon et du Comtat contre ses concurrens, y envoya, après son élection, Marin, son neveu, auquel il donna, en 1412, le commandement des troupes.

Cette charge ne fut plus remplie jusqu'en 1561. A cette époque, elle fut rétablie à l'occasion des guerres religieuses, et elle fut mise sur un nouveau pied en faveur de Fabrice Serbelloni et de ses successeurs, qui l'ont conservée jusqu'en 1629.

COMPAGNIE DES ARBALÉTRIERS. — Vers la fin du XIVe siècle, le pays aux environs d'Avignon était littéralement désolé par des bandes de gens de guerre qui ne vivaient que de pillage : l'une d'elles, connue sous le nom de *Tuschins*, après avoir ravagé une partie du Languedoc, fit des incursions dans le Comté-Vénaissin. L'anti-pape Clément VII, qui siégeait alors dans Avignon, leur opposa d'abord sans succès le peu de troupes dont il pouvait disposer. Il s'adressa ensuite au sénéchal de Beaucaire, qui, n'ayant plus à pourchasser ces bandes pour le compte de son gouvernement, lui envoya une partie de ses forces. Les Tuschins purent alors être attaqués avec succès ; mais une compagnie d'arbalétriers, qui figurait parmi les gens de guerre envoyés par le sénéchal, manœuvra si bien dans cette occasion, qu'elle concourut puissamment à l'entière déroute de ces brigands. Clément VII, émerveillé des services particuliers que cette compagnie lui avait rendus, la conserva pour sa garde.

Cette troupe se recruta dès lors parmi les Avignonais, et n'hésita pas, lorsque ceux-ci refusèrent l'obédience à l'antipape Pierre de Luna (Benoît XIII), de prendre parti pour ceux-ci contre la garnison d'Aragonais et de Catalans qui occupait le palais pour le compte de l'anti-pape. Le sénéchal de Provence tenait la campagne pendant ce temps-là avec une armée entretenue en partie aux frais de la ville, et barrait ainsi le passage aux bandes d'Espagnols qui débarquaient en Provence dans le but de faire lever le siége aux Avignonais. Quelques arbalétriers, détachés de cette armée, maintinrent la réputation que la compagnie s'était acquise, au point qu'on ne cessait de demander à Avignon l'envoi de troupes de cette arme. La ville, qui en tirait un grand parti contre les assiégés du Palais ne les laissait pas partir volontiers, et ne s'exécutait sur la fin qu'en envoyant des hommes nouvellement recrutés et qui furent loin de valoir les premiers.

Les arbalétriers continuèrent à jouir à Avignon d'une grande réputation de valeur; mais la discorde se glissa parmi eux, et les dissidens formèrent, sous le nom d'*archers*, une compagnie nouvelle. L'archevêque de Lyon, légat, commit en 1476 la garde du Palais apostolique à soixante hommes pris moitié dans chacune de ces compagnies. Ils devaient y faire la garde tant de nuit que de jour, moyennant une solde, supposée mensuelle, de 4 liv. pour chacun.

Vers la fin du XVe siècle, cette institution dégénérait visiblement, et le conseil de ville, qui en sentait tout le prix, faisait de vains efforts pour la soutenir; il délibère, le 13 novembre 1497, de donner huit florins, ou environ aux arbalétriers pour acheter des écuelles d'étain pour les prix, afin que leur jeu ou exercice continue en cette ville, et qu'ils soient par là plus prompts à la servir dans le besoin.

L'emploi de plus en plus général des armes à feu et l'institution des troupes permanentes, hâtèrent la décadence de ces compagnies, qui cherchèrent inutilement à se tenir au courant des progrès de l'art de la guerre, ainsi que le prouvent les qualifications d'*arquebusiers* et de *mousquetaires* qu'elles essayèrent de prendre. Ce n'étaient plus, sur la fin, que des soldats de parade qui formaient le cortége des princes et autres potentats qui faisaient à notre ville l'insigne honneur de la visiter (1). On se réunissait néanmoins assez régulièrement pour faire les exercices ; mais il s'y débouchait plus de bouteilles qu'on n'atteignait de fois le malheureux pigeon attaché par un pied au sommet d'un monticule de terre ou à la cime d'un mât.

Les rivalités entre les arbalétriers et les archers ne cessèrent qu'avec l'existence des deux compagnies. Les premiers se targuaient de leur ancienneté, les seconds du plus grand nombre de gentilshommes qui s'étaient inscrits sur leurs contrôles ; et pour mieux faire ressortir cette prétention, ils prirent sur la fin la dénomination de *Chevaliers du jeu de l'arc*: pour ne pas être confondus avec les *archers* employés par les gens de justice pour l'arrestation et la conduite des malfaiteurs. Leurs assemblées se tenaient dans le voisinage de la rue des Infirmières, où ils avaient un local composé d'une vaste salle et d'un jardin. Ils placèrent sur la porte la statue de saint Sébastien, sous l'invocation duquel ils s'étaient mis. Plus austères ou seulement plus pauvres, les arbalétriers n'eurent pas d'autre lieu de réunion que le rempart qu'ils devaient défendre et dans les fossés duquel ils faisaient leurs exercices. Leurs armes, leur cible, leur bannière, en un mot, tout le matériel de la compagnie demeurait enfermé dans une tour du rem-

---

(1) En mars 1701, lors de l'entrée dans Avignon des ducs de Bourgogne et de Berry, ces deux compagnies, comptant cent hommes chacune, avaient été habillées par leur capitaine respectif. L'uniforme des arbalétriers, commandés par M. de Brantes, était de couleur, et imitait, jusqu'à un certain point, celui des hussards hongrois. Les chevaliers de l'arc, commandés par M. d'Orsan, avaient un brillant costume turc : turban garni d'aigrettes, veste chamarrée d'or et robes écarlates bordées d'hermines. Tous les arcs étaient dorés ; mais ce qu'il y avait de vraiment excentrique dans cette compagnie, c'est qu'elle était suivie d'un chameau portant ses prétendus bagages.

Bentous. *Description des fêtes de 1701*, page 15.

part. Ce fut d'abord celle où est aujourd'hui le magasin à poudre, près la porte Saint-Roch ; mais la ville, lui ayant assigné, en 1756, sa destination actuelle, leur concéda la tour la plus rapprochée de la porte Saint-Michel. Ils firent, à l'intérieur de la ville, une façade décente à cette tour.

Ces compagnies jetèrent une dernière lueur en 1776, à l'occasion du passage de *Monsieur*, comte de Provence (depuis Louis XVIII), qui, en s'inscrivant sur les contrôles des chevaliers du jeu de l'arc, clôtura la série des personnages célèbres et des gentilshommes qu'elle avait eu l'honneur de compter plutôt sur ses catalogues que dans ses rangs (1).

ARMÉE avant 1789.

GRANDS OFFICIERS. 2,008 liv. 4 s.

Capitaine du Palais.	543 liv.	» s.
Intendant du Palais.	450	»
Colonel de l'artillerie.	338	8
Colonel de la cavalerie.	338	8
Colonel de l'infanterie.	338	8

CHEVAU-LÉGERS. 34,827 liv. 11 s. 8 d.

4 brigades de 10 hommes, total 40, à 537 liv. 5 s. 4 d.	21,622 liv.	7 s.	» d.
Colonel-commandant.	5,180	5	4
Cornette.	1,444	11	4
Lieutenant.	1,207	17	8
Maréchal-des-logis.	645	5	4
4 Brigadiers.	2,473	1	4
Sous-brigadiers.	2,257	3	4

Uniforme des chevau-légers : Habit écarlate, revers et paremens bleu-deroi, veste et culotte écarlate, boutons d'argent ; mousqueton de cavalerie et épée ; cocarde noire en rubans.

---

(1) P. ACHARD. *Remparts d'Avignon*, pages 375 et suivantes.

INFANTERIE. 25,285 liv. 15 s.

112 hommes, à 108 liv. et la ration
de pain à 3 s. . . . . 21,127 liv. 10 s.

<small>NOTA. La compagnie était composée de 130 hommes, mais elle était réduite à 112, par 18 places réservées soit au Vice-Légat, soit au Commandant, soit au Major, soit au Collatéral, soit aux Sergens.</small>

Colonel de la Compagnie. . . . . . . 2,802 liv. 5 s.
Capitaine. . . . , ... , . 468 »
Major. . . . . 888 »

Infanterie. Habit bleu-de-roi, revers et paremens écarlate, veste et culotte blanches, guêtres blanches, boutons jaunes sans armes; bonnet d'ourson pour les grenadiers, chapeau pour les chasseurs; sabre et giberne.

SUISSES. 5,500 liv.

20 hommes à 200 liv. chaque. . . . . 4,000 liv.
Commandant. 1,000

Suisses. Uniforme des reitres du XVIe siècle : Pourpoint mi-parti rouge et jaune, manches tailladées en soie rose, haut-de-chausses à la Henri III, rouge et jaune; chapeau à la Henri IV surmonté d'une plume rouge, cocarde rouge, maillot de tricot en coton rouge; hallebarde.

MARÉCHAUSSÉE. 19,500 liv.

Commandant. . . . . 1,500 liv.
Lieutenant. 900
Brigadier. 600
Sous-brigadiers et cavaliers, à 550 liv. 16,500

Total général. . . . . . 87,121 liv. 10 s. 8 d.

Maréchaussée. Même uniforme que notre Gendarmerie.

Il y avait dans le Comtat 8 brigades, dont 2 à Avignon, 1 à Carpentras, 1 à Cavaillon, 1 à Vaison, 1 à Valréas, 1 à Lille et 1 à Lapalud.

Les juifs payaient une redevance de 500 liv. à la Maréchaussée.

Abordons maintenant les détails de cette administration d'autrefois, si simple, si peu dispendieuse.

La Vice-légation. — Les papes, après leur départ de notre ville, gouvernèrent les états d'Avignon et du Comtat-Vénaissin par des légats, et ensuite par des vice-légats, qui, par un bref de Sa Sainteté, étaient constitués vicaires-généraux du saint-siége, tant pour le spirituel que pour le temporel. Les pouvoirs de ces vice-légats étaient absolument les mêmes, selon les jurisconsultes, que ceux des légats, et s'étendaient sur la principauté d'Orange, sur le Dauphiné, et sur les comtés de Nice, de Provence, d'Avignon et du Vénaissin. C'est pourquoi chaque vice-légat était obligé de faire enregistrer son bref aux parlemens d'Aix et de Grenoble. En fait de pénitencerie, ils avaient les mêmes pouvoirs que le grand pénitencier de Rome ; de sorte qu'ils pouvaient dispenser, conférer des bénéfices, réserver des pensions (dans les comtés de Nice, du Vénaissin et d'Avignon), et régler les différends qui entraient dans les attributions de la daterie.

Le vice-légat était encore intendant-général des armes de Sa Sainteté en cet État, et juge par appel de toutes les affaires ecclésiastiques, civiles et criminelles de la ville d'Avignon et du Comtat.

Tribunal de la Rote. — Ce tribunal, établi par le cardinal d'Armagnac, co-légat et archevêque d'Avignon, connaissait de tous différends ecclésiastiques, civils et criminels qui pouvaient naître dans la ville d'Avignon et le Comtat.

Tribunal de l'Auditeur-général. — Cet auditeur, qui était aussi lieutenant-général du vice-légat et président de la Rote, connaissait en première instance de toutes les causes exécutoires, et en seconde, de toutes les affaires tant civiles que criminelles. Les appels de ce tribunal allaient au vice-légat, qui les soumettait à la Rote, à laquelle l'Auditeur-général n'assistait pas.

La Vice-Gérence. — Ce tribunal fut institué en 1412 par Jean XXIII, pour connaître de toutes les causes, de quelque nature qu'elles fussent, concernant les ordres militaires et religieux.

La Daterie était le bureau des grâces qu'on accordait dans le pays ; elle connaissait aussi des causes qui lui venaient par appel du tribunal de l'Auditeur-général.

Le Viguier et ses juges, à Saint-Pierre. — Le viguier, qui présidait aux assemblées de la ville, était toujours un gentilhomme qui prenait le titre de vicaire particulier de Sa Sainteté pour le temporel. Son tribunal était à Saint-Pierre, où il y avait deux juges inférieurs qui ne connaissaient que des affaires laïques, tant civiles que criminelles, et du jugement desquels on pouvait appeler au viguier, qui, dans ce cas, se faisait assister par trois assesseurs.

Les consuls et autres officiers de la ville. — Il y avait à Avignon trois consuls, dont le premier était toujours gentilhomme, et prenait le titre de gentilhomme ordinaire de la chambre du roi, et un assesseur, qui avait le gouvernement particulier de la police de la ville. Leur élection avait lieu la veille de la Saint-Jean-Baptiste par le conseil de ville, qui ne pouvait jamais s'assembler sans la permission du viguier. Ce conseil se composait de 48 conseillers, dont quatre députés par le clergé et quatre par l'Université.

Le premier consul jouissait du titre de gentilhomme ordinaire de la chambre du roi, accordé en 1533 par le roi François Ier lors de son passage à Avignon. L'assesseur était toujours pris parmi les jurisconsultes professeurs de l'Université : il portait la parole dans le sénat au nom de la ville.

Pendant l'élection, le peuple attendait impatient sur la place le résultat du scrutin. Aussitôt que le vote était connu, un des consuls sortans venait présenter le nouvel élu, comme pour faire sanctionner par le peuple le choix du sénat. Alors *Jacquemart* annonçait la nomination, et les tambours allaient donner l'aubade devant la maison du nouveau consul.

Cette manière de procéder était encore une continuation des anciennes institutions républicaines de notre ville, par lesquelles le tiers-état participait à l'élection, non en donnant son vote, mais en confirmant les choix par ses acclamations.

BRIÈVES OBSERVATIONS

SUR LES LÉGISLATIONS CIVILE ET CRIMINELLE A AVIGNON AVANT 1789.

Les lois romaines, dont la sagesse a été reconnue par tous les peuples modernes, étaient la base de notre législation dans toutes les parties qui pouvaient s'adapter à nos usages et à notre civilisation. Quelques-unes de leurs dispositions étaient tombées en désuétude, d'autres étaient tempérées par notre jurisprudence, par notre statut municipal et par des réglemens de nos légats et vice-légats. Ainsi, par exemple, les femmes mariées sous le régime dotal pouvaient, contrairement aux dispositions de la loi *Julia*, aliéner, en remplissant certaines formalités, jusqu'à concurrence de la moitié de leur dot ; les substitutions ne pouvaient s'étendre au-delà de trois degrés, etc.

On ne saurait trop faire l'éloge des statuts de la ville d'Avignon, dont l'origine se perd dans la nuit des temps. Ils furent corrigés en 1568, sous le consulat de MM. Jean de Cambis d'Orsan, Louis Pomard et Antoine Forti, étant assesseur M. Georges de Joannis. Les premiers chapitres sont relatifs à l'organisation municipale de notre ville, les suivans tracent des règles très-sages pour la police, pour les diverses professions d'artistes et ouvriers, ainsi que pour les professions libérales plus élevées. On y entre dans des détails très-remarquables.

La rubrique 36ᵉ renferme une disposition bien importante : elle dispose que les gens suspects, c'est-à-dire ceux qui n'exercent aucune profession et qui ne justifient pas de leurs moyens d'existence, doivent être expulsés de la ville.

Les dispositions des rubriques 37ᵉ et suivantes du 1ᵉʳ livre des instituts méritent les plus grands éloges. Elles concernent la prohibition des jeux de hasard, les faillites, la salubrité publique, la propreté des rues, l'entretien des chemins, les locations, la chasse, la pêche, les testamens, les substitutions, les legs pieux, les successions *ab intestat*, les mineurs, les tuteurs, les fils de famille, les donations et leur insinuation, etc.

Le second titre des statuts trace les règles de procédure à suivre dans les procès civils. Le législateur entre dans les plus grands détails à ce sujet. En comparant les dispositions qu'il renferme avec les ordonnances des rois de France sur la procédure civile, elles méritent de soutenir le parallèle.

En parcourant nos statuts, on est étonné que des règles si sages d'administration aient pris naissance dans des temps si éloignés de nous, et qu'on est si disposé à considérer comme barbares.

Il existait néanmoins pour ce qui concerne les juridictions un inconvénient fortement senti : c'était celui de porter devant les cours de Rome les appels des jugemens dans certaines causes, ce qui rendait les procès longs, quelquefois interminables et toujours dispendieux. On demandait avant la révolution l'établissement dans le pays d'une cour souveraine, et cette demande était vivement appuyée par l'ordre des avocats, dont les membres étaient avantageusement placés pour juger les abus résultant de l'organisation alors existante, mais ces réclamations n'avaient eu aucun succès.

Les règles de la procédure criminelle sont tracées dans le 3e livre des statuts. Les jugemens en cette matière étaient rendus par une congrégation dite criminelle, composée du vice-légat, de l'auditeur-général, des deux juges de Saint-Pierre et de l'assesseur du viguier. L'avocat-général remplissait les fonctions de la partie publique, les accusés étaient défendus par l'avocat des pauvres et des prisonniers ou par son substitut. Lorsqu'un gradué était appelé à la congrégation criminelle comme accusé, le primicier de l'Université y siégeait d'après un bref de Benoît XIV.

La procédure criminelle contient les dispositions les plus libérales et les plus favorables aux accusés, surtout si on les compare avec l'ordonnance rendue par le roi de France dans le mois d'août 1670.

D'après celle-ci (art. 8 du titre 14), les accusés, de quelque qualité qu'ils fussent, étaient tenus de répondre par leur bouche, sans ministère de conseil qui ne peut leur être donné, porte cet article, même après la confrontation, nonobstant tous usages contraires que nous abrogeons; cependant, d'après l'article suivant, le juge, après l'interrogatoire de l'accusé, peut lui permettre de conférer avec qui bon lui semblera, si le crime n'est pas capital ; mais ce qui n'est ici qu'une simple faculté accordée aux juges et non un droit inhérent à l'accusé, et cette faculté n'est pas même accordée quand il s'agit d'un crime capital. -

Notre législation était bien plus douce ; elle fixe dans l'art. 1er de la rubrique 3e les délais accordés à la partie publique pour l'instruction des procès criminels, et après leur expiration, l'accusé est admis à proposer sa défense par lui-même ou par un procureur ; il peut prendre connaissance de tous les actes de la procédure, et on lui donne les délais nécessaires à sa justification. Ces délais sont au moins aussi longs que ceux donnés à la partie publique. On exigeait même, pour pouvoir condamner un accusé en matière criminelle, qu'il fût, non seulement convaincu, mais confès, c'est-à-dire qu'il avouât son crime.

Lors de l'examen des témoins (art. 2), l'accusé peut faire faire, par l'intermédiaire des juges, des questions pertinentes à la cause. Dans les jugemens susceptibles d'appel (art. 6), les juges, après avoir examiné le procès, et pris une délibération, notifient au viguier de nommer trois assesseurs, probes et expérimentés, pris dans la classe des docteurs ; ceux-ci examinent le procès, interrogent l'accusé, écoutent les moyens de défense, et s'il est utile, lui accordent de nouveaux délais pour se procurer des preuves ; ils confèrent ensuite avec les juges, et rendent avec ceux-ci une sentence à la majorité des voix.

Mentionnons de plus une institution philanthropique admirable qui existait dans ce pays : la défense des accusés était confiée à un avocat dit des pauvres et des prisonniers, chargé de suivre, dans leur intérêt, et contradictoirement avec le procureur fiscal, toute l'instruction des procédures criminelles, d'y surveiller l'observation des formes et l'exécution des lois, de donner des conseils aux accusés et de les défendre devant les congrégations criminelles lors du jugement. Cette charge honorable était confiée aux avocats les plus distingués de cette ville ; elle était considérée comme une véritable magistrature.

Ajoutons enfin qu'il existait dans ce pays plusieurs tribunaux pour administrer les justices ecclésiastique, civile et criminelle : c'étaient ceux du vice-légat, de l'auditeur-général de la Rote, institué en 1566 et confirmé par Grégoire XIV en 1591, et par Clément VIII en 1599, de la cour temporelle de Saint-Pierre, de la vice-gérence, de l'officialité, du primicier de l'Université, du saint-office ou de l'inquisition, et du tribunal de commerce dit de la Conservation. Chacun de ces tribunaux avait des attributions diverses qui exigeraient des développemens particuliers pour faire connaître comment la justice était administrée dans le pays. Il serait trop long d'entrer dans tous ces détails.

Université. — Dans le XIIIe siècle, une société composée de savants jurisconsultes forma dans Avignon une Académie de droit qui ne dut son lustre qu'à la science de ses fondateurs, qui attirèrent auprès d'eux un grand nombre d'étudians.

La ville d'Avignon, voyant les avantages qu'on pourrait retirer d'une étude générale qui serait approuvée par le souverain, députa, auprès de Charles II, roi de Naples et comte de Provence, Bertrand de Monteils et Bertrand de Valbone, lesquels obtinrent la création de l'Université d'Avignon par lettres-patentes du 5 mai 1303.

Le souverain pontife Boniface VIII, suivant l'usage des temps, accorda divers priviléges à cette Université, par sa bulle du 1er juillet de la même année.

Ces priviléges accordés par le pape ont fait croire à plusieurs auteurs qu'il avait été le fondateur de cette nouvelle Université ;

mais à cette époque, les papes, en leur qualité de souverains spirituels, accordaient des priviléges. Charlemagne, vers l'an 770, ayant fondé l'Université de Paris, le pape Innocent II autorisa longues années après cette Université.

L'Université d'Avignon, lors de sa création, ne fut composée que de trois facultés : celle de droit civil, de médecine et de celle des arts. Jean XXIII, par sa bulle du 16 mai 1444, fonda la faculté de théologie.

Le Primicier obtint de Léon X, par bulle du 13 février 1514, la juridiction privative sur tous les docteurs, étudians et suppôts de l'Université. Dans les cérémonies publiques, il marchait précédé d'un massier portant la masse haute en signe de sa juridiction, et escorté par un détachement de la garde suisse du vice-légat.

Le lendemain de son élection, il recevait la visite de M. le viguier et de MM. les consuls en chaperon, qui se rendaient chez lui en grande cérémonie.

Dans le conseil de ville, il occupait une place distinguée, et l'on ne pouvait délibérer sur les affaires majeures qu'en sa présence et après qu'il avait donné son avis.

Le Primicériat jouissait d'un grand nombre de priviléges, entre autres celui qui fut reconnu par Benoît XIII, par sa bulle du 17 septembre 1738, par laquelle il déclare que la charge du Primicier a toujours été un titre primordial de noblesse transmissible aux descendans.

Cette Université, comme toutes celles de France, fut abolie en 1791.

Table chronologique des Légats.

L'origine de la légation d'Avignon date de l'année 1409, le pape Alexandre V l'établit durant le schisme d'Occident, tandis que Pierre de Luna, qui se disait souverain Pontife sous le nom de Benoît XIII, s'était éloigné de cette ville.

Cette légation n'avait pas été nécessaire tant que les Papes avaient siégé en deçà des monts.

Lorsque Urbain V avait voulu faire le voyage de Rome, en 1367, Sa Sainteté s'était contentée de confier le gouvernement d'Avignon à Philippe de Cabassole, originaire de Cavaillon, patriarche de Jérusalem et recteur du Vénaissin.

En 1376, quand Grégoire XI s'était déterminé à rétablir à Rome le siége des souverains Pontifes, il avait choisi Jean de Bransac, cardinal-évêque de Sabine, pour être vicaire-général dans Avignon et le Comtat.

En 1409, le pape Alexandre V établit la légation, et en pourvut le cardinal Pierre du Turreyo.

En 1411, Jean XXIII nomma légat, François de Conzié, archevêque de Narbonne, et celui-ci fut confirmé dans cette légation, en 1418, par le pape Martin V.

1432. Marc Condulmieri, vénitien, évêque d'Avignon, fut nommé légat par le pape Eugène IV; mais il fut bientôt dépossédé de cette dignité par Alphonse Cariglio, espagnol, cardinal de Saint-Eustache, qui s'en fit pourvoir par le concile de Bâle.

1433. Pierre de Foix, cardinal-évêque d'Albano, nommé légat d'Avignon par le pape Eugène, en expulsa Alphonse Cariglio; il resta légat jusqu'à sa mort arrivée en 1461, et alors la légation vaqua pendant six ans.

1470. Charles de Bourbon, archevêque de Lyon.

1476. Julien de la Rovère, cardinal, neveu du pape Sixte IV.

1503. Le cardinal Georges d'Amboise, ministre de France.

1511. Le cardinal Foret de Vitré, évêque de Nantes.

1513. François-Guillaume de Clermont-Lodève, cardinal, archevêque de Narbonne et d'Auch.

1531. Le cardinal Alexandre Farnèse, évêque d'Avignon.

1565. Le cardinal Charles de Bourbon, archevêque de Rouen, nommé légat après la démission de Farnèse.

1593. Le cardinal Octave Aquaviva, d'Aragon.

1601. Cynthio Aldobrandini, cardinal, neveu du pape Clément VIII.

1605. Scipion CAFFARELLI, surnommé *Borghèse*; cardinal, neveu de Paul V.

1621. Le cardinal Louis LUDOVISI, archevêque de Bologne, neveu de Grégoire XV.

1623. François BARBERINI, cardinal, neveu d'Urbain VIII.

1633. Le cardinal Antoine BARBERINI, frère du précédent.

1644. Camille PAMPHILI, napolitain, cardinal, neveu d'Innocent X.

1650. Un autre cardinal, neveu de ce même pape, nommé Camille ASTALLI, romain, surnommé *Pamphili*.

1654. La légation fut vacante pendant trois ans.

1657. Le cardinal Flavio CHISI, siennois, en fut pourvu par le pape Alexandre VII, son oncle.

1668. Jacques ROSPIGLIOSI, de Pistoie, cardinal, neveu du pape Clément IX.

1670. Pauluce, cardinal ALTIERI, romain, neveu de Clement X.

1677. Alderan CIBO, cardinal du titre de Sainte-Praxède.

1690. Le cardinal Pierre OTTOBONI, vénitien, neveu d'Alexandre VIII.

La légation de ce dernier finit en 1691, et depuis lors il n'y a plus eu de légat à Avignon. Les papes n'ont envoyé en cette ville que des vice-légats qui toujours ont été subordonnés à une congrégation composée de cardinaux et de prélats, établie en 1693 par le pape Innocent XII.

Table chronologique des Vice-Légats.

1542. Alexandre CAMPEGGI, de Bologne.
1544. Antoine TRIVULCE, de Milan.
1547. Camille MENTUATUS.
1552. Théodore JEAN DE CLERMONT.
1554. Jacques-Marie DE SALA.
1560. Alexandre GIUDICCIONE, de Lucques.
1562. Laurent LENZI, de Florence.
1565. Georges D'ARMAGNAC.

1585. Guillaume DU BLANC.
1585. Dominique DE GRIMALDI, de Gênes.
1589. Dominique PETRUCCI, de Sienne.
1589. Dominique DE GRIMALDI, pendant quelques mois.
1592. Silvi SAVELLI, de Rome.
1593. Octavien AQUAVIVA, de Naples.
1596. Jean-François BORDINI.
1599. Charles CONTI, de Rome.
1604. Pierre-François MONTORIO, de Rome.
1607. Joseph DE FERRIER, de Savone.
1609. François-Etienne DULCI, d'Orviette.
1610. Philippe PHILONARDI, de Rome.
1614. Jean-François DE BAGNI, de Florence.
1621. Guillaume DU BROC.
1622. Octavien CORSINI, de Florence, pendant un mois, en l'absence de Guillaume DU BROC, détenu à Nîmes par les hérétiques.
1623. Cosme DE BARDI, de Florence.
1629. Marie PHILONARDI, de Rome.
1634. Jules MAZARIN, de Piscine.
1637. Fabrice DE LA BOURDAISIÈRE, de Rome, en l'absence de MAZARIN.
1637. Frédéric SFORZA.
1645. Bernard PINELLI, de Gênes.
1645. Laurent CORSI, de Florence.
1653. Dominique DE MARINIS, de Gênes.
1654. Augustin FRANCIOTI, de Lucques.
1655. Jean-Nicolas CONTI, de Rome.
1659. Gaspard DE LASCARIS DE CASTELLAR.
1664. Alexandre COLONNE.
1665. Laurent LOMELLINI, de Gênes.
1670. Azon D'ARIOSTE.
1670. Horace MATTHEI, de Rome.
1670. Azon D'ARIOSTE, archevêque d'Avignon, depuis le 5 avril jusqu'au 28 août.

1671. Pierre BARGELLINI, de Bologne.

1672. Azon D'ARIOSTE, depuis le 27 février jusqu'au 28 août.

1672. Marcel DURAZZO, de Gênes.

1673. Hyacinthe LIBELLI, archevêque d'Avignon, depuis le 30 mai jusqu'au 20 juillet.

1673. Charles D'ANGUISCIOLA.

1676. Hyacinthe LIBELLI, depuis le 17 août jusqu'en mars 1677.

1677. François NICOLINI, de Florence.

1685. Balthasar LINCI, de Rome.

1691. Laurent DE FIESQUE, de Gênes.

1692. Marc DELPHINI, de Venise.

1696. Philippe-Antoine DE GUALTERIO, de Saint-Quirice de Fermo.

1700. Jean-Baptiste SICCI, depuis le 26 juillet jusqu'au 19 août.

1700. Antoine François SAN-VITALI, de Parme.

1703. Antoine BANCHIERI, de Pistoie.

1706. François-Maurice DE GONTERIIS, archevêque d'Avignon, depuis le 8 août jusqu'au 4 novembre.

1706. Sinibaldi DORIA, de Gênes.

1711. Alaman DE SALVIATI, de Florence.

1717. François-Maurice DE GONTERIIS, arch. d'Avignon.

1719. RAINIER des comtes D'ELCI, de Florence.

1731. François-Maurice DE GONTERIIS, depuis le 7 mars jusqu'au 11 septembre.

1731. Philippe BONDELMONTI, de Florence.

1739. Marcel CRESCENZI, de Rome, depuis le 8 septembre jusqu'au 18 du même mois.

1739. Nicolas LERCARI, de Taggia, état de Gênes.

1744. Pascal AQUAVIVA, de Naples.

1754. Paul PASSIONEI, de Fossombrone,

1760. François-Marie des comtes DE MANZI, de Cezène, archevêque d'Avignon.

1760. Grégoire SALVIATI, de Rome.
1766. François-Marie DE MANZI.
1768. *Jean-Roger, marquis* DE ROCHECHOUART, *commandant et gouverneur pour le roi de France.*
1774. François-Marie DE MANZI, à la reddition.
1776. Ange DURINI.
1776. Jacques PHILOMARINO DE LA ROCCA.
1787. Philippe CASONI, chassé le 12 juin 1790.

CHAPITRE XVI.

Monumens anciens.

Lorsqu'Avignon était une des métropoles de la confédération des Cavares, cette ville occupait, dans ces temps reculés, un espace beaucoup plus étroit ; la cité se trouvait presque entièrement bâtie sur la pente du rocher ; elle courait ainsi vers le Rhône, qui couvrait plusieurs quartiers conquis pied à pied sur le lit du fleuve. L'histoire n'a conservé aucun souvenir des fortifications de cette époque.

Dans le recueil des inscriptions de Grutherius, on trouve le fragment de celle qu'on lisait sur le frontispice des bains que les Romains avaient fait bâtir, et dont les vestiges furent découverts dans le XVIIe siècle. Ces bains étaient, dit-on, situés derrière le palais, sur l'emplacement de la maison de M. de Véroin, appartenant aujourd'hui à M. Pamard. M. Chaix pense, au contraire, que ces bains se trouvaient où était autrefois le couvent des dames de Saint-Laurent, et que, sous la vice-gérence, se trouvait le théâtre. Ce fut en fouillant dans le jardin de M. Pamard qu'on découvrit des débris de colonnes, de statues, et le fragment d'inscription suivante :

NYMPHIS SACRVM
L. TREBONIVS PATERN..,
LIB. FORTVNATVS
SIGNVM CVM BASI
VOTO POSVIT
ET ÆDEM F CVR.

Les eaux de ces bains venaient de la fontaine de Vaucluse, prises au bas de la montagne de Védènes; elles étaient portées sur un aqueduc longeant le chemin de Carpentras. On en découvrit les fondemens au-dessus du Pontet; ils furent détruits de nos jours, lorsqu'on répara ce chemin pour lui donner une plus grande largeur. On en trouva quelques vestiges dans la carrière à gravier : ces restes furent détruits pendant la révolution.

La première enceinte, présumée l'ouvrage des Romains, était de figure carrée, avec de formidables bastions aux angles et des tours de distance en distance. Plusieurs raisons portent à croire que les remparts commençaient aux environs de Saint-Benézet, qu'ils longeaient la porte Ferrucc, la rue des Grottes, descendaient aux environs de la rue Bancasse jusqu'à Saint-Didier; de là, ils s'étendaient sur les rues Sainte-Claire, la Masse, le Four de la Terre, la Pignotte, le Portail-Matheron, les rues Campane, des Trois-Colombes, jusqu'au rocher, où sans doute était placée la forteresse. Ces remparts furent abattus par Charles-Martel en 737.

La seconde enceinte est mieux connue; les noms des anciennes portes restés aux rues qui les ont conservés, la dessinent d'une manière exacte, ainsi que les canaux servant alors comme aujourd'hui aux égouts de la ville : 1° la porte Ferrucc, en suivant les Grottes jusqu'à la descente de la Madeleine; 2° la porte Aquaria, jusqu'à Saint-Agricol et la rue Sainte-Praxède; 3° la porte Bienson, jusqu'à Saint-Charles, où l'on voit encore un débris de la porte Évêque; 4° de la porte Évêque, en suivant la Calade jusqu'à Saint-Martial; 5° la porte du Pont-Rompu jusqu'au Corps-Saints; 6° la porte de Rome jusqu'à N.-D.-de-Salut; 7° le portail Magnanen (*porta magna*), jusqu'à la chapelle du portail Peint; 8° le portail Peint, en suivant la Philonarde; 9° le portail Matheron, en face des Augustins, la rue Campane, à l'extrémité de laquelle se trouvait, 10° la porte Aurouze, la rue des Trois-Colombes jusqu'à la place du Grand-Paradis; 11° la porte du Bois jusqu'au rocher.

Cette seconde enceinte, formée de solides remparts et d'énormes tours, fut détruite entièrement après le siège fait par Louis VIII, en exécution de la sentence du 9 janvier 1227.

Un manuscrit que nous avons sous les yeux nous fournit de nouveaux détails sur la construction des remparts.

Après l'achat de la ville d'Avignon par Clément VI, ce pontife voulut mettre cette ville à l'abri des incursions des bandits qui parcouraient la France. Il fit commencer les remparts en 1350, du côté du rocher, en allant vers le pont. Avant la révolution, on voyait encore ses armes sur la tour octogone, dite de *Barban*, située au bas du rocher, dans le parc de l'ancien bureau des coches. Ce blason était composé de six roses.

Innocent VI les fit continuer en 1357, à partir du magasin à poudre, près Saint-Roch, jusques à peu près la porte Saint-Lazare. On avait sculpté ses armes, qui sont *un lion, et trois coquilles en chef*, sur la tour du magasin à poudre, sur les côtés de la porte intérieure de Saint-Michel, et sur celle de la porte Saint-Lazare.

En 1364, Urbain V les continua depuis la porte Saint-Lazare jusqu'au rocher. On voyait ses armes, qui sont *d'argent à trois émanches de gueules*, contre la quatrième tour à mi-chemin de la porte Saint-Lazare à celle de la Ligne, près de laquelle était le pourtalet, qu'on a muré de nos jours de même que l'ancienne porte de la Ligne, qui fut démolie en 1759 pour en construire une autre plus moderne à quelques pas de l'ancienne. Ainsi, dans dix-neuf ans, près des trois quarts de la ville furent entourés de murs, excepté la partie depuis la porte du Rhône jusqu'au magasin à poudre, partie située au bord de ce fleuve, dont la proximité pouvait lui servir de barrière.

Clément VII les reprit en 1379, depuis le magasin à poudre, en remontant dans le Mail, jusqu'à la troisième grande tour, en partant de la porte de l'Oulle, sur laquelle on voyait les armes de ce pontife, qui sont *cinq points d'or, équipolés à quatre d'azur*. Enfin, ils furent vraisemblablement achevés ou reconstruits en 1475 sous le pontificat de Sixte IV, depuis la grande tour dont nous venons de parler jusqu'à la porte du Rhône. Les armes de Sixte, qui sont *d'argent au chêne de sinople*, et celles du cardinal Julien de la Rovère, son neveu, étaient sculptées sur la seconde tour du Mail, après la porte de l'Oulle.

Un débordement simultané du Rhône et de la Durance, survenu en 1362, avait encore emporté une partie des remparts entre les portes Saint-Michel et de l'Imbert. Urbain V les fit relever.

En 1490, une partie de ces murs fut renversée par les eaux du Rhône. Ils furent relevés sous le pontificat d'Innocent VIII. On voyait ses armes, *bande échiquetée*, sur la porte du Pont et sur la tour ronde près la porte du Rhône, au pied de laquelle était placée la statue de saint Agricol, abattue pendant la révolution.

Pour subvenir aux dépenses que nécessitait la construction des remparts, deux impôts nouveaux furent créés, l'un sur le vin (*le souquet*), et l'autre sur le sel (1).

Le pont de Saint-Bénézet. — La corporation des *Pontifes* remonte à la plus haute antiquité. La première *franc-maçonnerie* fut sans doute celle des bâtisseurs de ponts. Leur industrie, sanctifiée par son utilité même, s'alliait toujours d'abord à la religion, avec laquelle elle confondait ses rites mystérieux, et elle devenait ainsi une sorte de sacerdoce. Cela est tellement vrai que le mot *pontife*, qui, dans son acception actuelle, n'a plus qu'un sens religieux, commença par désigner seulement ces antiques bâtisseurs. Varron est formel sur ce point, à propos du mot *pontifex*, au chap. XV, liv. IV de son *De lin-*

---

(1) Fuitque civitas Avenionensis, quæ muris et fossatis carebat, ampliùs fortificata in muris et fossatis ; et collectis imposita civibus et cortisanis ac clericis.... Dominus Papa, tam pro defensione quam munitione civitatis, gabellas imposuit et concessit, quod pro qualibet butta vini solveretur unus florenus ; et ne tabernarii nimis perderent, mensuræ diminutæ fuerunt ad mensuram unius vitri quorum octo faciebant unum picerium.

Baluze. *Seconde vie d'Innocent VI.*

qua latina. Selon lui, le pont bâti par Ancus au pied du mont Aventin, avait été la première œuvre de ces dévots constructeurs, de ces *pontifes* romains. Leur corporation, devenue un collége de prêtres, en resta la gardienne ; elle fut chargée de son entretien et de ses réparations, auxquelles elle procédait chaque fois avec des rites singuliers, *non mediocri rita*, comme le dit encore Varron.

Le moyen-âge hérita de ces usages antiques : il voulut faire aussi une chose sainte de la construction des ponts. Le paganisme avait eu ses *pontifices* ; le christianisme, pour ne pas être en contradiction avec lui dans la consécration de l'utile industrie, eut une confrérie de moines institués exprès sous le nom de *frères pontifes* (fratres pontifici).

Un jeune pâtre du Vivarais, canonisé plus tard sous le nom de saint Bénézet, avait été leur premier chef. C'est à sa suite que les frères pontifes avaient commencé de parcourir la France, vêtus d'un long habit blanc, sur lequel se voyait brodé un pont en laine de couleur ; c'est avec lui qu'après avoir longé la plupart de nos grands fleuves, ils s'arrêtèrent à Avignon, et y construisirent le pont si fameux dans la légende populaire. Eux aussi, comme les *pontifes* antiques, quand un pont était achevé, ils laissaient à sa garde une partie des leurs, qui, s'établissant dans un hospice bâti à la tête même du pont, s'engageaient, non-seulement à tenir en bon état leur propre construction, mais encore à réparer les routes voisines, bien plus même, à prêter main forte aux voyageurs attaqués et à leur donner un abri dans leur auberge-hospice. L'admirable zèle de ce christianisme actif, dont les frères de la laborieuse confrérie étaient les ministres, ne s'arrêtait pas là. Non content d'avoir trouvé les ouvriers pour ces grands travaux, il voulait trouver encore, et toujours, par l'aide seule de ses prêtres, l'argent nécessaire à leur achèvement. « On peut voir dans les écrits de Pierre-le-Chantre et dans ceux de Robert de Flamesbourg, pénitencier de l'abbaye de Saint-Victor à Paris, que les confesseurs étaient autorisés à imposer, comme surcroît de pénitence, une aumône pour l'établissement des ponts et bacs, et pour l'ouverture et l'entretien des routes. »

Les ponts qui n'avaient pas les frères pontifes pour bâtisseurs, ou dont la construction n'avait point eu d'avance la sanctification de ces aumônes de la pénitence, étaient souvent regardés par le peuple comme des ponts maudits. C'était, disait-on, l'œuvre du diable, ou celle des enchanteurs, ses suppôts. Tous avaient leur légende, presque partout la même, et dans laquelle le diable jouait le principal rôle.

Quoi qu'il en soit, le peuple, étant bien convaincu que ce jeune berger annonçait la volonté de Dieu, s'empressa de contribuer pour les sommes nécessaires à la construction du pont. Il fut achevé par les soins des frères pontifes en onze années. Il avait 782 pieds de long, et il était porté par dix-neuf arches, dont la première touchait aux murs d'Avignon et la dernière à ceux de Villeneuve; il était si étroit qu'il ne pouvait servir que pour les gens de pied ou les hommes à cheval.

Une tradition populaire impute à Louis XIV la destruction de ce pont. C'est une calomnie. Le fleuve minait l'édifice; on ne faisait plus de réparations; une arche s'écroula, cette chute fut suivie de celles de trois autres; enfin, le grand édifice fut entièrement ruiné en 1669; il n'en reste aujourd'hui que quatre arches. Vues de la ville, elles font un effet assez pittoresque; elles rappellent sans cesse aux Avignonais la reconnaissance que leurs ancêtres durent à Benézet. L'Eglise le mit au rang des saints; Avignon doit le regarder comme un de ses plus grands bienfaiteurs. Benézet fut inhumé dans la chapelle construite sur la deuxième arche du pont. Cette chapelle est presque dépourvue d'ornemens; quelques détails cependant méritent d'être cités, entre autres les modillons à l'extérieur de l'abside. Un d'eux est le chapiteau d'un pilastre corinthien; s'il n'est pas antique, il atteste une imitation très-habile, et la conservation des traditions de l'art antique à une époque où il était absolument oublié dans le nord de la France. La chapelle est sans doute contemporaine du pont, élevé en 1177.

Vers le XVe siècle, on l'a divisée en deux parties par un plancher parallèle à sa base, de manière à faire deux chapelles : l'une de plain pied avec le pont, l'autre plus basse reposant sur une des piles. L'abside de la chapelle inférieure est cintrée, et la nef, ogivale ; le contraire a lieu pour l'étage supérieur, Tout s'explique facilement par cette restauration.

Dans deux explorations faites avec M. Chaix, et d'après les observations de cet archéologue, nous avons remarqué que les quatre premières arches du pont ont été reconstruites à une époque bien postérieure à celle de 1177, c'est-à-dire sur la fin du XIVe siècle ; que les arches primitives étaient beaucoup moins élevées que celles d'aujourd'hui, et nous en avons pour preuve l'élévation de la chapelle inférieure qui se trouvait de niveau avec la hauteur des arches, ensuite les restes de la naissance des voussoirs qu'on aperçoit encore contre les piles du pont, à côté des arches de construction moins ancienne ; que lorsqu'on voulut rééditier les nouvelles arches, on fut obligé, pour bâtir une chapelle à l'usage des voyageurs, de partager la hauteur de l'ancienne par une voûte dont les nervures non prismatiques s'harmonient avec le caractère de l'architecture primitive, et reposent sur quatre chapiteaux encore romans de la chapelle inférieure.

Il est constant encore que, d'après les observations de M. Chaix, qui rétablissent un oubli de M. Mérimée, il existait une plate-forme pratiquée sur l'arrière-bec du pont et recouverte par une voûte faisant abri, dont on voit encore la naissance au-dessus du cintre et des colonnes ornant la porte extérieure de cette chapelle, colonnes dont nous avons retrouvé les bases assises sur le niveau de l'ancien pont.

Les nécessités de la guerre et l'impétuosité des flots ont à l'envi concouru à la ruine de ce magnifique édifice. Clément VI en fit reconstruire quatre arcades. Les Catalans et Aragonais le coupèrent en 1395 pendant le siége du Palais. En 1418, les Avignonais firent rétablir en maçonnerie l'arcade coupée par les Catalans. La négligence à réparer une arche tombée, en fit crouler trois autres en 1602. Il en tomba deux le 8 mai 1663 ; on y suppléa par une charpente, et le 3 février 1650 une de ces travées fut emportée à une heure de la nuit. Pendant le rigoureux hiver de 1670, les glaces renversèrent encore deux arches de ce pont sur le grand Rhône (1).

Dans les temps reculés, la ville avait étendu sa juridiction dans les îles du Rhône et en face de son territoire, sur tout le littoral de la rive droite de ce fleuve. Ses justiciers avaient fait dresser leurs fourches patibulaires, les unes devant la fontaine de Montaux, les autres sur le rocher qu'on appelle encore *la Justice*.

Tant que les rois de France possédèrent la ville d'Avignon par indivis avec les comtes de Provence, ils ne trouvèrent aucun inconvénient à cette extension de la juridiction de la cité ; mais lorsque, au mois de septembre 1290, Philippe-le-Bel, en considération du mariage de Charles, son cousin, avec Marguerite, fille du roi de Sicile, comte de Provence, lui eut cédé les droits qu'il avait sur Avignon, il dut songer à faire respecter ses limites, et ses officiers firent jeter, en 1307, les fondations de la tour de Villeneuve. Charles II, roi de Sicile, s'en plaignit, alléguant que le territoire d'Avignon s'étendait au littoral de la rive droite du Rhône. Le roi de France donna ordre à son sénéchal de Beaucaire de faire une enquête sur ce fait ; celui-ci se transporta sur les lieux, et se disposait à entendre des témoins, lorsque les magistrats d'Avignon intervinrent, disant qu'il ne pouvait agir, au nom du roi de France, dans un lieu qui était du domaine et de la juridiction du roi de Sicile, comte de Provence. Radulphe de Méruel, architecte de la tour, n'en poussa qu'avec plus d'activité la construction de cet édifice (2), et il ne paraît pas que le roi de France, une fois bien assis sur ce point, ait encore

---

(1) Morenas. *Lettres historiques*, pag. 199.
(2) Arch. municipales. *Procès du Rhône*, tom. I, pag. 65.

toléré sur la rive droite du Rhône l'exercice de la juridiction avignonaise. Elle s'exerça néanmoins pendant quelque temps encore dans les îles ; mais après avoir si bien commencé, les officiers du roi de France n'eurent garde de s'arrêter en si beau chemin.

Le pape voulut avoir aussi, de son côté, en tête du pont, une tour qui répondît à celle du roi de France. Croirait-on que les officiers du roi vinrent faire inhibition de continuer les travaux, prétendant que le sol sur lequel on les établissait appartenait à leur souverain, attendu qu'il avait jadis fait partie du lit du Rhône, et que les eaux de ce fleuve le couvraient encore quelquefois? Clément VI, s'arrêtant devant ces menaces, n'osa pas achever la porte du Rhône et la tour du pont. Ses successeurs n'y firent guère travailler, et Grégoire XI, par sa bulle de l'année 1377, exhorta les syndics et le conseil d'Avignon à parachever la porte et la tour du pont, ce que probablement il n'avait pas osé faire lui-même pendant qu'il siégeait en cette ville. Les Catalans, dans le siége qu'ils soutinrent d'abord sous la direction d'Antoine de Luna, frère de l'anti-pape, et ensuite sous celle de Rodrigue de Luna, son neveu, occupaient, outre le Palais et ses dépendances, la cathédrale, le fort Saint-Martin, l'évêché, l'hôpital Saint-Bénézet et ses dépendances, le pont et la tour de Villeneuve. Les secours en hommes, en vivres et en munitions, leur arrivaient ainsi du Languedoc ; et si, comme les Avignonais les en accusent, ce sont eux qui coupèrent le pont, ils commirent une grande faute, tandis qu'en effectuant cette coupure eux-mêmes, les Avignonais auraient montré de l'habileté. Une fois le pont coupé, les assiégeans durent tâcher de se rendre maîtres des fortifications qui en défendaient l'accès. Il y avait là, groupés d'une façon formidable, la porte du Rhône, la tour de l'hôpital Saint-Bénézet et la tour du pont. Ils attaquèrent cette dernière, dont la prise devait couper la ligne ennemie ; mais les assauts qu'on y donna étaient meurtriers et toujours sans succès. Les ruines du pont étaient

16.

le seul point d'où ils pouvaient, sans trop de désavantage, combattre les assiégés. On dressait, pour y parvenir, des tours de bois dans des barques qui, descendant le cours du fleuve au signal donné pour l'assaut, s'approchaient du pont, et les guerriers qu'elles portaient s'élançaient de la tour flottante sur le colosse de pierres. L'artillerie catalane, qui armait les fortifications assiégées, ne réussissait malheureusement que trop à couler bas ces navires. On parvint cependant à miner cette tour et à la faire sauter. Ce fait d'armes eut les résultats qu'on s'en était promis; l'ennemi évacua la porte du Rhône, la tour et l'hôpital de Saint-Benézet, mais il n'abandonna ces positions qu'après avoir démantelé et incendié les édifices. Les archives de la ville, qui étaient dans la tour de l'hôpital, périrent dans cette circonstance (1). Leur artillerie acheva de mettre ces positions hors d'état de servir aux assiégeans.

Lorsqu'après la capitulation des Catalans, les Avignonais voulurent relever ces fortifications, ils rencontrèrent dans les gens du roi, à Villeneuve, une résistance qu'ils n'osèrent pas braver. Il fallut, plus tard, toute l'audace et la décision de Jules de la Rovère, légat du saint-siége, qui, sans s'embarrasser des arguties des gens de loi, fit fièrement élever, en face du pont, la tour qu'on y voit encore, indépendamment d'une autre qu'il fit construire pour protéger l'entrée de la ville, faisant faire à toutes deux des barbacanes et les garnissant de machines de guerre (2).

Les gouverneurs qui succédèrent à ce légat furent loin d'imiter sa fermeté, et les agens royaux, exagérant de plus en plus leurs prétentions, ne manquèrent pas, chaque fois que les eaux du Rhône, enflées par les pluies d'orage, envahis-

---

(1) On établit de nouveau les archives municipales dans le monastère des Cordeliers, d'où elles furent ensuite transférées et définitivement installées, le 22 juin 1452, dans la tour de l'Hôtel-de-Ville.

(2) Arch. municipales. *Procès du Rhône*, tom. I, pag. 87.

saient la ville, de se faire conduire en bateau, et, au moyen d'un poteau aux armes de France, de venir planter limites au milieu de nos bas quartiers. Il arriva qu'un jour un malfaiteur échappa aux sbires de la vice-légation en se jetant dans le bateau du maître des ports de Villeneuve. Celui-ci s'opposa formellement à ce qu'on l'y saisît, disant qu'il était dans les états du roi (1). Ajoutons toutefois que le criminel ne gagna à ce privilége que l'avantage d'être accroché à une potence française (2).

LES PORTES DE LA VILLE.

Porte de l'Oulle. — L'entrepôt des briques et des poteries grossières qui se fabriquaient jadis à Villeneuve, se faisait, avant que le pont fût construit, dans le voisinage de la porte de l'Oulle ; de là vient son nom moderne, parce que c'était là que le peuple achetait les *Oulles* (ou marmites). Des actes de 1336 et 1341 appellent ce passage la porte du Pertuis (*portale pertusii*), à cause du passage de la Sorgue. D'autres l'appellent porte du Limas, à cause du limon qui en souillait habituellement les abords, et dont une rue voisine a gardé le nom, et enfin ce passage se trouve désigné, dans des documens moins anciens, sous le nom de *Porte du Mail*, parce qu'on jouait principalement à ce jeu dans la rue actuelle du Rempart Saint-Dominique. Le conseil général de la commune lui imposa, par sa délibération du 10 octobre 1792, le nom de *Porte de l'Egalité*.

En 1318, la porte de l'Oulle s'appelait la porte Lincassia (M^{ss}. Calvet).

Les terrains situés hors la porte de l'Oulle ressemblaient à une grève, quand déjà de magnifiques promenades bordaient, sous la dénomination de *cours*, les murs au levant et au midi de

---

(1) Justin Boudin. *Guerres de religion*, pag. 130.
(2) Paul Achard, archiviste. *Remparts d'Avignon*, pag. 407, 408 et 409.

la ville. M. de Caumont signala son consulat (1755-1756), en y faisant planter une grande partie des arbres qu'on y voit aujourd'hui et en faisant placer des bancs dans les intervalles. Cette promenade, qu'on appela dès-lors le *cours de Caumont*, fut fort goûtée. Elle se terminait au nord-est par une élégante statue de la Vierge, portée sur un gracieux piédestal et environnée d'une grille, et au sud-ouest par un bouquet d'ormeaux qu'on appela le labyrinthe.

La vieille porte de l'Oulle, telle que le moyen-âge nous l'avait laissée, tombait presque en ruines ; on reconnut le besoin de la reconstruire. En 1783, un plan dressé par M. Péru, architecte de la ville, fut adopté. L'ancienne porte fut démolie et définitivement reconstruite sur les plans et sous la direction du même architecte en 1785 et 1786.

PORTE SAINT-ROCH. — Cette porte, distante de celle de l'Oulle de 940 mètres, était dans le principe située à l'extrémité occidentale du rempart, là où de nos jours on a ouvert une issue au courant d'eau introduit dans l'abattoir. On l'appelait alors la *Porte du Miracle*, à cause du miracle arrivé en 1320 et cité par Nouguier, page 106.

On transféra dans la suite cette porte au midi, sur son emplacement actuel, et elle continua d'être indistinctement appelée porte du Miracle ou de *Champ-Fleury*. Ce dernier nom lui venait de la dénomination du quartier du territoire situé en face d'elle (1).

Pendant la peste qui ravagea la ville d'Avignon en 1348, le pape Clément VI acheta, pour la sépulture des pestiférés, un champ dans ce quartier, et y fit bâtir une chapelle. Un hôpital dédié à saint Roch ne tarda pas à s'élever dans ce lieu (2), et son nom resta à la porte voisine. Des cabanes y furent dressées pour servir de lazaret lors de l'invasion de la peste en 1629.

---

(1) Terrier de Saint-Georges, aux arch. de la préfecture.
(2) Ante hospitali et cymeterium Campi floriti. 1548. Note communiquée par M. de Blégier.

La porte Saint-Roch a été très-souvent fermée à cause de l'inhumation des pestiférés qui avait lieu dans le voisinage. On l'ouvrit le 21 janvier 1663, dans les mêmes circonstances et avec la même solennité que pour l'ouverture de celle de l'Oulle. Elle fut fermée peu de temps après, rouverte au mois d'août 1721 pendant que la peste sévissait, et refermée après la cessation du fléau. On l'ouvrit enfin pour ne plus la fermer, en 1742.

Le conseil général de la commune imposa, en 1792, la dénomination de *Porte des Bouches-du-Rhône* à la porte S-Roch.

Le 26 juillet 1793, l'armée de Cartaux attaqua simultanément toutes les portes de la ville, excepté les trois qui sont sur la rive droite du Rhône. Les Allobroges et des volontaires de la Drôme se présentèrent devant la porte Saint-Roch, arrivant par le sentier de Champ-Fleury. Les Marseillais lâchèrent pied à l'approche de l'armée républicaine. Aussitôt, les portefaix du Rhône amenèrent du rocher deux pièces de canon, qu'ils placèrent à deux embrasures du rempart. Le feu devint vif de part et d'autre. Les boulets des Allobroges détruisirent en partie la belle porte et la grille construites en avant du rempart; mais, pris obliquement par le feu des Avignonais, les assaillans furent obligés de battre en retraite.

PORTE SAINT-MICHEL. — Cette porte est à 806 mètres de distance de la précédente. Il existait dans son voisinage, au XIVᵉ siècle, un cimetière affecté à la sépulture des pauvres. Il paraît que son aspect et sa destination n'inspiraient pas la tristesse, car on trouve dans les manuscrits d'Henri de Suarès que le 16 des kalendes de septembre 1347, Jean Coïardan, évêque d'Avignon, voulant faire cesser le scandale que causait le peuple en se rendant dans ce cimetière avec des filles de mauvaise vie, y fit bâtir une chapelle sous le titre de Saint-Michel. C'est du vocable de cette chapelle que la porte a pris son nom. Une seule tentative a été faite depuis pour le changer: en octobre 1792, le conseil général de la commune voulut qu'elle s'appelât *Porte de la Liberté*.

Le 1ᵉʳ août 1595, les habitans du quartier offrirent de faire à leurs dépens le ravelin (1) de cette porte ainsi que son pont-levis, et supplièrent la ville de prendre à sa charge la dépense accessoire. Le conseil accueillit cette demande et vota pour cet objet un crédit de 500 florins. Ce ravelin et la porte elle-même furent modifiés à la moderne en 1684 sous le vice-légat Nicolini. L'espèce d'arc de triomphe qui est sur le flanc oriental et qui porte encore cette inscription : P. O. M. INNOCENTIO XI, date aussi de la même époque.

La peste de 1721 fit d'affreux ravages à Avignon. Le consulat voulut intéresser le ciel à la préservation de la cité; après une neuvaine de prières, il fut fait une procession si nombreuse que les infirmes et les vieillards étaient presque seuls devant les maisons pour la voir passer. Elle parcourut les principales rues de la ville, et se rendit à la porte Saint-Michel, où elle déposa sur un piédestal préparé au fond du ravelin, en face de l'entrée de la ville, une statue de la Vierge, sculptée par un nommé Mondrin, et qu'on avait portée à la procession. Cette cérémonie eut lieu au commencement de l'année 1721, et la peste envahit Avignon au mois d'août de la même année.

La porte Saint-Michel jouissait du singulier privilége de servir, exclusivement à toute autre porte, à l'entrée et à la sortie des princes qui visitaient la ville d'Avignon. Le vice-légat Lascaris, venant, au nom du pape, reprendre possession d'Avignon et du Comtat, s'y rencontra avec le comte de Mérinville, qui avait, depuis le 28 août 1663, gouverné le pays au nom du roi de France. Le marquis de la Trousse, venant encore occuper notre ville au nom du monarque français, y entra le 1ᵉʳ octobre 1688, à la tête des dragons de Tessé, tandis qu'un bataillon du régiment de Sault, campé dès le matin dans l'île de la Barthelasse, entrait par la porte de l'Oulle.

Les troupes qui entrèrent à la prise de possession de 1768,

---

(1) Ouvrage de fortification extérieure, composé de deux faces qui font un angle saillant, et qui sert ordinairement à couvrir une courtine, un pont.

étaient composées du régiment du Dauphin, qui pénétra dans la ville par la porte Saint-Michel, tandis que les dragons de Beauffremont entraient par la porte Saint-Lazare.

A peu de distance de la porte Saint-Michel, se trouve la célèbre abbaye de Saint-Ruf, fondée en 1039, par quatre chanoines de la cathédrale d'Avignon, dont la fervente piété ne trouvait pas assez austère la règle de saint Augustin, qui régissait alors le chapitre de l'église d'Avignon. Le clocher et le chevet de l'église sont tout ce qui reste de ces anciennes constructions, dans lesquelles se tinrent des conciles, et qui virent plusieurs des modestes moines dont elles avaient abrité les vertus, parvenir à la papauté.

Porte de l'Imbert. — On compte 530 mètres de la porte Saint-Michel à la porte de l'Imbert. Pendant tout ce trajet, et même jusqu'à la porte Saint-Lazare, le voyageur ne cesse d'avoir à sa gauche le parapet de l'ancien fossé du rempart : là seulement il peut juger de son aspect et de sa largeur.

La porte actuelle de l'Imbert tire son nom d'une porte du même nom qui s'ouvrait près de là dans l'ancienne enceinte. Nous n'avons trouvé jusqu'à ce jour aucune explication satisfaisante de ce nom. Un acte de 1415 nous donne bien cette leçon: *Portale Humberti*; mais aucun fait historique n'établit de corrélation entre cette porte et le Dauphin Humbert; et d'ailleurs, beaucoup d'autres, plus anciens que celui-là, disent invariablement *Portale Imberti*. Un savant a pensé que ce nom pourrait bien venir de la pluie *(imber)*, à laquelle cette porte, ouverte au sud-est, se trouve plus exposée qu'aucune autre.

Le ravelin de cette porte fut construit en 1619, on en réparale pont-levis en 1631. Ce pont-levis fut supprimé et le fossé comblé devant la porte en 1672. Le ravelin fut à son tour démoli pendant l'occupation française de 1768. Cette opération eut pour résultat de réunir le cours qui vient de Saint-Michel, et dont la plantation remonte à l'année 1682, à celui qui va à Saint-Lazare, planté en 1723 et replanté en 1837.

Le cours de l'Imbert était en hiver le lieu de promenade des carosses ; la noblesse avignonaise venait y faire assaut de luxe. Avignon avait, le jeudi-gras, sa journée de Longchamps. Ce jour-là, entre autres, le vice-légat se montrait dans ses plus somptueux équipages, et on ajoute que la ville lui passait cent écus pour les dépenses qu'il faisait à cette occasion. Le cours Saint-Lazare était, au contraire, avant que les allées de l'Oulle fussent plantées, la promenade du beau monde pendant les fortes chaleurs.

Pendant que le général Cartaux assiégeait Avignon, alors occupé par les Marseillais fédérés, la porte de l'Imbert était la seule de la ville qui fût ouverte aux cultivateurs qui allaient récolter leurs blés (1).

Le 26 juillet, à la pointe du jour, les troupes de Cartaux se présentèrent devant la porte de l'Imbert ; les Marseillais avaient masqué deux pièces de canon dans l'intérieur des remparts. Au moment où les républicains se montrèrent à la Trillade, les deux pièces furent démasquées, et en un instant, balayèrent ce qui se trouvait sur la route. D'un autre côté, la grosse artillerie du rocher, servie par des Avignonais, foudroyait la colonne des assiégeans. Si, profitant de cette déroute, les Marseillais eussent fait une sortie sur tous les points, c'en était fait de l'armée de Cartaux, qu'on aurait poussée jusqu'au Rhône.

La porte de l'Imbert dut à la route qui se trouve en face d'être appelée, en 1792, *Porte de Marseille*. A une portée de fusil des remparts est le domaine de la Trillade, ancienne villa des ducs de Crillon, récemment léguée à la ville par feu Sixte Isnard, pour y établir un hospice particulièrement destiné aux négocians ruinés, aux commis malheureux et aux ouvriers indigens. C'était la limite ordinaire de l'enthousiasme officiel lorsque des princes étaient attendus à Avignon par cette route.

PORTE SAINT-LAZARE. — Cette porte est à 914 mètres de distance de celle de l'Imbert. Elle fut construite sous le ponti-

---

(1) Séance du conseil de la commune du 21 juillet 1793, f. 230 du registre.

ficat d'Innocent VI ; une inondation de la Durance l'ayant renversée, elle fut relevée à peu près telle que nous la voyons aujourd'hui sous le pontificat d'Urbain V.

Ce côté de la ville était un des plus accessibles. Les routiers asseyaient volontiers dans son voisinage leur quartier-général. Le nom de Camp-Rambaud, que porte encore aujourd'hui la partie du territoire comprise dans le triangle formé par les routes nos 1 et 100, et le chemin dit des Marseillais, est une corruption de Camp-Roban, ou camp des Ribauds (1). Non loin de là aussi, les hauts justiciers du pape avaient fait dresser leurs fourches patibulaires (2).

Les habitations voisines des portes se trouvaient les plus exposées en cas d'attaque ; les citoyens étaient plus particulièrement intéressés à ce que ces portes fussent bien gardées et non moins bien fortifiées. Les habitans de la Carreterie obtinrent du conseil de ville de faire construire à leurs frais le ravelin de celle de Saint-Lazare, et furent autorisés, le 1er août 1568, à démolir une tour ruinée située entre cette porte et celle de la Ligne, pour en employer les matériaux à cette construction.

La porte Saint-Lazare est, dans l'enceinte actuelle, celle dont les constructions remontent à l'époque la plus reculée ; elle a pris son nom d'une ancienne maladrerie dédiée à saint Lazare, dans le voisinage de laquelle elle fut construite.

Quand la ville d'Avignon eut secoué le joug du Saint-Siége, on appela cette porte la *porte Royale*. Le conseil général de la commune décida, le 15 août 1792, qu'on enlèverait les armes du roi pour leur substituer celles de la liberté, et qu'elle s'appellerait désormais la *Porte nationale*. La délibération prise

---

(1) En lo camp Roban, 1392. Terrier de Saint-Georges en langue vulgaire. Campus Ribaudi ou Rebaudis, 1495. Lième de Sainte-Catherine, aux archives de la préfecture.

(2) Terratori apelat al Peyron on se fay la justicia de la citat, confront am lo gran cami on hom vay à Carpentras, 1392. Terrier de Saint-Georges.

par le même conseil le 10 octobre 1792, changea encore ce nom en celui de *Porte de la République.*

La lèpre, arrivée à la suite des croisés de la Palestine, avait envahi l'Europe. On ouvrit alors des asiles spéciaux aux malheureux qui étaient atteints de cette maladie. Celui d'Avignon, créé hors des murs, était fort ancien, et situé même en face du lieu où s'éleva dans la suite la porte Saint-Lazare. Il y avait là aussi de ces petits groupes d'habitations si connus au moyenâge sous le nom de bourguets, celui-ci appartenait à l'hospice des lépreux et s'appelait naturellement le *Bourguet de Saint-Lazare.* En 1322, le pape Jean XXII en dépouilla l'hospice pour augmenter la dotation du chapitre de Saint-Agricol (1). La lèpre disparut peu à peu, et l'importance des asiles que la charité publique et privée avait ouverts à ses victimes déclina avec elle.

A côté de l'hôpital des lépreux était une chapelle dédiée à la Sainte-Vierge, sous le vocable de Notre-Dame de Bonne-Aventure. Elle était si ancienne qu'on ignore l'époque précise de sa fondation. Toutefois, la tradition veut qu'elle doive ses commencemens à une statue de la Vierge trouvée sur les bords du Rhône. Cette chapelle avait été construite en 1360 par un nommé Pierre Avoli, marchand d'Avignon.

PORTE DE LA LIGNE. — Cette porte est distante de 754 mètres de celle de Saint-Lazare. On l'appelait anciennement *Aurose*, du nom de la porte de l'ancienne enceinte qui se trouvait la plus rapprochée ; on en voit encore des vestiges à l'entrée de la petite place des Pénitens noirs, à côté de l'égout qui passe sous la maison Rave et en face l'angle méridional de cette maison. Elle s'appela ensuite porte du *sel* ou des *Salens*, à cause des magasins à sel qui se trouvaient dans son voisinage. Son nom actuel dérive de l'italien *legno*, qui signifie bois, parce que c'est sur le port que se vend ce combustible,

---

(1) Note communiquée par M. de Blégier.

Le 10 octobre 1792, le conseil de la commune voulut inutilement qu'on l'appelât *Porte d'Orange*.

Cette porte demeura fermée dès les premières guerres suscitées par les Huguenots, et l'on n'allait plus sur le quai au bois que par une sorte de poterne, dite le *Portalet*, située à quelques pas au-delà de la porte actuelle. Le 9 septembre 1655, le conseil demanda vainement au vice-légat de la faire ouvrir; cette mesure n'eut lieu qu'au mois de novembre 1662, de l'autorité des consuls, qui profitèrent de la liberté que leur donnait l'occupation française. Cette ouverture eut lieu aux frais des habitans voisins.

L'inondation de 1755 l'ayant considérablement endommagée, la ville décida de la reconstruire un peu en amont et en face de la rue Palapharnerie. Le prix fait de cette construction fut donné le 13 septembre 1757.

Un peu au-dessous de la porte de la Ligne, le rempart se lie au rocher des Doms, auquel il donne accès par une petite tour très-pittoresque qui porte le nom de Saint-Martin, et qui est un des derniers débris du fort de ce nom. Un contemporain raconte ainsi les circonstances de la ruine de ce fort : « Le 29
» août 1650, un peu avant dix heures du soir, le ciel mena-
» çant tonnerres et éclairs, il en fit entre autres trois, l'un
» desquels, la foudre s'y étant mêlée, mit le feu dans le fort
» Saint-Martin, dans lequel il y avait une chapelle toute de
» marbre, autrefois dédiée au service de Dieu, dans laquelle
» MM. Paget, Hilarion et autres avaient fait magasins à poudre
» de la quantité de 400 quintaux. Laquelle foudre fit un tel
» effet qu'elle emporta et rasa tout le fort jusqu'aux fonde-
» mens.... Ce qui fut plus digne de pitié, fut qu'il emporta
» quatre soldats qui y étaient de garde, trois desquels on
» ensevelit dans le cimetière de Saint-Symphorien, et le qua-
» trième fut trouvé dans un bateau chargé de tonneaux, trois

---

(1) Extrait du journal d'un anonyme.

» jours après, au déchargement desdits tonneaux, proche
» Roquemaure (1). »

La Durançole rencontre sous l'hospice des insensés un souterrain venant du palais papal. L'anti-pape Benoît XIII, bloqué dans ce palais par le maréchal de Boucicaut, s'en échappa en 1403. Parmi les versions qui circulent sur la manière dont il y parvint, il en est une qui parle d'un souterrain qui, partant du Palais, allait passer sous le Rhône. Notre opinion est que Pierre de Luna s'est réellement sauvé par un souterrain ; il aura pris celui dont nous venons de parler, et se sera embarqué à l'embouchure de la Sorguette, dans le batelet qui lui avait été envoyé par l'abbé de Saint-Victor de Marseille, qui était un de ses partisans. C'est là qu'était peut-être aussi cette poterne dont parle, dans une lettre du 8 octobre 1411, un espion que les Avignonais entretenaient à Montpellier, et par laquelle il leur donne avis que Pierre de Luna venait de faire construire une petite brigantine de cinquante ou soixante quintaux, pour venir secrètement à la poterne du rocher, communiquer avec la garnison du Palais (1).

Le rocher des Doms, taillé à pic, sert de rempart sur une assez grande étendue. Après la destruction du fort Saint-Martin, un point, connu plus tard sous le nom de *Trou des Masques*, ne parut pas entièrement inaccessible ; on le ferma par un gros mur en 1713. C'est sous le rocher que se trouve le port aux grains (2).

Porte du Rhône. — La porte du Rhône est à 600 mètres de la porte de la Ligne et à 336 de la porte de l'Oulle. C'était autrefois la porte la plus fréquentée de la ville, à cause des communications avec le Languedoc par le pont Saint-Bénézet, et, après la ruine de ce pont, par le bac à traille. Par cette

---

(1) Archives de l'Hôtel-de-Ville, papiers de la guerre contre les Catalans.
(2) Portus vocatum *Cremada* subtus beate Marie de Dompnis, vocatum Castellum, 1325. (Note communiquée par M. de Blégier.)

porte, on allait droit au Palais et au centre des affaires. C'est le pape Clément VI qui la fit construire. On l'appelait aux XIVe et XVe siècles, la porte *Eyguière*, à cause du voisinage des eaux, et quelquefois la *porte du pont*. On tenta inutilement, en 1792, de substituer à son nom actuel la dénomination de *porte du Gard*.

Cette avenue de la ville, percée dans une tour, était défendue par une autre tour plus grande, aujourd'hui dénaturée. On y mit une grille en fer en 1483, et en 1489 on fit réparer la partie supérieure de la porte, de même que celle d'une petite tour voisine et les créneaux jusqu'à la Roche.

La foudre y tomba en 1649 et fit des dégâts considérables dans l'appartement du capitaine de la porte. On voit cette porte représentée telle qu'elle était anciennement avec son ravelin qui s'ouvrait au midi, dans la grande peinture faite en 1629, par Philippe Mathieu, au-dessus de la tribune de l'église Saint-Agricol ; la ville traita avec cet artiste pour faire cette œuvre, moyennant 27 écus et demi. Cette porte fut démolie et reconstruite telle que nous la voyons aujourd'hui, en 1761, d'après les plans de M. Franque, architecte de la ville.

Henri III s'étant embarqué à Lyon, descendit le Rhône jusqu'à Avignon, escorté d'une flotille de plus de cent bateaux. Il était accompagné de la reine Catherine de Médicis, sa mère, du duc d'Alençon, son frère, du roi de Navarre, des cardinaux de Lorraine et de Guise, du chancelier du royaume et d'une foule de seigneurs. Il débarqua le 17 novembre 1574, et sans égard pour les priviléges de la porte Saint-Lazare, désignée pour l'entrée des rois, Henri pénétra dans la ville par celle du Rhône (1).

---

(1) Nous devons à l'extrême obligeance de M. P. Achard, archiviste de la préfecture, cette notice sur les remparts de la ville d'Avignon

ÉGLISE MÉTROPOLITAINE DE N.-D. DES DOMS.

L'étude des cathédrales est aussi pittoresque que poétique. Ces constructions prodigieuses, et en dehors de toutes les proportions de l'architecture, étaient pour les fidèles autant d'emblêmes visibles du christianisme ; elles représentent le système chrétien avec sa grande hiérarchie, et les peuples du moyen-âge qui les voyaient de loin s'élever au-dessus des cités, les saluaient comme des signes célestes.

Il existe un manuscrit latin de frère Bernard Guido, religieux de l'ordre de Saint-Dominique, pénitencier du pape Jean XXII, et depuis évêque de Lodève, lequel manuscrit fait mention du rocher des Doms à une époque très-reculée, puisqu'il contient tout au long la légende de Sainte-Marthe, *vénérable hôtesse* de Jésus-Christ, et fondatrice de l'église de Notre-Dame sur le Rocher. Ce précieux débris du XIVe siècle est intitulé *Speculum sanctorale;* il est dédié à Jean XXII, qui le reçut agréablement, comme le témoigne sa bulle donnée à Avignon, le 21 juillet, l'an XIIIe de son pontificat.

Que sainte Marthe, sœur de Madelaine et de Lazare, dit le P. Eusèbe Didier, pages 61 et 62, ait été la première à annoncer à Avignon la foi de Jésus-Christ, qu'elle y ait même sanctifié un logement qu'on y montre encore et opéré des prodiges dont Saint-Vincent Ferrier spécifie le lieu, c'est ce que j'aime mieux croire avec les pieux que discuter avec les savans.

Les légendes des temps primitifs du catholicisme sont charmantes : il y a là de la poésie religieuse et naïve, et cependant il est certain que la lumière du christianisme ne pénétra dans nos contrées que vers le Ve siècle. En suivant la succession des temps, nous trouvons que l'empereur Constantin, pieux et magnifique, fit relever de leurs ruines beaucoup d'églises renversées par les derniers orages des persécutions. S'il faut en croire les vieux historiens (et particulièrement le

P. François Nouguier, qui vivait en 1650, et qui dédia son histoire de l'église d'Avignon à sa majesté la Vierge Marie, reine du ciel et de la terre), vers le milieu du IVe siècle, Constantin fit rebâtir Notre-Dame des Doms sur l'emplacement de l'édifice primitif attribué à Sainte-Marthe. Le P. Nouguier ne doute pas de l'authenticité de ce fait historique, et il en donne pour preuve le *chrysimon* ou chiffre de Constantin, que l'on voit gravé sur une pierre bien fruste enchâssée dans le mur du chœur de l'église.

Vers le milieu du VIIe siècle, tandis que Charles-Martel taillait en pièces l'armée sarrasine entre Tours et Poitiers, la Provence était envahie par des hordes musulmanes commandées par Youssouf, à qui la trahison de Mauronte, duc et gouverneur, livra la ville d'Avignon. La cité fut saccagée, les églises furent pillées, souillées, livrées au feu. Charles-Martel survint, reprit la ville et poursuivit le Maure jusqu'à Narbonne. Voilà donc l'édifice prétendu élevé par Constantin détruit de fond en comble. Qui rebâtira l'église? Le pays était ruiné, et les évêques qui se succédèrent au siége d'Avignon étaient bien pauvres !

Ici la grande figure de Charlemagne est amenée sur la scène comme le reconstructeur des temples détruits par les Sarrasins. Charlemagne, qu'on suppose être le réparateur de notre cathédrale après le départ des Maures, substitua aux moines de Lérins des prêtres séculiers qui la desservirent jusqu'à la fin du XIe siècle, époque où le chapitre embrassa la règle de Saint-Augustin. L'histoire de notre cathédrale est remplie de tant de faits douteux, que c'est avec la plus grande réserve qu'on doit les accueillir. Je suis presque convaincu, dit le père Eusèbe Didier, que cette foule de monumens qu'on attribue dans nos contrées à cet empereur, sont bien moins l'ouvrage de ses mains que ceux des libéralités qu'il fit dans son testament, par lequel les deux tiers de ses trésors devaient être répartis entre vingt-une métropoles, dont Arles, à qui notre église était alors soumise, était du nombre. De la portion qui revenait à chacune, le métropolitain devait en retenir un tiers pour son église, et répartir les deux autres entre les cathédrales de ses suffragans ; c'est du produit de ces legs que Joseph ou Humbert, car Denis de Sainte-Marthe ne sait à qui de ces deux évêques en donner la gloire, répara l'église de Notre-Dame, et cette réparation, ainsi que tant d'autres fondations dans les diocèses circonvoisins, qui, soumis comme le nôtre à la métropole d'Arles, eurent part à ces libéralités, est attribuée à Charlemagne, parce qu'il en avait fait les frais. Notre église n'ayant été réparée que par le produit d'une disposition testamentaire de ce prince, comment pourrons-nous comprendre que ce monarque ait pu faire dans l'église réparée le changement qui nous a donné occasion d'entrer dans une discussion qui peut nous apprendre à réduire à leur juste valeur les traditions de nos villes sur les fondations de Charlemagne ?

Je suis étonné que personne ne se soit encore avisé de donner cette explication, qui ne combat que le mensonge, et n'attaque ni la gloire de cet empereur, ni celle de notre église, dont Charlemagne n'en est pas moins le réparateur. Quand ce prince serait venu dans notre ville, ce qui est assez douteux, quoi qu'en disent certains auteurs, qui, abusant de quelques mots écrits par Éginhard, attribuent à Charlemagne bien des faits de son aïeul Charles-Martel. Quand Charlemagne aurait passé par Avignon, et que les hiéroglyphes sculptés sur les chapitaux des colonnes du cloître de la cathédrale, le diraient plus clairement que ne le peuvent faire des figures susceptibles de toutes les interprétations qu'on veut leur donner, il n'y a qu'à suivre sa marche en parcourant son histoire, pour se convaincre qu'il n'a pu passer que bien rapidement et occupé d'affaires qui ne lui laissaient guère de loisir d'entreprendre et d'achever tous les grands ouvrages qu'on lui attribue ; et qu'on ne dise pas que ce qu'il n'a pu faire en personne, n'a pas été fait par ses ordres.

Nous devons parler ici de la sécularisation des moines, sé

cularisation qui n'entrait nullement dans les goûts de ce prince. Qu'on lise ses capitulaires et les canons des conciles qu'il provoquait souvent, on se convaincra que, bien loin d'être porté à séculariser les réguliers, il ne tenait pas à lui que la régularité ne s'introduisît partout. Le P. Didier aime à se persuader que les moines de Lérins ont persévéré dans la cathédrale plus longtemps qu'on ne le pense, et que cette église n'a connu depuis Saint-Agricol, avant lequel nous ignorons l'organisation de la cathédrale, d'autre sécularisation que celle qui l'a mise sur le pied où elle était avant 1789. La régularité ne s'y maintint pas sans doute dans sa première ferveur ; l'instabilité des hommes et plus encore les circonstances nous mettent en droit de le penser. Les ravages des Sarrasins remplissent l'intervalle entre Saint Agricol et Charlemagne. Après la mort de celui-ci, c'est-à-dire en 820, survint une peste affreuse, fléau qui disperse les populations et introduit le relâchement dans les corps les mieux organisés.

Le règne des fils de Charlemagne fut troublé par les rivalités de ses propres enfants ; ils parvinrent enfin à détrôner leur père ; toujours prêts à se disputer leurs apanages, ils remplirent la France de leurs débats, et les Sarrasins qui reparurent au milieu des querelles de ces princes, achevèrent de tout bouleverser. Comment alors se faire jour dans ce chaos ? L'évêque Faucher ou Foulques, dans son testament de 920, en détaillant les legs qu'il fait à son église, et son successeur Landeric, dans un acte de 975, par lequel il restitue à son chapitre certains biens qu'il avoue lui avoir usurpés, ne spécifient ni l'un ni l'autre quel était le genre de vie de leurs chanoines. L'acte par lequel les comtes Geoffroy et Bertrand donnent l'île de Mayranica à l'église d'Avignon, est le premier de ces temps obscurs où se trouve quelque vestige de régularité dans les chanoines, qui semblent y être désignés en deux classes, dont l'une suivait, dans un même cloître, la vie commune : *canonicorum eorum scilicet quorum conversatio in domo*

17

communi simul existit (1), et l'autre de ceux qui ne la suivaient pas. Il faut remarquer que cette charte est de l'an 1033, c'est-à-dire cinq ans avant que les quatre fondateurs de Saint-Ruf eussent demandé à se retirer pour des raisons que le P. Molinet nous apprend. « L'abbaye de Saint-Ruf, nous dit-il, s'é-
» leva sur les ruines de la régularité de la cathédrale d'Avignon,
» car les chanoines voulant quitter la vie commune que leurs
» ancêtres avaient toujours pratiquée, quatre d'entre eux
» refusèrent généreusement et demandèrent l'église de Saint-
» Ruf pour y continuer leurs exercices » (2). Il y avait donc une règle plus ou moins observée à la cathédrale avant le départ des quatre zélés, et par conséquent longtemps avant celle de Saint-Augustin, qui n'y fut reçue qu'environ soixante-quatre ans après.

En 1038, quatre chanoines aimèrent mieux faire bande à part que de suivre l'exemple du grand nombre ; la retraite de ceux de Saint-Ruf eut bientôt des imitateurs dans le monde entier et disposa peu à peu les autres chanoines à embrasser la réforme, qui fut admise d'un commun accord soixante-quatre ans après (3).

La tradition nous apprend que l'édifice des Doms, tel qu'on le voit aujourd'hui, est le même qui fut bâti par Charlemagne. Quelques archéologues ont soutenu cependant que le porche, portique couvert de l'église, était d'origine romaine, d'où il résulte qu'on aurait ajouté le reste de l'édifice chrétien à cette partie antique du temple d'Hercule ou de Bacchus, qui seule serait restée debout au milieu de tant de destructions successives. Cette opinion ne manque pas de fondement, car le fronton du portique est tout-à-fait du style grec et romain, et les deux colonnes torses qui encadrent la porte d'entrée, appar-

---

(1) Molin. chan. régul., *pag.* 29.

2) Acta Sanctorum. — In propyl. Maii ubi de Joan. XXII.

(3) Eusèbe Didier. *Panég. de Saint-Agricol.*

tiennent incontestablement à l'ordre romain. Toutefois, on pourrait avec plus de raison attribuer ce portique couvert à l'époque de Charlemagne qui était l'époque *romane*, où l'art ne vivait que d'imitation de l'antique.

Du VIe au VIIe siècle, dit M. Mérimée, la Provence a joui d'une tranquillité *relative*, qui permet de penser qu'on a pu s'occuper alors de bâtir des édifices religieux, durables et de grandes proportions. Les souvenirs romains n'étaient pas encore effacés, et l'on ne connaissait alors d'autre architecture que celle du bas-empire, plus ou moins adroitement reproduite. C'est à cette époque qu'on pourrait supposer que le portail de Notre-Dame a été élevé. Dans cette hypothèse, les limites seront, d'un côté, le règne du roi bourguignon Gontrand, de l'autre, les invasions des Sarrasins. Et cependant, quelques pages plus bas, le même auteur n'est point éloigné de croire que le portique est contemporain de la nef, et que l'un et l'autre appartiennent à l'époque de Charlemagne. D'autres prétendent que nous n'avons aucune construction du règne de ce prince.

Plus de cent ans auparavant Louis l'Aveugle, qu'on a pris longtemps pour Louis-le-Débonnaire, malheureuse équivoque qui a jeté dans la chronologie de nos évêques une confusion à laquelle on n'a point encore bien rémédié, avait restitué à l'évêque Faucher cette même église, donnée autrefois, non par Charlemagne, comme on le lui fait dire, mais par de pieux chrétiens, comme il le dit en effet, à la cathédrale sur qui d'injustes détenteurs l'avaient longtemps usurpée. Le diplôme de ce prince nous renvoie encore bien plus haut pour y trouver l'origine de l'église de Saint-Ruf (1).

Une charte de Louis-le-Débonnaire, donnée en 820, et citée par la *Gallia christiana*, page 796, attribue à ce successeur de Charlemagne des donations faites à l'église d'Avignon. C'est une erreur; ce Louis n'est autre que Louis Bozon Ier dit l'Aveugle, empereur et roi d'Arles. On sait que ce

---

(1) Eusèbe Didier. *Panég. de Saint-Agricol.*

prince, réduit à l'état de cécité à son retour de son expédition contre les Lombards, donna tous ses biens aux églises. Nous avons sous la main les trois chartes de ce prince, et nous allons les citer sommairement :

La première, donnée à Vienne, l'an 822, confirme à l'église d'Avignon, en faveur de Rémy, son évêque, et à la réquisition du comte Théobert, une donation qu'il avait déjà faite à la même église, d'une île dans le Rhône, sous la ville d'Avignon, et la troisième partie du port de cette ville.

La seconde, donnée aussi à Vienne, l'an 835, et octroyée à la réquisition du duc et comte Hugues, et de Bozon, frère dudit Hugues, et de celle de Rostagnus, archevêque d'Arles, donne à Fulcherius ou Foulques, évêque d'Avignon, les églises de Saint-Geniès, de Sainte-Marie, de Saint-Baudile, et des Saints Côme et Damien, près le château de Lers, avec le port et le même château.

La troisième, donnée à la réquisition du comte Bozon, son parent, confirme à Rémy, évêque d'Avignon, l'abbaye de Saint-Ruf, que son père avait auparavant accordée à l'église cathédrale de Saint-Etienne de cette ville.

Une autre charte, donnée à Vienne, l'an 923, donne à l'église et à l'évêque d'Avignon, le lieu de Bédarrides, à la réquisition du comte Hugues. Cette charte est faussement attribuée à Louis IV, empereur et roi d'Arles. Ce prince vivait en 903, par conséquent longtemps après l'épiscopat de Rémy.

Avec les revenus de ces biens, les évêques ont bien pu faire des constructions qu'on croit être dues aux libéralités de Charlemagne et de ses successeurs.

Avant le XIIe siècle, l'église de Notre-Dame n'était connue que sous les noms d'église d'Avignon, de la Sainte-Vierge, de Saint-Jean et de Saint-Etienne. Quelques actes du XIVe la désignent par les mots de chanoines réguliers. Les plus anciens titres, qui la nomment Notre-Dame des Doms, ou *Ecclesiæ Sanctæ Mariæ de Dompnis* ou *Dominis Avenionis*, ne remontent pas à la fin du XIVe siècle.

Elle a eu ses jours de gloire notre belle église, un instant la rivale de Saint-Pierre de Rome. A peine Clément V avait planté son étendard sur la tour de la basilique des Doms, que Robert, fils de Charles II, dit le Boiteux, roi de Naples et de Sicile, vint rendre hommage à celui dont relevait son royaume. Jamais solennité plus belle n'avait resplendi sous les voûtes de la sainte basilique, depuis que la cour romaine, en désertant les bords du Tibre, était venue s'installer sur ceux de la Durance et du Rhône (1). Elle vit ensuite les pontifes Innocent VI, Urbain V et Grégoire XI courber leur front sous l'huile sainte ; elle a vu les princes de l'Eglise s'assembler en conclave, en concile, en synode, pour discuter les affaires du monde chrétien. La révolution n'y laissa que des ruines; des pourceaux et des prisonniers de guerre ont souillé l'église des papes ; des enfans ont, dans leur ignorance ou leur stupidité, dégradé les fresques de Simon de Sienne, le mausolée de Jacques d'Ossa.

Dépouillée de son trésor, de ses peintures, de ses marbres, cette église peut encore montrer avec orgueil les débris de son ancienne splendeur. Parmi les monumens qui lui restent, nous citerons le mausolée de Jean XXII, gothique fleuri, d'une élégance et d'une légèreté admirables ; celui de Benoît XII, moins chargé d'ornemens que celui de son prédécesseur; l'artiste a voulu sans doute le mettre en harmonie avec le caractère sombre et morose de ce pape; la chapelle dite de Charlemagne, avec ses colonnes torses et ses chapiteaux bizarres ; le siége des papes, morceau précieux d'architecture bizantine, que Mgr. Dupont fit descendre dans le sanctuaire; sur le côté droit du siége sont gravées ces paroles ; *Illic sederunt sedes, sedes in judicio* ; la chapelle bâtie par Hyacinthe Libelli, religieux de l'ordre des Frères-Prêcheurs, archevêque d'Avignon, remarquable par la richesse et l'élégance de sa sculpture, où trône maintenant avec tant de majesté la Vierge de Pradier.

On y remarque aussi un autel en marbre, fort ancien, en

---

(1) Etudes historiques sur le XIVe siècle, *page* 119.

forme de table, soutenu par cinq colonnes, avec un rebord peu saillant. Autrefois il était dans le chœur, caché sous un autel plus moderne, en forme de tombeau. Cet autel doit être très-ancien, peut-être a-t-il été en usage du temps que les prêtres disaient la messe le visage tourné vers les assistans.

Sur le tympan du fronton intérieur existent encore un beau dessin et une composition simple et grandiose, faite par Simon de Sienne et ordonnée par le cardinal Annibal Ceccano en 1349, l'Eternel, la Vierge et son fils, de gracieux anges. La main destructive du temps, efface insensiblement ces admirables fresques ; chaque jour un fragment de plâtre se détache; bientôt, dans ce triangle dont les moulures ont un style antique qui frappe vivement au premier abord, il ne restera rien de l'œuvre de Memmi (1).

D'autres fresques, peut-être plus modernes et moins bien exécutées, se voient encore sous les murs du passage qui conduit du porche à la nef de l'église. Le fragment le mieux conservé, représente le Baptême de Jésus-Christ par saint Jean. A côté, on voit un homme avec un enfant, une femme et deux jeunes filles, probablement la famille du donataire. Les costumes sont extrêmement curieux.

Le clocher, détruit en partie au commencement du XVe siècle, soit à la suite du siége que soutint Rodrigue de Luna, soit par l'effet d'un tremblement de terre, fut reconstruit tel qu'il est aujourd'hui en 1431 (2).

---

(1) Simon Memmi Sanese, discepolo di Giotto, acquistò tant di fama per è suoi dipinti, che non mancarongli impiaghe d'opere magnifiche nelle principali città. Servi diversi Pontifici in Avignone, dove l'anno 1344. Sessagenario mori, è secondo il Vasari fo sepolto in Siena. Fiori nei tempi del Petrarca, il quale più volte lo celebrò nei suoi versi, è per degno pittore, è per il ritratto della sua Laura.

Fr. Mura. *L'Abcedario pittorico*.

(2) *Anno 1405, campanaria turris Domnensis, dùm preces vespertinæ haberentur, ruinà inopinatà, concidit. Restituta fuit anno 1431.*
Valadier.

LE PALAIS DES PAPES.

Ce colosse monumental qui domine la cité, qu'on aperçoit de loin comme les pyramides du désert, cette montagne de pierres, hérissée de tours et de murs crenelés, c'est le vieux palais apostolique, qui, depuis Jean XXII jusqu'à Grégoire XI, fut le sanctuaire du gouvernement pontifical. Mais le géant n'a plus sa tiare dorée, son *triregno* de pierreries, aucune fenêtre ogivale ne s'illumine plus au palais du souverain pontife, et pour toute réponse aux cantiques de la ville, les flancs caverneux de l'édifice retentissent des roulemens de tambour, des hennissemens de clairon. Le palais des papes est aujourd'hui un château de l'État, une colonie militaire, une caserne. La révolution l'arracha au vice-légat en 1790 et le mutila.

Si les échos du grand édifice pouvaient parler, ils nous révèleraient bien des mystères et donneraient peut-être bien des démentis à l'histoire. Mais tout est muet dans le palais apostolique, et, dans la sonorité des voûtes, on ne retrouve que des bruits confus et vagues comme le pêle-mêle des traditions. Si, du moins, il nous restait les archives du palais, que de précieux documens pour l'histoire pontificale ! Mais Grégoire XI, en fermant les portes de ce palais, n'oublia point d'emporter les liasses de parchemin dans lesquelles étaient renfermés tous les secrets de ce gouvernement qui dirigeait seul les affaires de la chrétienté. Le pape Sixte IV ordonna le transport des livres et papiers du palais au collége du Roure, par une

---

Par un acte du 20 août 1417, reçu par Guillaume Matthei et André Guichon, notaires, le conseil de la ville accorda aux chanoines cent ducats d'or, pour rétablir le clocher et refaire les cloches ; le chapitre s'obligea de faire sonner tous les soirs à neuf heures pendant l'hiver, la retraite citadine, appelée *Cassou-Rimbaou*, chasse-marodeur ou coureur de nuit, et de faire sonner, en outre, le conseil de ville, l'hôtel des magistrats municipaux n'ayant alors ni cloche ni clocher.
Archives de la ville.

bulle datée de la veille des nones de mai 1481. Il ne restait avant la révolution aucun vestige de cette collection. On rapporte que Jules de la Rovère, neveu de Sixte IV, fit expédier à Rome les livres légués au collége du Roure. Ce curieux dépôt est au Vatican, et le Vatican n'ouvre que difficilement ses portes aux investigateurs de l'histoire.

Clément V meurt à Roquemaure en 1314. Le trône pontifical reste vacant pendant deux ans. Jean XXII arrive avec la pensée de se créer une position indépendante au milieu des souverains qui l'environnent; il construit sur le domaine des comtes de Provence. Dans ses gigantesques constructions, il ensevelit l'ancienne église de Saint-Etienne et le palais épiscopal qui existaient encore dans la partie orientale du nouveau Vatican.

Benoît XII, jugeant que le palais de son prédécesseur n'était pas assez majestueux, démolit à peu près tout ce qui existait déjà, et, d'après le plan de l'architecte Pierre Obreri, il éleva la partie septentrionale.

Clément VI construisit la façade actuelle, la grande chapelle basse qui servit ensuite d'arsenal.

Innocent VI fit bâtir la grande chapelle haute et tout le corps de logis formant la partie méridionale.

Urbain V eut pour but de ses travaux, la partie orientale donnant sur les jardins; il fit tailler à plat le rocher pour en faire une grande cour, et acheva l'entière construction du palais pontifical.

Ce château, dont la plus grande partie date de la première moitié du XIVe siècle, peut être considéré comme un modèle de l'architecture militaire. On est frappé de la rusticité de sa construction, de l'irrégularité choquante de toutes ses parties, irrégularité qui n'est motivée ni par la disposition du terrain, ni par des avantages matériels. Ainsi les tours ne sont pas carrées, les fenêtres n'observent aucun alignement, on ne rencontre pas un seul angle droit, et la communication d'un corps de logis à un autre n'a lieu qu'au moyen de circuits sans nombre (1).

---

(1) Prosper Mérimée. *Notes d'un voyage dans le midi.*

Cette masse énorme coûta trente-quatre ans de travaux, depuis Benoît XII jusqu'à Grégoire XI, c'est-à-dire depuis 1336 jusqu'à 1370. Elle était flanquée de sept grandes tours qui portaient les noms de Trouillas, de l'Estrapade, de Saint-Jean, de la Campane, de Saint-Laurent, de Lagache et des Anges.

Au nord : un corps de logis qui s'enfonce profondément, dont l'angle est surmonté d'une tour. Dans le fond, ces sombres prisons où furent entassées tant de victimes de l'inquisition et de la furie révolutionnaire; la tour Saint-Jean, détériorée, dépouillée de sa corniche ruinée, habitation provisoire de Jean XXII, à ce qu'on assure, des fenêtres de laquelle le vieux pape regardait défiler le convoi qui portait dans le sépulcre le corps de l'anti-pape Pierre Corbario. Derrière cette masse, une grande et haute muraille, formidable rempart, liait la citadelle du *cardinal blanc* aux murs de la cathédrale ; et puis symétriquement placée, l'œuvre d'Obreri, le Vauban de l'époque, la tour de Trouillas s'élève d'un gouffre : c'est le géant de l'édifice, veuf de son couronnement, et qui cependant montre encore avec orgueil son sommet mutilé. Au milieu de ses épaisses murailles, Rienzi, le tribun séditieux, vit sa fougue républicaine arrêtée par le poids de ses chaînes.

Façade de l'est, étendue immense qui d'un côté touche aux escaliers de Sainte-Anne, et de l'autre au quartier Saint-Symphorien ; assemblage informe, irrégulier, de tours et de courtines ; ici, c'est Trouillas, appuyé sur les vieux bâtimens de Jean XXII ; ensuite l'œuvre d'Urbain V, la salle destinée aux tortures, la salle du redoutable tribunal : dans ce bastion avancé, les fresques attribuées au Giotto, les magnifiques jardins et les constructions prolongées jusqu'à la tour Saint-Laurent. Urbain, poussé par un zèle trop pieux, fit ensevelir la statue d'Hercule et autres objets d'art, dont la conservation eût porté la lumière sur plusieurs points de l'histoire (1).

---

(1) Ella fù questa statua con altri simili antichità fata sepelire da Urbino

Au midi, toute la masse de l'édifice s'élève à pic sur votre tête, et l'on est forcé d'en raser les murs, en suivant un étroit défilé creusé dans la roche vive. Un immense arc-boutant projette son arche du faîte de l'édifice sur le monument de la vieille république avignonaise, comme pour retenir toute cette énorme masse près de crouler. Au coin de la rue Peyrolerie, la grande tour Saint-Laurent, du haut de laquelle la vue se promène sur l'admirable panorama qui l'environne.

A l'ouest, le palais présente sa façade toute militaire, avec son entrée presque souterraine, ses herses, ses voûtes retentissantes. Clément VI y déploya tout le luxe de l'architecture de son temps : grandes ouvertures ogivales, balcon crenelé, tourelles gothiques, légères et brodées de sculpture, et dont les arêtes verticales filaient jusqu'au-dessus du faîte du palais. Oh ! qui donc a démoli ces jolis pavillons entre lesquels le pape venait se placer, aux jours solennels, pour bénir la ville et le monde, et le jour de la justice aussi, pour jeter la grâce, du haut du balcon, à quelque pauvre criminel qu'on menait au supplice ! Sous ces piliers qui s'élancent en gerbes pour supporter cette voûte si artistement peinte, Jeanne de Naples plaida sa cause devant les princes de l'Eglise. Urbain élève ensuite sur cette façade sa tour des anges, la plus belle de la forteresse, ainsi nommée à cause des peintures qui la décoraient. Le vice-légat Colonne la fit abattre et se servit des matériaux pour construire des fortifications et un pont-levis, lors de l'insurrection de 1664. On doit au cardinal de Clermont la construction de la salle de la Mirande. Julien de la Rovère embellit, en 1472, la porte d'entrée.

Le palais des papes renfermait des peintures précieuses de plusieurs anciens maîtres d'Italie, parmi lesquelles, les plus remarquables étaient celles de Spinello Aretino.

On voyait une des plus belles œuvres de ce maître dans une

---

soto alcuni fondamenti del palazzo apostolico per abolir la memoria dell' idolatria. FANTONI. *Historia della città d'Avignione.*

salle où l'on rendait autrefois la justice, et ce tribunal était celui qu'on appelait de la *Ruota*.

Le principal sujet de ces fresques était le jugement dernier ; et ensuite, dans la même salle, un Christ sur la croix, entouré des quatre docteurs de l'Eglise, exécutés entre les deux fenêtres qui donnaient jour à ce tribunal.

Autour du jugement dernier, régnaient deux rangées perpendiculaires de figures qui lui servaient d'encadrement en s'élevant jusqu'à la voûte, placées qu'elles étaient les unes sur les autres. Ces personnages étaient des prophètes et des apôtres, tenant des phylactères dans leurs mains, sur lesquels se lisaient les maximes de l'ancien et du nouveau testament. On ne voit plus aujourd'hui de toutes ces peintures que quelques prophètes, restes précieux d'une œuvre immense et à jamais digne de nos regrets.

Une question intéressante, qui paraissait avoir déjà été résolue selon quelques savans d'une grande autorité, mérite qu'on s'y arrête un instant. Nous voulons parler des peintures de la tour de Saint-Jean, attribuées au Giotto.

Les savans qui pensent que ce peintre est venu à Avignon, se fondent sur un passage de Vasari, ainsi conçu :

« Ma essendo non molto dopo creato papa Clemente V in
» Perugia, per essere morto papa Benedetto IX, fu forzata
» Giotto andarsene con quel papa là dove condusse la corte, in
» Avignone, per farvi alcune opere ; perchè, andato, fece,
» non solo in Avignone, ma in molti luoghi di Francia, molte
» tavole e pitture a fresco bellissime, le quali piacquero infi-
» nitamente al pontifice e a tutta la corte. Laonde spedito chè
» fu, lo licenzio amorevolmente e con molti doni ; ondi se ne
» torno a casa non meno ricco e famoso, e fra l'altre cose reco
» il rittrato di qual papa, il quale diede poi a Taddeo Gaddi
» suo discepolo ; e questa tornata in Firenze fu l'anno 1316....
» Finalmente, tornato da Milano, non posso molto che, avendo
» in vita fatto tante e tanto bell'opere, ed essendo stato non
» meno buon cristiano che eccelente pittore, rendè l'anima

» a Dio l'anno 1336, con molto dispiacere di tutti i suoi citta-
» dini. (Giorgio Vasari, *le Vite dei pittori*, con note. Firenze,
» David Passigli, 1832.) »

Vasari s'écarte de la vérité historique, lorsqu'il dit que le Giotto vint avec le pape Clément V de Pérouse à Avignon après son élection. Ce récit de l'auteur de la vie des peintres est si peu conforme à la vérité, qu'il est facile de prouver que Clément V, qui était évêque de Bordeaux, se trouvait dans cette ville le jour de son exaltation.

Mais voici qui est encore plus clair : Clément V mourut en 1314, et, selon Vasari, le retour de Giotto à Florence n'eut lieu qu'en 1316, c'est-à-dire deux ans après la mort du pape. Comment le souverain pontife aurait-il pu alors faire des présens à Giotto, puisqu'il était mort depuis deux ans ?

Selon Platine, Benoît XII aurait eu seulement l'intention de faire venir Giotto à Avignon, pour lui faire exécuter l'histoire des martyrs dans les différentes églises que ce pape avait fait édifier. « Giotto, artiste florentin, le plus fameux qui eût
» existé jusqu'à lui dans la peinture, fut, à cause de la répu-
» tation qu'il avait dans le monde entier, appelé par Benoît,
» alors pape, pour qu'il vînt à Avignon exécuter l'histoire des
» martyrs. Une forte somme lui fut allouée pour cette œuvre ;
» mais il tomba malade dès qu'il l'eut commencée, et mourut
» en laissant tout son ouvrage imparfait. »

Voilà donc bien établi et bien prouvé que le Giotto n'a rien peint à Avignon.

Maintenant, bien qu'il soit évident que la tour de Saint-Jean ait été construite par Pierre Roger (Clément VI), que ce pape l'ait fait orner lui-même des peintures qui couvrent ses murs, il est possible que son successeur ait voulu prendre ce soin; nous ne le nions pas ; au contraire, nous avons quelque raison de penser qu'Innocent VI ait voulu décorer la tour Saint-Jean d'ouvrages d'art. En effet, si nous comparons les peintures de cette tour avec celles qui existent encore en partie dans une chapelle qu'Innocent VI avait fait construire dans la chartreuse de Villeneuve-lès-Avignon, nous ne pourrons doûter qu'il n'y ait entre elles une analogie qu'on ne peut révoquer en doute. La chapelle de la chartreuse de Villeneuve fut édifiée sous le vocable de saint Jean-Baptiste, dont on voit l'histoire représentée, ainsi que dans la tour du Palais, sauf que les sujets sont diversement traités.

Un fait qui mérite d'être signalé, c'est l'existence de la copie exacte de l'admirable fresque de Simon Memmi qui existe encore en partie dans le fronton de la métropole d'Avignon. Cette imitation parfaitement identique de la fresque de Memmi, est loin de la rare perfection de l'original.

Le but de cette dissertation était de prouver que le Giotto n'avait pu venir à Avignon pour exécuter les peintures du palais. Quant à Spinello Aretino, nous n'affirmons rien à cet égard; seulement, tout nous fait présumer que les peintures du tribunal de la *Ruota* et celles de la Chartreuse sont de Spinello, d'abord par les rapports trouvés entre les peintures du palais et celles de ce peintre observées en Italie; ensuite le même faire dans les figures, lesquelles portent des draperies dont les étoffes sont chargées de fleurs et de dessins arabesques apportés d'Orient après les croisades. Or, comme Spinello est le seul qui, de son temps, ait traité les draperies à l'égal des grands maîtres, et que les étoffes que l'on voit dans les fresques qu'il a exécutées en Italie ont des dessins d'un caractère oriental, nous avons pensé que ces rapprochemens ne peuvent être attribués au hasard. Spinello n'étant mort qu'en 1400, on pourrait, avec quelque raison, lui attribuer toutes les peintures du Palais, celles du tribunal de la *Ruota* et celles de la tour Saint-Jean, attendu que ce peintre a pu voir le règne de tous les papes qui ont siégé à Avignon. Il n'y aurait donc point d'inconvénient à croire que Spinello est l'auteur du jugement dernier exécuté dans le tribunal de la *Ruota* sous Clément VI; qu'il ait aussi exécuté, sous Innocent VI, l'histoire de saint Jean dans la tour du palais d'Avignon, et la même histoire dans la chapelle de Villeneuve-lès-Avignon, que ce pape avait fondée.

Il est permis de croire que l'histoire de saint Martial appartient au pontificat d'Urbain V, et cette opinion s'appuie sur l'affection que ce pape portait aux religieux de l'abbaye de Cluny, en faveur desquels il donna une bulle en reconnaissance des services qu'ils lui avaient rendus lors de l'invasion des *Compagnies blanches* commandées par du Guesclin.

Il est donc très-rationnel de supposer qu'Urbain V ait fait exécuter, dans l'étage supérieur de la tour Saint-Jean, l'histoire de saint Martial, d'abord, pour achever d'orner cette tour par des fresques commencées par son prédécesseur, et ensuite pour témoigner sa gratitude aux moines de Cluny.

Il paraîtrait, selon le savant archéologue avec lequel nous avons fait les observations qui précèdent, que toutes ces fresques auraient été peintes par le même artiste; nous en excepterions seulement le Calvaire, composition qui termine toutes celles de la vie de saint Martial. A notre avis, cette peinture appartient à une main plus exercée, plus pratique, et à une époque moins reculée que toutes celles qui ornent cette salle. D'autre part, le costume des soldats est du XIVe siècle, à en juger d'après la forme de leurs armes.

Il est à regretter qu'on n'ait pas porté plus de sollicitude à la conservation de ces précieux restes de l'art. Dans la tour Saint-Jean, quelques têtes ont été enlevées aux figures de ces fresques par des soldats d'une légion corse, qui trouvaient des acheteurs assez peu délicats pour favoriser ce vandalisme.

L'incendie a plusieurs fois exercé ses ravages dans l'enceinte du Palais. Bien des romans ont été poétiquement racontés sur certaine *vengeance du légat*; sur la salle incendiée par ordre d'un pape qui, pour venger la mort de son neveu, fit mettre le feu à cette galerie, dans laquelle il avait convié les principaux habitans de la ville. Cette fameuse salle où périrent tant de nobles dames, selon les romanciers, fut la proie d'un incendie fortuit arrivé dans les cuisines du Palais le 7 mai 1413, à cinq heures du matin. Relativement à l'explosion qui renversa une partie des bâtimens attenant à la cathédrale, Fransoy, qui dit avoir puisé à bonne source, raconte l'histoire d'un barigel qui fit miner cette partie du Palais pour se venger d'une insulte. Fransoy ne donne aucune date à cet évènement, c'est pourquoi nous nous garderons bien de l'admettre comme une vérité. Au premier fait manque la sauve-garde du verdict de l'histoire, et le second n'a pas même la protection d'une date.

LA VICE-GÉRENCE.

C'est le plus ancien bâtiment de la ville d'Avignon ; là était le siége du gouvernement primitif de la cité ; là présidaient le podestat et le viguier. L'hôtel de Crochans et la chambre des notaires faisaient autrefois partie de la Vice-Gérence. Dans ses salles maintenant blanchies par le plâtre étaient peintes à fresque les armes des Perceval-Doria, des Baux, des d'Ancezune et autres podestats de la république avignonaise. L'antique maison de nos anciens magistrats a été transformée en villa moderne et pittoresque. Cet édifice fut abandonné, puis enfin une partie s'écroula en 1834 ; on l'a réparé ; maintenant c'est un village, une colonie d'ouvriers.

Les archéologues ont observé dans le rocher percé pour communiquer avec la partie *est* de la ville, entre le Palais et la Vice-Gérence des trous carrés qu'ils supposent avoir servi à soutenir des pierres de voûte. Ils supposent que ce sont des vestiges des fortifications élevées sur la pente du rocher.

Au-dessous de la Vice-Gérence, dans une maison particulière, on voit des restes de constructions romaines. On croit que ces débris appartiennent au théâtre, monument dont les galeries étaient toujours appuyées contre le rocher, comme on le voit à Orange.

On rapporte que c'est en face du Palais de la Vice-Gérence que fut exécuté Hugues Géraud, évêque de Cahors, accusé d'avoir voulu attenter à la vie du pape Jean XXII.

HOTEL DES MONNAIES.

On ne peut préciser au juste l'époque de sa création, mais on peut assurer que cet hôtel existait dans le IXe siècle. On trouve encore de petites monnaies appelées Sols Raymondins, qui ont été frappées à Avignon sous le règne de Raymond. On rencontre encore, mais fort rarement, d'autres monnaies de cuivre portant l'empreinte des comtes de Provence, avec l'inscription : *Comes Avenionis*, et sur l'exergue le mot *Avenione anno* 925. Cet édifice, tombant de vétusté, fut ensuite abandonné et employé à d'autres usages. Pendant que les papes occupaient Avignon, l'hôtel des monnaies n'était déjà plus en usage. Les petites pièces nommées *patars*, frappées sous les pontificats de Clément VI et d'Urbain V et autres Saints-Pères ont été fabriquées ailleurs.

Paul V s'appliqua à faire fleurir les lettres dans la capitale du monde chrétien, à y rassembler les chefs-d'œuvre de peinture et de sculpture, et à faire restaurer les monumens antiques. A son exemple, les Avignonais, sous l'épiscopat d'Etienne Dulci, en 1610, firent construire cet édifice remarquable. Un architecte italien en dirigea les travaux. La fierté de son architecture, le travail et le relief de sa sculpture saillante d'un pied, l'ont fait attribuer à Michel-Ange ; de cette assertion hasardée, il faudrait présumer que l'édifice a été élevé sur les dessins de ce célèbre artiste plusieurs années après sa mort.

L'exiguité de la porte et des croisées, l'abondance des guirlandes de fruits, semblent rappeler la destination primitive de cet édifice ; la restauration de l'art est évidente dans les profils d'entablement et dans les frises ; mais on croit voir des productions du moyen-âge dans les animaux à têtes grimaçantes ; il faut en excepter les deux aigles du milieu, dont le style est si noble qu'on les croirait antiques ; cette qualification exprimera donc toujours l'idée du beau que les anciens ont cherché et réalisé, soit en présentant la nature avec des formes choisies, soit en ajoutant des animaux chimériques, tels que les griffons et les centaures.

Avant la construction de cet hôtel, en 1600, le 21 novembre, les consuls d'Avignon firent frapper et offrirent à Marie de Médicis, lors de son passage en cette ville, 150 médailles d'or, en mémoire de son mariage avec le roi Henri IV. Sous les vice-légats, la monnaie était le quartier des chevau-légers du pape.

HOTEL-DE-VILLE.

Lorsque le pape Jean XXII arriva à Avignon, les logemens des cardinaux et de la cour du pontife furent désignés par quatre commissaires, dont deux nommés par le souverain, un par le gouvernement du comté de Provence, et un par le conseil de ville; ces deux derniers furent Jacques Bermond, chevalier, et Bertrand de Mairosio (1). Parmi les maisons affectées au logement du cardinal Pierre Colonne, on trouve celle de Pons de Monasterio, près Saint-Laurent. *Stare Pontii de Monasterio quod est propè sanctum Laurentium.*

Cette maison ayant été acquise par le cardinal Anglicus Grimoard, frère du pape Urbain V, ce prince de l'Eglise la légua par son testament, daté du 11 avril 1383 au collége de Saint-Ruf de Montpellier; elle est désignée dans cet acte: *Domum sitam Avenione propè monasterium sancti Laurentii quam emi à reverendo Malisanguini domicello de Palernis* (2).

Il entrait dans la politique des souverains pontifes qui ont siégé à Avignon d'assurer leur propre autorité en comprimant l'esprit municipal des habitans de cette ville; ils empêchèrent donc la construction ou l'acquisition, par la commune, d'un bâtiment où elle pût tenir ses séances et concentrer ses moyens d'action.

---

(1) Duchesne, Histoire des cardinaux français, tome II, p. 412.
(2) Archives de l'Hôtel-de-Ville, boîte 83, n. 65.

Le conseil de ville adressa au pape Grégoire XI une humble supplique contenant l'exposé des cinq griefs, dont le second concernait le défaut d'hôtel-de-ville.

Errant d'une église à un hôtel, si nous en croyons la tradition, le conseil de ville tenait ses séances tantôt dans la rue du collége de la Croix, tantôt dans la rue Argenterie, tantôt à Saint-Pierre, tantôt aux Cordeliers, et le plus souvent à la Vice-Gérence, où se trouvaient les prisons. Le signal du couvre-feu, appelé dans nos pays *Casse-Rimbaou* (chasse-ribauds), se donnait par la mise en branle de la troisième cloche de Notre-Dame des Doms, à laquelle on donna le nom de la *Gache*, c'est-à-dire du guet. Le guet, office de police municipale, consistait à sonner de la trompette, matin et soir, sur une tour du palais des papes qui prit le nom de *Tour de la Gache*.

Une transaction du 20 août 1417 nous apprend qu'il y avait alors à l'hôtel-de-ville une horloge et une cloche, l'une pour indiquer l'heure, l'autre pour réunir le conseil, mais que cette cloche ne pouvant être entendue au loin, le chapitre de Notre-Dame permit à son sonneur d'avertir les conseillers les plus éloignés.

Les papes transférèrent le Saint-Siége à Rome en 1378, et s'appliquèrent dès lors à s'attacher les habitans d'Avignon par la douceur proverbiale du gouvernement pontifical. Les finances municipales s'étant un peu relevées de l'état déplorable où les avaient plongées les longues guerres du schisme, la ville put acquérir, le 27 avril 1447, le palais ou livrée d'Albano, pour y établir l'hôtel-de-ville, notaires Molerio et Anguerrio.

A côté de ce palais, s'élevait la tour actuelle de l'horloge, bâtie vers 1353, par le cardinal Alboinus Alberti, frère du pape Innocent VI, et léguée par ce prince à l'abbaye noble des Bénédictines de Saint-Laurent.

Le 27 octobre 1469, le conseil chargea les consuls de traiter avec un entrepreneur pour l'horloge à faire sur la même tour. L'horloge fut problablement terminée et installée l'année suivante, car la cloche portait le millésime de 1470, et le 12 avril de cette même année, les consuls, qui affectaient ainsi la tour de Saint-Laurent au service de la ville, la prirent à bail de ces religieuses, moyennant le loyer annuel de vingt florins. Nous ne connaissons aucun document qui indique le mode de la suspension de la cloche sur la tour. Il est probable qu'elle y était enfermée dans une cage de fer et supportée par de forts barreaux du même métal.

Mais, soit par les intempéries de l'air, soit par l'ébranlement que la sonnerie imprimait à ses supports, le sommet de la tour se dégrada au point qu'en 1489 elle menaçait ruine. Le conseil, par sa délibération du 15 mai de cette même année, décida de la couvrir, et c'est alors que son sommet s'élança flamboyant de flèches et de pyramides, tel à peu près que nous le voyons aujourd'hui.

Par un acte particulier de 1497, la ville plus riche acheta des religieuses de Saint-Laurent, la tour sur laquelle on construisit le beffroi, ainsi que le local appelé l'*arsenal*, attenant à la tour, moyennant 2,000 florins d'or et un neuvain ou demi-lod en faveur des religieuses, à raison de la directe, le bien tombant dès lors en main-morte. Cet arsenal était auparavant la chapelle de Saint-Théodoric, ainsi que le constate l'inscription qu'on lisait sur le mur.

Le couple Jacquemart, transféré au musée en 1838 pour faire place aux deux statues actuelles dues au sculpteur Rousseau, paraît avoir été renouvelé en 1667. D'où vient ce nom de Jacquemart, de cet homme qui nous avertit de la marche du temps ? M. P. Achard, l'archiviste, va nous donner le mot de cette énigme : Le Jacquemart qui, selon nous, fut jugé, jusqu'à un certain point, la personnification du bourgeois du moyen-âge, dut, selon les lexicographes, son nom à l'inventeur de ces sortes d'automates, lequel se serait nommé Jacques Marc.

Un Jacquemar de Bourbon, troisième fils de Jacques de Bourbon, connétable de France sous le roi Jean, ayant pris l'habitude d'aller toujours armé à l'avantage, donna cours au proverbe : *armé comme un Jacquemart*, qui se disait de tout homme cuirassé et embarrassé de ses armes : de là vient la tenue guerrière de l'automate de l'horloge.

On donna aussi le nom de Jacquemart au mannequin que les archers et les arquebusiers employèrent pour servir de but à leur tir. Il est cependant à remarquer, pour ce qui concerne notre localité, qu'un nommé Jacomard Brieli était crieur de la cour d'Avignon de 1431 à 1434 et peut-être antérieurement et postérieurement, et qu'il fit toutes les sommations et criées qui eurent lieu à cette époque pour la juridiction et le domaine du Rhône, qui étaient disputés entre les officiers du pape et ceux du roi (1).

Sur l'emplacement de la vieille bicoque dont nous venons d'écrire l'histoire, s'élève aujourd'hui un monument dans le style moderne, digne de l'édilité avignonaise qui en a voté la construction.

PALAIS ARCHIÉPISCOPAL.

A l'autre extrémité de la place est l'ancien archevêché, palais régulier, autrefois couronné de créneaux qui ont disparu, surmonté de sa tourelle, palais dont la façade méridionale s'appuie sur le sol de la place, et la façade nord sur un rocher taillé à pic que le Rhône baignait autrefois de ses flots. De leurs salons dorés, nos prélats pouvaient contempler l'admirable paysage qui se déroule à l'entour de notre rocher, depuis le Ventoux jusqu'aux montagnes de Beaucaire.

Le cardinal Jacques de Via en commença la construction en 1314, parce que Jean XXII, son oncle, avait pris l'ancienne maison épiscopale pour bâtir son palais. Le budget apostolique était donc bien gros de chiffres et d'argent, puisqu'on entreprenait à la fois, et le palais des papes, et l'église de Villeneuve, et l'archevêché d'Avignon, et l'église de Saint-Remy, et la chartreuse de Bonpas !

---

(1) Archives de la ville, tome VI, pages 111 et suiv.

En 1438, Alain de Coetivy, évêque d'Avignon, fit bâtir le palais épiscopal qui fait face au Rhône.

Sixte IV érigea, le 21 novembre 1474, l'église d'Avignon en archevêché. Julien de la Rovère ou du Roure, devenu pape sous le nom de Jules II, fut notre premier archevêque. Ce cardinal fit bâtir en 1477 la façade du palais archiépiscopal, à l'extrémité de laquelle s'élevait une superbe tour dont la base reposait sur les rochers de l'ancien parc des coches. Cette tour s'écroula en 1766.

L'archevêché est aujourd'hui le petit Séminaire du Diocèse.

EGLISE DE SAINT-AGRICOL.

Saint-Agricol est un de nos compatriotes : il naquit à Avignon, le 2 septembre 630, et descendait de l'illustre famille des Albiens ; il était fils de Magne, saint évêque d'Avignon, et de Guandaltrude. A l'âge de quatorze ans, il embrassa la vie religieuse dans le monastère de Lérins. Il fut rappelé par son père pour lui succéder dans l'épiscopat. En 680, il bâtit une église qui fut desservie par des moines qu'il fit venir de Lérins. Cette église fut détruite par les Sarrasins en 737. L'évêque Foulques II la rétablit en 911, ainsi que celles de Saint-Pierre et de Saint-Didier, abandonnées par leurs moines. Cet édifice appartient à une époque plus reculée que celui de Saint-Pierre, comme l'indique le caractère de la façade qui est d'une simplicité majestueuse, et qui touche aux beaux jours de l'art, alors que la profusion d'ornemens n'avait pas encore altéré l'architecture. Sous l'épiscopat de Foulques, le roi Louis Bozon fit bâtir l'église de N.-D.-la-Principale, ainsi nommée, parce que c'était l'église du prince. Le pape Jean XXII fonda le Chapitre de Saint-Agricol en 1321 et fit de nouvelles constructions à cette église ; elle fut ensuite continuée en 1520 et bâtie à différentes reprises. La régularité et la variété de l'architecture intérieure présentent l'aspect le plus gracieux : nef élégante et hardie, ogives aux nervures saillantes et entrelacées, tribune supportée par des colonnes torses aux chapitaux fleuris comme le balustre de la tribune ; grande fresque du XVIe siècle, attribuée à Pierre de Cortone, représentant saint Agricol mettant la ville d'Avignon sous la protection de Marie. Le badigeon a encore couvert ici la noble sévérité de la pierre d'une incorrecte peinture qui imite fort mal les sculptures gracieuses de la tribune.

Le maître-autel est dû au ciseau de Péru, sculpteur avignonais ; il renferme, dans une caisse de plomb, les reliques de saint Magne et celles de saint Agricol.

Quelques tableaux sont à remarquer dans cette église : une sainte Famille par Trevisani ; Notre-Dame-de Pitié par Nicolas Mignard, d'après le Carrache ; une statue en bois de la Vierge, par Coysevox. Sous l'ogive de droite sont réunies des sculptures du XIe siècle.

L'historien Pérussis, les peintres Quirinus Van Banken et Pierre Mignard, le fils, sont enterrés dans cette église.

Louis XIV, Anne d'Autriche et le cardinal Mazarin y vinrent entendre le sermon du P. Molin, jésuite, le dimanche des Rameaux, en 1660.

Saint Agricol est le patron de notre ville : nous l'implorons dans les calamités publiques et dans les grandes sécheresses.

ÉGLISE ET COUVENT DE L'ORATOIRE.

La Congrégation des Pères de l'Oratoire fut établie en France par le cardinal de Bérulle, sur le modèle de celle instituée à Rome par saint Philippe de Néri. La première maison de cet ordre s'organisa à Paris en 1611 par lettres-patentes du mois de décembre même année, et fut confirmée par une bulle du pape Paul V en 1613. Les prêtres de l'Oratoire n'étaient liés par aucun vœu monastique et n'étaient pas considérés comme religieux ; ils formaient entre eux une simple congrégation de l'ordre hiérarchique de l'Eglise, dépendante des évêques sur le diocèse desquels ils se trouvaient.

Les prêtres de l'Oratoire furent introduits à Avignon en 1646. M. Albi, secrétaire de l'archevêque, fut le premier bienfaiteur de cet ordre ; il établit près d'eux un séminaire destiné à l'éducation et à l'instruction de ses propres sujets. Ils commencèrent, en 1717, cette jolie église en rotonde, dont la construction fut interrompue, reprise et terminée enfin dans l'année 1741.

Les Oratoriens éprouvèrent, de la part des archevêques, plusieurs difficultés qui troublèrent la paix, difficultés qui prenaient naissance dans les opinions qui suivirent la publication de la bulle *Unigenitus*. Enfin la paix fut conclue entre l'archevêque et les Oratoriens ; leur église fut bénite en 1750.

L'architecte a déployé dans cette église toutes les grâces d'une symétrie qui n'est point monotone ; c'est le style grec allié avec convenance au style qui convient à la maison du Seigneur ; c'est une rotonde élégante, divisée en chapelles séparées par des pilastres en marbre rouge aux chapiteaux dorés. Les tribunes, superposées au-dessus des chapelles, se font remarquer par la hardiesse de leurs voûtes plates, admirées de tous les curieux et architectes. L'Oratoire, par l'élégance de sa construction, par le goût jeté à profusion dans ce petit temple, doit être considéré comme la plus coquette des églises d'Avignon.

En 1793, le général Cartaux y établit momentanément son imprimerie ; des mains patriotes y pétrirent le salpêtre pour le service de la république. Cette église a été restaurée avec soin et rendue au culte.

ANCIEN COUVENT DES FRÈRES PRÊCHEURS.
(Les Dominicains).

Il n'y a plus rien de cette grande et belle basilique ; la pierre sculptée de l'ogive, les chapiteaux des colonnes, les écussons, les statues grotesques, gisent entassés sur ce sol où chaque mètre de terrain est comme une page historique qui rappelle un souvenir. Racontons ce que fut ce monument, puisque le voyageur ne peut plus s'égarer sous cette nef imposante élevée avec tant d'art, sous les arcades de ce cloître entrepris en 1347 par Guillaume de Laudun, religieux Dominicain et archevêque de Toulouse ; disons ce que fut ce vieux monastère bâti en 1330 aux frais de Godin, évêque de Sabine et religieux Dominicain ; où saint Dominique bénit l'eau du puits pour le service du couvent, ainsi que nous l'atteste l'inscription suivante : *S. Dominicus benedixit hanc aquam, anno* 1219 ; où habita Clément V à son arrivée à Avignon ; parlons de cette église sous les voûtes de laquelle Jean XXII canonisa saint Thomas d'Aquin, en présence de Robert, roi de Sicile ; où Benoît XII fut couronné de la tiare par le cardinal Napoléon des Ursins ; où Clément VI, l'ami des arts et des lettres, reçut les clés de saint Pierre des mains de ce même cardinal des Ursins ; où Catherine de Sienne vint demander un asile aux frères Prêcheurs quand elle forma le dessein d'arracher Grégoire XI à la cité avignonaise pour l'entraîner à Rome qui, au lieu de lui en exprimer sa reconnaissance, l'accabla d'amertume et de dégoûts ; où plus tard, en 1660, Louis XIV et Mazarin vinrent s'agenouiller devant le roi des rois.

Les frères Prêcheurs arrivèrent à Avignon en 1219, autorisés par les papes Innocent III et Honorius III ; ils voulurent s'établir dans une île du Rhône où sainte Marthe avait opéré la résurrection d'un enfant qui s'était noyé en traversant le fleuve pour entendre le sermon de la sœur de Lazare ; miracle rapporté fort au long par Vincens de Beauvais, saint Antonin, Pierre de Natali, évêque d'Esquilin, et saint Vincent Ferrier qui avait séjourné longtemps dans le couvent des frères Prêcheurs. Les consuls de la ville firent concession de l'île en 1220 pour y bâtir le monastère, mais ce n'était pas encore un couvent ; on ne voyait là que des moines disséminés dans des huttes. Les premières constructions eurent lieu sur un jardin acheté *apud Briansonem* (le portail Bianson) ; là, passait un bras du Rhône. Saint Dominique, nommé Supérieur général de l'ordre, y présida un concile dans lequel fut décidée la guerre contre les Albigeois.

Placés au-delà des remparts, dans une île du Rhône, les frères Prêcheurs furent exposés aux insultes des soldats de l'armée française de Louis VIII; ils abandonnèrent leur couvent et n'y rentrèrent qu'après le siége de 1226; ils avaient alors perdu leur saint patriarche.

Quand l'hérésie fut expulsée de la ville par la sentence du cardinal Saint-Ange, on put s'occuper de continuer les bâtimens commencés avant le siége.

Mais ce ne fut qu'en 1330 que Godin commença à faire construire cette magnifique église, telle que nous l'avons vue à l'époque de la révolution. Jean XXII donna aux Dominicains, peu d'années avant sa mort, sa belle librairie, comme dit Gauthier de Coinsi, et un manuscrit très précieux, c'était *la Somme théologique de Saint Thomas d'Aquin*, en parchemin, écrit sur deux colonnes, avec lettres initiales, et vignettes rouges et bleues, format in-folio. On mettait tant de prix à ces manuscrits, que la plupart des nécrologues des monastères indiquent sommairement le titre des ouvrages qu'ils ont reçus dans l'année, comme s'il s'agissait d'une pièce de terre, d'une rivière ou d'une donation en écus d'or. La clause de la donation de la Somme de saint Thomas, écrite sur le premier feuillet de ce manuscrit, est trop singulière pour ne pas la faire connaître. Le pontife veut : « que ce volume ne sorte pas du couvent, qu'il ne soit ni prêté, ni loué, ni mis en gage, et qu'il demeure attaché au mur par une chaîne de fer, et qu'enfin si ces conditions ne sont pas observées, ce manuscrit devra être rendu au palais apostolique pour y rester suspendu à la voûte (1). »

---

(1) Saint Thomas d'Aquin est un génie tout-à-fait comparable aux plus rares génies des temps anciens et modernes, il tient de Platon et de Mallebranche pour la spiritualité, d'Aristote et de Descartes pour la clarté et la logique.

CHATEAUBRIAND. *Analyse raisonnée de l'Hist. de France*, t. III, p. 258.

Dans cette église furent inhumés, Clémence, fille du roi de Hongrie, veuve du roi de France Louis X, dit le Hutin (1); plus de quatre-vingts cardinaux, parmi lesquels nous remarquons Pierre et Nicolas de Brancas; Louis de Montjoie, neveu de Clément VII. On conservait dans le reliquaire du couvent le cilice de sainte Catherine de Sienne.

Après la dévastation de tous ces tombeaux, après la destruction de cet admirable cloître où l'art avait prodigué tous les caprices de la sculpture, l'église de Pierre Godin fut transformée en fonderie, où furent coulés les canons destinés à la défense de la république française.

SÉMINAIRE SAINT-CHARLES.

Le Séminaire Saint-Charles fut construit en 1690, sous Lorenzo-Maria Fieschi, de Gênes, archevêque d'Avignon, par M. Varie, prêtre; il fut ensuite agrégé, en 1705, à celui de Saint-Sulpice de Paris. Sous le consulat de la république française, ce Séminaire devint une dépendance de l'hôtel des Invalides. Sa chapelle, pavée en marbre, unit l'élégance à la simplicité de l'architecture et à la noblesse des ornemens. L'ensemble de cet édifice est très-remarquable ; de vastes cours, de belles promenades, le font un des plus beaux Séminaires de France.

ÉGLISE DES BÉNÉDICTINS.
(SAINT-MARTIAL.)

Au-Dessus de la rue qui conduit aux Invalides, nous apercevons l'ancienne abbaye des Bénédictins de Saint-Maur,

---

(1) Le P. Mahuet qui rapporte cela dans son *Histoire des Dominicains*, se trompe. La reine Clémence est ensevelie dans le chœur des frères Prêcheurs de Paris. La statue de cette princesse que l'on voyait à Avignon y fut placée, parce que Clémence était du tiers-ordre de Saint-Dominique.

étrange assemblage d'architecture gothique et d'architecture moderne. Ce monastère, ancien palais des rois de Mayorque, devint ensuite celui de Louis, prince de Tarente, et de Jeanne de Naples. Hugues des Baux, qui exerçait pour cette reine la charge de sénéchal de Provence, le fit bâtir sous leur nom. Lorsque Jeanne se réfugia dans notre ville, avec son second époux, le prince Louis, elle résida quelques jours dans ce palais, que le pape Urbain V donna, en 1363, aux religieux de Cluny. Aussi la statue de ce pape fut-elle placée dans l'église par les religieux reconnaissans. Cette statue est aujourd'hui au musée.

L'église des Bénédictins fut considérablement augmentée en 1486 ; elle avait trois nefs et renfermait plusieurs tombeaux remarquables par leurs décorations, la richesse et le goût des ornemens.

Un mausolée en marbre blanc s'élevait jusqu'à la voûte de l'église ; il passait pour un des plus remarquables de la contrée : c'était celui du cardinal Lagrange, évêque d'Amiens, une des illustrations de la cour de Benoît XIII, et l'un des plus grands talens de cette époque. Le cardinal d'Amiens fut l'adversaire le plus prononcé du schisme et le plus ardent promoteur de la paix de l'Eglise ; il fit fléchir ses affections personnelles devant de plus grands intérêts, et appuya de son suffrage l'avis de *la soustraction d'obédience*, acte préliminaire de celui de la *déchéance*, qui fut résolu au concile de Pise. Pendant que Benoît était bloqué dans le palais par les troupes de Boucicaut, le cardinal Lagrange mourut à Avignon, le 21 avril 1402.

Lors de la destruction des églises, une partie de ce monument fut sauvée par la précaution que l'on eut de l'ensevelir dans la terre, en exhaussant le pavé. En 1829, on s'occupa d'exhumer ces précieux débris de l'art chrétien. Le bloc auquel se trouve attaché le *Transi* (statue ainsi désignée par le peuple) fut retiré et déposé au Musée. La pose, les détails anatomiques, le torse, sont d'une perfection admirable.

Au-dessus du squelette, on lit une inscription latine en caractères gothiques, rédigée sans doute par le cardinal lui-même. Voici la traduction de cette inscription éminemment chrétienne et philosophique :

Nous avons été donné en spectacle au monde, pour que grands et petits vissent clairement, par notre exemple, à quel état sont réduits tous les mortels, sans acception de rang, de sexe, ni d'âge. Misérable ! pourquoi donc t'énorgueillir ? car tu n'es que cendre ; et comme nous tu deviendras un cadavre fétide, proie des vers, et un peu de cendre.

Dans cette église était encore le tombeau de Raymond de Beaufort, vicomte de Turenne, le dévastateur de la Provence, au mepris du traité passé entre Éléonore de Comminges, sa mère, et le maréchal de Boucicaut. On peut voir, dans la cour du Musée, la pierre qui couvrait ce tombeau, sur laquelle est représenté Raymond couvert de son armure. Voici son épitaphe gravée en caractères gothiques :

Hic jacet magnificus ac potens virque illustris Dominus Raymondus de Belloforti, quondam comes Bellofortis et vice-comes Valernæ, qui anno Domini M. CCCC. XX diem suum clausit extremum XXI die mensis Maii, cujus anima requiescat in pace. Amen.

Tous ces ouvrages d'art, tous ces souvenirs de rois d'Aragon, de Louis de Tarente, de Jeanne de Naples, toute cette poésie du XIVe siècle, sont enfouis dans des ruines ; il ne reste plus que le clocher et la partie extérieure du chœur, remarquables par leur balustrade et leurs sculptures dentelées, mais effacées par la hâche du vandalisme. Le cloître, bâti en 1520, qu'on eût pu restaurer il y a quelques années, s'est enfin écroulé ; quelques fragmens se voient encore dans le jardin.

Sous ces voûtes silencieuses, les religieux de Saint-Benoît fouillaient dans les archives de l'histoire ; les moines ont disparu, mais leur couvent a conservé quelque chose de sa destination artistique ; on y a établi le jardin botanique, le cabinet d'histoire naturelle et l'école normale du département.

Les Bénédictins furent fondés vers 1380, par Pierre de Cross, cardinal créé par Clément VII. Indépendamment du mérite et de la science des religieux de Cluny, cette église faisait honneur au goût de l'architecte qui la construisit : le clocher, la terrasse, l'abside, les rosaces sont généralement admirés comme un des plus beaux restes de l'architecture ogivale qui existent à Avignon.

ÉGLISE DES CÉLESTINS.

Nous voici sur la place des Corps-Saints, ainsi nommée depuis la translation des restes mortels de saint Benézet, simple berger qui jeta un pont sur le Rhône, et de saint Pierre-de-Luxembourg, jeune enfant qui fit tant de miracles. Le premier mourut à l'âge de dix-neuf ans, avant que le pont ne fût achevé; le second avait l'âge de Benézet quand le ciel lui ouvrit ses portes. Le jeune évêque de Metz, devenu cardinal sous Clément VII, termina sa vie à Villeneuve, le 5 juillet 1387. Il avait ordonné qu'on ensevelît son corps à Avignon, dans le cimetière des pauvres, où se trouvait une chapelle consacrée à saint Michel. On le transporta en grande cérémonie dans l'église de l'hôpital du pont ; mais le nombre des malades accourus des villes voisines fut si grand, que tous les efforts des hommes d'armes de Clément VII ne purent écarter cette foule; il fallut deux jours pour arriver au lieu de sa sépulture. La reine Marie de Blois, qui habitait Villeneuve, témoin de la mort et des miracles de Pierre-de-Luxembourg, vint sur son tombeau et y fit célébrer la messe par l'évêque de Chartres. Cette princesse adressa les instances les plus pressantes au pape Clément VII, pour obtenir la canonisation, que Pierre d'Ailly, chancelier de l'Université de Paris, vint encore demander l'année d'après, au nom du roi Charles VI (1).

---

(1) La maison ou le palais de saint Pierre-de-Luxembourg était au milieu

Saint Benézet fut inhumé le 14 avril 1184 dans la chapelle construite sur le pont, ainsi qu'il l'avait désiré. Le 18 mars 1670, son corps fut transporté dans l'église de l'hôpital fondé par le cardinal Albert. Sur une discussion qui s'éleva entre la paroisse Saint-Agricol et celle de la Madeleine qui toutes deux se disputaient les saintes reliques du berger d'Alvilard, l'archevêque Azon Arioste, malgré la volonté du roi de France, ordonna que le corps de Benézet serait renfermé dans le lieu même que le saint avait choisi pour sépulture. En conséquence, la seconde translation eut lieu processionnellement le 3 mai 1672. Plus tard, le 16 mars 1674, ce cercueil voyageur fut encore changé de place et confié aux moines établis dans les Célestins.

Dans les premiers jours de la révolution, avant que des mains spoliatrices eussent dévasté les églises, l'abbé Meynet, curé constitutionnel de Saint-Didier, fit transporter des Célestins dans son église les corps de saint Benézet et de saint Pierre-de-Luxembourg, croyant les mettre à l'abri de la profanation, mais les jours mauvais arrivèrent; l'église de Saint-Didier fut transformée en prison pour les suspects; les tombeaux furent violés et les ossemens des saints dispersés. On a retrouvé seulement la tête de saint Benézet que l'on conserve religieusement aujourd'hui dans la première chapelle à gauche de saint Didier.

Le quartier Saint-Michel était autrefois un rendez-vous de débauche et de prostitution. Jean de Coïardan, évêque d'Avignon, y établit un cimetière en 1347 et en chassa les gens de mauvaise vie. Clément VII commença la construction de ce

---

de la place Saint-Didier; elle est habitée aujourd'hui par M. de Ribas, qui la reconstruisit en 1757. On prétend que c'était la même où l'on avait battu monnaie anciennement. Le cardinal Pierre-de-Luxembourg avait, dit-on, une autre maison, rue Bonneterie, en face de la ruelle qui aboutit à la Boucherie, dans laquelle se trouvait un puits où les habitans venaient s'abreuver, le 5 juillet, d'une eau miraculeuse que l'on croyait guérir des fièvres.

monastère en 1392. La première pierre de l'église fut posée par le duc d'Orléans, au nom de Charles VI, roi de France, que le cardinal Pierre de Luna déclara leur fondateur. Alors s'éleva dans notre cité une nouvelle église à ogives, à flèches dentelées et comme suspendues dans les airs. Dans ces débris du moyen-âge, tout est empreint des croyances chrétiennes ; ces vitraux qui reflétaient au milieu de la foule recueillie des nuances d'un bleu céleste ou d'un rouge ardent ; cet orgue dont les tuyaux se mariaient si bien à ces longues ogives qui forment le cintre de la voûte ; cette cripte souterraine où étaient exposés à notre vénération les corps du cardinal et du berger mis au rang des saints ; ces tombeaux dans le milieu ou sur les côtés de l'église où reposaient raide et couchée la statue de Clément VII, posée là en 1396, avec sa croix et sa tiare, et la figure d'un duc de Luxembourg, haut et puissant seigneur châtelain, à cheveux plats et longs, avec le chien ou le faucon à ses pieds ; cette fontaine miraculeuse à qui le jeune cardinal de Luxembourg avait donné la propriété de calmer les accès brûlans de la fièvre ; tout cela excitait je ne sais quelle émotion pieuse qu'on rechercherait vainement sous le grandiose de quelque édifice antique.

En 1426, le seigneur de Montjoie, neveu de Clément VII, déjà célèbre par la victoire qu'il remporta en 1379, sous les murs de Rome, contre Galeazzo Pepoli, général de l'armée d'Urbain VI, construisit cette grande et belle chapelle de saint Pierre-de-Luxembourg, attenant à l'église des Célestins.

Le maître-autel en marbre blanc de cette église fut donné aux Célestins par le roi René d'Anjou. C'est le maître-autel de l'église de Saint-Didier. L'artiste-roi avait aussi donné à ces moines un tableau représentant un squelette de grandeur naturelle, à côté duquel était une toile d'araignée peinte avec une admirable fidélité. Ce tableau fut traîné dans les ruisseaux et brûlé sur la place par les Marseillais à leur retour de Paris, après le supplice de Louis XVI. Cette église possédait encore un grand et beau bas-relief attribué à ce prince, représentant le portement de Croix. On peut le voir presque en entier dans la première chapelle à droite de l'église Saint-Didier ; le complément de cette page historique est au Musée.

ANCIEN COUVENT DES FRÈRES MINEURS.
(Les Cordeliers.)

Les cordeliers s'établirent à Avignon en 1237. Logés d'abord dans une pauvre maison sans église, ils furent réduits à faire leurs exercices dans l'église de Saint-Didier, ensuite dans celle de N.-D. la Principale, dont les chapitres n'existaient pas encore.

En 1260, ils acquirent ce grand et beau local, sur lequel ils établirent leur couvent, qu'ils agrandirent peu à peu, et qui devint enfin ce qu'il était en 1790.

Ils entreprirent ensuite, avec les libéralités du cardinal Pierre de Foix, leur grande et belle église, dont la construction dura fort longtemps.

La magnifique voûte de l'église, chef-d'œuvre dont la hardiesse étonnait les architectes qui la visitaient, est tombée sous le marteau de la spéculation.

Les auteurs de ce temps s'accordent à dire que le roi ordonna qu'on élevât un mausolée à Laure, et qu'il affecta à cette dépense la somme de mille écus d'or. Plusieurs historiens ont loué François 1er pour cette belle pensée, qui ne lui coûta autre chose que d'en arrêter le plan avec Nicolas de Pérouse, sculpteur-architecte italien. Eloigné d'Avignon, le roi, à qui Charles-Quint donnait d'autres occupations, ou bien, distrait par les soins qu'il prodiguait à tant de belles dames de sa cour, le roi, dis-je, oublia bientôt Laure, et le monument ne s'éleva pas (1).

---

(1) En 1793, avant la démolition de l'église des Cordeliers, on enleva, d'après une loi, les ossements des églises pour les transporter dans les cimetières. Il y avait dans le tombeau de Laure huit dents et des cheveux qui furent

LA VISITATION.

Le couvent des religieuses de la Visitation fut établi sur la place Pignotte, par Mme Jeanne de Faucher, veuve du seigneur de Capellis.

Marius Philonardi, archevêque et vice-légat d'Avignon, se déclara protecteur de ce monastère; il fit bâtir, en 1632, l'église, sa belle façade, son dôme, ainsi que la partie neuve donnant sur le jardin, et dota le monastère de plusieurs revenus.

Le nombre des religieuses s'étant considérablement augmenté, une partie en fut extraite en 1651 pour former un autre couvent dans la maison de Saint-Georges, abandonnée par les Repenties, transférées en la maison du Poids du pain, place Pignotte.

Le couvent, l'église et le petit jardin furent vendus par l'acquéreur national à Mme de Lafare, religieuse du Saint-Sacrement de Bollène, qui y a établi un couvent de son ordre, après l'avoir fait restaurer.

En 1347, des pluies continuelles et des inondations amenèrent une disette à Avignon. Clément VI pourvut généreusement à la subsistance des habitans. Une grande place à l'extrémité de la ville (la Pignotte) (1) était le lieu qu'il avait destiné pour faire distribuer le pain à tous ceux qui se présentaient. Il choisit, à cet effet, sur cette place, une maison qu'on ap-

---

réunis à des perles de la chape de Jean XXII, et remis à M. Agricol Moureau, alors procureur de la commune, lequel se proposait de les déposer à la bibliothèque royale, mais ils ont été perdus.

Dans cette chapelle, mal éclairée et très-humide par la proximité des eaux de la Sorgue, la tombe de Laure était disposée à droite en entrant et parallèlement au mur; sur une pierre verticalement placée était une inscription en caractères gothiques presqu'illisibles.

FRARY. *Monumens de Vaucluse.*

(1) Le mot *Pignotte* dérive des pains que l'on distribuait aux pauvres,

pela la Maison du Poids (*domus librationis*), parce qu'on y pesait le pain avant de le donner aux pauvres : elle devint ensuite un hôpital. Humbert II de Viennois y avait déjà fondé une aumône de pain, qu'on distribuait tous les jours, et il la fit son héritière de tout ce qui pouvait lui rester de disponible après le paiement de ses dettes (1).

SAINT-JEAN-LE-VIEUX.

Cet ancien bâtiment avait appartenu aux Templiers, qui en furent chassés en 1311 par Clément V et Philippe-le-Bel. Les Dames de Saint-Véran et celles de Sainte-Praxède vinrent s'y loger jusques en 1598. A cette époque, les PP. de la Doctrine Chrétienne furent mis en possession de ce local, et n'en sortirent qu'à la suppression des ordres monastiques. Ce couvent a longtemps servi de caserne : on pourrait aujourd'hui l'utiliser convenablement.

LES GRANDS AUGUSTINS.

Ces moines existaient à Avignon en 1261, dans un couvent sur la paroisse Saint-Pierre; ils étaient appelés avant cette époque les PP. Guilhelmites.

Les aumônes des fidèles et les dons de quelques protecteurs firent face aux premières dépenses de la construction du couvent actuel. La ville d'Avignon leur donna l'esplanade qui se trouvait en face de l'ancienne porte Matheron, promenade ombragée par de grands arbres. Ces arbres, abattus par les religieux, servirent à la charpente de l'église. La construction en fut commencée en 1297. Le cardinal Pierre de Corsini fournit

---

Pomme de pin, dont on fit *Pignotte*, parce que le peuple appelait ainsi la ration qu'on lui distribuait, ration qui avait la forme d'une pomme de pin ou d'une tiare papale.

(1) Hist. du Dauphiné, tom. II, *Testam. Humberti II*.

les fonds nécessaires pour cette dépense. Cette église, après celle des Cordeliers, était la plus grande d'Avignon ; elle renfermait vingt-deux chapelles.

On voyait, dans cette église, une ancienne chaire dans laquelle Martin Luther, religieux de cet ordre, commença à prêcher d'abord contre l'abus des indulgences.

Cette église a été démolie ; on n'en a conservé que le clocher, où est placée l'horloge.

LES GRANDS CARMES.

L'ÉPOQUE de l'établissement des Carmes à Avignon n'est pas connue ; on ne saurait indiquer même la maison qu'ils habitèrent à leur arrivée. Une transaction passée entre le chapitre de l'église cathédrale et les Carmes, le 14 octobre 1267, prouve évidemment leur existence à cette époque. (*Piton-Curt, tome III, page* 551.

En 1319, le pape Jean XXII leur donna la belle maison et église des Templiers, restée vacante depuis le concile de Vienne. Le 19 décembre 1462, un incendie dévora presque tout le couvent. Les archives et la bibliothèque furent la proie des flammes. Le couvent fut reconstruit et prit alors une forme nouvelle : les sculptures des Templiers disparurent ; on y voyait cependant encore l'Agneau pascal surmonté d'une croix, signe de la consécration de leurs temples.

La voûte de l'église s'écroula dans la nuit du 20 mai 1762. Elle fut rétablie en charpente. En 1836, la voûte a été reconstruite par les soins de l'administration municipale.

La paroisse Saint-Symphorien a été rétablie dans cette église.

LA BELLE-CROIX DE LA CARRETERIE.

ELLE fut élevée en 1418 par le cardinal Pierre de Foix, à l'effet de perpétuer le souvenir de l'extinction du schisme d'Occident, c'est-à-dire, l'existence des deux papes. M. de Suarès, dans ses notes manuscrites, assure qu'il avait été construit sept croix couvertes comme celle dont nous parlons : une sur le Rocher-des-Doms, une sur la hauteur de Montaux, une sur la route de Carpentras, à l'angle de Saint-Véran, une à l'embranchement des rues Carreterie et Infirmières, et la croix de Noves, élevée par le pape Innocent VI.

La croix dont il est question disparut pendant l'orage révolutionnaire ; elle a été remplacée par une nouvelle d'une forme plus élégante, le 3 mai 1807.

HOPITAL SAINT-BERNARD et SAINTE-MARTHE

L'an 1353, Bernard de Rascas, gentilhomme Limousin, proche parent des papes Clément VI et Innocent VI, chevalier et docteur en droit, conjointement avec dame Marie-Louise de Petragrossa, son épouse, fondèrent le grand hôpital de cette ville, sous le titre de Sainte-Marthe. Ces pieux citoyens, dont la mémoire doit être chère à tous les Avignonais, donnèrent pour sa fondation dix mille florins d'or. L'hôpital fut établi hors la ville, dans un local appelé *la Plaine Saint-Lazare*. L'année suivante, de Rascas fonda le couvent des Trinitaires, religieux destinés à administrer les sacremens aux malades ; cette fondation fut confirmée et approuvée par une bulle du pape Innocent VI, donnée à Avignon le 28 juillet 1354.

Bernard de Rascas était excellent poète provençal. Nostradamus, dans la VIe partie de son *Histoire de Provence*, cite Rascas comme un des poètes distingués de l'époque.

Depuis l'édification des remparts, cet hôpital se trouve renfermé dans la ville : il est considéré comme un des plus beaux monumens qui existent dans Avignon. Sa façade fut terminée en 1747.

PÉNITENS DE LA MISÉRICORDE.

Cette Compagnie fut fondée en 1586 par Pompée Catilina,

colonel de l'infanterie du pape, sous le titre de la Décollation de Saint-Jean-Baptiste. François-Marie Thaurusi, archevêque d'Avignon, l'érigea en corps de confrérie et autorisa ses statuts le 30 mars 1595, sous le pontificat de Clément VIII.

En 1609, elle fut agrégée à l'archi-confraternité de Saint-Jean-Baptiste de la ville de Rome, appelée la Miséricorde de la nation florentine.

Ces pénitens étaient chargés de prendre soin et de pourvoir à la subsistance des aliénés, des prisonniers et des condamnés qu'ils accompagnaient au supplice, après leur avoir prodigué tous les secours spirituels et temporels, à qui ils donnaient ensuite la sépulture dans leur chapelle. Les aliénés étaient encore l'objet de l'inépuisable charité de ces pénitens ; ils leur procuraient les soulagemens et les remèdes qui pouvaient les rappeler à la santé et à la raison, dans l'hôpital établi à peu de distance de la chapelle.

Le 20 octobre 1616, le pape Clément VIII accorda à cette confrérie le privilége de délivrer un criminel condamné à mort, le 29 août, jour de la Décollation de Saint-Jean-Baptiste. Comme ce privilége était trop restreint et devenait infructueux, le pape Paul V l'étendit, par son bref du 28 octobre 1617, à quelque jour de l'année que ce fût. La confrérie usa, avec la plus grande réserve et seulement dans des cas extraordinaires, de ce privilége accordé à son philantropique dévouement. Nous citerons, pour venir à l'appui de cette réserve, la jeune taffetassière injustement accusée de vol par ses camarades, et qui dans un accès de colère, en voyant son honneur compromis, frappa l'une d'elles d'un coup de couteau. Elle fut condamnée à mort en 1784, et rachetée par l'œuvre de la Miséricorde. On voit par là que la confrérie n'abusait point de ce beau privilége envers de grands criminels, mais lorsque des circonstances atténuantes plaidaient en faveur du condamné, cette cour suprême d'honnêtes bourgeois arrachait au bourreau la victime que la justice humaine lui avait livrée.

Les contemporains se rappellent encore du dernier gracié ;

c'était un vénérable vieillard accusé d'un meurtre, sans doute involontaire.

Sur la proposition de son Recteur, la Compagnie donnait tous les ans, le jour de l'Immaculée Conception de la très-sainte Vierge, une dot honnête à dix pauvres filles à marier. Elle distribuait, outre cela, à l'entrée de l'hiver, une quantité considérable d'étoffes à des pauvres honteux.

La chapelle était anciennement sous l'invocation de Notre-Dame de Fenouillet, avant qu'elle fût desservie par les Pénitens de la Miséricorde.

Tant d'aumônes prodiguées à toutes les classes de malheureux, épuisèrent enfin les richesses de l'OEuvre ; ses ressources ne pouvaient plus suffire à l'entretien des prisonniers et des aliénés, lorsqu'en 1737 elle élut pour recteur M. Louis-François Manne, chevalier de l'ordre de Saint-Jean-de-Latran, associé de l'académie royale de chirurgie de Paris, correspondant de la Société royale des sciences de Montpellier, et membre de l'académie des sciences de l'institut de Bologne. Ce digne recteur, cet homme généreux, sacrifia sa fortune à la construction des bâtimens et à l'embellissement de l'église (1).

La chapelle des Pénitens, resplendissante d'or comme les salles du château de Versailles, riche de nombreux tableaux de Mignard et de Levieux, mérite un instant notre attention : tous les étrangers viennent la visiter pour admirer le Christ d'ivoire dû au ciseau de Guillermin.

On a prétendu, dit l'auteur du *Tableau d'Avignon*, que ce Christ était l'ouvrage d'un criminel condamné à mort ; qu'il abrégeait ainsi les longues heures de sa captivité, et qu'il finit par obtenir sa grâce. D'abord, cette version, toute poétique qu'elle est, n'offre aucune vraissemblance. Ensuite est venu un

---

(1) Louis-François Manne naquit le 3 février 1689 ; il mourut le 28 décembre 1755, âgé de soixante-sept ans. Il fut enseveli dans l'église collégiale de Notre-Dame la Principale, et son cœur déposé à la chapelle des Pénitens de la Miséricorde. Il était fils de Jean Manne, chirurgien, et de Jeanne Dubois.

brillant écrivain qui a inventé le roman le plus intéressant qu'on puisse lire. Selon lui, Guillermin avait un neveu qui s'était rendu coupable d'un assassinat sur la personne de son rival ; ce jeune homme allait périr sur l'échafaud ; mais l'oncle offrit aussitôt son Christ d'ivoire, et les jours de son imprudent neveu furent rachetés. Tout cela, raconté avec une grâce et une sensibilité exquise de sentiment, donne à ce conte un air de vérité qui le ferait prendre pour une histoire.

Cependant rien, dans les archives de la Miséricorde, ne constate le motif présumé qui a mis entre les mains de l'OEuvre cette belle pièce de sculpture.

« Jean-Baptiste Guillermin naquit à Lyon en 1645. Il réussit dans la sculpture de petits crucifix en ivoire, et en fit un particulièrement de cinq pieds de haut, placé dans le chœur des Dames de l'Abbaye royale du Val-de-Grâce de Paris. Guillermin voyagea ensuite en France et en Allemagne. De retour à Paris, notre artiste, après avoir exercé plusieurs charges dans la communauté des sculpteurs, succomba à une attaque de paralysie, et mourut en novembre 1699, âgé de cinquante-six ans. » (1)

C'est dans le cours de ses voyages que Guillermin dut sculpter le Christ de la Miséricorde. L'abbé de Crillon, mort en 1789, se plaisait à raconter que Guillermin, avant d'aller à Paris, était descendu à Avignon en 1659 ; que M. Jean Manne, chirurgien, rue Bonneterie, possédant une superbe dent d'éléphant, la livra à Guillermin pour en faire un Christ, que ledit Manne logea chez lui et nourrit le sculpteur pendant le temps du travail, et qu'ensuite M. Manne émerveillé, donna pour salaire à son hôte la modique somme de 36 livres.

M. Louis-François Manne le fils, un des plus zélés recteurs de la Miséricorde, a dû laisser en mourant ce Christ à l'OEuvre, pour le soutien de laquelle il avait sacrifié toute sa fortune.

---

(1) Cabinet des particularités de peinture, etc., par Lecomte, 3 vol. in-12. Paris, 1700.

Pendant les jours mauvais de la révolution, M. Almaric cacha le Christ dans les combles de la chapelle, jusqu'au moment où le gouvernement consulaire releva les autels abattus. Cette résurrection fut considérée comme miraculeuse, puisqu'on croyait que l'œuvre de Guillermin avait disparu dans la tempête, comme la chape et le calice de Jean XXII, objets précieux enlevés du trésor de Notre-Dame. MM. Broutet et Fransoy revendiquent aussi l'honneur d'avoir mis le Christ à l'abri des injures.

HOSPICE DES ALIÉNÉS.

Avant 1681, les insensés jouissaient d'une liberté aussi dangereuse pour eux-mêmes que pour leurs concitoyens. Le vice-légat Nicolini, exposé aux outrages de l'un de ces aliénés qui faillit l'assommer, pensa enfin à chercher un lieu de sûreté pour les insensés et les furieux. En effet, ce magistrat, de concert avec l'archevêque Libelli et les consuls de la ville, choisirent la Tour du vice-gérent, connue alors sous le nom de l'Official, aujourd'hui désignée sous le nom de *Chapeau-Rouge* ou du *Luxembourg*. Les insensés restèrent dans cette tour jusqu'en 1726; alors Raynier Dulci, vice-légat, animé d'une charité vraiment chrétienne, touché de l'état déplorable de ces malades enfermés dans un lieu malsain, les fit transporter dans l'enclos de la Miséricorde, et offrit cinq cents écus pour jeter les fondemens d'un hospice convenable pour recevoir gratuitement les pauvres d'Avignon. M. Simon Royre donna 1,000 livres, et M. Manne, le recteur, 3,000 livres pour subvenir aux frais de construction ; le Comtat-Vénaissin donna ensuite 12,000 livres à M. Manne, qui avait pris des soins infinis pour exciter la charité des âmes pieuses.

Quelque beau que soit cet établissement, nous avouerons que, situé sous un roc taillé à pic, fermé d'un autre côté par le rempart, il n'offre pas les moyens hygiéniques nécessaires à cette infirmité. Les aliénés y manquent d'air et d'espace; il leur faut un air pur, un horizon lointain, un terrain vaste, des sources d'eaux vives, l'aspect de la verdure, rien qui ressemble à la gêne, à la contrainte, à la prison : il leur faut aussi une occupation qui puisse les distraire sans fatiguer leur cerveau.

Une ordonnance royale, du 31 octobre 1839, a autorisé l'acquisition de Montdevergues afin d'y établir une Maison de convalescence pour les Aliénés, et d'y transférer plus tard l'Établissement lui-même. C'est ce double résultat que l'administration a poursuivi avec la persévérance qu'inspire le sentiment du bien. Aujourd'hui une partie de ce but est atteint ; une Maison de convalescence pour les deux sexes existe à Montdevergues.

Tout le monde s'accorde à donner des éloges à ces nouveaux quartiers élevés avec les seules ressources des économies de l'établissement.

A l'utilité que ces constructions présentent en elles-mêmes, est venu se joindre le précieux avantage d'occuper, dans un moment difficile, de nombreux ouvriers honnêtes et laborieux.

La position de Montdevergues offre toutes les garanties naturelles sur lesquelles puisse se fonder l'espoir de la guérison.

Situé à cinq kilomètres d'Avignon et à un kilomètre seulement du joli village de Montfavet, il est abrité contre les vents du nord-est (mistral) par les riches côteaux qui réunissent Morières à Caumont. La montagne de Montdevergues, couverte de chênes verts, et appartenant à l'Établissement, donne à cette habitation l'aspect le plus pittoresque. Un air pur, une végétation magnifique, une vue admirable, tout concourt en ces lieux à détruire les sensations maladives et à provoquer le calme des facultés intellectuelles.

Deux bâtimens parallèles, séparés par la cour des services généraux, sont disposés, au rez-de-chaussée, en réfectoires, et au premier étage, en spacieux dortoirs bien aérés, ornés de couchettes en fer garnies de bons matelas ; ces bâtimens sont destinés aux Aliénés indigens.

Des appartemens élégamment meublés, un salon et salle à manger sont réservés pour les pensionnaires riches placés par les familles, et, au besoin, pour les domestiques particuliers qu'on désirerait leur attacher.

Des salles de bains pour les deux sexes, une chapelle où l'on célèbre quatre fois par semaine le service divin, de vastes et beaux jardins ; tels sont les avantages qu'offre au département, aux communes et aux familles l'Établissement de Montdevergues qui est habité par un médecin et visité tous les jours par le Médecin en chef ou le Directeur.

L'Établissement de Montdevergues va prendre un accroissement nouveau par la construction de trois bâtimens ajoutés à ceux qui existent déjà. On peut assurer que sous peu de temps l'asile de Montdevergues sera un des plus beaux de France et un des plus favorables à la guérison des maladies mentales.

Le chiffre des Aliénés traités dans l'un et l'autre hospice s'élève aujourd'hui à 300.

AUMONE GÉNÉRALE.

Nos institutions actuelles s'appliquent chaque jour à soulager, à venir en aide aux classes ouvrières, moyen efficace de détruire le paupérisme, cette lèpre des états où la civilisation n'a pas encore apporté ses bienfaits. Des bureaux de bienfaisance sont établis sur toute la surface de la France, les caisses d'épargne donnent le goût de l'économie, le crédit foncier ouvre ses coffres à l'agriculture, les sociétés de secours mutuels (garantissent de soulagemens les ouvriers infirmes), la caisse de la vieillesse assure une honnête retraite à ceux que l'âge oblige de renoncer au travail. Bientôt le paupérisme, grâce à nos philantropiques institutions, aura disparu de notre sol.

Combien d'années d'études, de travail, a-t-il fallu traverser pour arriver à cet heureux résultat ! Comparons les moyens employés jadis à ceux mis en pratique de nos jours pour soulager les infortunes qui frappent certaines classes de la société. L'histoire veut que rien ne soit négligé pour faire connaître tout ce qui se rattache aux mœurs, aux institutions d'un pays qui a passé sous tant de dominations différentes.

Avant l'arrivée des papes, la *commune* d'Avignon, presque toujours troublée par des discordes intestines, quand elle n'avait pas à défendre son indépendance et ses richesses menacées par les ennemis du dehors, constituait son unité par l'ensemble des corporations de métiers, faiblement dominé par l'évêque et par une oligarchie tout à la fois noble et commerçante. Chacune de ces corporations reflétait en petit l'organisation de la cité : elle avait ses chefs annuellement élus et sa caisse qu'alimentaient une taille ou cotisation et les droits acquittés par les apprentis à leur entrée dans le métier, par les compagnons à la fin de leur apprentissage, par les maîtres quand ils ouvraient un atelier. Les pauvres et les malades sans ressource étaient secourus par les fonds de la caisse commune : c'est ce qu'on appela l'aumône ou l'hôpital du métier.

A mesure que le souverain pontife centralisait davantage les pouvoirs publics, les corporations s'affaiblirent et ne possédèrent bientôt plus assez de ressources pour concourir d'une manière suffisante au soulagement des pauvres. Le métier, qui s'exerçait d'abord dans un même quartier, se dispersa sur toute la surface de la ville ; les liens qui unissaient les divers membres entre eux se relâchèrent, et l'émulation, devenant concurrence, engendra des rivalités brouillonnes. Les quelques œuvres de métiers auxquelles des fondations, donations et légats-pies avaient fourni les moyens de subsister comme établissemens charitables, durent être administrés par l'ensemble des habitans du quartier réuni en confrérie, et sans égard pour la profession exercée par chacun d'eux.

Le 22 juin 1597, le vice-légat Bordini enjoignit à tous les pauvres de tout âge et de tout sexe, de se trouver le lendemain, à six heures du matin, à l'hôpital du pont de Saint-Benézet pour y recevoir l'aumône et prendre l'ordre qui leur serait donné par les recteurs de cette œuvre, à peine d'être chassés de la ville. Les logeurs qui n'y auraient pas conduit les pauvres qu'ils hébergeaient, étaient passibles de la peine du fouet. Une seconde ordonnance du 27 du même mois fit sortir de la ville tous les mendians étrangers, défendit aux cabaretiers de leur donner la retraite, aux pauvres de la ville de mendier ou de laisser mendier leurs enfans, le tout, sous peine du fouet. Les commis des portes ne devaient, sous peine de destitution, laisser entrer aucun pauvre dans la ville. Une troisième ordonnance du même jour reproduisit les dispositions rendues par le cardinal Aquaviva le 22 décembre 1595 : elle donnait aux recteurs de l'Aumône le pouvoir de faire battre de verges les pauvres, tant étrangers que de la ville qui auraient contrevenu aux défenses concernant la mendicité, ayant été chassés et faits prisonniers par deux fois précédentes ; et, s'ils y retournaient, de les remettre aux juges de Saint-Pierre pour leur faire donner le fouet par la ville et les bannir à perpétuité. Dans le cas d'une cinquième récidive, ces malheureux devaient recevoir encore le fouet et avoir une oreille coupée. En exécution d'un réglement du 12 février 1604, les individus surpris en état de mendicité étaient attelés au tombereau destiné à jeter les immondices hors la ville, et les enfans trop jeunes pour pouvoir le traîner étaient attachés derrière. Un autre règlement du 9 avril 1608 conféra pour trois mois aux recteurs de l'Aumône le droit de faire mettre les mendians au carcan qui était alors fixé en permanence sur la place Saint-Pierre.

Tels furent les moyens employés pour la répression de la mendicité. De 1595 à 1712, on ne compta pas moins de trente règlemens rendus à cet effet : tous furent impuissans.

L'aumône générale fut fondée en 1541 par les consuls et la communauté de cette ville, le cardinal Alexandre Farnèse étant légat du Saint-Siége. Une cruelle disette et le besoin de secourir les pauvres donnèrent lieu à cet établissement.

On acheta, à cet effet, une maison joignant celle des dames Sainte-Catherine, vis-à-vis le Mont-de-Piété actuel. Ce n'était alors qu'un bureau où l'on s'assemblait pour discuter les moyens propres au soulagement des malheureux.

Dans la suite, la misère désola encore notre cité ; les guerres religieuses et la peste qui survinrent contribuèrent à grossir la multitude des nécessiteux. Les consuls, touchés de la détresse du peuple, amenée par la disette de 1592, et voulant efficacement secourir les pauvres dont plusieurs avaient péri, faute de nourriture, achetèrent une grande maison, rue des Lices, pour les y loger et les nourrir; ils établirent, pour l'entretien de cette maison, une taxe de 3 s. par mouton et de 45 s. par bœuf. Plusieurs citoyens charitables contribuèrent aussi par leurs libéralités à soutenir cette œuvre pieuse. Benoît XIV assigna à cet hospice une rente annuelle de 10,000 liv. et 15,000 liv., soit pour amortir des créances, soit pour le nouveau bâtiment qu'on avait le projet de construire.

Les logemens ne suffisant plus au nombre des pauvres qui arrivaient chaque jour, on fit bâtir un beau corps-de-logis, du côté du Verbe-Incarné, et on grava sur une pierre l'inscription suivante :

D. O. M.
ÆDIBUS PAUPERUM, ÆRE PUBLICO
PATERNA SUMMI PONTIFICIS BENEDICTI XIV
BENIGNITATE REFECTIS.
RECTORES POSUÉRE A. D. MDCCLIV.

ANCIENNES AUMONES.

Aumône de la Petite-Fusterie. — On ne connaît pas exactement l'époque de sa fondation ; on sait cependant qu'aux XIe et XIIe siècles le sol des rues actuelles du Limas, des Fusteries et d'une partie de la Calade était un immense gravier sur lequel s'arrêtaient les trains de bois qui descendaient le Rhône. Il s'y opérait des marchés nombreux et importans, et les charpentiers, connus dans nos contrées sous le nom de *Fustiers*, équarrissaient et débitaient sur place les bois dont ils s'étaient rendus acquéreurs. Ils formaient une corporation puissante par le nombre et par la richesse; des rapports considérables d'intérêts attachaient cette corporation aux pilotes et aux mariniers auxquels elle fournissait des barques, et aux architectes, dits alors *maîtres de la pierre*, auxquels elle fournissait les cintres des voûtes des églises et les *forêts* qui formaient la couverture des palais. L'aumône de la Petite-Fusterie avait une part dans la co-seigneurie du péage à sel d'Avignon et dans le port de Rognonas sur la Durance.

En 1391, l'œuvre de la Petite-Fusterie fit bâtir, près l'église de Saint-Agricol et dans un local que la tradition désignait pour avoir été la maison de ce saint évêque, une chapelle dont la construction coûta 600 florins et qui fut, en 1392, consacrée au saint Esprit, à la Vierge et à tous les Saints. L'inscription qui existe encore nous apprend que l'œuvre coopéra à la majeure partie de la dépense au moyen de la succession de Guillaume Vialis, charpentier de Châlons-sur-Saône, établi à Avignon vers l'an 1333.

Dans la suite, l'œuvre, devenue totalement étrangère à l'art de la charpente, ne se composa bientôt plus que des habitans ayant maison en propre dans la rue de la Petite-Fusterie. Cette œuvre faisait chaque année, le mercredi de la troisième semaine de carême, la distribution d'une aumône déterminée au nombre de pauvres qui se présentaient et qu'on parquait préalablement entre des barrières placées aux avenues de la rue.

L'œuvre était encore en possession de diverses fondations en faveur des pauvres filles à marier. On donnait douze sous à chaque fille ; mais lorsque la postulante était de la Fusterie, l'œuvre faisait un effort et portait la dot à cinq florins.

En 1769, l'Aumône de la Petite-Fusterie fut unie à l'Aumône générale. Les habitans de la rue essayèrent de se maintenir en corporation ; mais leurs recteurs ou bayles n'eurent plus d'autre mission que la garde, l'entretien et la pose des toiles qu'on tendait tout le long de cette rue à l'époque des processions de la Fête-Dieu, et pour lesquels ils employaient les fonds d'une dotation spéciale.

Aumônes des rues de l'Epicerie et de la Ferraterie. — Vers le milieu du XIIIe siècle, vivait à Avignon un homme d'armes du roi de France ; il se nommait le sire Bertrand de Saint-

Laurent. Ce gentilhomme habitait, à l'extrémité orientale de la rue des Marchands, une maison faisant le coin sur l'ancienne rue Pelisserie, dont on a fait, en 1842, un prolongement (de la rue des Fourbisseurs.) Bertrand fit son testament le 8 des kalendes d'août 1258, et institua pour ses héritiers, Bertrand, son père, et Marguerite, sa mère, leur imposant l'obligation d'acheter pour cent livres tournois de possessions ou censes, dont le revenu devait être employé annuellement et à perpétuité à une nouvelle aumône qui devait commencer à la rue de la *Pébrerie* ou de l'*Epicerie* dite *Saunerie vieille*.

La chapelle de Saint-Sébastien, dite de Perrinet-Parpaille, qui sert actuellement d'avenue à la petite porte de l'église de Saint-Pierre, appartenait à l'aumône de l'Epicerie.

Voici en quoi consistaient les œuvres de charité pratiquées par l'aumône de ce quartier :

La deuxième fête de la Pentecôte on fermait de bon matin, au moyen de barrières dites *caneaux*, toutes les ruelles aboutissant aux rues Epiceries et Ferraterie. Deux bayles se plaçaient, l'un, du côté de la place de l'hôtel-de-ville, et l'autre à la petite rue qui aboutit à la Poulasserie, dite aujourd'hui de l'Arc-de-l'Agneau, et distribuaient à chacun des pauvres qui s'étaient rendus dans les barrières, une petite pièce de monnaie à l'effigie de Saint-Pierre, que le bas peuple nommait Piètre ou *Pierrot*, laquelle valait cinq deniers. Lorsque les Pierrots n'eurent plus cours, on distribua des liards. Souvent la multitude des pauvres était si grande qu'on était obligé d'ouvrir un troisième point pour les distribuer; on l'établissait alors à l'entrée de la rue du Puits de la Rappe (1).

Le 23 juin, veille de la saint Jean-Baptiste, les bayles distribuaient dix écus à cinq pauvres filles nouvellement colloquées en mariage, et trois livres aux pauvres honteux. L'œuvre, à différentes fêtes de l'année, donnait aux indigens un pain d'une

---

(1) Cette rue tire son nom du marché aux raves, en latin *rappa*, qui s'y tenait au moyen-âge. On l'appela ultérieurement rue du Puits de la Rappe.

livre. On distribuait, de plus, aux pauvres honteux, aux prisonniers, aux hôpitaux, aux maisons de refuge et aux monastères des religieux mendians, ce qui restait du pain donné par l'aumône. Telle était l'œuvre du sire de Saint-Laurent, fondateur principal, dont les revenus s'étaient augmentés par la réunion du produit d'un grand nombre de petits dons et legs.

L'aumône des rues de l'Epicerie et de la Ferraterie fut comprise dans les petites œuvres que l'édit du roi de France, rendu au mois de décembre 1769, unit à l'aumône générale.

OEuvre des notaires ou greffiers (1). — On ignore l'époque à laquelle s'organisa cette confrérie qui, semblable à nos confréries actuelles de pénitens, croyait nécessaire de se qualifier de *dévote*; toujours est-il qu'elle florissait dès les premières années du XIVe siècle. Elle se réunissait dans l'église Saint-Pierre.

Confrérie de Notre-Dame-la-Majeure, dite des Marchands, et hospice des Pélerins. — Les guerres civiles qui, pendant les XIIIe et XIVe siècles, désolèrent les républiques italiennes et les proscriptions qui en furent la conséquence, jetèrent dans Avignon une foule d'étrangers de distinction qui, avec les débris de leurs richesses, apportèrent leur génie commercial et de lucratives industries. Bien que leur présence exerçât sur la prospérité générale de la cité une influence très-favorable, les indigènes ne durent pas voir ces étrangers d'un bon œil et les forcèrent peut-être à consacrer par une ligue religieuse les liens qu'une communauté de patrie, de malheurs et d'intérêts avait naturellement établis entre eux. L'autorité, plus clairvoyante sur les véritables intérêts de l'Etat, leur prêta son appui moral : les syndics de la ville figurèrent parmi les maîtres de l'*œuvre des Marchands*, et le pape lui-même, quand il eut acquis la souveraineté d'Avignon, leur donna son avocat-général pour soutenir ses droits et ses prérogatives.

---

(1) Avant la révolution de 1790, les notaires d'Avignon et du Comtat dressaient non-seulement tous les traités amiables, mais encore tous les actes de procédure, remplissant ainsi l'office des avoués actuels.

Ils se donnèrent des statuts par lesquels, sous le rapport religieux, ils paraissent être surtout préoccupés de la répression du blasphème.

Émus de pitié pour ceux de leurs compatriotes malheureux que leur dévotion ou leurs affaires appelaient auprès du souverain pontife ou des personnages de sa cour, les nobles marchands, ainsi qu'ils se qualifiaient, résolurent de leur ouvrir des asiles où la corporation secourait ces voyageurs d'une manière uniforme, permanente et sans abus. Ils firent bâtir, dans ce but, à deux des extrémités de la ville, deux hospices. l'un, situé près la porte Saint-Michel, fut désigné par le vulgaire sous le nom d'*hôpital des Lombards* ou de *Saint-Michel*. et l'autre, hors du Portail-Matheron, prit le nom d'*hôpital des Pélerins* ou de *Notre-Dame-la-Majour*.

L'hospice des Pélerins avait une chapelle dédiée à l'Assomption de la Vierge, dans laquelle la confrérie faisait dire la messe le 15 août. S'il y avait quelque voyageur qui revînt de Rome ou de Saint-Jacques de Compostelle, l'œuvre lui faisait une aumône de quatre sous. Le 9 décembre 1573, Antoine François de Banqui chargea, par son testament, l'œuvre de la Majour d'une aumône spéciale de deux sous au profit de chaque pélerin italien venant de Saint-Jacques ou de Rome.

Après l'union de l'œuvre des Marchands à l'aumône générale, le bâtiment de l'hôpital des Pélerins fut affecté aux audiences du tribunal de commerce, dit alors *la conservation*.

Aumône du Cancel ou du Marché aux cuirs. — On ne connaît pas précisément la date de l'institution de cette œuvre. Les plus anciens actes de ses archives ne remontent qu'à l'année 1422 ; mais tout fait supposer qu'elle datait du XIIIe siècle ou au plus tard du XIVe.

On l'appelait ainsi à cause des barrières dont elle se servait lors de la distribution de ses aumônes. Elle paraît avoir été fondée par les marchands de cuirs qui occupaient anciennement la partie de la rue Bonneterie, comprise entre la rue de la Masse au levant et l'hôtel Duplessis au couchant. Les habitans de la rue Grande-Meuse et d'une autre petite rue à l'opposite faisaient aussi partie de la confrérie.

Ils avaient, sous l'auvent d'une maison, une sorte de chapelle en plein air, dans laquelle une image de la Vierge était exposée à la vénération des passans : c'est l'oratoire connu de nos jours sous la dénomination vulgaire du *Père-Éternel*. Leurs exercices religieux avaient lieu dans l'église paroissiale de Saint-Genest, où s'acquittaient aussi les fondations à la charge de l'œuvre.

Confrérie des Marchands drapiers. — Il paraît que, dans le principe, cette confrérie ne se composait pas seulement des marchands drapiers, mais qu'elle admettait aussi les tailleurs dans son sein, d'où le vulgaire ne la désigna que sous le nom de *confrérie des Tailleurs*, et sa chapelle de la Métropole, qu'Eugène Dévéria a revêtue de ses peintures, n'a pas porté d'autre désignation jusqu'en 1792. Cette appellation blessait au vif l'amour-propre des marchands drapiers qui, sur la fin, composaient seuls cette confrérie. Pour éviter toute confusion, ils s'intitulèrent à tout propos : *œuvre des Marchands drapiers, ne faisant chausses*.

Aumône de la rue de la Croix. — Par son testament fait le 14 octobre 1582, Lazerin Magnati, notaire d'Avignon, fonda une aumône générale du revenu de tous ses biens pour être faite et distribuée aux pauvres de la cité d'Avignon dans la chapelle de la Sainte-Croix.

Cette chapelle, après l'union de l'œuvre à l'Aumône générale, fut englobée dans les constructions que fit bâtir M. de Teste, bulliste de la légation d'Avignon.

Aumône et confrérie du Saint-Esprit. — Ce n'était ni une aumône de quartier, ni une corporation de métier, mais une confrérie composée de cultivateurs et d'artisans des deux sexes venus de tous les points de la ville. Elle se constitua primitivement dans l'église de Saint-Genest, d'où elle se transporta successivement dans celles des Cordeliers et des Grands-Carmes.

Un confrère nommé Jean Gache, laboureur d'Avignon, légua à l'œuvre, par son testament du 19 février 1527, une rente de douze barrals de vin rouge, bon et marchand. Les confrères n'eurent garde d'exécuter les clauses du testament pour profiter du legs. Ils burent tellement en commémoration du mort, que le scandale devenant intolérable, l'archevêque s'en émut : il fit citer, le 27 mai 1596, devant son official, les bayles de la confrérie pour se voir faire inhibition de ne distribuer dorénavant ni pain, ni vin, ni viande, suivant leur prétendue coutume, laquelle était abusive et ressentait le paganisme. Ces distributions avaient lieu, dans le principe, aux fêtes de Noël, et, si l'on veut bien réfléchir que les sept pauvres, traités par chaque confrère, mangeaient à la table commune, on trouvera dans cette institution une analogie frappante avec les saturnales des Romains.

La confrérie du Saint-Esprit fut unie, en 1769, à l'aumône générale.

Orphelines. — Par son ordonnance du 30 septembre 1459, le cardinal de Foix, légat du pape, conserva cinq des quatorze hôpitaux qui existaient à Avignon. Le cinquième de ces hôpitaux fut celui de Sainte-Marie de Nazareth, autrefois dit de *Rancurelle*, situé en deçà de la porte Imbert, dans la rue droite au-dessous des vieilles murailles. C'est sur cet ancien hôpital de Nazareth qu'on jeta les yeux, lorsqu'en 1590 quelques gens de bien, touchés de l'état d'abandon des pauvres filles orphelines, s'associèrent pour venir à leur secours. L'abbé de Saint-Eusèbe, de la maison de Tulhe, se mit à la tête de la sainte entreprise.

Ce bâtiment de l'hôpital de Nazareth ne dut pas longtemps suffire au service des orphelines, car nous voyons que le 18 juillet 1596, l'œuvre acheta des Célestins d'Avignon, au prix de 420 écus, une maison sise rue Saint-Michel, occupée aujourd'hui par M. Louis Boudin.

Le 27 décembre 1598, une bulle de Jean-François Bordini, archevêque d'Avignon, érigea, à la requête des dames fondatrices, la maison des orphelines de cette ville en hospice régulier. Le 8 juillet 1694, le cardinal de Conti, vice-légat, concéda l'exemption des droits de maîtrise aux artisans, couturiers, tisserands, fustiers, cordonniers et autres qui épouseraient une fille de la maison des orphelines. François-Marie de Gonteris, étendit, le 5 mai 1736, cette exemption aux taffetassiers.

L'archevêque de Manzi, agissant comme député du pape Clément XIV, supprima, en 1768, le couvent et la communauté des religieuses Augustines et l'unit à la communauté des Bénédictines de Notre-Dame de la même ville. Il unit ensuite et incorpora, le 7 juin même année, l'église et la maison des anciennes Augustines à l'œuvre des Orphelines, tant en considération de ce que la maison qu'elles habitaient alors se trouvait mal située, trop étroite et incommode, que pour donner à cette communauté une marque de sa prédilection. Il décida, en outre, que l'ancienne maison des Orphelines serait vendue, et que le prix en serait partagé entre elles et les Bénédictines. Le 8 juin 1768, l'archevêque les fit mettre en possession de leur nouvelle maison, située rue des Ortolans.

Des désordres, suites inévitables des révolutions, s'introduisirent dans cet asile de la charité. Un arrêté de l'administration du département, en date du 4 brumaire an V, unit la maison des Orphelines à l'aumône générale. Cet arrêté fut notifié, le 5 thermidor suivant, aux seize filles qui occupaient le couvent, avec injonction de se rendre à l'Aumône ou de chercher un autre local dans le cas où elles persisteraient à former une communauté indépendante. Ces filles déclarèrent qu'elles n'acceptaient pas ces conditions, et qu'en sortant elles prétendaient emporter chacune un lit, deux draps, deux couvertures et un tour à dévider la soie, objets qui leur étaient indispensables et qu'elles n'avaient pas les moyens de se les procurer. Tout cela leur fut accordé ; mais comme elles avaient menacé de mettre au pillage la maison dont elles se prétendaient propriétaires légitimes, on fut obligé, après leur sortie, de la faire garder pendant quelque temps par un poste d'invalides.

C'est dans cette même maison que prit naissance, trois ans après, le Bureau de bienfaisance (1).

La grande et la petite Providence, dirigées par les Sœurs de Saint-Charles, reçoivent actuellement les Orphelines.

Hospice Isnard. — Un honorable négociant de notre ville, enrichi dans le commerce, François-Balthazar-Sixte Isnard, fils de Claude, voulut, en mourant, faire un des actes qui suffisent seuls pour illustrer un citoyen. Fils de ses œuvres, ne laissant malheureusement point de postérité, il tourna ses derniers regards vers la classe laborieuse qui l'avait aidé à élever l'édifice de sa fortune. Il s'explique ainsi dans son testament du 19 août 1845 :

« Après avoir bien mûrement réfléchi sur ce que je pouvais faire d'utile pour mon pays, je me suis arrêté à l'idée de fonder un hospice de bienfaisance en faveur de la classe qui m'a aidé à acquérir ma fortune et d'appliquer à sa fondation la plus grande partie de ce que je possède.

» Cet hospice sera spécialement destiné à recevoir gratuitement comme pensionnaires tel nombre d'ouvriers taffetassiers et garanciers, que mon avoir pourra permettre de fixer. Dans le nombre des pensionnaires admis seront compris les négocians ruinés et les commis-négocians malheureux, devenus incapables de pourvoir à leur existence par leur travail.

» Je destine pour la fondation de cet hospice le domaine que je possède sur la route de Marseille, situé immédiatement après la limite de l'octroi, connu sous le nom de la Triade »

Sa dernière volonté a été fidèlement remplie. Le voyageur peut admirer maintenant ce beau monument construit sur les dessins de M. Duchesne, ingénieur civil, où les ouvriers qui ont usé leur vie dans le travail, trouvent un refuge assuré, et les soins qu'exige la vieillesse.

---

(1) Extrait des *Notes historiques sur l'Aumône générale et les diverses œuvres de bienfaisance qui lui ont été unies*, par M. P. Achard, archiviste de la Préfecture. Brochure in-4. de 67 pages. Avignon, Bonnet fils, 1853.

ÉGLISE DE SAINT-PIERRE.

La primitive église de Saint-Pierre fut détruite par les barbares ; Debo, évêque d'Avignon, la releva en 433 ; saint Agricol la restaura en 686 ; on la répara au commencement du Xe siècle ; elle tombait en ruines, lorsqu'en 1358, Pierre de Prato, cardinal de Préneste, sous le pontificat d'Innocent VI, la fit rebâtir, l'érigea en collégiale et en fonda le chapitre, ainsi qu'il conste par l'acte de sa fondation et par la chronique martienne. La façade fut construite en 1512.

La pensée intime du XVe siècle nous paraît ici couronnée de sa religieuse auréole, à travers les dentelles de sa vieille architecture, nous la voyons dominant toutes les œuvres de cette époque, comme la croix des hauts clochers, et imprimant sa sublime consécration à toutes les actions de la vie d'alors ; nous admirons les formes sveltes de ses gracieux clochetons, et ses aiguilles élancées au ciel, mélancoliques et pures comme une prière.

Portons notre attention sur cette pierre travaillée avec tant de délicatesse, dont le grain fin et délié se prête à tous les caprices du sculpteur, qui la transforme en colonnes dentelées, en rosaces profondes, en ogives variées, qui l'élève ensuite dans l'air en clochetons élancés. La Vierge qui est entre les deux portes si artistement travaillées, est due au ciseau de Péru. Entrons dans l'église et nous jetterons un coup-d'œil sur cette chaire et cette tribune qu'un ouvrier du moyen-âge a creusées avec une patience admirable pour faire de cette pierre un chef-d'œuvre qu'ont respecté les révolutions. La construction de la chaire paraît se rapprocher de l'époque où fut érigé le Mausolée de Jean XXII.

On lit sur cette chaire l'inscription suivante en lettres gothiques :

A fin que mieux cest chaire cy
A Dieu du ciel li soit plaisante,

Jacques Malhe lui cry mercy
Et de bon cœur la luy présente.

Le cloître, couloir obscur supportant une terrasse, a été entièrement détruit pendant la révolution. Il était orné dans tout son pourtour de tableaux représentant les principaux épisodes de la vie de saint Antoine de Padoue, peints par Parrocel. Il en reste encore quelques-uns qui sont placés sous la tribune, au-dessus de la porte principale et dans les chapelles.

Clément VII couronna dans Saint-Pierre Louis II, roi de Sicile, l'an 1389 ; d'autres disent que ce couronnement eut lieu dans la grande chapelle du palais, dédiée à saint Pierre.

Perrinet-Parpaille, décapité en 1562, le 9 septembre, dans la tour de Trouillas, fut inhumé dans cette église à la demande de sa famille.

L'an 1512, le prix-fait, passé par devant le notaire Alliberti, dont les papiers se trouvaient dans l'étude de M. Charles Chambaud, pour le paiement de la façade de l'église Saint-Pierre, fut donné le 30 juin même année, pour le prix de 1800 écus, *auri solis, sive or sol*. La tribune fut comprise dans ce prix-fait.

Sur la place de l'église paroissiale était autrefois le tribunal et la prison de Saint-Pierre, place où l'on donnait l'estrapade, où le bourreau flétrissait d'un fer brûlant les condamnés aux galères : la justice humaine semblait s'y fortifier de la protection de la justice divine. Ce souvenir intimide d'abord ; mais l'œil se repose ensuite avec satisfaction sur les délicates broderies qui courent sur la jolie façade de l'église, peu dégradées par le temps, tandis que l'œuvre des révolutions a renversé le tribunal et muré la prison.

HALLE AU BLÉ. — PLACE PIE.

AVIGNON possédait autrefois un setier derrière l'église Saint-Genest C'était sous ces grandes voûtes que se vendait le blé. En 1562, quand Perrinet-Parpaille eut été mis à mort, sa maison fut rasée ; sur ses débris, on établit une halle couverte et des barraques en bois, où logeaient les bêtes de somme qui apportaient les provisions au marché. En 1763, l'architecte Franque embellit et décora cette place de l'édifice moderne que nous voyons aujourd'hui. Ce marché fut appelé alors place Pie, parce qu'elle fut dédiée au pape Pie V.

BOUCHERIE ET POISSONNERIE.

Ces deux beaux édifices parallèles furent bâtis sur l'hôtel Villefranche que la ville acheta pour cet usage. Leur construction date de 1762, et fut faite sur les dessins de l'architecte Franque. Au-dessus étaient les greniers où les magistrats enfermaient les provisions de blé pour le vendre à un prix modique dans les temps de disette.

GRANDE TOUR DE L'HÔTEL DU LUXEMBOURG.

Cette tour et les bâtimens qui l'environnent furent construits en 1437 par Alain de Coetivy, évêque d'Avignon. Ces bâtimens et cette tour furent élevés pour devenir l'Officialat, c'est-à-dire, la demeure du vicaire-général et official du diocèse, chargé de rendre la justice ecclésiastique. La tour était destinée aux prisons. Les bâtimens étant devenus vieux, le vicaire official alla loger ailleurs. On utilisa enfin cette maison en la destinant au refuge des insensés qu'on laissait librement courir les rues. Les fous ayant été transférés à la Miséricorde, l'officialité vendit enfin la maison à divers particuliers. Les armes qu'on voit sur la tour sont celles de l'évêque Alain de Coetivy.

ÉGLISE DE SAINT-DIDIER.

Cette église fut fondée par saint Agricol en 685 et ruinée par les Sarrasins. L'an 1002, Rostang I, évêque d'Avignon, donna l'église de Saint-Didier avec toutes ses dépendances au monastère de Montmajour. Le pape Innocent VI permet; en 1355, aux exécuteurs testamentaires du cardinal Bertrand de Dencio de fonder un chapitre dans l'église de Saint-Didier. La volonté du cardinal fut suivie, et l'église, érigée en collégiale, fut reconstruite et agrandie comme elle est aujourd'hui.

L'abbé de Véras dit qu'Urbain V y canonisa saint Elzéar de Sabran, l'an 1369, en présence de sainte Delphine, son épouse. Les Bollandistes démentent ce fait et disent qu'Elzéar fut canonisé à Rome, et que sainte Delphine était morte depuis l'an 1360.

Le célèbre graveur Balechou, d'Arles, est inhumé dans Saint-Didier.

CHANOINES RÉGULIERS DE SAINT-ANTOINE.

Dans une petite rue, et presque vis-à-vis la partie nord de la paroisse Saint-Didier, est une vieille église depuis longtemps abandonnée. Cette maison, de l'ordre de Saint-Augustin, est du commencement du XIIIe siècle.

Cet ordre fut fondé l'an 1095 pour le soulagement des pauvres attaqués du feu Saint-Antoine : cette maladie, qui régnait alors, faisait de grands ravages. Deux gentilshommes du Dauphiné, Gaston et Girin son fils, bâtirent un hôpital pour y loger ces malheureux. Les fidèles imitèrent cet exemple, et donnèrent beaucoup de biens à cet ordre naissant, qui établit aussitôt des commanderies et des hôpitaux pour ces malades.

La première de ces commanderies fut celle d'Avignon, érigée vers l'an 1210. Un des commandeurs, Aymond de Montagny, fut élu dix-septième grand-maître en 1273.

Une réforme eut lieu en 1616, 1622 et 1624, par les bulles de Grégoire XV et d'Urbain VIII.

Depuis la réforme de la commanderie d'Avignon, l'ordre y entretenait deux chanoines réguliers, et l'on y réunit les débris des commanderies d'Alais, de Bagnols, de Nîmes et de Tarascon. Les chanoines portaient une robe noire avec un man-

19.

teau de même couleur, et sur le côté gauche de la robe, la lettre T en soie bleue.

Les anciennes chartes de cette église rapportent que le cardinal Pierre-de-Luxembourg fut transporté après sa mort dans sa maison ou livrée d'Avignon, et que le 5 juillet 1387, son corps fut porté dans l'église de Saint-Antoine, où l'on célébra un service solennel, avant d'ensevelir le corps dans le cimetière des pauvres de Saint-Michel. (Boll. tome I, page 582).

Voici l'épitaphe d'Alain Chartier, enterré dans cette église :

Hic Jacet

Virtutibus insignis, scientia et eloquentia clarus
Alanus Chartier (1),
ex Bojocis in Normania natus,
Parisiensis Archidiaconus et Consiliarius,
Regio jussu ad imperatorem, multosque reges
ambasciator sæpius transmissus,
qui libros varios stilo elegantissimo composuit
et tandem obdormivit in Domino, in hac
Avenionensi civitate,
A. D. M. CCCCXLIX.

---

(1) Alain succéda à Seigni Joan, fou du roi, et devint le fol-sage (*poeta regius*) de Charles VII. Alain Chartier, clerc, notaire et secrétaire de Charles VI, fut enterré dans l'église des Antonins d'Avignon. Il était à peine âgé de seize ans lorsqu'il forma le projet d'écrire l'histoire de son temps. La plupart des critiques conviennent que la langue française a eu de grandes obligations à Chartier. Il passe pour l'inventeur du rondeau définitif. Pour donner une preuve de l'estime dont Alain Chartier avait joui dans son siècle, Pasquier rapporte que, se trouvant un jour endormi sur une chaise, Marguerite d'Ecosse, épouse du dauphin de France, depuis Louis XI, s'approcha de lui, et lui donna un baiser sur la bouche. Alain était fort laid. Les seigneurs et les dames de la cour de cette princesse marquant leur étonnement de cette action, elle leur dit : « Qu'elle ne baisait pas la personne, mais la bouche dont estoient » sortis tant de beaux discours. » *Biograph. univ.*

En 1777, l'ordre des chanoines réguliers de Saint-Antoine, dit de Viennois, fut uni et incorporé à celui de Saint-Jean-de Jérusalem des chevaliers de Malte, à la réquisition du roi Louis XVI.

En conséquence, Mgr. Giovio, archevêque d'Avignon, commis à cet effet par notre saint-père le pape, fit l'inventaire de tout ce que possédait l'ordre dans cette ville, on lui remit la vaisselle sacrée et les ornemens. Le 31 décembre 1777, on dit la dernière messe dans l'église, on consuma les saintes hosties, on sonna le dernier coup de cloche, et l'on remit les clés à l'archevêque : il ne restait plus alors que deux chanoines réguliers dans cette maison.

ÉGLISE ET COUVENT DES JÉSUITES.

Les Jésuites furent reçus à Avignon le 14 août 1564, et logèrent dans une maison dite de l'*Arche*, rue Poulassière. Une émeute éclata contre eux ; ils furent chassés de la ville (Victor Chambaud) ; ils y rentrèrent peu de temps après, et le conseil de ville acheta pour eux, le palais du cardinal Brancas en 1564. D'autres prétendent que ce cardinal étant tombé en hérésie, son palais fut saisi et donné à la ville d'Avignon.

La construction de leur grande et belle église dura près de quarante ans ; commencée en 1615, elle ne fut terminée qu'en 1655. L'archevêque de Marinis en fit la consécration, le 9 mai de cette année.

Le roi Louis XV s'étant emparé d'Avignon le 11 juin 1768, quelques Jésuites, dont l'ordre avait été détruit en France, et qui avaient été forcés de s'expatrier, se réfugièrent dans notre ville. Leur suppression générale ayant été prononcée par une bulle du pape Clément XIV (Ganganelli) le 21 juillet 1773, la ville d'Avignon confia alors le collége aux PP. Bénédictins de Cluny, ensuite aux PP. de la Doctrine chrétienne.

ÉGLISE DE LA MADELEINE.

C'était jadis une chapelle du just-patronat de l'abbé et monastère de Saint-André. Le 13 septembre 1318, Jean XXII transféra la paroisse Saint-Etienne à l'église de la Madeleine. Cette translation fut faite parce que l'ancienne paroisse, bâtie au bas du rocher, avait été comprise dans l'enclos du palais apostolique, et peu après, par une bulle du 1er janvier 1319, ce pape permit aux paroissiens de bâtir une plus grande église pour recevoir tout le peuple de ce quartier. On employa pour cette construction les pierres du monument romain qui tombait en ruines. L'inscription trouvée à la Madeleine est du Xe ou XIe siècle ; elle a été gravée pour perpétuer la mémoire de la dédicace de la primitive église de Saint-Etienne. Elle est ainsi conçue :

† XVIII KL FEB DEDICATIO STI STEPHANI PROTO MARTYR. †

CONFRÉRIES.

L'Institution des Confréries date, dans le midi de la France, du commencement du XIIIe siècle ; une seule, celle de la ville de Grasse, remonte à l'an 1186. Ces confréries formaient à cette époque une sorte d'association religieuse, militaire et politique.

L'évêque Foulque établit l'an 1210 une confrérie à Toulouse ; elle était gouvernée par quatre bayles ou officiers, dont deux étaient choisis parmi les chevaliers (*miles*) et les deux autres parmi les prud'hommes. Le but de cette institution était de poursuivre devant les tribunaux les hérétiques et les usuriers. Les excès commis par les membres de cette confrérie exaspérèrent une partie des habitans de cette ville, qui leur opposèrent une autre association qu'ils appelèrent *la Noire*, pour la distinguer de la première dite *la Blanche*. Les membres de ces deux Confréries, dont l'une était composée des partisans de Simon de Montfort, général de l'armée des croisés, et l'autre de ceux de Raymond VI, comte de Toulouse, troublèrent plusieurs fois la tranquillité de cette ville.

Une Confrérie fut également instituée en 1212 à Marseille ; le motif de l'érection de celle-ci était la défense du clergé et de ses biens, celle des droits du prince et celles des franchises, des priviléges et des libertés des habitans de cette cité.

Avignon avait aussi, à cette même époque, une Confrérie composée de tous les artisans de cette ville. Cette Association était, comme les précédentes, religieuse, militaire et politique. Les statuts de 1243 de cette même cité prescrivaient aux consuls ou podestats de prêter serment, en entrant en exercice, de donner secours et appui à cette Association et aux individus qui la composaient, de ne point souffrir qu'il s'en établît une nouvelle, et si quelqu'un en instituait une autre, sous quelque prétexte que ce fût, de le punir d'une amende de mille sols Raymondins et même d'une peine corporelle.

Narbonne avait aussi, en l'année 1219, une semblable Association ; elle avait été formée par les habitans du bourg de cette même ville, sous le titre de Confrérie des *Prud'hommes* ou de l'*Amystance* ; ceux qui en faisaient partie prêtaient serment de défendre respectivement leurs personnes et leurs droits politiques, sauf ceux de l'Église et ceux du souverain de cette ville.

L'histoire nous a conservé les statuts de cette Association.

L'an 1226, après la capitulation des habitans d'Avignon avec l'armée des Croisés commandée par Louis VIII, l'évêque Pierre de Corbie établit une Confrérie dans cette ville, sous le vocable de la Croix. Cette Confrérie, dite plus tard des *Pénitens gris*, ne fut dans son origine qu'une simple Association religieuse. Le but de cette institution fut de remercier Dieu de l'extirpation de l'hérésie des Vaudois dans cette cité, et de lui demander pardon des outrages faits à la religion par la plupart d'entre eux.

Jean-Baptiste Molinier, prêtre de la Congrégation de l'Oratoire, cité par Héliot dans son *Histoire des Ordres religieux et militaires, etc.*, dit que la Confrérie des Pénitens gris d'Avignon ne fut fondée qu'en l'année 1268 : il paraît cependant plus vraisemblable que cette Confrérie avait été dissoute peu de temps après le départ des Croisés, et qu'au lieu d'une institution nouvelle, ce ne fut que son rétablissement qui eut lieu à cette dernière époque.

Toutes ces différentes sortes de Confréries furent abolies par les Conciles de Toulouse de 1229, de Valence de 1248 et d'Avignon de 1282. Les canons des Conciles de cette dernière ville des années 1326 et 1337, renouvelèrent l'abolition des Confréries, mais ils exceptèrent de cette prohibition celles qui étaient entièrement consacrées à la prière et au soulagement des pauvres et des malades. Telles étaient à Avignon, les Confréries désignées sous les titres de l'*Aumône de l'épicerie helemosina speciariœ)* fondée dans l'église de Saint-Pierre, avant l'année 1258 ; de l'*Aumône des tisserands (helemosina canabassariœ)* qui se réunissait dans l'église des Carmes et dont la fondation est antérieure à l'année 1298 ; et celle de l'*Aumône des drapiers (helemosina draperiorum)* également de la fin du XIIIe siècle.

Telles étaient aussi, dans le XIVe siècle, celle des *Cordonniers (helemosina curateriœ)* fondée dans l'église de Sainte-Madeleine, en 1329. Celle du *Saint-Esprit* établie en 1356 dans l'église des Trinitaires, qui était dirigée par deux bayles et deux conseillers. Celle de l'*Aumône des âmes du purgatoire (de la mornas de las armas de purgatoris)* qui était consacrée au soulagement des Confrères malades, et à faire prier pour eux après leur mort. Cette Confrérie était gouvernée par deux maîtres et deux conseillers. Elle se réunissait dans la chapelle de l'Hôpital de la bienheureuse Marie du *Pont-rompu (pontis-fracti)* ; les membres de cette Association prêtaient serment, lors de leur réception, qu'ils n'entendaient point par leur admission dans cette Confrérie, faire une action contraire à la seigneurie et à la juridiction de la cour romaine, et celle des écrivains dont le lieu de réunion était l'église des religieuses de Saint-Laurent.

Il y avait à la même époque dans cette ville, l'*OEuvre de la Fusterie* fondée en 1347, celle de l'*Aumône de la Petite Fusterie*, établie à Saint-Agricol en 1380, et celle de l'*Aumône de la Croix*, dont l'assemblée avait lieu dans la chapelle de ce nom.

Les Associations religieuses établies à Avignon dans le XVe siècle, furent la Confrérie des *Gyponiers* ou *Faiseurs de robes* (*Tailleurs*) qui remonte à l'année 1512 ; elle se réunissait à Notre-Dame-des-Doms. Celle des *Marchands* date de l'an 1433 : elle avait été établie dans l'origine à Notre-Dame la Principale. Cette Association prit, lors de sa translation à l'église des Augustins, le titre de Confrérie de *Notre-Dame-de-la-Major*, de l'hôpital de ce nom, dont la direction lui fut confiée.

La Confrérie des *Pénitens bleus* fut fondée en 1436, sous le titre de *Notre-Dame-de-Fenouillet* ; elle n'était à cette époque qu'une simple Association religieuse sans costume particulier : les membres qui la composaient s'établirent en 1547, Fantoni dit en 1556, dans une chapelle située près le couvent des Carmes, rue des Infirmières ; ils prirent alors l'habit bleu et le vocable de Notre-Dame-de-Pitié.

La Confrérie des *Écoliers de l'Université* fut établie en l'an 1441 dans l'église des Frères-Prêcheurs, sous le titre de Saint-Fabien et de Saint-Sébastien, avec l'autorisation du cardinal de Foix, légat; elle était composée d'environ deux cents confrères. Cette Association fut supprimée pendant les guerres de religion et rétablie en 1569. Ses armoiries portaient trois flèches d'or dans un champ de gueule. La Confrérie, dite des *Florentins*, fut fondée en 1444 dans une chapelle située dans le cloître des Augustins. Celle de *Notre-Dame-de-Pitié*, qu'il ne faut point confondre avec la Confrérie des Pénitens bleus, date de l'an 1485 ; elle se réunissait dans l'église de Saint-Didier. Celle des *Pénitens noirs*, sous l'invocation de saint Jean-Baptiste, fut instituée par Jean Boziani et Pierre de Briqueriis, réfugiés Florentins ; la chapelle de la Confrérie était située à côté de l'église des Augustins. Celle de *Saint-Antoine de Padoue* était aux Frères-Mineurs ; sa fondation est de l'an 1490. Celle des *Merciers* remonte aussi au XVe siècle, le lieu de sa réunion était l'église de Notre-Dame la Principale.

Le XVIe siècle vit naître la Confrérie des *Pénitens blancs* en 1527, sous le titre des *cinq Plaies de Jésus-Christ* ; elle fut fondée par treize citoyens notables de cette ville ; les membres de cette Association obtinrent d'abord un local dans le couvent des Carmes et se transportèrent ensuite dans un bâtiment situé dans l'enclos des Frères-Prêcheurs. La Confrérie de *Jésus*, dite aussi de *la Conception*, établie à Saint-Didier, date de l'an 1539. Celle des *Mégissiers*, fondée également à Saint-Didier, est de la même année, mais on croit cependant sa fondation antérieure à cette époque. Celle des *Velutiers* ou *Veloutiers*, et autres artisans de la soie, date de 1550. Celle de *Notre-Dame-de-Lorette*, de 1577 ; elle fut réunie en 1610 à celle du *Mont-de-Piété*. Celle des *Notaires*, établie dans l'église de Saint-Pierre, est de l'année 1590.

Dix-huit Confréries, Associations ou Congrégations religieuses furent fondées à Avignon dans le XVIIe siècle, nous nous bornerons à citer les suivantes : celle de la *Milice de la Croix*, dirigée par le Révérend père Inquisiteur ; cette Confrérie fut établie en l'an 1605, dans l'église des Frères-Prêcheurs, en exécution d'une bulle du pape Paul V. Celle des *Pénitens noirs*, dite de *la Miséricorde*, sous le vocable de la Décollation de saint Jean-Baptiste, instituée en 1610, par Pompée Catilina, colonel de la garnison italienne de cette ville, dans la chapelle de Notre-Dame-de-Fenouillet. Cette Confrérie était chargée de donner du secours aux prisonniers, d'accompagner et d'enterrer les condamnés à mort. Elle jouissait de la prérogative de délivrer, chaque année, le jour de la fête de saint Jean-Baptiste, un criminel condamné au dernier supplice. Ce privilége fut confirmé par le pape Paul V, qui, au lieu de le restreindre au seul jour de la fête de ce saint, autorisa les membres de cette Association de faire cette délivrance à quelque jour que ce fût de l'année. Cette Confrérie jouissait encore de ce privilége avant la révolution. Celle des *Pénitens violets* fut fondée en 1662, sous le vocable de Jésus, Marie, Joseph.

Les Confréries, Congrégations ou Associations religieuses qui datent du XVIIIe siècle étaient au nombre de sept, parmi lesquelles on comptait celle des *Pénitens rouges* et celle des *Chirurgiens-Barbiers*, établies en 1700.

Il y avait encore dans Avignon trente-deux Congrégations ou Associations religieuses dont on ne peut pour la plupart préciser l'époque de leur établissement. Quelques années avant la révolution, les Pénitens bleus, violets et rouges adoptèrent l'habit blanc, et ne furent distingués les uns des autres que par la couleur de leur cordon et par la différence de l'écusson que portaient tous les pénitens, soit sur l'épaule gauche, soit sur le côté gauche de la poitrine. La Confrérie des Pénitens gris, celle des blancs et celles réunies des noirs et de la *Miséricorde*, sont les seules qui existent aujourd'hui à Avignon.

Parmi les Statuts cités dans cette Notice, ceux des *Tailleurs réformés*, en 1526 ; ceux des *Velutiers*, en 1550 ; ceux des *Notaires*, de la même année ; ceux des *Cordonniers réformés*, en 1684 ; et ceux des *Chirurgiens Barbiers*, de 1700, sont les seuls qui prescrivent des formalités et des mesures administratives sur l'examen et l'exercice des arts et métiers que professaient les membres de ces Confréries.

HYDROLOGIE. — LE RHONE.

Ce fleuve doit son nom, selon Pline, à la ville de *Rhodé*, ancienne colonie Rhodienne de nos contrées méridionales ; ou au mot celtique *rodur*, qui signifie *force*, et exprime l'impétuosité de son cours. Il nous arrive du Saint-Gothard par le lac de Genève, la perte de Coupy et Lyon. Son entrée dans le département de Vaucluse a lieu sur le territoire de Lapalud ; et nous quitte à l'embouchure de la Durance. Il reçoit dans cette étendue, le Lez qui arrose Bollène et Mondragon ; l'Eygues qui descend des montagnes du Dauphiné ; la Cèze, aux paillettes dorées, qui naît dans la Lozère et meurt à Codolet ; l'Ouvèze, rivière du pays des Voconces, glorieuse d'avoir baigné les arches du pont romain de Vaison ; la Sorgue de Vaucluse, poétique fontaine qui vient mêler ses eaux limpides à celles du grand fleuve ; enfin, la Durance, ce terrible fléau de nos contrées, qui descend des Alpes Cottiennes comme un torrent dévastateur.

Du Pont-Saint-Esprit à la Durance, la pente du Rhône est de 8 centimètres par 100 mètres. De Lyon à Arles, elle est de demi-millimètre par mètre ; la différence entre ces deux villes est donc de 160 mètres 43 centimètres.

La température du Rhône est, dans les hautes chaleurs, de 18°, et dans les temps moyens de 10°. Pendant l'hiver, quand le thermomètre descend à 5° au dessous de zéro, il charrie des glaçons ; au-dessous de 8°, il se congèle. Mais ce dernier cas est fort rare. En 1829, par un froid soutenu de 12° à 18°, il devint assez solide pour qu'on pût le passer à pied sans danger.

L'été diminue considérablement le volume du Rhône : de 1800 mètres, l'eau écoulée se réduit à 300 environ. La navigation est dès lors interrompue ; cet effet est à peu près annuel, à moins que, par des circonstances peu communes, la saison chaude ne soit pluvieuse. On a vu des années où la disette d'eau a été si grande, que le volume du Rhône a été réduit à celui d'un mince ruisseau. Ce fait nous est attesté par l'auteur des *Guerres religieuses du Comtat.*

Il paraît constant que ce fleuve, dans les temps anciens, laissait à sa gauche la montagne d'Andon, coulait par la rue des chartreux de Villeneuve jusqu'au pied de l'Oratoire placé au bout de la halle de cette ville, et venait directement sous les murs d'Avignon, au pied de la porte Ferruce, suivait les rues Grande et Petite Fusterie (*fust*, bois de construction ; ceux qui descendaient par le Rhône étaient amarrés dans l'emplacement de ces rues, où, dans les anciennes constructions, on a trouvé des anneaux scellés dans le mur), de la Calade jusqu'au portail Biançon, formait ensuite une île sur laquelle fut bâti le couvent des Dominicains, continuait son cours par la rue Annenelle et entrait dans son lit actuel au-dessous de la grange de Faret.

Grégoire de Tours et d'autres auteurs disent qu'Avignon était entouré du fleuve du Rhône et très peu éloigné de la rivière de la Durance.

Quelques personnes prétendent qu'une branche de ce fleuve, partant au-dessus du quartier de Bourbon, terroir de Villeneuve, passait derrière la montagne, formait quelques îles et venait longer les hauts quartiers de notre ville par les rues Carreterie, Philonarde, Cheval-Blanc, la Masse, place Saint-Didier, du Collége, partie de celle de Saint-Marc, la Calade, Saint-Charles, l'Observance, Saint-Roch, et joignait la branche-mère vers la grange de Faret.

Il est certain qu'en 1710, on trouva dans l'église de Saint-Didier, en creusant un caveau sous les degrés du sanctuaire, une pierre d'une grosseur extraordinaire, à laquelle était attaché un anneau de fer. Placée diagonalement du nord au sud-ouest, cette pierre a fait présumer qu'elle devait faire partie de quelque digue alors que le Rhône passait vers cette place, et que l'anneau de fer devait servir pour amarrer les bateaux. Sur la même ligne, lorsque les consuls firent fouiller, en 1789, une partie du jardin de l'hôtel Crillon, on trouva une construction en pierres très-larges, se dirigeant dans la rue la Masse. (M^{ss}. sur l'hist. d'Avignon.)

En mars 1842, en fouillant dans la maison Gaspard, même rue, on a trouvé, à deux mètres de profondeur, une belle mosaïque romaine ayant fait partie de quelque édifice situé au bord du fleuve.

En vertu d'une concession de Raymond VI, comte de Toulouse (juillet 1212), les secrets partisans des podestats, de ces magistrats élus par une cité indépendante, allèrent jusqu'à rappeler, en 1669, que la partie de la rive droite du fleuve où aboutissait le pont, appartenait aux Avignonais.

Un démenti brutal détruisit ces prétentions ; un officier de Louis XIV, le maître des ports de Villeneuve, suivant avec son bateau le fleuve qui avait envahi plusieurs quartiers d'Avignon, vint triomphalement planter les armes de France dans la rue de la Fusterie, dont il prit possession au nom de son souverain, qui appuyait son droit sur d'anciennes constitutions.

Cette démarche d'un agent subalterne dénote la politique du cabinet français, qui certainement, dans l'intérêt de ses douanes, et à cause de la rivalité des manufactures avignonnaises, se serait opposé à la reconstruction du pont. *(Tableau d'Avignon.)*

Constitution de Charles V, roi de France, du 5 décembre 1368.

« De largeur du lit du Rhône concédée à plein droit au Saint-Siége, en la même étendue qu'est celle du port, mesurée des murailles de la ville d'Avignon jusqu'à la chapelle de Saint-Nicolas, qui est de 39 cannes, avec portion du lit de la rivière tout le long du terroir, de la même largeur ci-dessus désignée, avec toute juridiction, haute, moyenne et basse justice, etc., et toutes sortes de supériorités que le roi pouvait avoir sur ladite partie du pont et fleuve, tant par terre que par eau. »

(Extrait du bullaire d'Avignon, pag. 17.)

Cette concession était illusoire. Charles V ne pouvait donner ce qui ne lui appartenait pas, c'est-à-dire que la propriété des fleuves et rivières qui parcourent le royaume de France, étant reconnue du domaine de la couronne, le roi ne pouvait en disposer ni en totalité ni en partie. Le pape accepta cette concession, non comme un don, mais comme la confirmation du droit qu'il prétendait avoir sur la moitié du Rhône, tout le long du territoire d'Avignon et du Comtat.

Cependant, lors du procès intenté par le syndic général de la province et la commune des Angles contre les Avignonais, les requêtes et Mémoires de ces derniers furent rejetés, et le conseil d'État décida de maintenir Sa Majesté dans la possession du fleuve du Rhône d'un bord à l'autre, tant dans l'ancien et nouveau cours, que des îles, crémens, etc., qui font partie du Languedoc, par arrêt de Sa Majesté, du 22 janvier 1726. (*Arch. de la ville.*)

INONDATIONS.

Quand viennent soit les pluies d'automne, soit la fonte des neiges, il faut voir quel aspect imposant et terrible présente le Rhône. Parfois il franchit les digues, fond sur les campagnes, anéantit les récoltes, déracine les plus grands arbres qu'il traîne à sa suite comme trophées de ses fureurs, renverse les bâtimens, fait périr les hommes et les bestiaux, et, pour long-temps, laisse dans les imaginations terrorisées le souvenir de sa violence. Les plus grandes inondations, de mémoire d'homme ou historiques, sont celles de :

1226, 17 septembre.
1338, 1346, 1352, 1353, au mois de mai.
1358, au mois de novembre.
1362, 27 octobre. Les remparts sont renversés depuis la porte l'Imbert jusqu'à Saint-Michel.
1375. (Repère des Pénitens gris.)
1433, 30 novembre.
1471, Deux arches du pont abattues et une partie des remparts du côté du Limas.
1544, en novembre.
1548, 12, 13 et 14 novembre.
1566, en novembre. (Repère de Villeneuve.)
1570, 5 décembre.
1580, 25 août. L'eau monta jusqu'au-dessus de la coquille de la chapelle du pont. L'inondation avait cessé le lendemain 26.
1590, (Repère des Pénitens gris.)
1674, 12, 13, 14, 15 et 16 novembre.
1679, 29 septembre.
1694, 25 novembre.
1706, 12 mars.

1745, 5, 13 et 21 novembre.
1755, 30 novembre. Dura sept jours.
1801, 24 mai.
1810, en mai.
1827, 10 octobre.
1836, fin octobre.
1840. 30 octobre et 4 novembre. Cette dernière a été la plus désastreuse. Les neuf dixièmes de la ville ont été submergés ; l'eau s'est élevée de 80 à 90 centimètres au-dessus du niveau de 1755.
1841, 25 octobre.

Les rivières susceptibles d'amener au Rhône une prodigieuse masse d'eau, sont la Saône et l'Isère au premier rang : la Drome et l'Ardèche au second ; l'Eygues et l'Ouvèze au troisième. On les reconnaît aisément à la couleur du limon qu'elles apportent aux eaux du Rhône.

PESTES.

Les maladies épidémiques de cette époque eurent toutes pour cause l'introduction en France de celles qui désolaient l'Orient pendant les croisades ; et dans les derniers siècles, le peu de moyens sanitaires employés dans les ports de la Méditerranée.

1334. Maladie cutanée fort singulière.
1348. Peste noire venue d'Asie. Les auteurs varient sur le nombre des victimes.
1361. Du 28 mars au 25 juillet, 17,000 morts.
1374. Le pape Grégoire XI se met à l'abri du fléau en sortant d'Avignon.
1388. Plus terrible que la précédente. Clément VII se retire à Beaucaire.
1397. Benoît XIII se met à l'abri dans le château de Sorgues.
1520 et 1521. 4,400 morts.
1557. Epidémie.

1580. Du 4 septembre au 10 septembre 1581. Le journal ne donne pas le nombre des morts ; il est à présumer qu'il fut considérable.

1629. Du 5 au 14 septembre, 2,835 morts.

Peste de 1721.

Le 12 septembre 1721, malgré toutes les précautions prises par les consuls pour éviter la communication avec la ville de Marseille où la peste exerçait ses ravages, la contagion se manifesta à Avignon par la cupidité de quelques marchands qui firent entrer par contrebande des soies qui venaient du Levant, malgré la surveillance du cordon de troupes qu'on avait placé sur la Durance, depuis la chartreuse de Bonpas jusqu'au Rhône. La peste était dans l'hôpital Saint-Bernard, et déjà quelques malades en étaient morts, que les médecins persistaient à dire que ce n'étaient que des fièvres putrides ou malignes n'ayant aucun caractère de peste. M. Manne fils, chirurgien distingué, s'éleva seul contre une assertion aussi hasardée, et assura que cette maladie était pestilentielle et contagieuse. Ce citoyen philantrope eut à supporter des reproches violens de la part des magistrats et des menaces de la part du peuple, qui eussent effrayé un homme moins courageux que lui. Cependant la masse partagea l'opinion des consuls, et M. Manne parut alors abandonné à la colère de la population épouvantée. Le vice-légat, Mgr. Rainier des comtes d'Elci, instruit de ce qui se passait, voulut connaître par lui-même les preuves que ce chirurgien donnait pour appuyer ses craintes. Après avoir entendu M. Manne, Son Excellence fut si bien persuadée de l'existence du danger, que, dès cet instant, de concert avec les consuls de la ville, les ordres les plus sévères furent donnés pour prendre toutes les précautions possibles, si non pour se garantir de la contagion, du moins pour soulager les malheureux qui en seraient atteints, et par des mesures rigoureusement suivies, prévenir les dangers d'une trop grande communication entre les citoyens.

La peste se manifesta avec une violence effrayante. Alors les incrédules rendirent à M. Manne toute la justice qu'il méritait. Les soins qu'il prodigua aux pestiférés lui méritèrent les plus grands éloges de la part de ses contemporains. Des commissaires de quartiers furent nommés pour aider les magistrats dans des fonctions qui allaient devenir tristes et dangereuses. On fit le dénombrement des habitans, et le chiffre s'éleva à 25,541.

Il entra dans les Infirmeries de Saint-Roch 5,178 pestiférés, il en mourut 3,683.

Dans les sept paroisses de la ville, il mourut, savoir :

Saint-Agricol	185
Saint-Pierre	403
Saint-Didier	327
Saint-Genest	293
La Madeleine	212
La Principale	58
Saint-Symphorien	619
Montfavet et Morières	107
Aux Quarantaines	35
Au petit Lazaret des enfans, hors la ville	71
A la Juiverie	71
Total des morts	6,064

La peste cessa ses ravages le 25 août 1722. Quatre mille maisons de pestiférés furent purifiées et parfumées. Les dépenses que les consuls furent obligés de faire pour subvenir aux besoins des Infirmeries, pour la nourriture des pauvres, les gages, appointemens des agens employés, médecins, chirurgiens, apothicaires, intendans, domestiques, fossoyeurs, officiers et soldats de la ville, se montèrent à la somme de 400,000 fr. Le vice-légat, les corps religieux, les confréries de pénitens firent fondre une partie de la vaisselle et argenterie de leurs sacristies ; la ville établit des capitaux en faveur des corps religieux et des pénitens dont elle payait l'intérêt à quatre pour cent.

Si on réunit à toutes ces pertes celles des citoyens aisés, des artisans et du menu peuple, avec les suites ruineuses du système des billets de banque de Law qui avaient cours à cette époque, on se fera une idée exacte des malheurs qui vinrent à la suite de cette maladie, à laquelle il faut joindre encore les désastres qu'occasionna la chute de ces mêmes billets dans la fortune de chaque citoyen. Le trésor de la ville s'en ressentit pendant plus de vingt ans, et plusieurs familles furent ruinées entièrement. (M^{ss} de Commin.)

Etaient consuls en 1721, MM. Sébastien de Cicéri, viguier, François-Noël de Galéan des Issarts, Joseph Louvet, Joseph-Gaspard Imonier, consuls, Joseph-François Folard, assesseur.

ADDITION AU PALAIS DES PAPES, *page* 396.

Il est certain que Giotto n'a rien pu peindre dans le palais, puisque cet édifice n'était pas construit ; mais, appelé par Clément V à venir en France, Giotto dut faire quelques peintures murales, non seulement à Avignon, mais dans d'autres lieux de France, d'après la version de Vasari. Quelques personnes pensent que le fragment de fresque que l'on voit à gauche, près du bénitier de la Métropole, est dû au pinceau du berger italien devenu ensuite le premier artiste de son époque.

Le hasard a fait tomber sous ma main *l'Histoire de la peinture en Italie*, par l'abbé Lanzi, et je lis cette notice sur le Giotto, qui doit jeter un peu de jour sur l'obscurité qui enveloppe cette partie de notre histoire artistique :

« Giotto fut le père de la peinture moderne, comme Boccacio fut le père de la prose moderne ; et si celui-ci rendit la langue italienne propre à prendre toutes les formes, celui-là rendit la peinture propre à traiter tous les sujets. Un Simon de Sienne, un Etienne de Florence, un Pierre Laurati, surent donner de la grâce à leurs compositions ; mais eux, et les autres hommes de génie, durent à Giotto le passage de l'ancien style à un style nouveau ; il en fit la première tentative en Toscane, et il avança dans sa marche avec une rapidité qui parut tenir du prodige. A peine revenait-il d'Assise, que Boniface VIII l'appelle à Rome. Le saint-siége n'est pas plutôt transféré à Avignon, *qu'il est invité par Clément V à passer en France.* Avant d'y aller, il est contraint de s'arrêter à Padoue; et depuis, on l'y retint une seconde fois, lorsque, quelques années après, il revint en Italie.

» Cette patrie des beaux-arts avait alors adopté dans plusieurs endroits les formes du gouvernement républicain ; mais elle.était remplie de familles puissantes qui en dominaient les états divers, et toutes, en embellissant leur pays, avaient en vue de l'asservir. Giotto fut désiré de préférence aux autres peintres dans toute l'étendue de l'Italie. Les Polentani de Ravenne, les Malatesti de Rimini, les Este de Ferrare, les Visconti de Milan, les Scala de Vérone, Castruccio de Lucques, et jusqu'à Robert, roi de Naples, le recherchèrent avec empressement et le retinrent pendant quelque temps à leur service. Milan, Urbino, Arezzo et Bologne, voulurent avoir de ses ouvrages ; enfin Pise qui, dans son *Campo Santo,* préparait aux meilleurs artistes de la Toscane une lice (1) pour s'y disputer la palme, comme on l'avait fait jadis à Delphes et à Corinthe, lui vit produire celles de ses peintures dont les sujets sont tirés de l'histoire de Job, et que l'on admire encore, quoiqu'elles soient l'ouvrage de sa jeunesse.

» Giotto ayant cessé de vivre en 1336, ses disciples eurent le même succès : ils furent appelés à l'envi dans toutes les villes, qui les préférèrent même à ceux de leurs citoyens qui suivaient la même profession. (Les papes les appellèrent aussi à Avignon.) Nous verrons dans l'Ecole romaine Cavallini et

---

(1) Ce lieu, qui fera toujours beaucoup d'honneur à la magnificence des Pisans, serait un musée inappréciable, si les peintures qui y furent exécutées par Giotto, Memmi, Stephano Fiorentino, Buffalmaco, Antonio Veneziano, les deux Orcagni, Spinello Aretino, Laurati ou Laurenti, s'y fussent maintenues dans leur premier état ; mais la plupart, altérées par l'humidité, ont été restaurées dans ce siècle, et toutefois avec assez de précaution.

Campanna: dans celle de Bologne, Pace et Ottaviano de Faenza; puis Guiglielmo de Forli. Nous trouverons Menabuoi à Padoue, et Simon Memmi, disciple ou aide de Giotto à Avignon. »

ENVIRONS D'AVIGNON.

VILLENEUVE-LES-AVIGNON.

Cette ville, d'après l'auteur de l'explication étymologique de l'inscription trouvée près de la fontaine de Nîmes, en 1748, aurait une origine très-ancienne. Voici ce qu'il nous rapporte :
STATVMÆ est d'origine grecque, et ce nom dérive évidemment de *Stathmos*, qui veut dire endroit où l'on s'arrête, station, et par extension entrepôt. C'était très-probablement (ainsi que son nom paraît l'exprimer) une localité sur le Rhône, où les Marseillais, peut-être même les Rhodiens, avaient établi une station pour les navires qui remontaient et descendaient ce fleuve, et un entrepôt pour leur commerce. Ce bourg devait être indubitablement peu éloigné d'*Ugernum*, puisqu'il en dépendait. Tout porte à croire qu'il existait dans le site de *Villeneuve-lès-Avignon*, et que cette ville l'aurait remplacé. De là sa dénomination de ville nouvelle. Il n'y a, en effet, aucune localité sur le Rhône, à proximité de Beaucaire, dont la position réponde mieux à celle que la circonscription établie par l'inscription, et l'expression étymologique du nom de *Statumæ*, semblent donner à cette ancienne cité. D'ailleurs, l'origine de Villeneuve remonterait fort avant dans les temps anciens, s'il est vrai, ainsi qu'on l'a dit, que des inscriptions grecques ont été trouvées dans son voisinage. Cette circonstance viendrait encore à l'appui de notre opinion, en témoignant que ce lieu a été jadis fréquenté et habité par des Grecs (1).

(1) *Villeneuve*, bâtie à côté ou sur les ruines de la ville ancienne, comme son nom actuel semble l'établir, ne s'appelle ainsi que depuis 1226. Avant,

Placée en face d'*Avenio* (Avignon), une des cités les plus considérables du pays des Cavares, et au débouché d'une des routes qui conduisaient au centre de la confédération arécomique, *Statumæ* (aujourd'hui Villeneuve), devait avoir, sous les Volsks, une certaine importance pour les Phocéens de la Gaule, en raison de la facilité avec laquelle ils pouvaient l'approvisionner par leurs navires.

Les associations de moines ou de solitaires se propagèrent partout où le christianisme avait été annoncé, et bien plus, elles se multiplièrent au milieu des invasions des barbares. Ils avaient bâti des cellules, défriché des terres et pris une haute importance du IXe au XIe siècle. Presque tous les monastères suivaient la règle de saint Benoît. Les reliques dont ils étaient en possession, la réputation de piété, les talens que déployaient souvent les abbés, attiraient sur eux les dons de terres, de riches revenus et une lucrative vénération.

Telle fut l'origine du bourg de Saint-André.

Il y a aussi une légende, un récit miraculeux à vous raconter. Dans les premiers siècles de l'Église c'est toujours un saint qui préside à la naissance des cités. La montagne Andaon (*Podium Andaonense*) eut son apôtre comme le rocher des Doms avait eu le sien.

Des bords de l'Èbre où s'élève la belliqueuse Saragosse, une jeune et belle fille descend du trône paternel et laisse la pourpre royale pour prendre le cilice de la pénitence. Cazarie (c'était son nom) traverse les neiges du Marboré, les plaines de l'Occitanie, et vient dans une grotte du Mont Andaon pleurer ses péchés et annoncer l'Evangile. Elle y mourut vers la fin de l'année 587, avec la réputation d'une sainte. Les populations émerveillées vinrent prier sur le tombeau de Cazarie;

---

elle portait le nom de *Saint-André*, nom du monastère qui y fut créé dans le VIe ou le VIIe siècle. Ce dernier, par l'influence des idées religieuses, put vraisemblablement remplacer dans le langage vulgaire celui de *Statumæ*, et le faire oublier.

des habitations se groupèrent à l'entour de la grotte ; des religieux de Saint-Benoît y jetèrent ensuite les fondemens de l'abbaye de Saint-André.

Le cardinal Baronius a conservé dans ses annales l'épitaphe de sainte Cazarie qu'on lisait autrefois dans la grotte où la recluse fut ensevelie.

Quelques esprits du temps, dit Nouguier, ont voulu conjecturer que Valens, évêque d'Avignon, était le mari de Cazarie, s'appuyant sur les deux derniers vers de l'épitaphe. Quoi qu'il en soit de ce mariage que nous nous gardons bien d'affirmer, la montagne d'Andon devint un bourg et l'abbaye y fut fondée sur la fin du VIe siècle. Les Sarrasins la dévastèrent en 731. Charles-Martel, après la bataille de Tours, délivra les religieux de Saint-Benoît des persécutions des infidèles. Les moines se rétablirent sur la montagne d'Andon et y commencèrent la construction d'une des plus célèbres abbayes de France.

En 976, Uvernerius, évêque d'Avignon, institua la réforme parmi les religieux de Saint-André, et répara l'église et le monastère de ses propres deniers. Un de ces moines, plus instruit sans doute que les autres, en devint le premier abbé en 999 : il se nommait Martin. Saint Pons, qui est aujourd'hui honoré à Villeneuve, avait aussi administré ce monastère, d'où sortirent des cardinaux, des évêques et des professeurs distingués. Cette abbaye acquit une telle réputation de science et de piété, que les souverains pontifes voulurent participer à son accroissement. Urbain II la visita en 1096, et Gélase II, chassé d'Italie par l'empereur Henri V, sous Raymond Bérenguier, comte de Provence, s'y réfugia en 1118, consacra de ses propres mains les deux églises du monastère, et, par une bulle du 13 des kalendes de janvier 1119, donnée à Orange, ce pape confirma ce monastère dans tous ses biens et bénéfices. (H. Bouche, *Hist. de Provence.*) Les princes et seigneurs voisins la dotèrent richement. Raymond, comte de Toulouse, lui donna le bourg Saint-André et celui des Angles, *villam sibi adjacentem et villam etiam de Angulis.*

En 1210, les abbés, moines et habitans de Saint-André blâmèrent vivement les citoyens d'Avignon qui avaient adopté le gouvernement républicain ; mais ils furent forcés de prêter serment de fidélité aux consuls de cette ville, par ordre de Guillaume de Monteils, évêque d'Avignon. Innocent III ayant excommunié et privé de tous ses biens le comte de Toulouse, Simon de Montfort fut déclaré légitime possesseur des biens de ce comte, par un concile convoqué à Montpellier en 1214, confirmé par une bulle d'Innocent III, acceptée par Philippe-Auguste, roi de France, que le comte de Montfort alla trouver à Melun au mois d'avril 1216. L'abbé Bernard, les moines et les habitans de Saint-André jouirent alors de leur première liberté.

Louis VIII s'étant croisé contre les Albigeois, arrive à l'abbaye de Saint-André en 1226, accompagné de Romain, cardinal-diacre et légat du saint-siége. Le roi y reçut les hommages des consuls d'Avignon ; mais Louis ayant voulu faire passer le pont à une partie de son armée campée dans la plaine, les portes de la ville lui furent fermées, ainsi qu'au légat. Le roi en commença alors le siége et la prit après trois mois de combats. Entré dans Avignon le 12 septembre, Louis fit démolir les remparts, combler les fossés, abattre trois cents maisons, et punir les séditieux.

Philippe-le-Bel vint à Saint-André en 1272, et, le 11 juillet de cette année, l'abbé Bertrand de Laudun passa l'acte de paréage (égalité de droit ou de possession) du bourg Saint-André et des Angles avec le roi de France : cet acte amena la fondation de Villeneuve. Avignon n'appartenait plus à la France ; Philippe voyant cette frontière déserte, voulut bâtir une autre ville aux portes de celle dont il pouvait redouter l'influence, et, pour y attirer des colons, il les affranchit de tout impôt, excepté de celui du sel. Il fit ensuite élever les tours du fort (avec le consentement de l'abbé), et celle triangulaire, ornée de ses armes, servant de tête de pont, car elle est située positivement en face de celui qui existait autrefois sur le Rhône.

Nous devons regretter qu'on ait démoli un bâtiment du XIVe siècle, qui était adossé à la tour, et construit par le cardinal Napoléone Orsini : c'est là sans doute que logèrent les rois quand ils venaient conférer avec les souverains pontifes d'Avignon, Jeanne de Naples, Louis de Tarente, Bertrand Duguesclin; c'est là aussi qu'Henri III présida les États du Languedoc, le 15 novembre 1574.

Philippe-le-Bel érigea, en outre, le bourg Saint-André en ville : il y établit des foires franches, des marchés, et promit enfin à tous ses habitans la même protection qu'il accordait à ceux de sa bonne ville de Paris. (*Privil. art. 7.*)

C'était déjà beaucoup ; mais tous ces priviléges, ces constructions de forts, toutes ces magnificences royales prodiguées dans des actes, n'amenaient pas les richesses nécessaires à la prospérité d'une nouvelle ville. La colonie ne serait encore qu'une pauvre et triste solitude, si elle n'avait eu d'autres ressources que les priviléges si pompeusement octroyés par le roi Philippe. Mais voici venir les véritables fondateurs, les souverains pontifes avignonais, suivis des trésors de la chambre apostolique.

Au milieu de tous ces palais qui allaient s'élever, il fallait une église pour le service de Dieu. Arnaud de Via, neveu de Jean XXII, fonda le chapitre de Notre-Dame et le dota richement. Son église fut sacrée le premier juin 1333. Cet édifice, gothique lourd du XIVe siècle, présente le même caractère militaire qui distingue les monumens d'Avignon : murailles élevées, tours massives, construction solide et pesante, ogive à large base, à sommet un peu émoussé ; cloître à arcades pesantes, moins pittoresque que celui de la Chartreuse. Dans le bas de la tour placée à la droite du chœur, on remarque une arcade ogivale, bouchée, d'un grand diamètre : on a voulu probablement augmenter ainsi la solidité de la muraille. — En 1327, Jean XXII reçoit l'ordre de Montolivet, l'approuve et permet qu'il s'établisse à Villeneuve. — Innocent VI construit son palais sur le penchant de la montagne Andon et jette les fondemens de la Chartreuse. — Les constructions se poursuivent sous les autres papes ; elles envahissent un plus grand espace de terrain dans le XVe siècle et couvrent bientôt toute la pente de la montagne sainte. — En 1400, le cardinal de la Tourroie élève un magnifique palais, dont l'étendue comprenait les deux tiers de la principale rue de Villeneuve.

Pierre Bertrand, dit le Vieux, cardinal-diacre, fonda le couvent de Montaux en 1340, sur cette jolie colline qui domine la tour du pont, et y logea neuf religieux. Humbert II, dernier dauphin, s'y étant retiré après la perte de son fils unique, en augmenta le nombre par ses libéralités. Après avoir donné le Dauphiné à la France, il embrassa l'ordre de Saint-Dominique. Génébrard, archevêque d'Aix, le plus savant chroniqueur de son siècle, se retira à Montaux lors de sa disgrâce et alla ensuite finir ses jours dans son prieuré de Sémur en Bourgogne. Ce couvent fut ensuite uni à la mense abbatiale après la dernière désolation. Il était entièrement abandonné à l'époque de la révolution et tombait en ruines. On en a démoli le clocher, et du bâtiment on a fait une maison de campagne fort agréable, près de laquelle surgit une source abondante. De Montaux, la vue s'étend sur cet immense panorama dont une extrémité touche à la chaîne du Ventoux, et l'autre aux collines de Barbentane, l'ancienne Bellinto, posée comme une borne milliaire là où la Durance mêle ses eaux à celles du Rhône.

Les croisés revenant de la Terre-Sainte apportèrent en France les maladies qui désolaient l'Orient. A la peste noire de 1348 succéda celle de 1361 qui dura depuis le 28 mars jusqu'au 25 juillet et compta 17,000 victimes. Ce nombre de morts, moissonnés dans l'espace de quatre mois, prouve combien la science de la médecine manquait de moyens pour combattre les épidémies, et ne soyons pas étonnés du chiffre élevé des décès, puisque dans la cour du pape seule la peste enleva cent évêques et neuf cardinaux, qui furent ensevelis la plupart dans la Chartreuse de Villeneuve.

Cette petite ville, qui ne devait son existence qu'aux largesses des souverains pontifes, vit s'élever des palais sur les trois divisions de son périmètre, à la montée du fort Saint-André, dans la vallée où la nouvelle église montrait déjà sa tour massive, privée de sa flèche qu'Arnaud de Via ne put achever, et sur la montagne de la Tour, où les restes des anciennes habitations sont occupées par des agriculteurs peu fortunés. La résidence des papes à Avignon procura souvent à la colonie pontificale l'avantage d'être visitée par les rois et les princes français qui venaient chercher un abri à l'ombre de la chaire apostolique. Sous Clément VI, le roi Jean vint à Villeneuve pour la cession du Dauphiné, consentie par Humbert II en faveur de la couronne de France ; après le traité de Brétigni, il y revint pour prendre la croix des mains d'Urbain V. En 1365, l'empereur Charles VI tient une assemblée générale à Montaux, à laquelle assista Louis d'Anjou, par ordre du roi son frère, pour secourir Jean Paléologue, empereur d'Orient. Par lettres-patentes du roi Jean, fils de Philippe-de-Valois, données en 1369, les remparts du fort Saint-André furent construits tels qu'on les voit aujourd'hui.

Pendant le schisme de l'Eglise, Villeneuve devint le quartier-général de la diplomatie française : on y vit tour à tour, Charles VI avant sa fatale démence, Louis, duc de Touraine, les ducs de Bourgogne, de Berry et de Bourbon ; sous Benoît XIII, alors que l'irascible pontife résistait à toutes les supplications des rois, y arrivèrent pour ouvrir des négociations, les ducs de Berry et de Bourgogne, oncles du roi, et le duc d'Orléans, son frère, et quelques membres du conseil de l'Université.

Louis de Châlon, comte d'Orange, ligué avec les Anglais, les Savoyards et les Bourguignons, assiége inutilement, en 1417 ; le fort Saint-André et la tour du pont.

En 1562, le baron des Adrets fit des efforts inutiles pour s'emparer de cette citadelle. Peu s'en fallut cependant qu'il ne la surprît par ruse. Fabrice Serbelloni, gouverneur du Comtat, secourut fort à propos Villeneuve et le fort, et repoussa les hu-

guenots « qui faisaient ruisseler le sang des vrais enfans de
» lumière de tout côté, et on ne saurait lire, en vérité, les
» cruautés horribles qu'ils faisaient sans frémir. » Le duc de
Joyeuse, qui s'était avancé de Villeneuve pour amener du secours aux assiégés, fit passer sa cavalerie sur le pont et poursuivit les protestans jusques aux portes d'Orange.

En 1576, les huguenots, sous la conduite du capitaine Parabère, s'avancèrent jusque sur les hauteurs de Villeneuve et démolirent la croix de Montaux, magnifique dais de pierre, orné de statues et de clochetons, élevé par la piété du pape Innocent VI. Cette profanation souleva l'indignation des habitans ; ils poursuivirent chaudement les démolisseurs et les tuèrent presque tous.

Armand de Bourbon, prince de Conti, qui avait quitté la cour pour venir construire un hôtel sur l'emplacement de celui du cardinal de la Tourroie, en témoignage de sa conversion parfaite, demanda et ordonna, par son testament en 1666, d'être inhumé au milieu du chœur de la Chartreuse.

LA CHARTREUSE,
L'HOPITAL, LE FORT SAINT-ANDRÉ.

Etienne Aubert, depuis Innocent VI, avait une assez belle villa à Villeneuve, dans l'emplacement où est aujourd'hui le cloître supérieur de la Chartreuse ; c'était d'abord une espèce de grange que ce cardinal acquit par échange de l'abbé de Saint-André. Il y fit bâtir ensuite un palais où il faisait sa résidence ordinaire. On y voit encore sa chapelle attenant au réfectoire des Chartreux. Les murs et sa voûte sont entièrement couverts de peintures. Ces fresques, toutes dégradées qu'elles sont, offrent encore de belles études à l'amateur d'ouvrages de la renaissance. Les connaisseurs les attribuent au même peintre qui a décoré la salle du consistoire du palais d'Avignon. On y trouve les prophètes drapés avec les mêmes étoffes d'Orient, et le sujet du porche de Notre-Dame des Doms.

Quelle main le pieux Innocent VI a-t-il employée pour décorer son oratoire ? Quel pinceau écrivit de si belles pages dans cette chapelle où le pontife se dérobait au tumulte de la cour? On croit généralement qu'elles sont l'ouvrage d'un élève de Spinello Aretino (1).

Quoique très attaché à l'ordre des Chartreux, Innocent VI avait toujours reculé devant l'établissement d'un couvent à Villeneuve, mais une vision qu'eut un ermite du voisinage, détermina sa première résolution. Le 2 juin 1356, il déclara, par une bulle, fonder à perpétuité, sous le titre de Saint-Jean-Baptiste, le couvent des Chartreux, et désira y être inhumé. A sa mort, il laissa à cette maison sa croix, son calice, sa tiare, et tous ses ornemens pontificaux.

Enrichie par les legs des cardinaux Pierre de Sylva de Montirac, Audoin Aubert, Guy de Boulogne, Jean de Neuchâtel, Jean de la Grange, cette belle Chartreuse, par la sage économie de ses supérieurs, et sans rien retrancher aux religieux ni aux pauvres, put fonder, en l'année 1633, la Chartreuse de Marseille. Malgré ces dépenses énormes, la Chartreuse de Villeneuve payait encore des rentes aux Chartreux de Bonpas et de Valbonne, ainsi qu'aux Bénédictins de Saint-André. Le desséchement de l'étang de Pujaut, ces belles terres rendues à l'agriculture, sont encore un des bienfaits de ces associations de moines dont les richesses étaient employées au bien-être des populations.

Le mausolée gothique d'Innocent VI, qui était autrefois dans l'église de la Chartreuse, est rétabli et placé maintenant dans l'église de l'hôpital. On ne comprend pas comment, en déplaçant toutes ces belles choses, on n'a pas mis en pièces ces clochetons si fragiles, ces colonnettes et ces feuillages si lé-

---

(1) Spinello Aretino nacque in Arezzo l'anno 1328. Fù scolaro di Jacopo Casentino ; diede cosi belle arie ai santi, ed elle madonne, che spiranno amore, ed invitano alla devozione. Spinello è morte in anno 1383. (*Abcedario pittorico.*)

gers et si élégans. Rien de plus svelte, de plus gracieux, de plus riche que ces mille pyramides qui s'élèvent jusqu'à la voûte. Autrefois, un grand nombre de statues d'albâtre ornaient le soubassement et les pyramides ; elles ont été vendues une à une. Le mausolée d'Innocent VI est encore le monument le plus curieux à visiter.

L'hôpital possède un tableau remarquable du XVe siècle : il représente le Jugement dernier. On l'attribue au roi René, parce qu'il n'en coûte rien d'appeler les choses par noms historiques, dit d'Aubigné. Quoique très-sec, le dessin en est admirable, et toutes les têtes, même les plus petites, sont étudiées avec une étonnante perfection. On dit cependant que le bas du tableau n'est pas du même peintre que le haut, où se trouve toute l'Eglise militante.

Dans le parloir de l'hôpital, on voit un portrait de femme d'une beauté angélique ; elle est habillée en pénitente, d'une robe de bure, et tient des roses dans son tablier : c'est la célèbre marquise de Ganges, par Mignard. Les yeux ont une indicible expression de douceur et de volupté. Ce tableau appartenait aux Chartreux.

Une fort belle descente de croix, attribuée à un peintre italien (Bellini), est placée dans une chapelle très-obscure de l'église paroissiale. La couleur est magnifique, et le dessin, quoiqu'un peu raide, ne manque ni de grandeur ni de vérité. Cette église est riche des débris et des tableaux qu'on a pu sauver de la Chartreuse. Le maître-autel surtout, sculpté et acheté à grands frais en Italie, mérite d'attirer l'attention des voyageurs. Cette église possède aussi une Vierge en ivoire, ouvrage du XIVe siècle, peu remarquable comme objet d'art, mais digne de notre curiosité comme nous indiquant l'état de la sculpture à l'époque où les papes vinrent en France.

En montant au fort Saint-André, nous rencontrons un de ces palais bâtis par les cardinaux, tour de construction sans grâce, surmontée d'un pavillon massif ; on dit que ce palais était la demeure du cardinal Pierre de Luxembourg, béatifié par Robert de Genève, pape sous le nom de Clément VII.

Le fort produit un effet pittoresque sur le paysage qui l'environne. Les deux tours de Philippe-le-Bel, d'un jaune orangé, contrastent singulièrement avec les ruines amoncelées dans l'enceinte des remparts. A l'entour d'une petite chapelle romane du XIIe siècle, tout n'est que décombres. De l'autre côté, la bande noire a démoli le magnifique couvent des Bénédictins. On dirait, en entrant dans cet ancien bourg, qu'un tremblement de terre en a renversé les habitations, ou que les Francs sont revenus pour tout détruire.

La physionomie de Villeneuve porte l'empreinte du moyen-âge ; le peu de richesses dont jouissent les habitans n'a pas permis de donner à leurs demeures ce confortable qui s'est introduit dans les autres villes ; les maisons ont conservé le caractère gothique des XIVe et XVe siècles : c'est une cité spéciale que rechercheront le peintre et l'archéologue pour y étudier, l'un, des paysages charmans dans la vallée de bénédiction, l'autre des leçons d'histoire prises dans les siècles passés.

Villeneuve est peut-être la plus pauvre des villes de France; la commune ne possède presque rien, par une raison fort simple, c'est que les Chartreux possédaient tout le territoire : aussi, le pauvre qui n'avait pas un champ à cultiver, était bûcheron sur les bruyères et les montagnes des RR. PP., et venait s'asseoir à la porte du couvent pour recevoir la soupe quotidienne qu'on distribuait à tous les indigens, sans distinction de patrie. C'était favoriser la paresse et éloigner l'industrie.

Aujourd'hui qu'on s'est partagé les biens et le couvent des Chartreux, et qu'on ne donne plus la soupe à la porte de la maison de Saint-Bruno, on a pris goût au travail, et l'on s'est convaincu que le travail amène toujours l'aisance. Pour quiconque a vu la Villeneuve d'autrefois, pauvre, peuplée d'êtres chétifs et presque mendians, lui préférera la Villeneuve d'aujourd'hui, propriétaire aisée, trouvant dans les terres des Chartreux, l'aumône qu'elle allait leur demander jadis.

Villeneuve a vu naître Jean Nicot, ambassadeur en Portugal, qui nous apporta de ce pays les premières feuilles de tabac qu'il présenta, en 1560, à Catherine de Médicis ; Paulin Malosse, savant archéologue, et Balze, avocat et poète distingué.

L'ABBAYE DE SAINT-RUF.

Selon les chroniqueurs, saint Ruf naquit à Cyrène en Lybie, de Simon dit le Cyrénéen, le même qui, sur le témoignage des apôtres évangélistes, aida le Christ à porter sa croix. Simon ayant été admis, avec ses deux fils, Ruf et Alexandre, au nombre des 72 disciples de Jésus, Ruf devint évêque de Thèbes. Après la mort de notre Sauveur et la vocation de saint Paul à l'apostolat, Ruf se joignit de cœur et de corps à ce grand docteur des Gentils, le suivit à Rome et en Espagne, où cet apôtre l'établit chef de l'église naissante de Tortose. Cependant Paulus Sergius ayant été promu à l'évêché de Narbonne par l'apôtre saint Paul, il se rendit en cette ville avec Ruf, évêque de Tortose. Valadier, s'appuyant sur les actes des archives de l'Église de Narbonne, raconte que ces deux saints venant en France, firent naufrage, et que, miraculeusement préservés de l'impétuosité des flots et retirés du fond de la mer, ils arrivèrent à Narbonne, où Paulus Sergius ceignit la mitre, et saint Ruf vint à Avignon établir le siége épiscopal et jeter les fondemens de la foi sur les débris du paganisme. Les légendaires disent qu'il fit bâtir sur le Rocher une chapelle (là où quelques siècles plus tard la tradition raconte que Charlemagne fit élever la basilique de N.-D. des Doms). Ce saint prélat fit aussi construire un beau couvent hors les murs de la ville d'Avignon, où, retiré avec ses disciples, il leur prescrivit une règle de vie très-austère. Il mourut dans ce monastère, après vingt ans d'épiscopat, vers l'an 90 de J. C., le 14 novembre (jour de la célébration de sa fête à Avignon.)

Ce beau monastère, situé au milieu de la riante et fertile plaine d'Avignon, devint l'*abbaye de Saint-Ruf* et la principale maison de l'ordre ; il fut ruiné par les Sarrasins dans le VIII° siècle.

En 1038, quatre chanoines réguliers de Saint-Augustin de l'église cathédrale d'Avignon, animés d'un esprit de ferveur, résolurent de se séparer de leurs confrères et de vivre dans l'observance d'une pauvreté exemplaire, telle qu'elle était pratiquée dans la primitive Église. A cet effet, du consentement de Benoît, alors évêque d'Avignon, et des chanoines de la cathédrale, ces quatre moines se retirèrent dans la petite chapelle de Saint-Ruf, qui leur fut livrée avec toutes les dépendances et revenus que ladite abbaye possédait tant en terres qu'autrement jusques à Château-Renard, ainsi qu'une autre chapelle dédiée à saint Juste, second évêque d'Avignon, peu éloignée de la précédente, comme il est constaté par l'acte de donation faite par ledit évêque et les chanoines, en date des kalendes de janvier 1040. Ces quatre chanoines étaient Arnaud, Odilon, Ponce et Durand ; ils jetèrent les premiers fondemens de la congrégation de Saint-Ruf, en maintenant toujours la règle de Saint-Augustin. Par les soins de ces pieux solitaires, le monastère, qui tombait en ruines, fut reconstruit, comme nous l'atteste l'acte produit au procès de l'Église d'Avignon contre l'abbaye de Saint-Ruf de Valence.

La vie exemplaire que menaient ces chanoines leur attira grand nombre de nouveaux disciples ; en peu de temps on y compta près de cent religieux soumis à la règle du monastère, qui eut titre d'abbaye jusqu'au commencement du XIII° siècle.

En 1210, les Albigeois, commandés par Raymond VI, comte de Toulouse, s'approchèrent d'Avignon et dévastèrent ce beau monastère, construit avec l'élégance et la simplicité du style roman, défendu par des tours d'une architecture contrastant avec la grâce et la légèreté de l'édifice. Les moines furent alors obligés de l'abandonner, et se retirèrent à Valence, où ils firent bâtir un couvent dans l'île d'Epervières, voisine de cette ville, que Raymond, abbé de Saint-Ruf, acheta d'Eudes, évêque de Valence. L'église fut dédiée à ce saint patron.

Dans le XIV⁰ siècle, deux conciles furent tenus dans l'église de Saint-Ruf; le premier, le 18 juin 1326, présidé par Gasbert de Laval, archevêque d'Arles, au nom du pape Jean XXII, auquel assistèrent les archevêques d'Aix et d'Embrun et leurs suffragans. On trouve une copie des ordonnances qu'ils décrétèrent dans les manuscrits de la bibliothèque de Carpentras.

Le second fut célébré le 25 avril 1337, par le même Gasbert, Bertrand de Deux, archevêque d'Embrun, et Armand de Narcessio, archevêque d'Aix : c'est le seul concile d'Avignon dont Nouguier fait connaître les statuts. On y défendit aux prêtres l'usage de la viande le samedi, excepté la fête de Noël, si elle tombait ce jour-là. On prescrivit aux clercs la manière de se vêtir, et il leur fut ordonné de renoncer au commerce et à l'usage des armes, et de se faire raser la barbe. On recommanda de ne pas agir avec trop de rigueur à l'égard des excommuniés, même les plus obstinés. Il fut imposé aux juifs l'obligation de porter sur leur personne un signe qui les distinguât des chrétiens ; ce canon, qui est le 25⁰ et dernier, est conçu en ces termes :

Item statuimus, quod Judæi masculi à tredecim annis suprà deferant extrà domos, in superiore veste, in pectore, signum rotæ, cujus rotunditas in quantitate sit trium vel quatuor digitorum, nisi sint in magisterio constituti; mulieres autem judeæ à duodecim annis suprà cornalia deferant extrà domos.

Le même statut défend expressément aux chrétiens de réclamer les soins d'aucun médecin ou chirurgien juifs, et aux israélites de se servir des chrétiens pour le même objet. (*Antiquit. de l'Eg. de Marseille*, t. II, p. 400-402. — Nouguier. m^{ss}., page 107. — Barjavel, *Dict. biog.* page 395.)

En 1560, les huguenots ayant ruiné le monastère d'Epervières, les chanoines transportèrent le chef de leur ordre dans un prieuré qu'ils avaient dans la ville de Valence, où ils restèrent jusqu'à leur sécularisation. En 1763, l'église de Saint-Ruf d'Avignon menaçant ruine, l'abbé général de cet ordre en ordonna la démolition, en conservant toutefois le sanctuaire et le clocher, pour nous laisser au moins un précieux débris de l'architecture romane.

Il est à désirer que ce sanctuaire dont on a fait une écurie soit conservé dans l'intérêt de l'art; les peintres, les archéologues admireront toujours ces gracieuses sculptures, imitation fidèle des sculptures antiques, simples et variées comme elles. Malheureusement les propriétaires d'aujourd'hui les ont dégradées en les couvrant d'un affreux badigeon. Le clocher, semblable à celui de Saint-Paul du Mausolée à Saint-Remy, est d'une forme qui décèle l'élégance des artistes de cette époque du moyen-âge. Tout mutilé qu'il soit, cet édifice méritera d'être encore le sujet d'un fort joli tableau, si le peintre choisit le moment où le soleil couchant le dore de ses rayons et le détache sur le fond bleu de la chaîne dentelée des Alpines, entre des peupliers amoureusement balancés par la brise du soir, car rien de plus pittoresque que l'extérieur de l'abside, avec ses ornemens si délicatement sculptés.

L'ordre de Saint-Ruf fut sécularisé à la réquisition du roi Louis XV, en vertu d'un bref du pape Clément XIV. Tous les biens furent donnés à l'ordre royal de Saint-Lazare, ainsi qu'il appert des lettres-patentes du roi données à Compiègne le 24 août 1771 et enregistrées au parlement le 5 septembre suivant.

Il y a une dixaine d'années qu'un prêtre de notre ville conçut le dessein de faire de Saint-Ruf une maison de refuge pour les prêtres vieux et infirmes du département de Vaucluse. Ces vétérans du sacerdoce seraient venus passer là, loin du monde et dans la prière, les derniers jours de leur longue vie. Les militaires qui ont versé leur sang pour la défense de la patrie, ont un asile quand les blessures ou l'âge les éloignent des champs de bataille, pourquoi celui qui nous reçut au berceau et qui nous accompagne vers la tombe, n'aurait-il pas aussi un asile dans sa vieillesse? La pensée était trop chrétienne, trop fraternelle: elle ne trouva ni écho ni protecteur.

LA CHARTREUSE DE BONPAS.

Une petite chapelle et un couvent édifié par les Frères-Pontifes existaient sur les bords de la Durance. Les moines-artistes avaient cédé la place aux Templiers, moines soldats, dont la valeureuse épée, terreur des infidèles, se brisa quand le voulut un roi cupide et vindicatif. Ni l'artiste, ni le soldat n'avaient pu s'implanter sur cette terre orageuse. Les révolutions des idées, plus destructives que les ouragans qui règnent constamment sur ces parages, avaient emporté dans l'oubli des choses qui ne sont plus, et le pieux faiseur de ponts avec ses rêves d'artiste, et le moine soldat avec ses souvenirs de vaillance. (Rose. *Étud. hist.*)

Le château de Bonpas existait, dit-on, en 510, ainsi que l'église. Ce fait nous est confirmé par un diplôme donné par Charles-Martel, la 13e année du règne de Théodoric ou Thierry, roi de France, en 739, dans lequel diplôme il est dit que ce lieu était déjà et depuis longtemps consacré à Dieu et appelé *Castrum vetus de bono passus*. Les Sarrasins détruisirent le château et l'église.

Le duc Mauronte, chargé par Thierry IV, roi des Francs, ou plutôt par Charles-Martel, maire du palais, du gouvernement de la Provence dont Avignon faisait partie, résolut de se rendre indépendant. Jaloux de la puissance de Charles, l'ambitieux Mauronte se ligua avec plusieurs seigneurs de l'ancien royaume de Bourgogne, et surtout avec Yussouf Iphim Abdérame, qui commandait à Narbonne pour l'émir de Cordoue. On profita, pour cette levée de boucliers, du temps que Charles-Martel faisait la guerre en Aquitaine. Les Sarrasins sortirent comme un torrent de la Septimanie et inondèrent la Provence. Avignon osa leur résister : l'élite des troupes avignonaises campa sur les bords de la Durance pour en disputer le passage; mais elles furent taillées en pièces; la ville fut prise (734) et les deux rives du Rhône complètement ravagées. Les

Musulmans, maîtres d'Avignon par la trahison de Mauronte, effacèrent les signes nombreux du christianisme; ils pillèrent et détruisirent la basilique de N.-D. des Doms. Mauronte livra aussi aux barbares Arles et la plus grande partie de la Provence. C'est en 737 qu'Avignon fut délivré de l'islamisme par Childebrand, frère de Charles-Martel. La France entière ne le fut qu'en 739.

Charles Martel donna ensuite ce lieu et tous les biens qui en dépendaient à Aldefuncus, archidiacre d'Avignon, pour y bâtir un monastère destiné à recevoir les pèlerins de Rome et de Jérusalem, et une église pour y enterrer les ossemens des braves Avignonais qui avaient péri en défendant le passage de la Durance contre les Sarrasins. L'archidiacre y établit des religieux qui furent appelés *Pontins* ou *Pontifes*, parce qu'ils s'engagèrent à reconstruire le pont que les Avignonais avaient détruit en partie. Ces religieux firent bâtir l'église, dans laquelle furent ensevelis les restes des Avignonais. On dit qu'on lisait sur le tombeau l'inscription suivante:

Sepultura nobilium Aven. qui occubuerunt in bello contra sarracen.

En 739, les largesses des fidèles mirent bientôt après la pieuse colonie des Frères Pontins en état d'y bâtir un pont sur la Durance; c'est celui qui fut démoli, dit-on, en 1536, lorsque l'empereur Charles-Quint fit son irruption en Provence.

Dès l'année 1134, Avignon avait secoué le joug de ses souverains, donnant ainsi l'exemple de l'indépendance aux villes de Marseille et d'Arles, qui, s'affranchissant, se constituèrent également en république.

Godefroy ou Geoffroy, évêque d'Avignon, fut choisi par ses administrés pour leur rédiger une constitution: il leur fit des lois qui établirent des consuls et réglèrent leurs attributions; les citoyens nommaient leurs magistrats: un gentilhomme et un simple citoyen choisis par le peuple, gouvernaient la ville, de concert avec l'évêque.

A cette époque, le territoire d'Avignon, ainsi que tout le Comtat-Vénaissin, étaient infestés de *bandits*, gens hardis et sans aveu, qui, fuyant les terres de France à cause de crimes ou de méfaits, se retiraient dans la Comté pour se soustraire aux poursuites des gens de justice ou des créanciers. On pense bien que de pareils hommes étaient de mauvais hôtes pour les habitans du pays : ces bandits les volaient toutes les fois que cela pouvait se faire ; les houspillaient quand ils ne pouvaient rien leur prendre, et, au besoin, faisaient payer à Dieu la misère des fidèles, en profanant et en dépouillant les églises. Les Comtadins, avons-nous dit, redoutaient beaucoup ces hôtes malencontreux ; c'étaient des hommes robustes ou déterminés, ne craignant rien, constamment en course, se dérobant à toutes les recherches, en se cachant dans les forêts alors nombreuses sur les bords du Rhône, et couchaient sur les montagnes, leur poignard toujours à la ceinture, c'était là leur seule arme ; elle était plus sûre pour eux et elle leur suffisait, car toutes les fois que la nécessité les forçait à arrêter un voyageur, ils l'approchaient d'assez près pour pouvoir se passer de rapière. Toutefois, ils n'en venaient là qu'à la dernière extrémité, et lorsque les malheureux qu'ils attaquaient aimaient mieux se défendre que de s'exécuter de bonne grâce.

Ces brigands s'étaient approchés du pont de *Maupas* pour en déloger l'ermite, qui avait donné asile à dix hallebardiers surnommés *têtes de fer*, chargés de percevoir le péage. Ces hallebardiers se tenaient cachés dans les bois qui avoisinent la Durance, et la nuit ils trouvaient un asile dans une vieille masure abandonnée et située au pied d'une colline déserte, à une demi-lieue de la route d'Avignon à Noves.

Un des premiers actes du gouvernement républicain d'Avignon, fut de rendre des ordonnances très-sévères contre ces malfaiteurs, et une sorte de gendarmerie organisée fut chargée de garantir la sûreté des chemins et de protéger les habitans des campagnes. Le peuple du Comtat ne craignit plus autant les voleurs, mais il fallut bien longtemps encore avant qu'il s'en trouvât débarrassé tout-à-fait. Après plusieurs années de terreur, et grâce aux soins toujours constants des consuls, le pays put respirer enfin.

Les Frères de Bonpas jouissaient tranquillement des biens donnés à leur maison et continuaient à exercer leur ministère hospitalier, lorsque la guerre survenue entre le comte de Provence et Raymond VII, comte de Toulouse, leur devint funeste; ce dernier s'étant emparé par violence du monastère, en 1241, en fit sa place d'armes qu'il fortifia et munit d'une nombreuse garnison. Lorsqu'après la guerre Raymond évacua cette position, il ne répara point les dommages causés; ce fut sans doute la crainte d'éprouver un pareil sort, qui fit prendre aux religieux de Bonpas la résolution de s'unir à l'ordre puissant des Templiers. Pour l'exécution de ce dessein, Raymond Alfanti, prieur de Bonpas, et les autres frères de cette maison, donnèrent en 1278 leur procuration à l'un d'eux pour aller à Rome demander l'agrément du pape; mais celui-ci, par le conseil de Giraud, évêque de Cavaillon, les unit à l'ordre de Saint-Jean de Jérusalem, à qui ils firent, en 1281, cession de leur couvent et de tous leurs biens, et dont ils prirent l'habit et la règle. Guillaume de Villaret, grand prieur de Saint-Gilles, qui fut recteur du Vénaissin depuis 1274 jusque vers 1284, accepta la maison de Bonpas, pour son ordre, qui en jouit paisiblement jusqu'en 1320. (Barjavel. *Dict. hist.*)

Le pays étant délivré des malfaiteurs qui l'infestaient, le peuple changea le nom du pont en celui de *Bonpas*, qui lui est resté depuis. Voici ce qu'on lit à ce sujet dans les lettres de Frédéric Barberousse, confirmant quelques priviléges à la ville d'Avignon.

« ..... Que, près du terroir d'Avignon, il y avait un pont ap-
» pelé *Maupas* à cause des voleries qui s'y commettaient envers
» les passans; mais depuis appelé *Bonpas*, à cause qu'un cer-
» tain gentilhomme (Labéo-Viquari), pour rendre ce passage
» libre, s'y logea afin d'y vivre en ermite, ayant obtenu pen-
» dant trois ans le péage de Caumont, d'autres disent de Ca-

» banes et de Noves. Cela lui suffit pour bâtir une chapelle
» et une retraite où il tenait avec lui des soldats qui mainte-
» naient ce pays en sûreté, donnant ainsi lieu au public de lui
» attribuer le nom de *Bonpas*. »

Par acte de 1317, la première année du pontificat de Jean XXII, les religieux hospitaliers, en reconnaissance des bienfaits qu'ils avaient reçus des souverains pontifes, et surtout des biens des Templiers qui leur avaient été donnés par Clément V, cédèrent au pape et à l'Eglise romaine tout ce qu'ils possédaient dans le Comtat, ainsi que la maison de Bonpas.

Ce nom fut confirmé en 1321 par le pape Jean XXII, lequel, dit un manuscrit du temps :

« Fit bâtir une chapelle au quartier nommé Maupas, en
» mémoire des nobles Avignonais enterrés dans cet endroit,
» lors de la bataille des Sarrasins, et que les Templiers pos-
» sédaient. Sollicité par beaucoup de personnes du Comtat,
» et en mémoire aussi d'un saint homme qui était mort là, il
» changea le nom ancien en celui de Bonpas, et donna ce lieu
» aux Chartreux qui y firent bâtir une belle église et un cou-
» vent. » (*Le pont de Maupas.*)

En 1330, le cardinal Simon de Langhan, évêque de Préneste, fit construire, pendant son séjour à Avignon, l'église qui a été détruite pendant la révolution, et qui renfermait, selon Pérussis. « les belles et riches sépultures de cardinaux, une
» du principal fondateur qui estoit d'Angleterre, nommé Si-
» mon Langhan, archevesque de Conturbie, homme de fort
» petite stature, et fut pénitencier de N. S. P., et puis mou-
» rut l'an 1376 ; 2 de la maison de Selva, natifz de Pam-
» pelonne en Navarre, l'un oncle de l'autre, lequel fut réfé-
» rendaire de Grégoire XI, et l'autre de Philippe de Cabas-
» sole, évêque de Cavaillon. »

MONTFAVET.

Qu'y avait-il sur ce sol caillouteux, avant que le favori de Jean XXII eût construit cette belle église et ce couvent fortifié comme une citadelle, autour desquels vinrent se grouper quelques habitations à l'ombre du temple chrétien ? Il y avait une forêt qui s'étendait depuis les abords d'Avignon jusqu'à la source de Vaucluse, où le cerf et le sanglier paissaient tranquillement. Et ce lit de cailloux ne serait-il pas l'ancien cours de la Durance dont les vagues capricieuses ont depuis les temps les plus reculés submergé cette partie du territoire avignonais limité par la colline de Morières ? Les géologues devraient bien déterminer si les couches de gravier qui composent le sol de Montfavet, depuis la Durance jusqu'au Rhône, sont effectivement des cailloux roulés par cette rivière.

C'est au milieu de cette forêt, sur ces cailloux amoncelés qu'en 1325, le cardinal Bertrand de Montefaventio, précepteur du pape Jean XXII, fit construire une église remarquable par la hardiesse de sa voûte, et un monastère flanqué de tours pour se défendre contre les bandits qui infestaient la forêt. Il y établit des chanoines réguliers de Saint-Augustin, et voulut que cette église qui porte son nom (Montfavet), fût consacrée sous le titre de N. D. de Bon-Repos.

Les incursions des Tuschins, Linfards et Tardvenus, obligèrent ces religieux à abandonner leur monastère, qui fut réduit en prieuré commandataire.

A la demande des consuls d'Avignon, conservateurs de l'OEuvre et hôpital du pont de Saint-Bénezet, le pape Nicolas V unit, en 1448, le prieuré à cet hôpital, en réservant au prieur une pension de 600 florins pendant la vie de ce fonctionnaire ecclésiastique.

En 1453, il fut aussi réservé sur ledit prieuré une pension de 125 florins en faveur de l'évêque de Gap ; et dans le livre du Conseil il est fait mention d'un acte de renonciation dudit évêque en faveur de l'OEuvre de Saint-Bénezet, en date du 22 avril 1466.

Dans un conseil du 1er août 1613, il fut délibéré de placer à Montfavet quatre Récolets d'Avignon pour faire le service de cette église, devenue paroisse rurale, sous pacte exprès de n'avoir point de gardien, et que ces quatre religieux demeureraient soumis à celui du couvent d'Avignon ; qu'ils seraient, de plus, tenus de venir, tous les trois ans, à la volonté des consuls, présenter les clés de ladite église et monastère au Conseil de la ville d'Avignon, pour leur être rendues aussitôt, s'il plaisait au sénat municipal. Cette clause fut observée jusqu'en 1759. Ces religieux jugèrent à propos de se soustraire à cet acte de soumission envers les consuls ; ceux-ci usèrent de leur droit de souveraineté, firent sortir les Récolets du monastère et les remplacèrent par des Capucins qui ont desservi cette paroisse jusqu'à l'époque de la révolution de 1789.

Le cardinal fondateur est enterré au milieu de l'église sous une grande pierre, sur laquelle sont gravées ses armes et l'inscription suivante :

Hic jacet Bertrandus de Montefaventio, de Castronovo Rutherii Caturcensis diocœsis, tituli sanctæ Mariæ in Aquiro, diaconus cardinalis, qui post exructam suis expensis, et dotatam hanc Ecclesiam et monasterium, aliaque piè et præclarè à se gesta, in Domino obdormivit anno Domini MCCCXLIII. R. I. P.

Tout l'or de la chrétienté affluant dans les coffres de la chambre apostolique, il ne faut pas être étonné si de simples cardinaux faisaient bâtir de leurs propres deniers des monumens aussi considérables, où les sculpteurs de l'époque fouillaient la pierre avec un art infini pour la transformer en colonnettes, en bas-reliefs, en dentelles, en chimères, en animaux fantastiques.

Dans une des chapelles à gauche, on voit encore le tombeau de Pierre Cohorn. Qu'est-ce donc que ce nom tudesque qui se trouve ici mêlé aux noms poétiques de nos guerriers, de nos magistrats, de nos troubadours provençaux ? Le voici.

Pierre Cohorn, fils de Toussaint Cohorn, général de la cavalerie suédoise, citoyen d'Upsal, qui vivait en 1400, fut la tige de la branche qui s'établit à Avignon et dans le Comtat. Pierre contribua beaucoup à élever Christian 1er, roi de Danemarck, sur le trône de Suède, et reçut, en récompense de ses services, les charges de chambellan et de général des troupes de la couronne. Christian fut dépossédé par Stènon-Sture victorieux. Le vaincu vint à Rome pour tâcher de mettre Sixte IV dans ses intérêts. Cohorn accompagna ce prince dans son voyage ; il aurait continué à jouir en paix des plus hautes faveurs, si la jalousie ne l'eût poussé à chercher querelle au fils de Scheilemberg, devenu le favori de Christian. Cohorn tua son adversaire, mais il encourut la disgrâce du roi. Il s'éloigna de la cour sans cesser d'être fidèle à son prince. Julien de la Rovère, neveu de Sixte IV, ayant été promu à l'archevêché d'Avignon en 1474, se trouvait alors à Rome ; il offrit à Cohorn un asile et sa protection s'il voulait le suivre dans le Comtat ; le disgracié se rendit à cette invitation et se mit en route après le départ de Jean Cohorn, son fils unique ; puis, lorsque celui-ci eut épousé, en 1475, à Mazan, Agnès de Rhotis, Pierre se retira au monastère de Montfavet, desservi alors par les chanoines réguliers de Saint-Augustin. Il y mourut le 10 juillet 1479. Les instructions laissées à son fils, écrites sur parchemin en caractères gothiques, sont la propriété de madame Félicité-Flavie-Louise-Marie Henriette-Laurette des Seguins-Vassieux, fille unique du dernier Cohorn qui ait habité la ville de Carpentras. (*Barjavel. Dict. hist. tome I*, *pages* 388, 389.)

A l'époque de la révolution, les environs de Montfavet étaient encore incultes ; pas un arbre n'ombrageait de son feuillage les sentiers qui conduisaient à l'église ; pas un ruisseau ne murmurait à travers les cailloux de la *garrigue* ; l'église restait isolée au milieu de cette lande infertile. La révolution vint, et avec elle les améliorations exigées par l'état de notre agriculture. Des chemins nouveaux furent ouverts, des saignées furent faites à la Durance ; mille canaux d'irrigation apportèrent les bienfaits de ses eaux là où croissait seulement la bruyère. Des arbres s'élevèrent dans ce désert, les prairies se multiplièrent sur ce sol jadis si ingrat ; la Durance fit alors mouvoir les roues

21

des usines; le commerce y construisit d'élégantes villas où nos financiers viennent se délasser des travaux de la semaine, au milieu de leurs jardins anglais, à l'ombre des noirs cyprès, au bruit des ruisseaux serpentant dans les prairies. Auteuil n'a pas de sites plus délicieux, une réunion de femmes plus aimables, une société plus gaie, plus folle que celle de Montfavet. La civilisation change les déserts en champs fertiles. Le cardinal Bertrand, en construisant son église, prévoyait sans doute qu'un jour, autour de son pittoresque monastère, s'élèveraient de charmans édifices où les plaisirs de la villégiature amèneraient cette population de riches dont l'or n'a pas peu contribué à fertiliser cette portion du territoire.

LA TOUR D'ESPAGNE.

Le couvent des dames de Sainte-Praxède, de l'ordre de Saint-Dominique, fut fondé, en 1348, par Pierre Gomez de Barosso, natif de Tolède, évêque de Carthagène, cardinal-prêtre du titre de Sainte-Praxède, et lui donna le nom d'*Espagne*. Ce cardinal fit venir des religieuses de cet ordre, du monastère de Prouille, fondé par saint Dominique, à la suite d'une vision céleste qu'il eut dans une chapelle consacrée à la Vierge. Ces dames languedociennes formèrent le cadre de la légion monastique du cardinal Gomez de Barosso, qui n'eut pas la satisfaction de jouir de son œuvre, car il mourut l'année suivante et fut enseveli dans la Tour d'Espagne.

En 1374, le cardinal Guillaume Judicis, dit le Juge, neveu du pape Clément VI, leur légua son palais, situé près de Saint-Agricol, où elles ne vinrent s'établir qu'en 1409. Le couvent de la Tour d'Espagne tomba en ruines; et les pierres de cette église profanée par des désordres qui nous sont restés inconnus, furent employées, par ordre supérieur, à la réparation des églises d'Avignon.

Le cardinal Georges d'Armagnac, co-légat et archevêque d'Avignon, transféra, en 1583, les religieuses de Sainte-

Praxède à Saint-Jean-le-Vieux ; elles n'étaient plus que cinq, et, par un triste effet de la fragilité humaine, le relâchement s'y était introduit (1). Il y a une histoire sérieuse constatée par un procès-verbal d'un des vicaires-généraux de l'archevêque, qui explique les motifs de cette translation. Le cardinal logea ces religieuses coupables avec les dames de Saint-Véran, qui habitaient ce couvent depuis l'an 1537. Le monastère de Sainte-Praxède fut alors fermé ; l'argenterie, les reliquaires et autres ornemens d'église furent séquestrés et mis en dépôt entre les mains des Frères Prêcheurs par ordre du pape, et ne leur furent rendus qu'en 1598, époque à laquelle leur monastère fut rétabli et les religieuses repentantes réintégrées dans leurs cellules.

Donnons ici l'historique de Saint-Véran. L'an 1140, Guigues, comte de Forcalquier, fonda ces religieuses sous la règle de Saint-Benoît (2), décora le monastère du titre d'abbaye, et les logea à un mille de la ville. Elles habitèrent ce couvent jusqu'en 1537, d'où elles furent chassées par l'armée de François 1er, campée au château de Fargues. Les gardes-du-corps du roi-chevalier ne respectèrent pas l'asile des filles du Seigneur, qui fut violé, profané, pillé et incendié. Pour les dédommager de tant d'insultes, le roi assigna à l'abbaye et aux religieuses une bonne pension de 547 livres sur la couronne de France.

Ces bonnes dames, tristes et dolentes, entrèrent alors en ville et vinrent s'abriter sous les vieilles tours de Saint-Jean-le-Vieux, le 27 octobre 1537.

Jean Alarmet de Brogniac, cardinal et archevêque d'Arles, unit, en 1426, aux dames de Saint-Véran, les religieuses de Furno ou du Four, fondées en 1238, par Don Calveria, abbé

---

(1) Mss. de Véras. — Bibl. Calvet.

(2) On prétend que ces religieuses bénédictines avaient été fondées et établies dans le XIe siècle à Montdevergues, par la comtesse Odda, d'où lui vint le nom de Mont-des-Vierges.

de Saint-André de Villeneuve. Leur monastère était au milieu d'un bois entre Sauveterre et Villeneuve. Elles furent aussi exposées aux insultes des gens de guerre, les timides recluses du Four. Anglicus Grimoard, frère du pape Urbain V, effrayé des dangers que couraient ces dames, les appela à Avignon, et leur acheta de ses propres deniers la maison que possédait alors le collége de Saint-Nicolas d'Annecy ou du Roure, rue des Lices. Elles y restèrent jusqu'en 1426, époque où elles furent réunies aux dames de Saint-Véran et transférées avec elles à Saint-Jean-le-Vieux. Leur église et leur maison furent livrées aux collégiens de Saint-Nicolas, que venait de fonder le cardinal Alarmet de Brogniac : lors de leur réunion, ces religieuses du Four n'étaient plus que quatre.

Une bulle du pape Grégoire XIII, sollicitée par le cardinal d'Armagnac en 1577, supprima l'abbaye de Saint-Véran, l'érigea en prieuré et l'unit à perpétuité aux dames de Sainte-Praxède. Les deux seules religieuses qui restaient allèrent prendre possession du prieuré de Saint-Véran, le 17 avril 1578, et y fixèrent leur domicile.

Peu de temps après, le cardinal d'Armagnac transféra, en 1583, les religieuses de Sainte-Praxède à Saint-Jean-le-Vieux. Cependant, les dames Dominicaines, fatiguées de tant de translations successives, désiraient ardemment retourner à leur ancien couvent; le pape se rendit à leurs vœux; elles sortirent donc solennellement du couvent de Saint-Jean le 11 juillet 1598, au nombre de douze, pour faire place aux Doctrinaires.

Ces religieuses achetèrent en 1769 la maison du noviciat des Jésuites, supprimée par ordre de Louis XV et dont les biens furent donnés à l'hôpital d'Avignon. Les Dominicaines vinrent habiter cette maison le 11 septembre 1769 et vendirent leur ancien couvent à divers particuliers qui le démolirent pour en faire leur habitation : l'hôtel de M. de Raousset-Boulbon, celui de M. de Rochefort et la maison Prévoté faisaient partie de ce couvent. Il en reste encore un mur orné de niches et d'armoiries effacées, rue Sainte-Praxède.

Ces religieuses ont subi cinq translations ou transmigrations. Elles furent d'abord fondées à la Tour d'Espagne, en déménagèrent pour venir, 1° à Saint-Véran ; 2° à Sainte Praxède ; 3° à Saint-Jean-le-Vieux ; 4° retour à Sainte-Praxède ; 5° à Saint-Louis.

STATISTIQUE MONUMENTALE DE VAUCLUSE.

Tous les peuples qui ont foulé notre sol y ont laissé des marques de leur passage ; mais la conquête romaine, plus profondément enracinée, y a entassé les plus nombreuses empreintes. On n'a qu'à gratter le sol de nos villes et de nos campagnes pour mettre à nu des mosaïques dont les rangs sont quelquefois superposés, pour découvrir le dallage de quelque voie romaine, des fragmens de colonnes et de stèles, de statues et de bas-reliefs, des autels votifs, des cippes, des torses, des amphores, des urnes, des lécithus, des lampes et des médailles. Le département de Vaucluse en est pavé : Vaison est une mine inépuisable. Il n'est pas rare que le défrichement ou les travaux des routes amènent au jour, sur le penchant des collines, des débris d'hypocaustes ou de villas.

Nous sommes donc riches en style greco-romain, en monumens civils principalement. Tout le monde connaît le théâtre d'Orange, un des plus complets qui soient au monde. Les gradins de celui de Vaison étaient taillés dans le roc ; il y pousse des chênes aujourd'hui. La ville d'Orange est coupée en deux par les murs du cirque-hippodrome, qui était lié au théâtre par la base de son hémicycle. A l'entrée de la ville, se dresse un bel arc de triomphe qui n'est plus décidément de Domitius, de Marius ni d'Auguste, mais bien de Hadrien ou de Marc-Aurèle. Celui de Carpentras accuse la pleine décadence, la fin du IIIe siècle ; celui de Cavaillon, le IVe. Le pont Julien près d'Apt, et le pont de Vaison, contemporains des colonies romaines, résisteront longtemps encore à deux impétueux torrents.

Le style latin ou roman primaire règne jusqu'à la fin du Xe siècle. Le monument le plus remarquable de cette époque est la chapelle de Venasque qu'on avait baptisée jusqu'à nos jours de temple païen, temple de Vénus, bien entendu, afin d'avoir une étymologie toute faite. Son plan est formé du déploiement des quatre faces du cube autour de sa base, ou plutôt, c'est une coupole inscrite dans un carré, sur les faces duquel sont adaptées quatre absides en cul-de-four correspondant aux quatre points cardinaux. M. Mérimée, dans ses « Notes d'un Voyage dans le midi de la France », en donne une description assez exacte, à cela près que le marbre rose des colonnes n'est autre chose que du marbre blanc sur lequel l'humidité a développé un beau lichen parasite. Toutefois, il est le premier, avec Millin, qui ait rendu à ce monument sa véritable destination chrétienne, en assignant pour époque de sa construction le commencement du XIe siècle. Plusieurs raisons nous font pencher pour le VIe : nous les développerons ailleurs. Nous ferons seulement remarquer que cette chapelle se trouve sous le presbytère actuel, lequel date à coup sûr du XIIe siècle, comme l'église qui est à côté. La croix grecque nous vient d'Orient par Ravenne, Ancône et Venise. — La tradition latine reprend son empire à l'abbaye de Prébayon (850), aux chapelles de Thouzon, de Bonpas, de Saumanes, dont la cloche porte une inscription fleuronnée de 920 (1), de Saint Quenin, dans certaines parties des églises de Vaucluse, de Pernes, de Vaison, de Cavaillon et surtout au porche de la métropole des Doms à Avignon. Toutes ces églises ont été complétées ou refaites dans la période suivante. Nous nous sommes expliqué ailleurs sur cette physionomie particulière de certaines parties de nos monumens, que l'on croirait véritablement antiques, sans une inspection minutieuse des détails. Il ne faut pas ou-

---

(1) Malgré la date positive de DCCCCXX, le comité historique des arts et monumens a pensé que c'était le résultat d'une erreur, et que la cloche appartenait au XIVe siècle.

blier surtout la tour du Laurens à l'Isle, le château de Barri, entre Bollène et Saint-Paul-Trois-Châteaux et le fort de Buoux, grand plateau incliné, entouré d'abîmes, défendu intérieurement par un triple retranchement et un triple fossé creusé dans le roc et se terminant par un donjon : retraite inaccessible où se réfugiaient les populations du comté d'Apt, à l'approche des Barbares et des hordes ennemies.

La troisième période est plus riche. Au style romano-byzantin appartiennent presque toutes nos basiliques, toutes les chapelles de nos villages. Le XIe siècle réclame le clocher et le collatéral droit de l'ancienne cathédrale d'Apt (1056), l'église-château de Saint-Saturnin-les-Apt de la même époque, Sainte-Marie au Lac du Thor, véritable bijou avec une porte latérale du siècle suivant, celles de Goult, de Saint-Christol, de Mornas, du Beausset, de la Roque-sur-Pernes, de Crestet, de Saignon, l'abbaye de Saint-Eusèbe (1032-1096), le cloître de Vaison, la chapelle du Groseau près de Malaucène, la chapelle supérieure de Bonpas, celles de Saint-Blaise près de Bollène, de Saint-Pierre de Derboux près de Mondragon, la tour et chapelle de Velorgues près de l'Isle, la jolie tour de Saint-Symphorien, à l'entrée de la combe de Lourmarin, et le château de Sault. — Le XIIe siècle nous a légué l'église de Valréas (nef et abside, la porte d'entrée est du XIVe siècle), celles de Sault, de Monnieux, de Beaumes avec la charmante chapelle de Notre-Dame d'Aubune dans le voisinage, celle de Bonnieux en partie, la chapelle de Saint-Symphorien aux portes de Caumont, celle de Notre-Dame des Anges avec une tour près de Mormoiron, la chapelle du château de Mornas, l'ancienne église de Sorgues, la nef et la coupole de la métropole d'Avignon, et la belle abbaye de Sénanque, monument complet, dont, le premier, nous avons esquissé ailleurs la monographie. Les monumens civils et militaires qui nous ont été transmis par le XIIe siècle sont les vieux murs d'Orange, une partie de la fameuse commanderie des Templiers à Richerenches, le château de Pernes, celui de Vaison, une foule de tours qui couronnent les hauteurs, comme des tours de signaux, et les culées du pont Saint-Bénezet. — Le XIII⁰ siècle, époque de guerre et de luttes pour nos contrées déchirées par la croisade albigeoise, ne fut pas riche en constructions. Nous lui devons l'ancienne église de Bollène et une partie de la tour qui l'avoisine, l'église de Caromb avant sa modification de 1420, celles de Lapalud et d'Oppède, quelques chapelles, entre autres celle de Sainte-Madeleine (1239) au pont de Mirabeau, le château de Pertuis, celui de Vaucluse, improprement appelé château de Pétrarque (dont l'habitation se trouvait précisément au-dessous), la belle tour de Saint-Roman de Malegarde et celle du beffroi d'Avignon, surmontée d'un clocheton moresque dans le XV⁰ siècle.

On remarquera que nous avons compris dans la troisième période — style romano-byzantin — le XIII⁰ siècle qui, dans le Nord, fut l'apogée du système ogival. C'est, qu'en effet, le Midi, par haine de tout ce qui venait d'en haut, par une suite de cet antagonisme de races qui se réflétait dans la langue, les arts, les mœurs et la civilisation, resta fidèle au système de la ligne horizontale, tandis que le système curviligne marchait, en France, vers son entier développement. On serait tenté de voir dans ce contraste plus que de la haine entre la langue d'oc et la langue d'oïl. Il y avait un motif d'esthétique et de goût. La preuve, c'est qu'après la fusion, alors que l'ogive devait triompher sous le ciel du midi, les souvenirs antiques semblèrent toujours arrêter son essor vers les cieux.

Donc, du XIV⁰ siècle seulement date parmi nous la période ogivale. C'est le stigmate de la défaite du Midi : il était décidément vaincu. Cependant sur cette terre où la raison n'avait pas tardé à obscurcir la foi, où les subtilités scolastiques avaient de tout temps enfanté l'hérésie, l'ogive resta, pour ainsi dire, humble et craintive. Ou les artistes méridionaux n'ont pas saisi le génie de l'architecture qu'ils employaient, comme on serait tenté de le croire pour l'Italie, ou bien ils ont cédé, malgré eux peut-être, à l'influence qui les écrasait de toutes parts.

Ceci est plus problable. Ce qui est positif, c'est que la lancette, d'abord très-longue et très-effilée dans le Nord (ogive à lancette ou aiguë) retourne à des proportions moyennes, de telle façon qu'on pût y inscrire un triangle équilatéral (ogive à tiers-point). Dans le Midi, au contraire, l'arcade curviligne fut encore une dérivation du plein cintre. Après la modification du plein cintre brisé, c'est-à-dire, d'un arc qui présente à son sommet un angle très-évasé et à peine sensible, vint celle de l'ogive surbaissée, ou de l'arcade pointue obtuse, dont les arcs sont décrits avec un rayon plus court que l'ouverture de l'arcade. C'est celle qui constitue notre style ogival primaire et qui domine dans nos monumens du XIVe siècle. Il ne faut que jeter les yeux, pour s'en convaincre, sur ce qui reste du cloître des Dominicains (1347) à Avignon ; (la belle église de ce nom, de 1330, offrait la même singularité) ; sur l'église de Saint-Agricol (1320), dont la façade est de 1420 ; celle de Saint-Didier (1355) ; celle de Saint-Pierre (1358), dont la façade est de 1512 ; celle de Montfavet (1338), dans le voisinage ; sur le collatéral gauche de l'église d'Apt, les églises de Visan, de Villes, de Bonnieux (chœur et abside), de Malaucènes, de Piolenc, dont la porte est romane, de Cadenet et de Mormoiron (1373), dont l'abside du XIe siècle, pour le plus tard, conserve la seule fenêtre en forme de fronton ou de mitre, que l'on trouve dans le département. Les autres principales constructions de ce siècle sont l'ancien château papal de Sorgues (1364), qui disparaît presque entièrement ; les châteaux de Séguret, de Thouzon ; les remparts de Courthezon et de Valréas, réparés au XVIe siècle comme tous ceux du Comtat, ceux de Carpentras (de 1359 à 1390) ; ceux d'Avignon (de 1349 à 1368), et enfin la masse gigantesque du Palais des papes qui domine cette dernière ville (de 1336 à 1370.)

Vers le XVe siècle, les deux architectures du Nord et du Midi prennent un air de famille. Tous les deux annoncent la décadence en s'éloignant des principes fondés sur les règles sévères de la géométrie. L'esprit et l'imagination s'épuisent en vains et pénibles détails. Parmi les monumens du style rayonnant, on remarquera plusieurs parties de l'église Saint-Siffrein de Carpentras (1405), dont la porte latérale est du commencement du siècle suivant, les églises de Menerbes, de Sablet, de Vaison (1464, modifiée en 1601); les croix de Pernes, de Vaison et de Travaillans, et la tour du pont Saint-Bénezet (1414). Le style flamboyant réclame, à Avignon, les Célestins (1400-1476); Saint-Martial, considérablement augmenté en 1486; l'ancien archevêché (1438-1476); la façade de Saint-Pierre (1512); l'église de Pertuis et la porte latérale de Saint-Siffrein, dont nous avons déjà parlé.

Avec les Valois la renaissance naît. On méprise l'art chrétien ; on poursuit une nouvelle forme matérielle. Il y a retour vers le vieux système gréco-romain. Il en résulte une forme hybride; et on a osé appeler cela Renaissance ! Mot souverainement impropre, car cette architecture est simplement une œuvre de décadence, un travail d'imitation, un retour vers une civilisation morte dans son antique et glorieuse impuissance. Alors ce n'est plus l'inspiration qui commande à l'artiste. Aussi pourquoi ne se bornait-on pas à lui demander des palais et des châteaux, au moyen desquels les maîtres pussent rivaliser de luxe et de prodigalité? Avant tout, il faut éblouir, surprendre, étonner. L'art abdique devant les exigences des individualités. Nous avons des châteaux remarquables de cette époque; ceux du Barroux, de Saumanes, de Gordes (1541), et surtout celui de la Tour-d'Aigues, dont les nobles et imposantes ruines annoncent encore une royale magnificence.

APPENDICE.

COUVENS D'AVIGNON.

Avant la Révolution de 1793, la ville d'Avignon, dans son enceinte et dans sa banlieue, ne comptait pas moins de vingt-huit communautés d'hommes et de vingt-deux couvens de religieuses. Cent quarante-six prêtres séculiers étaient attachés, soit à la Métropole de Notre-Dame-des-Doms, soit aux sept paroisses : et nous ne parlons pas des nombreux ecclésiastiques qui desservaient les chapelles rurales de la banlieue, celles des hospices et des confréries de pénitens. Voici comment les cent quarante-six prêtres séculiers étaient répartis : la Métropole avait 19 chanoines, 12 bénéficiers et 5 dignitaires ; la Collégiale de Saint-Agricol, 14 chanoines, 12 bénéficiers et 4 dignitaires ; celle de Saint-Pierre, 14 chanoines, 9 bénéficiers et 3 dignitaires ; celle de Saint-Didier, 10 chanoines et 4 dignitaires ; celle de Saint-Geniès, 10 chanoines et 3 dignitaires ; celle de la Madeleine-Saint-Etienne, 6 chanoines et 2 dignitaires ; Notre-Dame-la-Principale, 10 chanoines et 2 dignitaires ; Saint-Symphorien, 6 chanoines et un prêtre sacristain.

Quant aux couvens d'Avignon, nous donnons ici leur nomenclature, l'année de leur fondation, le nom de leur fondateur et leur emplacement.

COUVENS D'HOMMES.

ABBAYE DE SAINT-RUF (*extra muros.*) 1038. Benoît 1, évêque d'Avignon. Sur la route de Tarascon.

COMMANDERIE DES ANTONINS. 1210. Les podestats. Rue Figuière.

DOMINICAINS. 1227. Godin, évêque de Sabine. Ils occupaient tout l'emplacement de la rue Saint-Dominique.

CORDELIERS. 1227. Nicolas, évêque d'Avignon. Rue des Lices, 62.

COMMANDERIE DES CHEVALIERS DE MALTE. 1233. Guillaume de Anceduna. Rue Saint-Agricol, hôtel du Pont.

GRANDS-AUGUSTINS. 1261. Cardinal Corsini. Rue Carreterie.

GRANDS-CARMES. 1267. Place des Carmes.

TRINITAIRES. 1350. Bernard de Rascas. A l'Hôpital.

COLLÉGE DES BERNARDINS DE SÉNANQUES. 1365. Jean Casaleti. Rue Petite-Fusterie.

ABBAYE DES BÉNÉDICTINS. 1363. Cardinal de Cross. Local de Saint-Martial, rue Calade.

CÉLESTINS. 1392. Clément VII de Genève et Charles VI, roi de France. Aux Corps-Saints.

OBSERVANTINS. 1469. Louis Doria. Aux prés des Sept-Douleurs.

RÉCOLLETS. 1534. Rue de l'Observance.

GRAND COUVENT DES CAPUCINS. 1546. P. de Saint-Sixte. A la Visitation.

GRAND COLLÉGE DES JÉSUITES. 1564. Le Conseil-de-Ville. Au Lycée.

MINIMES. 1578. Cardinal G. d'Armagnac. Rue Velouterie.

DOCTRINAIRES. 1598. Vénérable César de Bus. Caserne de Saint-Jean.

Noviciat des Jésuites. 1600. Louise d'Acezuna. Rue Vieilles-Études, à Saint-Louis.

Carmes Déchaussés. 1608. Rue Palapharnerie.

Augustins déchaussés ou Réformés. 1610. Rue de l'Hôpital, près le puits des *Allemands*.

Oratoriens. 1646. M. l'abbé Albi. Rue Calade.

Lazaristes. 1650. Rue Calade et Collége d'Annecy, à Saint-Nicolas-des-Savoyards.

Noviciat des Capucins. 1662. M. de Véras. Rue des Teinturiers.

Picpus. 1670. Antoine de Véras. Rues Picpus et Saluce, près le *Mont-de-Piété*.

Frères des Écoles chrétiennes. 1703. Rue Dorée, local de l'École.

Sulpiciens. 1705. Au grand Séminaire de Saint-Charles-de-la-Croix.

Gardistes. 1723. Au Séminaire de Sainte-Garde, actuellement *Palais de Justice*.

Capucins de Montfavet (*extra muros*.) 1759. Le conseil de ville.

Les Chartreux avaient aussi deux hospices à Avignon : dans chacun d'eux résidaient un Père et deux Frères convers.

COUVENS DE FEMMES.

Abbaye de Saint-Laurent. 918. Amelius, comte d'Avignon. Place de l'Horloge, emplacement du théâtre.

Clarisses. 1250. Rue de la Masse, vis-à-vis la rue Hercule.

Sainte-Praxède. 1348. Gomez, cardinal de Barosso. Rues Calade et Sainte-Praxède.

Abbaye de Sainte-Catherine. 1354. Zoen, évêque d'Avignon. Rue Sainte-Catherine, maison Poncet.

Les Orphelines. 1374. Rue des Ortolans. Noviciat actuel des Frères.

CARMÉLITES. 1613. Claire de Pérussis, rue Annanelle.

BÉNÉDICTINES, dites DE SAINT-ANDRÉ. 1617. Les Bénédictins de Villeneuve. Rue Annanelle, couvent actuel des Ursulines.

VISITATION (*grand monastère.*) 1623. Marius Philonardi, archevêque d'Avignon. Place Pignotte, couvent actuel du Saint-Sacrement.

LA VICTOIRE. 1634. Mme de Ransain. Rue Bouquerie, actuellement la Grande-Providence.

URSULINES, dites ROYALES. 1637. Mme de Luynes. Rues Hercule et la Masse, maison Poussel.

ANNONCIADES. 1639. Jeanne de Mattei. Rue des Lices, au *Verbe incarné.*

LES CÉLESTES. 1640. Victoire de Dôle. Place Pignotte, maison Meynier.

LA MISÉRICORDE. 1643. Le P. Yvan. Rue des Lices.

NOTRE-DAME-DE-LA-GARDE. 1644. Louis Ruffi. Au Chapeau-Rouge, ancienne rue Lamproie.

LA PROPAGANDE. 1658. Dominique de Marinis. Rue Grand-Paradis.

SAINT-EUTROPE. 1670. Rue Trois-Faucons, maison Charbonnier.

HOSPITALIÈRES *de Saint-Joseph.* 1671. Les Consuls de la ville. A l'Hôpital.

NOTRE-DAME. 1700. Rue Saint-Marc, près *le Collége.*

BON-PASTEUR. 1701. Madon de Château-Blanc. Rue Bon-Pasteur.

ÉCOLES GRATUITES DES FILLES. 1703. Madon de Château-Blanc. Rue Pétramale.

DOMINICAINES. 1730. Rues Calade et Saint-Charles, vis-à-vis le grand Séminaire.

VISITATION (*petit monastère.*) 1768. Rue Saint-Michel, à Saint-Georges.

Aujourd'hui que le diocèse d'Avignon est formé d'une grande partie des anciens évêchés de Vaison, de Cavaillon, d'Apt, de Carpentras et d'Orange, à peine renferme-t-il huit couvens d'hommes et trente-sept monastères de femmes, sans compter les petites écoles de villages tenues par des Frères Maristes, des Frères des Écoles chrétiennes, par des Sœurs de Saint-Charles et des Sœurs de Saint-François.

Jésuites, à Avignon, rue Saint-Marc, et au Collége catholique.

Sulpiciens, au grand Séminaire de Saint-Charles à Avignon.

Frères des Écoles chrétiennes, deux écoles et Noviciat à Avignon; écoles dans beaucoup de localités du département de Vaucluse.

Oblats de Marie Immaculée, à Notre-Dame-des-Lumières, près Goult.

Bénédictins cultivateurs, à la Cavalerie, près la *Bastide-des-Jourdans*.

Doctrinaires, à Cavaillon.

Pères de l'Institut de la Charité, à Carpentras.

Dames du Sacré-Coeur; Visitandines, Dames de Saint-Thomas-de-Villeneuve, de Saint-Eutrope, de Saint-François d'Assise, du Bon Pasteur, à Avignon.

Soeurs de Saint-Charles : à Avignon, à Saint-Charles, à la Petite-Providence, à l'Aumône, à la Bienfaisance, aux Insensés, à Montfavet *(extra muros)*, à Apt, à Pertuis, à Pernes, etc.

Dames du Saint-Sacrement, à Avignon, Carpentras, Bollène.

Carmélites, à Avignon et Carpentras.

Ursulines, à Avignon et Valréas.

Dames de la Conception, à Avignon *(maison mère)*, à Carpentras, à Piolenc.

Hospitalières de Saint-Joseph, à Avignon et à l'Isle.

Soeurs de Notre-Dame, à Cavaillon.

Dames de Saint-Vincent-de-Paul, de la Présentation, de la Nativité, à Orange.

ÉPILOGUE.

L'histoire ne s'invente pas, elle se copie, les appréciations seules appartiennent à celui qui écrit. Ainsi donc, il est du devoir de l'historien de citer les autorités qui lui ont fourni les documens, c'est pourquoi je rends hommage aux auteurs anciens et modernes chez lesquels j'ai puisé une partie de mon Essai sur l'histoire avignonaise.

Parmi mes devanciers, je citerai avec reconnaissance :
Honoré Bouche, dit l'ancien ; Papon ; Méry ; les manuscrits de Comin ; Victor Chambaud ; de Blégier ; Joseph Chaix ; Barjavel ; Mérimée ; Capefigue ; Théoph. Générat ; Paul Achard, archiviste ; l'abbé de Véras ; Jules Teste ; Jules Courtet ; etc.

Avignon. — Typ. de Théodore FISCHER, aîné, rue des Ortolans, 4.